JOURNAL DE MA VIE

MÉMOIRES

DE

BASSOMPIERRE

IMPRIMERIE DE A. GOUVERNEUR

A NOGENT-LE-ROTROU.

JOURNAL DE MA VIE

MÉMOIRES

DU MARÉCHAL

DE BASSOMPIERRE

PREMIÈRE ÉDITION

CONFORME AU MANUSCRIT ORIGINAL

PUBLIÉE AVEC FRAGMENTS INÉDITS

POUR LA SOCIÉTÉ DE L'HISTOIRE DE FRANCE

PAR LE Mis DE CHANTÉRAC

TOME PREMIER

A PARIS

CHEZ Mme Ve JULES RENOUARD

LIBRAIRE DE LA SOCIÉTÉ DE L'HISTOIRE DE FRANCE

RUE DE TOURNON, N° 6

M DCCC LXX.

EXTRAIT DU RÉGLEMENT.

Art. 14. — Le Conseil désigne les ouvrages à publier, et choisit les personnes les plus capables d'en préparer et d'en suivre la publication.

Il nomme, par chaque ouvrage à publier, un Commissaire responsable, chargé d'en surveiller l'exécution.

Le nom de l'éditeur sera placé en tête de chaque volume.

Aucun volume ne pourra paraître sous le nom de la Société sans l'autorisation du Conseil, et s'il n'est accompagné d'une déclaration du Commissaire responsable, portant que le travail lui a paru mériter d'être publié.

Le Commissaire responsable soussigné déclare que l'édition des Mémoires du maréchal de Bassompierre, *préparée par* M. le marquis de Chantérac, *lui a paru digne d'être publiée par la* Société de l'Histoire de France.

Fait à Paris, le 15 mars 1870.

Signé Ludovic LALANNE.

Certifié,
Le Secrétaire de la Société de l'Histoire de France,

J. DESNOYERS.

NOTICE HISTORIQUE ET BIBLIOGRAPHIQUE.

S'il est en général conseillé aux auteurs de ne parler d'eux-mêmes que le moins possible, cette recommandation doit être encore plus expresse pour le simple éditeur, dont le mérite consiste seulement à reproduire d'une manière fidèle l'œuvre d'autrui, et à la commenter avec discrétion et sobriété. Je ne dirai donc de moi que peu de chose, et en lieu où il sera permis de ne pas me lire. Uni par les liens les plus chers à la dernière héritière d'un nom qui va s'éteindre, j'ai entrepris de restituer l'œuvre historique, jusqu'ici défigurée, du personnage qui a rendu ce nom célèbre. Quelle garantie meilleure pourrais-je donner du soin religieux avec lequel j'ai accompli ce travail ?

Le journal de la vie du maréchal de Bassompierre parut pour la première fois en 1665, à Cologne, chez Pierre du Marteau, en deux volumes in-12, sous ce titre : *Mémoires du mareschal de Bassompierre, contenant l'histoire de sa vie et de ce qui s'est fait de plus remarquable à la cour de France pendant quelques années.* Une préface est en tête de l'ouvrage. Cette jolie édition, imprimée avec les caractères et les fleurons des Elsevier, et placée par Brunet parmi celles qui peuvent s'ajouter à leur collection, est remplie de fautes grossières, d'omissions et d'interversions qui altèrent le sens à chaque phrase; les noms propres y sont défigurés de manière à devenir souvent méconnaissables; tout annonce enfin qu'elle a été donnée sur une copie inexacte par un éditeur inintelligent. M. Paulin Paris me pardonnera si je décharge ici un innocent de l'accusation mal fondée qu'il fait peser sur lui lorsqu'il dit, dans les *Historiettes de Tallemant des Réaux* (1), que « les mémoires du maréchal de Bassompierre ont été donnés par les soins très-peu vigilants de Claude de Malleville, son secrétaire, membre de l'Académie française. » Ce poëte, qui avait honoré sa muse par des vers où il déplorait les malheurs du maréchal et cherchait à fléchir la rigueur du cardinal de Richelieu, ne vivait plus depuis longtemps, et le libraire qui, en 1649, publiait ses œuvres après sa mort, disait au lecteur : « Les dernières années de sa vie ayant esté données toutes entières à ce cher Maistre dont il avoit si longtemps pleuré la captivité, il n'a pas eu le loisir de revoir soigneusement ses ouvrages. »

Une autre édition des *Mémoires* parut la même année à Cologne, chez Pierre du Marteau, en trois volumes petit in-12 : elle est beaucoup moins jolie que la précédente, qu'elle reproduit avec quelques fautes d'impression de plus, et la préface de moins. L'édition de Cologne, P. du Marteau, 1666 (à la sphère), 2 vol. in-12, est assez jolie, dit Brunet, et peut remplacer l'édition originale.

Enfin j'ai sous les yeux une édition de 1692, Cologne, P. du Marteau, 2 vol. petit in-12, où se trouve la préface, et où les *Mémoires* sont annoncés sur le titre comme « reveus et corrigés en cette nouvelle édition »; une autre de 1692, Amsterdam, chez André de Hoogenhuysen (à la sphère), avec privilége de Messieurs les Estats de la Hollande, 2 vol. petit in-12, édition revue et corrigée (toujours sur le titre), et reproduisant la préface; une de 1703, Cologne, Jean Sambix le jeune, à la couronne d'or, 2 vol. in-12, sans préface; une de 1721, Amsterdam, chez Henri Deroubec,

---

(1) Historiette de Bassompierre. Commentaire. (Troisième édition, t. III, p. 355.)

4 vol. in-12, sans préface, avec quelques figures ; et une de 1723, Amsterdam, aux dépens de la Compagnie, 4 petits vol. in-12, à la sphère, également sans préface.

C'est là que s'arrête la liste assez nombreuse des éditions anciennes, toutes publiées en pays étranger. Plus récemment, les Mémoires du maréchal de Bassompierre ont été donnés dans la collection Petitot et dans la collection Michaud. L'éditeur de la première de ces deux collections déclare qu'il a choisi pour texte l'édition de 1665, en la purgeant de quelques fautes. J'ignore quelles sont les erreurs qu'il a fait disparaître ; mais ce que je puis dire, c'est que les plus graves de celles qui déparent l'édition de 1665 et les suivantes, se trouvent fidèlement reproduites dans le texte de la collection Petitot. Quant à celui de la collection Michaud, il s'annonce simplement comme une répétition du précédent.

La conclusion à tirer de ce court exposé bibliographique, c'est que, de toutes les éditions existantes, anciennes ou nouvelles, aucune n'est complètement satisfaisante, aucune même ne peut être considérée comme sérieuse. C'est donc avec raison que la Société de l'histoire de France a jugé utile de donner une édition exacte d'un ouvrage qui renferme des détails intéressants sur les règnes d'Henri IV et de Louis XIII. Le but était facile à atteindre : il s'agissait seulement de reproduire le manuscrit autographe de l'auteur. Il existe différentes copies de ce manuscrit ; je me bornerai à signaler celles qui me sont connues. En présence d'un pareil document, les copies n'auraient d'intérêt qu'autant qu'elles offriraient des variantes indiquant une modification voulue dans la pensée ou dans l'expression ; mais dans celles que j'ai eues sous les yeux et que j'ai examinées, les variantes sont simplement des fautes.

Les copies conservées à la Bibliothèque nationale sont :

1° Le manuscrit Fr. 17476-17477 (précédemment *Saint-*

Germain français, n° 1028), 2 vol. in-folio, reliés en vélin. Le premier volume porte en tête du premier feuillet le nom de Malleville, probablement écrit par lui-même, ce qui doit faire penser que ce manuscrit lui a appartenu, et qu'il a passé de ses mains dans la bibliothèque du chancelier Séguier, devenue depuis bibliothèque de Coislin, et de là dans la bibliothèque de l'abbaye de Saint-Germain-des-Prés.

2° Le manuscrit portant les n°s 4062-4063-4064-4065-4066 du Fonds français (précédemment 9186-9190), 5 vol. petit in-folio, reliés en maroquin rouge aux armes de Philippe de Béthune, comte de Selles, et appartenant à la collection dite *Fonds de Béthune*.

3° Les deux volumes portant les n°s 10315-10316 du Fonds français (précédemment *Supplément français* n° 3684 [1-2]. Ces deux volumes in-folio sont reliés en maroquin rouge, aux armes d'Orléans en losange, surmontées de la couronne ducale; il est probable qu'ils ont appartenu à Mlle de Montpensier.

La bibliothèque de l'Arsenal possède dans son *Fonds de France,* sous la désignation Fr. Histoire. 192, un volume in-folio, provenant du séminaire des Missions étrangères, et intitulé : *Copie des Mémoires de M. de Bassompier.* Il renferme seulement la matière du second volume du manuscrit original.

Enfin la bibliothèque de la ville de Meaux possède les 2e et 3e volumes d'une copie qui porte l'*ex libris* de l'abbaye de Saint-Faron de Meaux, après celui de Philippe Bergerat, prêtre. Ces deux volumes ont pour titre : *Memoires de Monsieur le mareschal de Bassompierre touchant ce qui s'est passé en France durant sa vie tant dans le cabinet que dans les armes.*

Je puis encore citer une copie que je n'ai pas vue, mais que l'obligeance de M. Gustave Masson m'a signalée et qu'il a décrite avec le plus grand détail. Ce manuscrit, qui se compose de trois volumes in-folio reliés en veau plein avec armes, appartient au British Museum, où il figure au catalogue sous l'indication *Harleian library* (fonds Harleien), n⁰ˢ 4586-4588. Il provient de la bibliothèque du comte de Brienne, et fut acheté par le comte d'Oxford avec une quantité d'autres ouvrages précieux vers le commencement du siècle dernier (1).

Ces diverses copies présentent entre elles quelques différences ; mais toutes renferment un très-grand nombre de fautes grossières assez semblables à ces traits caractéristiques qui font reconnaître les membres d'une même famille et attestent leur commune origine : d'où on peut conclure qu'elles ont été faites les unes sur les autres, ou peut-être toutes sur l'une d'elles. Les mêmes fautes, les mêmes omissions se rencontrant dans l'édition de 1665, et par conséquent dans les suivantes, on doit supposer que cette édition a été donnée sur une de ces copies, ou sur une copie semblable, qui est peut-être restée hors de France. Je ferai connaître quelques-unes de ces fautes en la place où elles se trouvent ; mais je me garderai de les signaler toutes : ce serait augmenter le volume de l'ouvrage dans des proportions démesurées, et risquer de lasser inutilement la patience du lecteur. Il lui suffit de savoir que je lui donne un texte rigoureusement conforme au manuscrit original dont j'ai déjà parlé, et sur lequel il est temps de donner quelques détails.

Ce manuscrit existe à la Bibliothèque nationale sous les n⁰ˢ 17478-17479 du Fonds français (précédemment *Saint-Germain français*, n° 1029), ces numéros faisant suite à ceux

---

(1) Le catalogue des livres de l'abbé de Rothelin, imprimé pour sa vente en 1746, annonçait, sous le n° 3752, un manuscrit en trois volumes in-folio contenant les *Mémoires de François maréchal de Bassompierre depuis* 1598 *jusqu'en* 1631. Ce manuscrit s'arrêtait, à ce qu'il paraît, au moment de l'emprisonnement du maréchal. Il fut vendu au prix modique de 5 l.

de la première copie que j'ai mentionnée. Il se compose de deux volumes in-folio couverts d'une reliure molle en vélin. Le premier volume renferme 424 feuillets et se termine au milieu d'une phrase qui se continue sur le premier feuillet du second volume. Ce premier feuillet porte le numéro 425, et la suite des numéros se continue jusqu'au chiffre 667, après lequel le texte s'achève sur 74 feuillets non numérotés (1). Il est à remarquer que la phrase qui commence le second volume ne se trouve pas dans la plupart des copies, et qu'elle manque dans toutes les éditions imprimées. Les deux volumes sont en entier de la main du maréchal de Bassompierre, d'une bonne et lisible écriture, avec une orthographe relativement correcte, dont les incertitudes et les variations n'accusent point chez l'auteur un défaut d'instruction, et doivent être attribuées seulement à l'absence d'une législation fixe à cet égard. Les mots, qui aujourd'hui ne peuvent paraître que revêtus d'une livrée uniforme comme les soldats des modernes bataillons, se présentaient alors sous la plume de l'écrivain avec le costume bigarré des routiers de nos vieilles bandes, et les gens de lettres eux-mêmes usaient sur ce point de la liberté qui leur était laissée.

L'ouvrage, ainsi que son titre l'indique, est écrit sous la forme d'un journal : les dates sont rappelées à chaque page, en haut de la marge, par mois et par année, et chaque changement dans le cours d'une page est indiqué, également en marge, par une mention correspondante.

On sait que le maréchal de Bassompierre écrivit ses mémoires pendant les tristes loisirs de sa captivité : leur rédaction dura plusieurs années, ainsi qu'on peut le voir par

---

(1) Chaque volume porte sur le premier feuillet un numéro écrit à la main (1547 et 1548), et un *ex libris* imprimé en ces termes : Ex bibliotheca Mss. Coisliniana, olim Segueriana, quam Illus. Henricus du Cambout, Dux de Coislin, Par Franciæ, Episcopus Metensis etc. Monasterio S. Germani à Pratis legavit an. MDCCXXXII.

quelques circonstances de son récit que je signalerai en leur lieu; mais le manuscrit dont je m'occupe est une mise au net qui paraît avoir été faite par lui d'une seule haleine, et sur laquelle on ne remarque qu'un très-petit nombre de corrections, et quelques additions parfois marginales, parfois interlinéaires.

La première question à résoudre, en commençant la reproduction du texte de ces mémoires, était celle de l'orthographe qu'il convenait d'adopter. En présence du manuscrit autographe d'un auteur du commencement du XVIIe siècle, il m'a semblé qu'il n'y avait point à hésiter. Le style des écrivains de cette époque de transition entre la langue de Montaigne et de Brantôme et celle de Balzac ou de Mme de Sévigné a encore un caractère avec lequel s'accorderait mal l'orthographe moderne. Adapter cette orthographe à la phrase du maréchal de Bassompierre, ce serait la défigurer et la priver de ce qu'elle peut avoir de charme : autant vaudrait, dans le beau portrait de Van-Dyck (1), le dépouiller du pourpoint de velours noir à crevés et de la collerette empesée, pour le revêtir de l'ajustement de nos jours. Dans la copie que j'ai écrite moi-même sur le manuscrit, j'ai donc conservé l'orthographe de l'auteur, toutefois avec quelques légères modifications déterminées par cette considération qu'il s'agissait ici principalement d'une œuvre historique dont il importait de rendre la lecture claire et suffisamment facile. Ainsi j'ai fait disparaître la confusion entre l'adjectif démonstratif et l'adjectif possessif, lorsque cette confusion rendait le sens douteux, ce qui arrive dans la plupart des cas; j'ai adopté pour les noms propres une orthographe uniforme, qui permettra au lecteur de n'avoir pas à se demander, chaque fois que ces noms reparaîtront sous ses yeux, quel est le personnage ou quel est le lieu auquel ils se rapportent. Sauf ces

---

(1) Ce portrait, conservé dans la famille de Bassompierre, a figuré à l'exposition d'Alsace-Lorraine en 1874.

exceptions et quelques autres qui m'ont paru nécessaires, je le répète, j'ai reproduit le texte tel qu'il était, et j'ai même pris soin d'écrire exactement comme l'auteur certains mots, certains temps de verbes qui paraissent chez lui affecter une forme particulière.

Comme l'usage des manchettes n'est pas habituel dans les publications de la Société, j'ai reproduit dans le titre courant l'ordre de dates marginales adopté par l'auteur. Cette disposition était nécessaire pour conserver à l'ouvrage sa physionomie de journal et pour mettre en leur place exacte des faits souvent très-détaillés.

Parfois il arrive que les additions marginales ou interlinéaires interrompent le sens, et même la phrase; dans ces cas je les ai placées en note avec cette mention : *Addition de l'auteur*.

Enfin j'ai ajouté à l'ouvrage un sommaire divisé par années, une table alphabétique des noms de lieux et de personnes qui se rencontrent dans les Mémoires, et des notes placées le plus ordinairement au bas des pages, mais renvoyées à l'appendice lorsque leur étendue était trop considérable.

Dans ces conditions, j'espère, sous les auspices de la Société de l'histoire de France, et avec l'aide amicale de mon commissaire responsable, être arrivé à donner une édition des Mémoires du maréchal de Bassompierre qui ne laissera rien à désirer sous le rapport de l'exactitude, et qui pourra être considérée à la fois comme une première édition et comme une édition définitive. Parmi celles qui l'ont précédée, l'édition de 1665 restera comme un des livres de la collection des Elseviers; elle pourra même être payée fort cher par les bibliophiles, si elle ne porte pas au front le stigmate de *Jouxte la copie imprimée* qui flétrit la réimpression de même date, si elle sort des mains d'un amateur illustre avec une belle reliure, ou si, par un coup de fortune, l'exemplaire est non rogné; mais cette édition, même recherchée, sera destinée seulement à figurer sur les rayons de l'armoire favorite : pour la lecture et pour le travail, si l'on ne veut être arrêté à chaque pas par un non-sens ou par une inextricable confusion de noms ou de choses, on ne pourra se servir que de celle dont la Société m'a confié la publication.

La biographie du maréchal de Bassompierre a été faite par lui dans ses mémoires : quelques pages suffiront pour la résumer, et pour l'achever depuis l'époque où s'arrête son récit jusqu'à sa mort.

François de Bassompierre naquit au château d'Harouel en Lorraine, le 12 avril 1579. Sa famille était illustre : elle descendait des comtes de Ravenstein, dont elle portait les armes pleines, d'argent à trois chevrons de gueules, et fut reconnue par l'empereur Ferdinand III comme une branche cadette de l'ancienne maison de Clèves. Ses ancêtres avaient servi les ducs de Bourgogne, puis les ducs de Lorraine : un d'eux avait combattu pour René II à la bataille de Nancy. Depuis ce temps, les barons de Betstein ou de Bassompierre occupaient les plus hautes charges à la cour de Lorraine. Les guerres de religion leur fournirent l'occasion de prendre du service en France : les oncles et le père du maréchal amenèrent au roi des régiments de reîtres et de lansquenets; son père se maria en France avec une nièce du maréchal de Brissac, Louise le Picart de Radeval ; de grands domaines, situés en Normandie, lui furent engagés pour le payer de ses services militaires. Ami du duc de Guise, engagé dans la Ligue, le baron de Betstein combattit contre Henri IV à Arques, et dut ensuite se retirer en Lorraine : mais après que la paix, négociée par lui, eut été conclue entre le roi et le duc de Lorraine, quand le roi fut en possession incontestée de sa couronne, la mère de Bassompierre, française de naissance, devenue veuve et tutrice de ses enfants, voulut présenter ses fils à la cour de France. C'était en 1598 : ils avaient alors achevé leur éducation et visité les cours de Bavière et de Florence, l'Allemagne et l'Italie. En France ils retrouvaient, parmi les princes et les grands seigneurs, des amis de leur père qui les accueillaient et les entouraient à la cour. Aussi doit-on regarder comme peu vraisemblable l'histoire que raconte Tallemant des Réaux (t. III, p. 333) d'une mystification pratiquée par Sygongne sur François de Bassompierre. Bientôt le roi se prit d'une vive amitié pour le jeune courtisan, et dès lors commença pour ce dernier cette vie d'aventures galantes et de folies de jeunesse qu'il faut lui laisser raconter à lui-même, et à laquelle la campagne de Savoie, en 1600, et la campagne de Hongrie, en 1603, firent une courte diversion. Parmi ses nombreuses passions, il y en eut une qui le rapprocha encore du roi : il aima Charlotte-Marie de Balsac, sœur de la marquise de Verneuil ; dans ce commerce troublé, sa destinée eut quelque ressemblance avec celle d'Henri IV : comme lui il eut des brouilles et des raccommodements, comme lui il fut poursuivi par une promesse de mariage : les deux sœurs, poussées par leur mère, avaient la passion de se faire épouser ; un long procès, qui lui causa beaucoup de tourments, se termina seulement en 1615 par un jugement définitif qui le délivra de cette obsession.

Cependant, au milieu de ces folies, la perspective d'un brillant établissement se présenta au jeune seigneur : le connétable de Montmorency conçut la pensée de lui faire épouser sa fille et lui en fit lui-même la proposition. Il faut lire dans les *Mémoires* le récit de cet intéressant épisode : quelle dignité dans l'offre de ce grand seigneur, âgé, comblé d'honneurs, qui veut donner sa fille à un jeune homme digne d'elle par sa naissance, mais encore inconnu et n'ayant pas fait fortune ; et quelle noble simplicité dans la modestie et dans la reconnaissance du jeune homme qui sent le prix de l'honneur qu'il reçoit, mais qui en même temps ne s'en juge pas indigne ! Le mariage allait donc s'accomplir, lorsque le roi intervint : le tendre monarque avait vu Mlle de Montmorency, et il avait conçu pour elle une folle passion ; il aimait mieux laisser tomber la menace d'une infortune conjugale sur son parent que sur son ami, et il priait Bassompierre de renoncer en faveur du prince de Condé à la perspective de cette belle alliance. Bassompierre déféra au désir du roi, non sans regret, car il aimait Mlle de Montmorency, toutefois « d'un amour réglé de mariage », ce qui lui permit de se consoler avec d'autres amours que ne tempérait pas la même règle.

Le roi, comme pour dédommager Bassompierre, lui confia bientôt une mission secrète et importante : il le chargea de faire au duc de Lorraine des ouvertures relatives à un projet de mariage entre sa fille et le dauphin de France. Le jeune ambassadeur, moitié Français et moitié Lorrain, sut se placer à tous les points de vue et présenter au duc tous les arguments qui pouvaient le décider. Le caractère irrésolu de ce prince l'empêcha de donner une réponse positive. Que de maux eussent été épargnés à la Lorraine, si sa réunion à la France se fût accomplie par cette voie pacifique, au lieu d'être achetée par de longues guerres! Mais les grandes pensées d'Henri IV ne devaient pas voir leur accomplissement, et après le coup fatal qui l'enleva à la France, le souci des intérêts généraux fit place aux intrigues et aux ambitions personnelles : les protestants, ne se sentant plus ni suffisamment contenus ni suffisamment protégés, commencèrent à remuer, et tout annonça que la guerre civile éclaterait bientôt sur la France. Une première prise d'armes des princes et des grands en 1614 fut pour Bassompierre l'occasion d'une haute promotion : il obtint les provisions de la charge de colonel général des Suisses, rachetée par lui au duc de Rohan. Un second soulèvement, en 1615, donna lieu à une campagne à laquelle il prit part, mais qui fut conduite avec une grande mollesse : les généraux du roi semblaient craindre de poursuivre trop vivement leurs adversaires et de remporter sur eux un avantage décisif. Bassompierre restait fidèle à la reine-mère, l'aidait à faire arrêter le prince de Condé, et repartait en 1617 pour aller combattre les princes révoltés. Mais bientôt la mort du maréchal d'Ancre venait changer la face des choses, et Bassompierre faisait ce qu'il avait loyalement annoncé à la reine lorsqu'il lui disait :

« Sy le roy s'en estoit un de ces jours allé à Saint-Germain et qu'il eut mandé à M. d'Espernon et à moy de l'y venir trouver, et qu'en suitte il nous eut dit que nous n'eussions plus à vous reconnestre, nous sommes vos très obligés serviteurs, mais nous ne pourrions faire autre chose que de venir prendre congé de vous et vous supplier très humblement de nous excuser sy nous ne vous avions aussy bien servie pendant vostre administration de l'estat comme nous y estions obligés. »

A la fin de 1619 il fut fait chevalier des ordres, et en 1620 il rassembla activement une armée pour combattre les mécontents groupés autour de la reine-mère, et conduisit cette armée aux Ponts-de-Cé où se termina encore un soulèvement sans consistance et sans racines.

Mais déjà le duc de Luynes sentait que sa faveur pouvait courir quelque danger : il crut voir un rival dans Bassompierre et lui fit accepter l'exil honorable d'une ambassade en Espagne. Là, Bassompierre négocia les affaires de la Valteline et des Grisons et fit le traité de Madrid, qui ne devait guère être exécuté. Revenu en France dans le cours de l'année 1621, il prit part à la guerre engagée contre les protestants, guerre sérieuse cette fois, et joua, comme maréchal de camp, un rôle actif dans le siége de Montauban, terminé par un échec pour l'armée royale.

Confident involontaire des chagrins du roi et de son irritation contre le connétable de Luynes, Bassompierre vit sans regret comme sans joie la mort de ce favori en décadence, mais il ne chercha point à le remplacer dans l'esprit du roi, et repoussa même les ouvertures qui lui furent faites à ce sujet par des personnages intéressés à le pousser au poste resté vacant ; il se contenta, pendant la campagne importante de 1622, de servir bravement à l'affaire de l'île de Rié et aux siéges de Royan, de Négrepelisse, de Saint-Antonin, de Lunel, de Montpellier. Tallemant des Réaux, peu bienveillant en général pour Bassompierre, lui rend cependant justice en cette occasion, et dit qu'aux Sables-d'Olonne « il paya de sa personne et monstra le chemin aux autres : car il se mit dans l'eau jusqu'au cou. » Le roi qui, au commencement de cette campagne, lui avait donné la charge de premier maréchal de camp, le fit maréchal de France, aux applaudissements de l'armée, le 12 octobre 1622. Quelques jours à peine après que Bassompierre a reçu du roi le bâton de maréchal, Richelieu vient à son tour recevoir le bonnet de cardinal : ainsi ces deux fortunes ennemies, dont l'une doit renverser l'autre, arrivent presque au même moment à leur point culminant. La conformité absolue de leurs armes offre encore un rapprochement assez bizarre.

Le nouveau maréchal avait alors de l'influence dans les conseils du roi : il parvint à faire nommer Caumartin garde des sceaux et à retarder la chute de Schomberg, surintendant des finances. Le marquis de la Vieuville, pendant la courte durée de sa puissance, chercha vainement à le perdre, et ne réussit même pas à lui aliéner l'esprit du roi. En 1625, le maréchal de Bassompierre fut envoyé comme ambassadeur extraordinaire en Suisse, où son influence personnelle était nécessaire pour contrebalancer les influences allemande et espagnole, et resserrer les liens de l'alliance avec la Confédération. En 1626, il fut ambassadeur en Angleterre pour négocier le rétablissement des ecclésiastiques et des serviteurs français auprès de la reine. En 1627 et en 1628, il eut un grand commandement au siège de la Rochelle, dont il a laissé dans ses mémoires un récit malheureusement plus rempli de faits personnels sans importance que de détails militaires.

Après la chute de ce boulevard des protestants, le cardinal de Richelieu tourna ses vues plus librement du côté de la politique étrangère, et l'année 1629 commençait à peine que déjà le roi repartait, mais cette fois pour l'Italie. Au passage du défilé de Suse, le maréchal de Bassompierre ajoutait un fleuron à sa couronne de gloire militaire, puis il revenait prendre part au siége de Privas et à la dernière campagne du Languedoc, qui se termina par la pacification définitive de cette contrée depuis longtemps agitée par les guerres religieuses. Quelques semaines s'étaient à peine écoulées, et déjà les affaires d'Italie ramenaient les armes du roi dans ce pays : le maréchal, au commencement de 1630, était de nouveau ambassadeur en Suisse, où il faisait une levée, puis il allait prendre la part principale dans la rapide conquête de la Savoie.

Ce fut là que se termina la vie active de Bassompierre : bientôt survint la maladie du roi, pendant laquelle s'accumulèrent les griefs du cardinal contre ses ennemis; le maréchal fut placé sur cette liste fatale, et soit qu'il eût refusé à Richelieu de mettre les Suisses à sa disposition en cas de mort du roi, soit que, dans le conseil des ennemis du cardinal, il eût, comme on le dit, opiné pour son emprisonnement, soit enfin que sa qualité de Lorrain et d'ami des Guise et de la reine-mère fût suffisante pour le rendre suspect, sa perte dut être dès lors résolue. Après la journée des Dupes, pendant laquelle le maréchal fut, s'il faut en croire ses protestations, d'une ignorance peut-être un peu affectée, l'orage qui grondait sur les têtes les plus illustres tomba successivement sur chacune d'elles. Bassompierre alla hardiment au-devant du danger, et vint trouver le roi à Senlis après avoir brûlé « plus de six mille lettres d'amour », parmi lesquelles se trouvaient peut-être quelques papiers politiques. Il fut arrêté le 25 février 1631, et commença cette longue captivité qui ne devait se terminer qu'après la mort du cardinal. Un chagrin plus amer allait encore se joindre au chagrin de son emprisonnement : la princesse de Conti, cette femme aimable et spirituelle avec laquelle l'unissait un mariage secret, venait d'être éloignée de la cour; deux mois après, elle mourait au château d'Eu, succombant à la douleur de la séparation : le poète Malleville l'atteste dans l'élégie qui commence par ces vers :

> Quand Armide eut appris qu'un funeste séjour
> Luy retenoit l'objet qui causoit son amour,
> Et que le beau Daphnis, la gloire des fidelles,
> Perdoit la liberté qu'il ostoit aux plus belles,
> Elle accusa les Dieux d'un si prompt changement,
> Et d'un si rude coup eut tant de sentiment,
> Que dessus un papier tout moite de ses larmes
> Elle imprima soudain ses mortelles alarmes,
> Deschargea sa colère, et de sang et de pleurs
> Fit ce mourant tableau de ses vives douleurs :
> Daphnis, le seul objet qui reste en ma mémoire,
> Mon désir, mon espoir, ma richesse et ma gloire,
> Si ce triste discours qui confirma ma foy
> Peut forcer les prisons et passer jusqu'à toy,
> Entends ce que l'amour m'oblige de te dire,
> Et de quelques soupirs honore mon martyre.

Enfermé dans la Bastille, Bassompierre ne fit pas entendre une plainte : il chercha plutôt, par ses paroles et par ses actes, à fléchir la rigueur du tout-puissant ministre. Ainsi, quand il se décida à vendre sa charge, il insista pour qu'elle tombât entre les mains d'un parent de Richelieu; il protesta vivement lorsqu'il pensa qu'on pouvait le ranger parmi les mécontents ou parmi les adversaires du cardinal; il prêta sa maison de Chaillot à ce dernier toutes les fois qu'elle lui fut demandée; enfin, ce qui l'honore davantage, lorsqu'en 1636 la France fut envahie, il s'offrit noblement à servir comme un loyal soldat. Tout fut inutile. Les personnages les plus considérables sollicitèrent sa liberté ; les poètes s'intéressèrent à son sort, et leurs vers, s'ils sont moins connus de la postérité que les vers du fabuliste aux Nymples de Vaux, n'attestèrent pas moins la reconnaissance courageuse de ceux pour lesquels le maréchal avait sans doute été un Mécène.

Le poète Maynard s'attira la défaveur du cardinal de Richelieu par sa fidélité au maréchal de Bassompierre et au comte de Cramail.

Malleville adressa à Richelieu une élégie dans laquelle il demandait la liberté du maréchal, et, par un artifice poétique, se plaignait de ne pouvoir louer convenablement le cardinal pendant que son maître et son protecteur languissait en prison. Bassompierre, disait-il,

> Bassompierre est captif, et durant sa disgrace
> J'aurois tort d'aspirer aux faveurs du Parnasse.
> Aussi-tost qu'il fut pris, mon cœur le fut d'ennuy,
> Et ma langue liée a mesme heure que luy.
> Si parfois ta vertu sollicite ma plume,
> Sa douleur attiédit le beau feu qui m'allume,
> Et mon bras, partageant ses chaisnes et ses fers,
> N'a plus de mouvement pour écrire des vers.

Et il commençait ainsi le récit des hauts faits de son héros :

> Tu sçais que Bassompierre, aussi vaillant qu'un Dieu,
> A fait des actions dignes d'un autre lieu,
> Et que ses qualitez qui n'ont point eu d'exemples
> Au lieu d'une prison mériteroient des temples.
> Tu sçais qu'en le tirant de la captivité
> A tous les gens d'honneur tu rends la liberté,
> Que chacun le désire, et que sa délivrance
> Est un des biens publics que tu dois à la France.

Cependant, pour tromper l'ennui de la captivité, on cherchait à la Bastille à se donner quelques divertissements, et Bassompierre, toujours galant malgré son âge, eut, dit-on, une liaison avec Mme de Gravelle, prisonnière comme lui.

On y conspirait même, et il eut l'honneur de mériter la défiance du jeune abbé de Retz, qui venait préluder à sa vie d'intrigue par des complots noués avec le comte de Cramail, mais soigneusement cachés au maréchal, que l'on trouvait « trop causeur. »

Enfin Richelieu mourait le 4 décembre 1642, et bientôt le maréchal de Bassompierre pouvait inscrire ces vers dans son *Repertoire* :

> Enfin sur l'arriere sayson
> La fortune d'Armand s'accorde avec la mienne :
> *France je sors de ma prison* (1)
> Quand son âme sort de la sienne.
> Regarde sy c'est justement
> Qu'il m'a tenu douze ans dedans cette misere
> Puis qu'un sy subit changement
> Me rend ma liberté première.

Ce ne fut cependant pas sans peine que les illustres prisonniers de la Bastille parvinrent à en sortir. Mazarin et Chavigny demandaient leur mise en liberté; Sublet de Noyers s'y opposait. L'ordre d'élargissement fut donné seulement le 18 janvier 1643, et comme les captifs délivrés n'étaient pas encore autorisés à revenir à la cour, le maréchal refusait de sortir de sa prison : ses amis le décidèrent à en prendre son parti, et il se retira, suivant l'ordre du roi, au château de Tillières.

Henri Arnauld, abbé de Saint-Nicolas d'Angers, dans un journal adressé à la présidente Barillon (Manuscrits de la Bibliothèque nationale, Fr. 3778), racontait ainsi les péripéties de cette délivrance, que l'invisible influence de Richelieu semblait encore entraver :

« Du 4 janvier 1643... On fait esperer aux deux mare-

---

(1) Anagramme de : *François de Bassompierre*, en changeant *b* en *n*.

chaux qui sont dans la Bastille qu'ils ne passeront pas ce mois. »

« Du 7 janvier... Les prisonniers de la Bastille sont dans de grandes esperances d'une prochaine liberté. »

« Du 11 janvier... Je ne vois pas que les esperances que l'on donne à ces messieurs de la Bastille aient un fondement trop asseuré. Je souhaitte extremement me tromper dans le jugement que j'en fais. »

« Du 18 janvier... Depuis ma lettre escripte je suis allé à la Bastille, où M. de Romefort est venu de la part de M. de Chavigny dire à Mrs de Bassompierre, de Vitry et de Cramail que le roy leur donnoit leur liberté, mais à condition que le premier ira à Tillieres chez M. son beau frere, M. de Vitry à Châteauvilain et M. de Cramail en l'une de ses maisons. Ces deux derniers ont receu cella avec joye; mais M. de Bassompierre est jusques icy tres resolu à ne vouloir point sortir soubz cette condition là, et à choisir de demeurer plustost dans la Bastille, et tous ses amis et serviteurs ne peuvent rien gagner sur luy pour cela. C'est demain qu'ils doivent sortir : peut-être cy et là changera-t-il d'avis. »

« Ce mercredy 21 janvier 1643. Lundy Mrs de Bassompierre, de Vitry et le comte de Cramail sortirent de la Bastille, ces deux derniers avec une joye extrême, et pour ce qui est du premier, ses parents et ses amis eurent toutes les peines imaginables à luy persuader d'accepter sa liberté à condition d'aller à Tillieres, et je creus cent fois qu'il n'en feroit rien : j'y fus depuis 10 heures du matin jusqu'à 9 heures du soir qu'ils sortirent... Ils ont trois ou quatre jours pour demeurer icy : ils ont vu tous M^{rs} les ministres. C'est non sans quelque esperance que M. le maréchal de Bassompierre ne demeurera pas longtemps où il va. »

« Du 25 janvier... Ces trois personnes sorties de la Bastille eurent deffense de voir Monsieur. Ils sont partis. Le marquis de Saint'Luc porta au roy une lettre de remerciement de M. le marechal de Bassompierre. Le roy après l'avoir leue deux fois dit : Je ne veux point que l'on capitule avec moy, et le marechal de Bassompierre est un des premiers qui m'a dit que je ne le devois pas faire ; s'il ne se fut resolu d'aller à Tillieres, je l'aurois laissé dans la Bastille où il se fut nourry à ses dépens. Je gagne par leur sortie quarante-cinq mille livres par an. Ouy, sire, respondit Saint Luc, et cent mille benedictions (1). »

« Mardy 28 janvier... M. le marechal de Bassompierre est party ce matin de Chaliot pour estre demain à Tillieres. »

« Du 11 mars... M. le mareschal de Bassompierre s'ennuye de telle sorte à Tillieres qu'il tesmoigne se repentir d'estre sorty de la Bastille et d'avoir suivy en cela le conseil de ses amis. »

Quelques mois après, et bien peu de temps avant sa mort, Louis XIII autorisa le comte de Cramail et les maréchaux de Vitry et de Bassompierre à reparaître à la cour.

Douze ans s'étaient écoulés depuis que Bassompierre était entré à la Bastille; pendant ce long espace de temps bien des choses avaient changé : la régence d'Anne d'Autriche inaugurait maintenant une cour nouvelle. Bassompierre, avec ses anciennes habitudes de magnificence et de galanterie, y parut un peu vieilli : toutefois, dans l'opinion de Mme de Motteville, « les restes du maréchal de Bassompierre valaient mieux que la jeunesse de quelques uns des plus polis de ce temps là. » Ces jeunes gens formèrent la cabale des Importants dont le règne éphémère se termina par l'emprisonnement du duc de Beaufort. A cette cabale appartenait le marquis de la Châtre, qui avait eu la charge de colonel général des Suisses après M. de Coislin, successeur du maréchal de Bassompierre. Il fut obligé de s'en défaire, et le maréchal en

---

(1) Le roi écrivit ce même jour à Bassompierre une lettre favorable, au sujet de laquelle le maréchal adressa ses remercîments à Chavigny, la considérant comme « un pur ouvrage de sa bonté. »

reprit possession, à condition de payer à M. de la Châtre la somme de 400,000 livres qu'il avait reçue de M. de Coislin. Sa démission était considérée comme nulle, et la charge comme n'ayant pas été vacante (1). Le marquis de la Châtre, dans ses mémoires, se plaint à cette occasion du maréchal de Bassompierre et de M. de Brienne : ce dernier lui fit une réponse que l'on trouve dans un *Recueil de diverses pièces*, imprimé à Cologne, MDCLXIV.

Le maréchal ne jouit pas longtemps de ce retour de faveur. Le 12 octobre 1646, ses gens le trouvaient mort dans son lit à Provins, où il s'était arrêté en revenant d'une maison de M. Bouthillier, ancien surintendant des finances, « cette mort subite, dit la *Gazette de France*, ayant d'autant plus estonné les assistants que ce seigneur avait acquis dès sa jeunesse l'affection d'un chacun. » On eut même quelque soupçon d'empoisonnement, comme on le voit par un récit que le curé de Chaillot avait inséré dans un registre des décès, aujourd'hui brûlé, mais heureusement dépouillé par M. Cocheris avant les tristes événements de 1871 : « Son corps a esté ouvert, écrit le curé : on a eu quelque mauvais soupçon de sa mort, comme d'ordinaire on soupçonne mal de la mort des grands, principalement quand ils meurent de la sorte (2). » Le corps avait été rapporté dans un carrosse au château de Chaillot : les intestins, la langue et la cervelle furent enterrés dans l'église de la paroisse devant le grand

---

(1) On trouve dans l'*Inventaire fait apres le deceds de M^r le mareschal de Bassompierre* la cote suivante :

« Item les lettres de restablissement dud^t sgr mareschal en la charge de colonel general des Suisses en datte du 15e octobre 1643. Signé : Louis, et sur le reply : par le Roy, la Reine regente sa mère presente, Le Tellier, et scellées du grand scel de cire jaune, inventorié au dos 42. »

(2) *Histoire de la ville et de tout le diocèse de Paris*, par l'abbé Lebeuf, nouvelle édition, annotée et continuée par Hip. Cocheris, t. IV, p. 313-314.

autel; le cœur et le reste du corps furent remis par le curé aux minimes de Migeon dont le couvent était attenant au château, et déposés dans une chapelle à gauche du grand autel, dans le chœur de leur église. Le duc de Chevreuse, « et autres seigneurs et dames de grande qualité, avec grand nombre de bourgeois et habitants de Chaliot, » assistèrent à la cérémonie funèbre.

Le maréchal de Bassompierre laissait deux fils. L'un était né de Charlotte-Marie d'Entragues : il s'appelait Louis de Bassompierre; du vivant de son père il était entré dans l'état ecclésiastique. Il est parlé de lui à l'Appendice, XV, p. 399-400. Ajoutons à ce qui est dit à son sujet que madame de Sévigné fait son éloge dans ses lettres. Le 1er juillet 1676 elle écrivait : « Hélas! à propos de dormir, le pauvre Monsieur de Saintes s'est endormi cette nuit au Seigneur d'un sommeil éternel. Il a été vingt-cinq jours malade, saigné treize fois, et hier matin il étoit sans fièvre, et se croyoit entièrement hors d'affaire. Il causa une heure avec l'abbé Têtu (ces sortes de mieux sont quasi toujours traîtres), et tout d'un coup il est retombé dans l'agonie, et enfin nous l'avons perdu. Comme il étoit extrêmement aimable, il est extrêmement regretté. » Et le 31 juillet 1676 : « Monsieur d'Alby est mort; il laisse des trésors au duc du Lude : Hélas! comme notre pauvre Monsieur de Saintes a disposé saintement de son bien au prix de cet avare! »

« Ce digne prélat, disait la *Gazette* du 4 juillet, a laissé ses amis sensiblement affligés, les pauvres de son diocèse dans la dernière désolation, et tous ceux qui le connoissoient édifiés des actions exemplaires de sa vie, et de sa résignation chrétienne à la mort. »

L'autre fils du maréchal était ce François de la Tour, né de son union secrète avec la princesse de Conti, union que les contemporains ont regardée comme certaine, mais qu'il n'a nulle part indiquée dans ses mémoires. Très-discret en général sur le nom des femmes auprès desquelles il a eu des succès, comme s'il voulait changer en vérité ce vers des *Contreveritez de la cour :*

Que Bassompierre fait l'amour sans dire mot,

il garde sur ses rapports avec la princesse une discrète réserve, et son émotion contenue lorsqu'il annonce sa mort est le seul indice de ses sentiments pour elle. Le nom de cette femme illustre revient cependant sous sa plume dans un de ses *Discours académiques,* où il dit :

« De là quelques autheurs peut-estre trop passionnez pour l'interest de leur sexe ont tiré cette conjecture que les femmes estoient moins judicieuses que les hommes, pour estre d'une constitution plus humide ; mais n'y eut-il que cette illustre princesse dont la maison de Lorraine par descendance, et celle de Bourbon par alliance, est honnorée, n'avons-nous pas tres ample sujet de condamner l'erreur de cette consequence et d'advouer plus tost que leur complexion molle et délicate ne peut produire que des esprits espurez et subtils, et en suitte le temperamment veritable pour la beauté de l'esprit, la delicatesse des pensées et la clarté du jugement. Aussy bien loing d'adherer a une opinion sy contraire a mon sentiment je crois que le prix des meilleures choses et le dernier ornement des plus beaux ouvrages, voir mesmes la reputation d'un honneste homme despend de leur estime, et quelque amour que nous ayons naturellement pour nos œuvres, je commenceray seulement d'estre satisfaict de celle cy quand j'auray reconnu qu'elles ne la jugent pas tout a faict indigne de leur approbation. »

François de la Tour fut blessé le 10 août 1648, à la prise de Vietri dans le royaume de Naples, et mourut probablement de sa blessure. C'est sans doute de lui que parle la *Gazette de France,* lorsqu'elle annonce, à la date du 27 janvier 1648, que le sieur de Bassompierre, capitaine de vaisseau, s'est distingué dans les combats donnés entre l'armée du roi commandée par le duc de Richelieu, et celle d'Espagne aux ordres de don Juan d'Autriche, dans le golfe de Naples. On peut lire quelques détails sur lui au tome IV, Appendice, XIX, p. 362-364.

Des trois neveux de Bassompierre, l'aîné, Anne-François, marquis de Bassompierre, fut tué en duel en mai 1646, sans avoir été marié (P. Anselme, t. VII, p. 468). Le second, Charles, baron de Dommartin, épousa Henriette d'Haraucourt : sa postérité masculine a continué seulement jusqu'à la seconde génération. Le troisième, Gaston-Jean-Baptiste, marquis de Baudricourt et de Bassompierre, a laissé une descendance, attachée successivement au service de la Lorraine et de la France : Charles-Jean-Stanislas-François, marquis de Bassompierre, mort en 1837, a été le dernier représentant mâle de cette lignée. Les familles qui peuvent aujourd'hui porter le nom de Bassompierre ne se rattachent par aucun lien à la maison de Betstein.

Le maréchal de Bassompierre laissa une succession obérée, dont la liquidation fut d'une longueur sans exemple. A son inventaire, commencé en l'hôtel où il demeurait, rue Neuve-des-Petits-Champs, le 15 octobre 1646, et continué jusqu'en janvier 1647, ses neveux se portèrent d'abord comme héritiers et en même temps comme créanciers. Au cours de l'inventaire un jugement déclara le futur évêque de Saintes seul héritier bénéficiaire du maréchal. Ce prélat mourut sans avoir rien recueilli de la succession. La baronnie de Bassompierre et le marquisat d'Harouel furent soumis à des adjudications que compliquèrent les changements de domination subis par la Lorraine. Des procédures et des arrêts nombreux intervinrent pendant toute la durée du siècle et la première moitié du siècle suivant. En déposant des conclusions longuement motivées, l'avocat général de Montureux adressait à la cour de Nancy les paroles suivantes :

« Si le maréchal de Bassompierre s'étoit contenté d'immortaliser son nom par ses glorieux exploits dans la guerre, par ses sages conseils dans le cabinet, et par les heureux succès que son grand génie lui procura dans les négociations importantes dont il fut chargé, sa maison auroit aujourd'huy l'avantage d'unir la possession de ses grands biens à la gloire dont il l'a comblée. Mais la magnificence de ce seigneur étant encore infiniment supérieure à sa fortune, les dépenses qu'il a faites et les dettes qu'il a contractées pour y subvenir, ont été telles que l'on empruntoit communément son nom pour exprimer le titre de Magnifique, et qu'elles ont mis ses affaires aussi bas que sa naissance, son mérite et son rang étoient élevez, ce qui fait qu'il a laissé à ses héritiers beaucoup plus d'honneurs que de biens. »

« Il y a plus de soixante ans qu'on les voit contester en différens tribunaux pour sauver quelques tables du naufrage, et le fameux procès touchant le marquisat d'Harouel vient seulement d'être terminé. Mais comme si la justice ambitionnoit de voir la mémoire de ce grand homme se perpétuer dans son sanctuaire comme elle se perpétue partout ailleurs, il semble que les difficultéz de sa succession renaissent de leurs cendres pour ne devoir jamais finir. En sorte qu'après de si longues poursuites de leur part sur le décret du marquisat d'Harouel, il est aujourd'huy question de décider du mérite de celui de la baronnie de Bassompierre dont la perte leur seroit d'autant plus sensible que cette terre, en portant leur nom, porte le titre de leur noblesse et de leur gloire. »

Enfin le 25 octobre 1719, les héritiers de Georges-African, marquis de Removille, frère du maréchal de Bassompierre, cédèrent au prince de Craon tous leurs droits contre la succession vacante et abandonnée, et se désintéressèrent ainsi de cette longue procédure. Toutefois il paraissent encore le 23 octobre 1752 dans un acte confirmatif du traité de cession.

Les fastueuses prodigalités du maréchal de Bassompierre, les dépenses nécessitées par ses grandes charges, ses galanteries peut-être, furent les causes principales de sa ruine.

Mais parmi ses sources de dépenses on peut compter la composition d'une riche bibliothèque, et la protection généreuse qu'il accorda aux gens de lettres, protection attestée par le nombre considérable des ouvrages qui lui furent dédiés; la nomenclature suivante est probablement incomplète :

Les chastes destinées de Chloris, ou *Roman des histoires de ce temps,* mêlé de prose et de vers, par le sieur du Souhait. Paris, Fr. Huby. 1609.

Philis, tragédie, par Chevalier. Paris, Jean Jannon. MDCIX.

L'art de régner, ou le sage gouverneur, tragi-comédie, par Gillet de la Tessonnerie. Une édition de 1649 de ce poëme fait partie de la collection des Elseviers.

Lettres amoureuses et morales des beaux esprits de ce temps, recueillies par F. de Rosset.

Les jours caniculaires, composez en latin par messire Simon Maiole d'Ast, mis en françois par F. de Rosset.

Le sommaire armorial. Paris, Pierre Billaine. MDCXXXVIII.

Peristandre, ou l'illustre captif, roman en prose, par Demoreaux. Paris, Antoine Robinot. MDCXXXXII.

La conduite du courtisan, petit traité en prose, par François de Soucy, sieur de Gerzan. Paris, Jean Bessin. MDCXXXXVI.

Orasie, roman, par mademoiselle de Senneterre, dédié au maréchal par son éditeur. Paris, veuve de Nicolas de Sercy. 1646.

Le livre *De admirandis naturæ reginæ deæque mortalium arcanis*, soixante dialogues écrits en latin par Lucilio Vanini, qui se faisait appeler Jules César. Paris, Adrien Périer. MDCXVI. L'auteur de la *Vie de Lucilio Vanini*, en racontant que Bassompierre l'avait eu un moment pour aumônier, fait peser sur ce dernier, assez injustement à mon avis, l'accusation de n'avoir pas été

« autrement fort chargé de religion. » Au contraire le célèbre athée, comme s'il eût voulu placer son livre sous un patronage sûr, lui disait dans son épître dédicatoire : Sæpenumero adversus hæreticos te disserentem excipiens, suspicabar an ab ipso Deo consulto donatum fuerit cognomentum, *Bassompetrœus, Petri S. Ecclesiæ basis* (1).

L'inventaire de la bibliothèque du maréchal de Bassompierre, l'une des plus belles de son temps (2), fut fait après sa mort par les libraires Sébastien Cramoisy et Jacob Chevalier. Cet inventaire imprimé est à la bibliothèque Mazarine sous le n° 18611. Il renferme plus de sept cents numéros. On ne saurait dire combien de fois seraient décuplés aujourd'hui les prix de quelques-uns des ouvrages qui y sont mentionnés.

Bassompierre, d'ailleurs, était lui-même un écrivain. Outre ses *Mémoires*, dont le style, toujours aisé et correct, possède des qualités diverses, appropriées aux sujets divers qu'ils traitent, outre ses *Ambassades*, publiées, d'une manière très-incomplète, à Cologne, chez P. du Marteau,

---

(1) Les arts s'exercèrent aussi en l'honneur de Bassompierre. Outre la belle toile de Van-Dyck, je possède un portrait sur marbre du maréchal à cheval, en armure dorée. Un autre portrait, peint dans la manière de Philippe de Champagne, appartient à M. le comte de Laugier-Villars. Une médaille, frappée en 1633, porte d'un côté la tête de Bassompierre en demi-relief, avec la légende FR. A. BASSOMPIERRE FRANC. POLEM. GLIS. HELVET. PRÆF., et de l'autre un phare sous un ciel étoilé avec les mots : *quod nequeunt tot sidera præstat*. Le P. Bouhours (*Entretiens d'Eugène et d'Ariste*) critique cette devise : il fait aussi quelques réserves au sujet d'une autre devise du maréchal, qui avait pour corps une fusée volante, et pour âme ces mots : *Da l'ardore l'ardire;* cette dernière plaisait cependant à Mme de Sévigné.

(2) « Monseigneur de Bassompierre est en estime d'un esprit très accomply pour les sciences ; car son étude est continuelle, aussi bien que le soin qu'il a de rechercher les meilleurs livres pour enrichir sa célèbre bibliothèque où sont conservez plus de quatre mille volumes. » (*Traicté des plus belles bibliothèques,* par le P. Louis Jacob. Paris, Rolet-le-Duc, M.DC.XLIV.)

en 1668, il a composé un certain nombre de discours académiques et de traités et lettres sur divers sujets, qui sont conservés en manuscrit autographe à la Bibliothèque nationale. (Fr. 19196, précédemment *Saint-Germain français* n° 1030, et auparavant *Ex bibliotheca mss. Coislinianâ*, n° 1550). Une copie en deux volumes, contenant quelques morceaux de plus, porte les n°s 19195 et 19197 (précédemment *Saint-Germain français* n° 1030 et *Ex bibliotheca mss. Coislinianâ*, n°s 1549 et 1551). Il a encore écrit de sa main un *Repertoire* où se trouvent des pensées, ou personnelles, ou extraites de différents ouvrages, des pièces de vers en diverses langues, des morceaux détachés, etc. Le tout est renfermé dans quatre petits volumes in-4° qui figurent à la Bibliothèque nationale sous les n°s 14224-14227 du Fonds latin (précédemment *Saint-Germain français*, 1999), et dans un cahier joint à un volume in-folio de la bibliothèque de l'Arsenal (Fr. Histoire. 192). Bassompierre se venge de la réserve qu'il avait longtemps gardée, en inscrivant dans ce recueil des épitaphes sanglantes sur le cardinal de Richelieu, et même sur le P. Joseph. Peut-on s'en étonner, ou le blâmer de ce changement? Le despotisme n'engendre-t-il pas toujours le culte servile de sa puissance et l'insulte à sa chute?

On a publié en 1802 un livre intitulé: *Nouveaux Mémoires du maréchal de Bassompierre* (Paris, Locard fils. An X. 1802), extraits des papiers du président Hénault. M. Hippeau a vu une copie de ces mémoires dans les papiers du château de Tillières, où le maréchal fut relégué après sa délivrance, et il en conclut qu'ils peuvent justement lui être attribués. Comme ils ne sont pas autographes, et que leur authenticité n'est pas absolument certaine, la Société n'a pas jugé à propos de les ajouter au *Journal de ma vie*.

Enfin les *Remarques* sur l'histoire des rois Henri IV et Louis XIII, par Scipion Dupleix, telles du moins qu'elles ont été mises en circulation et plus tard imprimées, sont énergiquement reniées par le maréchal à qui on les attribuait. Elles n'en sont pas moins curieuses, surtout si on les rapproche de la réponse de Scipion Dupleix. On peut voir à ce sujet les *Mémoires* (t. IV, p. 232 et suiv.) et l'Appendice, XIII, même tome, p. 355-356.

Je ne puis mieux terminer cette notice qu'en rapportant sur la personne de Bassompierre et sur son œuvre le jugement d'un homme qui fut, comme lui, militaire, courtisan et écrivain, et qui subit comme lui l'épreuve d'une longue disgrâce. Bussy-Rabutin écrit le 16 août 1671 à Mme de Scudéry :

« Je n'ai point vu de mémoires plus agréables ni mieux écrits que ceux du maréchal de Bassompierre. Je ne sais si l'idée que j'ai de lui ne me prévient pas en leur faveur. C'étoit un homme de grande qualité, beau, bien fait, quoique d'une taille un peu épaisse. Il avoit bien de l'esprit et d'un caractère fort galant. Il avoit du courage, de l'ambition et l'âme d'un grand roi. Encore qu'il se loue fort souvent, il ne ment pas. Mais j'eusse voulu qu'il nous eût rapporté les ordres du roi, les lettres particulières de Sa Majesté, celles des ministres et des généraux d'armée, et même celles des maîtresses avec ses réponses (1). Car comme l'histoire n'est que le portrait des gens dont on parle, rien ne fait mieux connoître leur caractère que leurs lettres, outre que le maréchal eût mieux établi les choses qu'il nous a dites. Et il ne faut pas que pour l'excuser, on dise qu'ayant écrit de mémoire sa vie, il ne pouvoit se souvenir de tous ces ordres et de toutes les lettres dont je viens de parler, car il est certain qu'on les garde d'ordinaire pour sa famille. Mais pour ce

---

(1) La lecture des *Mémoires* eût été difficile si elle avait été continuellement interrompue par des pièces officielles. Les *Ambassades* répondent au désir de Bussy en ce qui concerne les missions diplomatiques. Quant aux lettres des maîtresses, on sait ce que Bassompierre en a fait, et, à dire vrai, je crois qu'il a rendu service à la postérité.

qu'il dit qu'il a écrit sa vie de mémoire, cela ne peut pas être. Le moyen de s'imaginer que l'on puisse écrire par le seul ressouvenir les choses qu'on a faites et dites jour par jour trente ans auparavant. Ainsi le maréchal, en voulant faire estimer sa mémoire, fait mépriser son jugement. Il nous a dit encore des bagatelles inutiles, à moins que de nous en dire un plus grand détail, que de dire qu'un tel jour il eut une bonne fortune, qu'un autre il s'embarqua avec une dame blonde, qu'un autre il donna à dîner, sans nous dire ni les dames, ni les messieurs, ni les aventures, ni ce qui se passa d'agréable à ces repas, qui sont des choses dont le lecteur peut avoir de la curiosité. Mais avec tout cela les beautés de ses mémoires sont très-grandes et les défauts sont très-petits. S'il s'étoit donné la peine de les relire avec un de ses amis, il auroit ôté les bagatelles ou il les auroit rendues curieuses par les particularités qu'il en auroit dites, comme celle de sa lingère. Quoique cette bonne fortune ne lui fasse pas grand honneur, l'aventure est si extraordinaire qu'on est bien aise de la savoir. Enfin c'est un malheur au cardinal de Richelieu et une tache à sa vie que d'avoir persécuté un aussi galant homme que le maréchal de Bassompierre, et l'on ne peut aimer celui-ci, comme il est impossible de s'en défendre, sans haïr l'autre. »

Mis DE CHANTÉRAC.

PRÉFACE DE L'ÉDITION DE 1665 (1).

Le mareschal de Bassompierre, auteur et heros de ce livre, fait si bien son caractere en cet ouvrage, qu'il ne faut point d'autres couleurs, ny d'autres traits de pinceau, pour en faire un pourtraict achevé. Il avoit fait les memoires de sa vie, sans ordre, mais si remplis de belles choses, qu'il avoit remarquées en ses ambassades en Suisse, en Espagne et en Angleterre, qu'il seroit à desirer qu'il les eust laissés en l'estat qu'ils estoient, et qu'ils sont encore entre les mains d'un prelat, qui est le fils qu'il eut de mademoiselle d'Entragues. Il les rangea en la maniere qu'on les donne aujourdhuy au public, pendant sa detention dans la Bastille, à la priere du comte de Carmain, et au sortir de la prison il ne se pût jamais resoudre à y mettre la derniere main, ny à les achever. Ce qui est cause que l'on y trouve encore plusieurs passages que la cour d'aujourdhuy jugeroit estre barbares, et plusieurs autres qui ne sont pas françois, et qui font connoistre que l'auteur ne l'estoit pas. Celuy qui vous fait present de ce livre, ne les a pas voulu corriger, parce que ces petites fautes sont suffisamment reparées par une infinité de belles choses, dont le livre est remply :

---

(1) Il ne sera peut-être pas sans intérêt de lire la préface de l'édition de 1665, qui est mentionnée dans la Notice.

estant vray que sur la fin du regne de Henry IV et pendant la vie de Louis XIII il n'y a point eu de courtisan qui ait eu plus de part aux intrigues de la cour que le mareschal de Bassompierre, jusqu'à ce que son emprisonnement l'eut mis hors d'estat d'agir. Pour ce qui est de la fin de sa vie, je croy en devoir dire un mot, pour donner un peu de lumiere à ce que l'auteur tasche de déguiser, quand il parle du sujet de sa disgrace et de son emprisonnement. Il avoit des liaisons fort estroites avec le duc de Guise, et avec la princesse de Conty, sa sœur, partisans declarés de la Reine mère, Marie de Medicis, et ennemis du cardinal de Richelieu, auquel cette amitié le rendoit fort suspect. Mais ce qui l'acheva de ruiner dans l'esprit de ce cardinal, ce fut que lorsque le Roy defunct fut malade à l'extremité à Lion, le cardinal pria le mareschal de Bassompierre de luy asseurer les Suisses, dont il estoit collonel general, en cas que le Roy vinst à mourir. Ce que M. de Bassompierre ne voulut pas faire, et dit qu'il faloit que Son Eminence employast pour cela M. de Villeroy, gouverneur de la ville; lequel y pourroit estre disposé par le moyen de M. de Chasteauneuf, son cousin germain, et alors confident du cardinal. De sorte que le Roy estant revenu de cette maladie, le cardinal se souvint de la mauvaise volonté que M. de Bassompierre luy avoit tesmoignée, et le fit arrester. Il demeura prisonnier jusques apres la mort du cardinal de Richelieu, au mois de decembre 1642. Apres le decès du feu Roy il rentra en la fonction de sa charge de collonel general des Suisses; et pendant les premieres années de la regence la Reine luy fit beaucoup de bien. Il ne vit pas les dernieres, parce qu'en l'an 1646, estant allé faire un voyage en Brie, et estant dans une des maisons de M. de Vitry, on le trouva suffoqué par un catarre. Les dames, qui ont aidé à le ruiner, l'ont regretté, quoiqu'il soit mort bien à propos pour luy, parce qu'il n'avoit plus de quoy fournir à l'excessive despense qu'il avoit accoustumé de faire, ny mesme de quoy vivre; comme apres sa mort les creanciers n'ont pas trouvé de quoy se payer de la vingtiesme partie de ce qui leur estoit deu. Ses parents ont renoncé à sa succession ; et mesmes aujourdhuy il n'y a personne de ce nom. Le fils qu'il a eu d'une princesse de maison souveraine, et mariée dans la maison royale, lequel on a connu sous le nom de la Tour, mourut peu de temps apres le pere, et de la mesme façon, et l'autre est evesque et prestre.

JOURNAL DE MA VIE

Je souhaiterois, pour mon contentement particulier, d'avoir receu, au commencement de ma jeunesse, le conseil (que vous me donnés apres qu'elle est presque terminée) de faire un papier journal de ma vie; il m'eut servi d'une memoire artificielle, non-seulement des lieux ou j'ay passé lors que j'ay esté aux voyages, aux ambassades, ou a la guerre, mais aussy des personnes que j'y ay pratiquées, de mes actions privées et publiques, et des choses plus notables que j'y ay veues et ouïes, dont la connoissance me seroit maintenant tres utile, et le souvenir doux et agreable. Mais puis que, faute d'advertissement ou de consideration, j'ay esté privé de cet advantage, j'auray recours a celuy que me donne l'excellente memoire que la nature m'a departie (1), pour rassembler le debris de ce naufrage, et restablir cette perte autant que je pourray, continuant a l'advenir de suyvre vostre salutaire conseil, duquel toutefois je n'useray point pour l'effet que vous me proposés, de laisser a celuy qui voudra descrire ma

---

(1) C'est à cette assertion que se rapporte une des critiques adressées par le comte de Bussy à l'auteur de ces mémoires. Voir la notice sur le maréchal de Bassompierre.

vie la matiere de son œuvre; car elle n'a pas esté assés illustre pour meriter d'estre donnée à la posterité, et pour servir d'exemple a ceux quy nous survivront, mais seulement pour remarquer le temps de mes accidents et juger quelles années m'ont esté sinistres ou heureuses, et affin aussy que sy Dieu me fait la grace de parvenir jusques a cette vieillesse quy affoiblit les facultés de l'ame et de l'esprit, et particulierement celles de la memoire, je trouve dans ces journaux de ma vie ce que j'auray perdu dans mon souvenir, lesquels estant necessaire de remplir pour la plus part de choses basses, ridicules, ou inutiles aux autres, ne seront jamais reveues que de moy, quand j'y voudray chercher quelqu'une de mes actions passées, ou de vous qui estes un second moy mesme (1), et pour quy je n'ay rien de secret ou caché, quand vous voüdrés apprendre ou connestre quelque chose de mon extraction, de mes ancestres, des biens qu'eux et moy ont possedés, de ma personne et de ma vie.

Entre les bonnes maisons de l'empire en Allemai-

---

(1) Quel est cet ami, ce second *moy-mesme*, par le conseil duquel le maréchal de Bassompierre a rédigé ses mémoires? La préface de l'édition de 1666 nomme, sans hésiter, le comte de Carmain ou de Cramail. Cependant ce personnage ne figure pas dans les mémoires de Bassompierre comme son intime ami; et de son côté, comme nous l'avons vu dans la Notice, il ne faisait point part de toutes ses pensées au maréchal, dont il était devenu, en 1635, le compagnon de captivité. Cette désignation si pleine d'affection et de confiance ne conviendrait-elle pas mieux au maréchal de Créquy, duquel Bassompierre dit dans son journal que, depuis leur connaissance, il avait toujours vécu avec lui comme frère? Créquy ne fut tué qu'en 1638, c'est-à-dire quelques années après que Bassompierre eut commencé à écrire ses mémoires.

gne, celle de Ravenspourg a esté, de temps immemorial, tenue des plus anciennes et illustres, dont les seigneurs ont possedé les comtés de Ravenspourg et de Ravenstein (1), les baronnies de Bettstein et d'Albe (2), avesques la ville de Guenep (3) et plusieurs autres terres, par longues années. Le penultieme comte de la dite maison, nommé Wlrich III°, eut deux enfans ausquels il partagea les biens de sa succession en l'année....., et donna à son fils ainé, nommé ~~Everard~~, les comtés de Ravenspourg et de Ravenstein avesques la seigneurie de Guenep, et laissa au puiné, nommé Simon, les baronnies de Bettstein et d'Albe, avesques plusieurs autres terres dans le

---

(1) Le comté de Ravensberg, que le maréchal appelle Ravenspourg, c'est-à-dire Ravensburg, était situé entre le Weser et l'Ems, et limité par l'évêché d'Osnabruck, la principauté de Minden, le comté de Lippe et l'évêché de Munster. — La seigneurie de Ravenstein s'étendait sur la rive gauche de la Meuse : Ravenstein est aujourd'hui une ville de la province de Brabant septentrional, au royaume de Hollande.

La succession de Ravensberg s'ouvrit en même temps que celle de Juliers et de Clèves, et plusieurs maisons souveraines, celles de l'électeur de Saxe, de l'électeur de Brandebourg et de l'électeur palatin, ont porté depuis dans leurs armes, à raison du comté de Ravensberg, un quartier d'argent à trois chevrons de gueules, qui est Bassompierre.

(2) Betstein ou Bassompierre : la plupart des lieux de la Lorraine allemande avaient deux noms, dont l'un était la traduction approximative de l'autre. La baronnie de Bassompierre était située près de Sancy, à trois lieues de Briey, aujourd'hui département de la Moselle, arrondissement de Briey, canton d'Audun-le-Roman. — Albe s'est depuis appelée Sarrealbe ; c'est aujourd'hui un chef-lieu de canton de l'arrondissement de Sarreguemines (Moselle), situé au confluent de la Sarre et de l'Albe.

(3) Gennep, ville du royaume de Hollande, province de Limbourg, située près du confluent de la Neers et de la Meuse.

pays de Westrich (1), et cent florins d'or de rente perpetuelle sur chascune des villes de Colongne, de Strasbourg, et de Mets. Or Everard, dernier comte de Ravenspourg, n'ayant qu'une fille qu'il vouloit donner en mariage au fils ainé de Simon son frere, a quy retournoit son bien faute d'hoirs masles, suyvant les constitutions imperiales, il en fut empesché par l'empereur Adolph (2), de la maison de Nassau, quy estoit oncle maternel de..... marquis de Juliers, a quy les dites comtés de Ravensbourg et de Ravenstein estoint fort commodes pour estre voysines de ses terres; et voulut que la dite fille fut mariée au dit marquis son neveu, auquel il donna, par une patente de bulle d'or, les dites comtés, comme devolues de par sa femme, fille du dernier comte : et par ce moyen le fils de Simon et ses descendans demeurerent privés de leur legitime et paternel heritage; et le dit marquis de Juliers en ayant esté mis en possession, luy et ses successeurs en ont jouy sans que le proces intenté sur ce sujet par ceux de la maison de Bettstein contre les marquis de Juliers, qui est pendant a la chambre imperiale de Spire, ait peu encores estre jugé, ny que les descendans de Simon de Ravenspourg et de Bettstein, quy ont depuis, a toutes les diettes, pretendu et demandé la qualité et le rang de comtes de Ravenspourg, ayent peu obtenir autre chose sinon

---

(1) Le Westrich, ou Westerreich, était une des cinq contrées du Bas-Palatinat ou Palatinat du Rhin; il était borné au midi par la Lorraine, qui même autrefois en faisait partie.

(2) Adolphe de Nassau, fils de Walram, comte de Nassau, et d'Adélaïde de Katzenellenbogen, empereur en 1292, tué à la bataille de Spire, le 2 juillet 1298.

que, quand la litispendance seroit jugée, on leur feroit droit; et cependant, qu'ils prendroint le rang et la seance de barons de Bettstein.

Les descendans de ce Simon servirent les ducs de Bourgongne en charges honorables de guerre, jusques a ce qu'en l'année.....(1), le duc Charles de Bourgongne ayant conquis une petite ville d'empire, nommée Espinal, de laquelle mes ancestres estoint de long-temps bourgraves ou protecteurs, et ayant le dit duc Charles fait esperer a mon trisayeul, nommé ~~Simon~~ II*e*, de luy donner la dite ville apres la conqueste d'icelle, en investit, contre sa promesse, le seigneur de Neuf-chastel, mareschal de Bourgongne : ce quy fit que le dit ~~Simon~~ quitta son service et se mit dans le party du duc de Lorraine (2) et des Suisses, quy estoint lors en guerre avesques le dit Charles, et leur mena trois cens chevaux a ses despens, comme les chroniques en font foy (3). Et de la bourgravie du dit Espinal est

---

(1) Ce fut en 1475 que Charles-le-Téméraire prit Epinal et conquit la Lorraine. La ville d'Epinal qui s'était donnée à Charles VII en 1444, avait été déjà cédée par Louis XI à Thiébaud de Neufchastel, maréchal de Bourgogne; mais les bourgeois mécontents avaient obtenu du roi, en 1466, l'autorisation de se choisir un souverain, qui fut Jean d'Anjou, duc de Lorraine. (Voyez le P. Benoist, *Origine de la maison de Lorraine*, pp. 412 et 431, et D. Calmet, *Histoire ecclésiastique et civile de Lorraine*, liv. XXVIII.)

(2) René II, duc de Lorraine, fils de Ferry II, comte de Vaudemont, et de Yolande d'Anjou, mort en 1508.

(3) Le sire de Bassompierre, que les histoires et généalogies appellent Geoffroy, assista au serment fait le 21 juin 1476 par le duc René de Lorraine en l'église de Saint-Dié, conduisit à la bataille de Nancy, le 5 janvier 1477, une partie de la cavalerie de l'avant-garde, avec Oswald, comte de Thierstein, le bâtard de

encores demeuré en nostre maison le cens que la dite ville payoit a nos ancestres lors qu'elle estoit ville libre : lequel cens se comprend d'une certaine cuillier ou mesure de tout le grain quy se vend en la dite ville.

Ce mesme ~~Simon~~ de Bettstein avoit espousé la fille ainée du comte d'Ogervillier (1), un seigneur de Crouy ayant espousé la seconde, et la troisieme fut mariée au reingraf; le dit comte n'ayant que ces trois filles, ausquelles il partagea son bien; et pour la part de mon trisayeul escheurent les terres de Rosieres (2), Pulligny, Acraigne, Remoncourt et Chicourt, avesques la cuillier de la fée, comme au reingraf escheut la bague, et au seigneur de Crouy le gobelet.

Il se dit de ces trois pieces qu'elles furent données

Vaudemont, et d'autres, tandis que le jeune Bassompierre combattait à côté du duc; et reçut le gouvernement de Nancy et le titre de capitaine de Darney. Il eut guerre avec la cité de Metz, et figura dans le traité par lequel la paix fut conclue entre le duc de Lorraine et les Messins, le 31 mai 1493.

(1) Geoffroy de Bassompierre, fils de Jean, sire de Bassompierre, et de Jeanne de Pulligny, avait été marié en premières noces à Marguerite de Pulligny; il épousa en secondes noces, en 1469, Philippe de Wisse, fille de messire Waultrin de Wisse, seigneur de Gerbeweiler, et de dame Claude de Watronville. Waultrin était frère de Jean de Wisse, seigneur d'Ogerweiler, et commandait, comme lui, à la bataille de Nancy.

(2) Rosières-aux-Salines, ville du département de la Meurthe, arrondissement de Nancy, canton de Saint-Nicolas-du-Port. — Pulligny, Accraigne, l'un et l'autre dans le canton de Vezelise, arrondissement de Nancy, département de la Meurthe.— Remoncourt, village du canton de Vittel, arrondissement de Mirecourt, département des Vosges. — Chicourt, village sur la Nied française, arrondissement de Château-Salins, département de la Meurthe.

au seigneur d'Ogervillier, pere de ces filles, par une fée (1) quy estoit amoureuse de luy, et quy le venoit trouver tous les lundis en une salle d'esté, nommée en allemand *sommerhause* (2), ou il venoit coucher tous les lundis, sans y manquer, faisant croyre a sa femme qu'il alloit tirer a l'affut au bois, et de la se retirer la : ce quy ayant donné, au bout de deux ans, ombrage a sa femme, elle tascha de descouvrir ce que c'estoit, et entra un matin en esté dans cette sommerhause, ou elle vit son mary couché avec une femme de parfaite beauté, et tous deux endormis, lesquels elle ne voulut resveiller, seulement estendit sur leurs piés un couvre-chef qu'elle avoit sur sa teste, lequel estant apperceu de la fée a son reveil, elle fit un grand cry, et plusieurs lamentations, disant qu'elle ne pouvoit jammais plus voir le comte son amant, ny estre a cent lieues proche de luy, et le quitta, luy faisant ces trois dons pour ses trois filles, qu'elles et leurs descendans devoint soigneusement garder, et ce faisant, qu'ils porteroint bonheur en leurs maisons et descendans.

Le mesme ~~Simon~~, apres la mort du duc Charles le Terrible, se remit au service de la maison de Bourgongne et d'Austriche, qui furent incorporées par le

---

(1) Toutes les éditions précédentes et les copies portent ici : *une femme,* au lieu de : *une fée;* ce qui enlevait tout son charme à cette légende. Il faut convenir du reste que cette fée, la dernière des fées selon toute apparence, s'était un peu attardée dans le siècle où se place son histoire. Grimm, dans sa correspondance, raconte ce trait, mais il l'attribue aussi à une simple femme. Dans l'*Historiette de Bassompierre,* Tallemant des Réaux rapporte l'anecdote avec beaucoup de détails et avec sa couleur véritable.

(2) *Sommerhaus,* en allemand, maison d'été, ou pavillon.

mariage de Maximilian (1), fils de l'empereur Frederich, et de Marie, heritiere de Charles de Bourgongne.

~~Simon~~ de Bettstein eut plusieurs enfans masles ; mais le dernier seulement, nommé aussy (2) Simon III⁰, eut lignée ; lequel fut marié à Alix (3), sœur ainée du seigneur de Baudricourt, mareschal de France et gouverneur de Provence et de Bourgongne, laquelle fut heritiere par moytié, avesques son autre sœur, mariée au seigneur de Chaumont, frère du cardinal d'Amboyse. Et les biens du dit mareschal furent partagés entre les deux sœurs, par leur frere, de façon que tout ce quy lui appartenoit au dela de la Meuse, du costé de Lorraine et d'Allemaigne, escheut à sa sœur ainée, mariée a mon bisayeul quy eut aussy l'estat de

---

(1) Maximilien Ier, fils de Frédéric III, et d'Eléonor de Portugal, né le 22 mars 1459, empereur en 1493, mort le 12 janvier 1519.

(2) Ce degré n'est mentionné ni par le P. Anselme, ni par l'abbé Lyonnois dans ses *Observations sur la généalogie de la maison de Bassompierre*, manuscrit conservé aux archives de cette maison, ni par le certificat de la preuve pour les ordres du roi. Il faut en conclure que Simon devait être, soit un frère de Geoffroy, soit un fils né de son premier mariage, et n'ayant pas laissé de postérité.

(3) Le P. Anselme nomme Alix de Baudricourt, mariée à Simon de Bestin, seigneur de Bassompierre, et lui donne pour frère Jean, seigneur de Baudricourt, maréchal de France. Mais Jean d'Amboise, seigneur de Bussy, dont il est ici question, avait épousé, non la sœur du maréchal de Baudricourt, mais bien sa nièce Catherine de Saint-Belin, fille de Geoffroy de Saint-Belin, baron de Saxe-Fontaine, bailli et capitaine de Chaumont-sur-Loire, et de Marguerite de Baudricourt. Il parait donc plus probable qu'Alix était la sœur de Catherine, héritière, comme elle, des biens du maréchal de Baudricourt, son oncle, qui mourut sans enfants.

baillif de Vosges, lequel fut conservé en la maison pour la commodité des terres quy y sont enclavées, et a passé de suitte apres luy a Geoffroy, François, et Glaude Antoine, ses descendans; et ce quy seroit deça la Meuse du costé de la France escheeroit au partage de la seconde, quy estoit femme du seigneur de Chaumont sur Loire, lequel eut aussy la capitainerie de Vaucouleurs sur Meuse.

Ce Simon fut colonel de trois mille lantsquenets sous l'empereur Maximilian en plusieurs occasions diverses, et finalement fit guerre par sept ans consecutifs contre la ville imperiale de Mets pour son fait particulier, ligué avec le baron de Beaupart (1), de la maison de Bavieres : au bout desquelles sept années l'empereur les pacifia, ordonnant à la ditte ville de payer a ces deux seigneurs, pour leurs frais et autres interets, quatorse mille florins.

Il laissa un fils, nommé Geoffroy, quy fut marié a une fille de la maison de Ville (2), quy fut aussy colonel de reitres et de lantsquenets sous l'empereur Maximilian; quy sur la fin de ses jours, se retira en un hermitage auquel il passa religieusement cinq années de sa vie, puis trespassa, laissant trois fils et trois filles (3).

L'ainé, nommé Maximilian, eut pour partage tous les

---

(1) Le baron de Boppart, de la maison de Bayer, seigneur lorrain.

(2) Jeanne de Ville-sur-Illon, fille de Colignon, sire de Ville, et de Mahault de Ville, épousa le 22 juin 1494, Christophe Ier (et non Geoffroy), sire de Bassompierre et d'Harouel, lequel était fils, et non petit-fils de Geoffroy, appelé à tort Simon II.

(3) Les filles furent : Marie, l'ainée, mariée à Peter Ernest,

biens paternels de la mayson de Bettstein, quy fut marié a une comtesse de Lininguen (1), et eut d'elle un fils nommé Theodorich, quy est mort sans enfans, ce quy a investi Christofle, dernier fils de François, des biens paternels de la maison.

Le deusieme, nommé Tiedrich, fut grand prevost de Mayence, chanoine de Wirtsbourg (2), et eut plusieurs autres benefices.

Le troisieme et dernier, nommé François, quy fut mon grand-pere, eut la succession de sa grand mere

---

comte de Mantsfeld (1), de laquelle sont issus le comte Charles et le comte Octave, tous deux morts sans enfans.

La seconde, Susanne, mariée au baron de Pappenheim (2).

Et la troisieme, Yolande, mariée au comte de Westerbourg (3), lequel mourut peu de temps apres ses noces sans avoir lignée; et elle fut en secondes noces remariée au seigneur d'Autray (4), de Bourgongne, puis finalement au sieur de Port sur Seille (5).

(Addition de l'auteur).

(1) Les comtes de Linange ou Leiningen étaient comtes d'Empire, du banc de Wetteravie.

(2) Wurzbourg en Bavière.

(1) Pierre Ernest, comte de Mansfeld, fils d'Ernest II, comte de Mansfeld, et de Dorothée de Solms, sa seconde femme. Les comtes de Mansfeld étaient comtes d'Empire, du banc de Wetteravie : Pierre Ernest fut fait prince de l'Empire par Maximilien II. Il mourut octogénaire en 1604.

(2) Les comtes de Pappenheim avaient dans leur maison la plus ancienne charge de maréchal héréditaire de l'Empire. Ils étaient comtes d'Empire, du banc de Souabe.

(3) Les comtes de Westerbourg étaient de la maison de Runckel; par suite d'une alliance ils prirent au XVe siècle les terres et le titre des comtes de Linange, et devinrent comtes de Leiningen Westerburg. Ils étaient comtes d'Empire, du banc de Wetteravie.

(4) Louis des Armoises, seigneur d'Autrey, épousa par contrat du 23 avril 1522, Philippe, et non Yolande, de Bassompierre.

(5) Il paraît d'après les papiers de famille que ce fut une autre fille de Christophe, Antoinette de Bassompierre, qui épousa par contrat du 19 juin 1525, Claude de Nouroy, sieur de Port-sur-Seille, fils d'Antoine de Nouroy, sieur de Port-sur-Seille, et de Claude de Serrières. Il n'est question ni pour l'une ni pour l'autre d'une première alliance.

Alix de Baudricourt, quy consistoit aux terres de Harouel, Removille, Chastelet, Baudricourt, Ville sur Illon, Ormes, Mandres (1), et autres seigneuries, comme aussy le bailliage de Vosges. Il fut nourri page d'honneur du duc Charles de Luxembourg, prince des Flandres, infant d'Espaigne, et depuis empereur Charles Quint, duquel il fut puis apres gentilhomme de la chambre, et en suitte capitaine de sa garde allemande. Il fut colonel de lantsquenets en plusieurs guerres, en France, en Italie, en celle d'Ingolstat (2), en la bataille gaignée contre Maurice de Saxe (3), et fut enfermé au siege de Vienne en Austriche, par Soliman (4), et suivit l'empereur en l'entre-

---

(1) Harouel ou Haroué, bourg, château et seigneurie sur la rive droite du Madon, aujourd'hui chef-lieu de canton de l'arrondissement de Nancy, département de la Moselle. La terre fut érigée en marquisat, le 28 juillet 1623, en faveur du maréchal. — Removille, village à droite de la Vaire, aujourd'hui commune du département des Vosges, arrondissement de Neufchâteau, canton de Chatenoy. — Le Châtelet, sur la Vaire, à deux lieues de Neufchâteau. — Baudricourt, sur la Vraine, arrondissement de Mirecourt, département des Vosges; ancienne baronnie, érigée en marquisat du nom de Bassompierre, le 8 novembre 1719, en faveur de Jean Claude de Bassompierre. — Ville-sur-Illon, village du département des Vosges, arrondissement de Mirecourt. — Ormes, ancienne baronnie, réunie au marquisat d'Haroué. — Mandres-sur-Vaire, département des Vosges, arrondissement de Neufchâteau, canton de Bulgnéville.

(2) En 1546, la première campagne de Charles-Quint contre les confédérés de la ligue de Smalkalde se borna à des manœuvres sans résultats sur les bords du Danube.

(3) Le 22 avril 1547, l'électeur de Saxe, Jean-Frédéric, et non Maurice, fut vaincu et fait prisonnier par Charles-Quint à la bataille de Muhlberg.

(4) Le sultan Soliman II mit le siège devant Vienne le 26 sep-

prise de Tunes (1). L'empereur l'envoya en suitte son ambassadeur extreordinaire pres de sa niece Chrestienne (2), reine de Dannemarc, douairiere de Milan et de Lorraine, pour l'assister au gouvernement de la Lorraine pendant la minorité du duc Charles son fils, quy fut mis sous la tutelle d'elle, et de son oncle Nicolas, comte de Vaudemont (3), sous la protection de l'empereur Charles V^e. Mais au bout de six ans (4), le roy Henri deusieme de France ayant fait une puissante armée pour assister les protestants d'Allemaigne contre l'empereur Charles Quint, il prit en passant les villes imperiales de Mets, Toul, et Verdun; vint en Lorraine, d'ou il chassa la reine de Dannemarc, et envoya le duc Charles (5) en son royaume pour y estre

---

tembre 1529, et fut obligé de le lever, le 14 octobre, après un furieux assaut repoussé.

(1) L'entreprise de Tunis, en 1535.

(2) Christine de Danemarck, fille de Christiern II, roi de Danemarck, et d'Elisabeth d'Autriche, sœur de Charles-Quint; née en 1521, mariée en premières noces à François II Sforza, duc de Milan, et en secondes noces à François Ier, duc de Lorraine, veuve le 12 juin 1545, morte le 10 décembre 1590. Christine était princesse, mais non reine de Danemarck.

(3) Nicolas de Lorraine, comte de Vaudemont, depuis duc de Mercœur, second fils d'Antoine, duc de Lorraine, et de Renée de Bourbon-Montpensier, né le 17 octobre 1524, mort le 24 janvier 1577. Sa fille épousa Henri III, roi de France.

(4) En 1552.

(5) Charles II, ordinairement appelé Charles III, duc de Lorraine, fils de François Ier, duc de Lorraine, et de Christine de Danemarck. Ce prince, qui avait succédé à son père le 12 juin 1545, à l'âge de deux ans, fut élevé à la cour de France, et il épousa, le 22 janvier 1558, Claude de France, seconde fille de Henri II et de Catherine de Médicis. Il mourut le 14 mai 1606, après avoir régné 62 ans.

eslevé avesques les enfans de France; laissa l'administration de la Lorraine au comte de Vaudemont : et mon grand pere, François de Bettstein, quy s'estoit retiré en Vosges avesques quelques trouppes, estant venu a Rosieres sous un sauf conduit, pour traitter avesques le mareschal de SaintAndré (1), il fut conclu qu'il remettroit ce qu'il tenoit en Vosges entre les mains du roy, qu'il sortiroit de la Lorraine avesques les trouppes qu'il y avoit, sans y pouvoir plus rentrer, et que pour asseurance plus grande, il donneroit un de ses enfans en ostage, moyennant quoy la jouissance de ses biens luy seroit accordée; ce qu'il fit, et y envoya le plus jeune de trois qu'il avoit, nommé Christofle de Bettstein, mon pere, quy estoit lors page d'honneur du duc Charles Emanuel de Savoye (2) : et luy, se retira aupres de son maitre l'empereur Charles, avesques lequel il revint au siege de Mets, estant colonel de 3000 lantsquenets. Puis le siege estant levé, et l'empereur ayant remis ses estats entre les mains de son fils unique le roy d'Angleterre (3), depuis nommé Philippe deusieme, roy d'Espaigne, ledit empereur retint pour l'ac-

---

(1) Jacques d'Albon, marquis de Fronsac, seigneur de Saint-André, fils de Jean d'Albon, seigneur de Saint-André, et de Charlotte de la Roche, maréchal en 1547, tué à la bataille de Dreux, en 1562.

(2) Le duc Charles-Emmanuel n'était pas encore né à cette époque. Comme Bassompierre le dit plus loin avec plus d'exactitude, c'était auprès d'Emmanuel-Philibert, son père, que le jeune Christophe était élevé. Emmanuel-Philibert n'était même pas encore duc de Savoie : il succéda seulement le 16 septembre 1553 à son père Charles III, beau-frère de Charles-Quint.

(3) Philippe avait épousé, le 25 juillet 1554, Marie, reine d'Angleterre. Il monta sur le trône d'Espagne en 1556, par la cession de son père.

compagner en la retraitte qu'il fit au monastere de
Just en Espaigne ou il finit saintement ses jours, sa
compagnie des gardes espagnolle, et laissa l'allemande,
et la flamande, au roy son fils; mais il voulut que les
deux capitaines d'icelles, (quy estoint mon grand pere
et le marquis de Renty (1), vinssent avesques luy jusques au dit monastere de Just (ou il se retira); a la
porte duquel il leur dit adieu, et leur donna a chascun
un beau diamant pour souvenance de luy, et pour
marque de leur fidellité, que nous avons depuis soigneusement gardé. Mon grand pere, a son retour en
Flandres, trouva que le roy catholique luy avoit conservé sa charge de capitaine de la garde allemande,
mais non celle de gentilhomme de la chambre; ce quy
fut cause qu'il se retira. Et parce qu'il ne pouvoit
venir habiter en Lorraine, ou estoit son principal bien,
il se tint cheux son cousin le duc d'Arscot (2), quy, en
secondes noces, avoit espousé la tante paternelle du
duc Charles de Lorraine, de laquelle est issu le marquis d'Avray, pere du duc de Crouy, dernier mort.
Mais le dit François de Bettstein, peu de mois apres,

---

(1) Guillaume de Croy, marquis de Renty, frère puiné de Philippe II de Croy, duc d'Arschot; né en 1527, mort en 1565.

(2) Philippe II, sire de Croy, premier duc d'Arschot, fils de
Henri, sire de Croy, d'Arschot et de Renty, et de Charlotte de
Chasteaubriant, avait épousé en premières noces Anne de Croy,
princesse de Chimay, et en secondes noces Anne de Lorraine,
fille d'Antoine, duc de Lorraine, et de Renée de Bourbon, et veuve
de René de Nassau-Châlon, prince d'Orange.

Comme Philippe II de Croy était mort en 1549, ce fut probablement auprès de Philippe III de Croy, fils de ce seigneur et
d'Anne de Croy, que François de Bassompierre vint finir ses
jours.

soit de maladie particuliere, ou de regret d'avoir perdu son bon maitre l'empereur, et d'estre exilé de son bien, ou bien de poison, dont on se douta fort, deceda pres dudit duc d'Arscot, laissant six enfans de sa femme, dame Margueritte de Dommartin (1), sœur ainée du comte de Fontenoy, sçavoir : trois masles, Glaude Antoine, Bernhart, et Christofle; et trois filles, Yolande, abbesse d'Espinal, Madeleine, comtesse d'Ausbourg, et Margueritte, coadjutrice de Remiremont.

Glaude Antoine de Bassompierre, premier né de François, fut gouverneur et baillif de Vosges comme ses predecesseurs, et le fut aussy de l'evesché de Mets, apres qu'il en eut chassé Salsede, lequel s'y estoit revolté contre son maitre, M^r le cardinal de Lorraine (2), evesque de Mets, quy employa mes oncles, et mon pere, pour l'en tirer (3). Ce mesme

---

(1) Marguerite de Dommartin, fille de Guillaume de Dommartin, baron de Fontenoy, et d'Anne de Neufchastel-Montagu, était sœur de Louis de Dommartin, baron de Fontenoy. Elle fut mariée par contrat du 5 septembre 1529.

(2) Charles, cardinal de Lorraine, archevêque de Reims, second fils de Claude de Lorraine, premier duc de Guise, et d'Antoinette de Bourbon, né le 17 février 1524, mort le 26 décembre 1574. Il fut pourvu de l'évêché de Metz en 1550, mais il le résigna en 1551. Le siége était alors occupé par François de Beaucaire de Peyguillon, dont Salsède avait épousé la sœur.

(3) En 1565, le cardinal de Lorraine ayant obtenu des lettres de protection de l'empereur pour l'évêché de Metz, Pierre Salsède, Espagnol, qui en était gouverneur pour le cardinal, refusa, au nom de l'autorité du roi de France, de les laisser publier, et se mit en état de révolte contre ce prélat. Christophe de Bassompierre réduisit le château de Vic que Salsède occupait. L'affaire se termina par une transaction entre le roi et le cardinal de Lorraine.

Glaude Antoine fut aussy lieutenant colonel, tant de la cavalerie que de l'infanterie de son oncle M^r le reingraf (1), quy avoit espousé la sœur de Margueritte de Dommartin sa mere. Le dit reingraf fut envoyé avesques les 4000 lantsquenets de son regiment et les 1500 reitres qu'il commandoit, pour assieger le Havre occupé par les Anglois, auquel siege Glaude Antoine de Bettstein fut pris en une sortie et envoyé en Angleterre, et ne fut delivré que par la paix quy fut faite entre la France et l'Angleterre (2). Il avoit espousé dame Anne du Chastelet (3), sœur du seigneur de Deuilly, de laquelle il eut une seule fille, nommée Yolande, quy fut mariée a Erard de Livron (4), seigneur de Bourbonne, de laquelle il a eu plusieurs fils et filles. Finalement le dit Glaude Antoine estant venu a Paris pour faire la capitulation des deux regiments de quinze cens chevaux reitres chascun, dont le roy Charles avoit fait colonels le comte Charles de Mansfeld, son cousin germain, et Christofle de

---

(1) Jean Philippe Ier, rheingraf, fils puiné de Philippe, rheingraf, comte de Salm, auteur de la branche ainée de Dauhn, et d'Antoinette de Neufchastel, mourut à l'abbaye d'Orcamps le 10 septembre 1566. Les rhingraves étaient comtes de l'Empire, du banc de Wetteravie : ils furent la tige des princes de Salm.

(2) La prise du Havre de Grace eut lieu en 1563, et la paix fut conclue en 1564.

(3) Barbe du Châtelet, que Bassompierre appelle par erreur Anne, était fille de Pierre du Châtelet, baron de Deuilly, conseiller d'Etat, sénéchal de Lorraine, et bailli de Nancy, et de Bonne de Baudoche. Elle avait épousé avant 1563 Claude Antoine de Bassompierre, baron de Harouel, seigneur de Removille.

(4) Erard de Livron, baron de Bourbonne, fils de François de Livron, seigneur de Torcenay, et de Bonne du Châtelet, dame de Colombey.

Bassompierre, son frere cadet, en se jouant avec eux, il receut un petit coup d'espée dans le bas du ventre, quy ne luy entroit pas l'espaisseur d'un demy doigt, dont il mourut par une gangrene quy se mit dans sa playe.

Quant a Bernard de Bassompierre, second fils de François, il espousa une heritiere de la maison de Maugiron et de Montblet, de laquelle il n'eut aucuns enfans : il se trouva en plusieurs occasions de guerre, en charges honorables, au service de l'empereur Maximilian (1) : finalement il mourut de maladie en la ville de Vienne, ou il est enterré en l'eglise cathedrale, au retour du siege de Ziguet (2) en Hongrie, ou il estoit colonel d'un regiment de lantsquenets (3).

Des filles, Yolande (4) l'ainée a passé sa vie saintement dans son abbeie d'Espinal, et est morte agée de quatre vingt et neuf ans.

La deusieme, Madeleine, a eu plusieurs enfans (5), dont le fils ainé, baron de Raville, a esté lieutenant

---

(1) Maximilien II, fils de Ferdinand Ier, frère et successeur de Charles-Quint, et d'Anne de Hongrie, succéda lui-même à son père en 1564. Il mourut en 1576.

(2) Ce fut en 1566 que la ville de Szigeth fut prise par les Turcs.

(3) Bernard de Bassompierre servit aussi en France, comme le prouve un brevet donné à Saint-Germain-en-Laye le 7 janvier 1561 (1562. N. S.), par lequel le roi Charles IX « retient collonel d'vn regiment de lansquenetz, son bon amy Bernard de Bassompierre, sr et baron de Harouel. »

(4) Yolande de Bassompierre, née en 1536, fut reçue abbesse de l'église insigne, collégiale et séculière de Saint-Gœry d'Epinal, le 4 septembre 1558, et mourut le 21 avril 1621.

(5) De Jacob de Raville, seigneur de Habsbourg, maréchal héréditaire de Luxembourg.

de roy au duché de Luxembourg, et justicier des nobles.

La troisieme, Marguerite, fut premierement dame, puis coadjutrice de l'abbeye de Remiremont, et puis se voulut marier contre le gré de ses freres au seigneur de Vaubecourt (1); ce qu'ayant executé, mes oncles le tuerent. Elle se retira cheux sa sœur l'abbesse d'Espinal; et a quelque temps de la, s'en estant allée en Bourgongne avesques la doyenne d'Espinal pour se divertir, elle y espousa un gentilhomme nommé le sieur de Viange (2), duquel elle eut une fille quy a depuis esté abbesse d'Espinal (3), et un fils quy fut marié à la sœur du seigneur de Marcoussay, qui a laissé trois fils.

Reste a parler de Christofle de Bassompierre, mon pere, dernier des enfans de François, quy l'avoit destiné a estre chevalier de Malte, et mis page d'honneur du duc Philebert Emanuel de Savoye, d'ou il le retira pour l'envoyer en France lors qu'il fut contraint d'y donner un de ses fils pour ostage.

Ce Christofle, pour estre encores fort petit, ne fut point mis avesques le roy d'Escosse dauphin (4), comme d'autres de sa sorte, mais avesques Mr d'Orleans son frere, quy depuis fut le roy Charles neufvieme,

---

(1) Gaspard de Nettancourt, fils de Georges de Nettancourt, seigneur de Vaubecourt, chambellan du duc de Lorraine, et d'Anne d'Haussonville, mourut sans enfants de son mariage avec Anne-Marguerite de Bassompierre.

(2) Jean de Cussigny, seigneur de Viange, baron de Lezines.

(3) Claude de Cussigny, abbesse d'Epinal, après sa tante Yolande de Bassompierre, de 1621 à 1635.

(4) Le dauphin, depuis François II, fut appelé le roi dauphin après son mariage avec Marie Stuart, reine d'Ecosse.

lequel a cause de la conformité de l'age, ou pour quelque inclination, le prit en grande affection et luy fut fort privé ; de sorte qu'apres la mort des roys Henry et François deusieme, ses pere et frere, estant parvenu a la couronne, la paix estant faite avesques Espaigne (1), et Mr de Lorraine ayant espousé madame Glaude, seconde fille de France, mon dit pere, estant libre de s'en retourner vers ses freres, fut retenu aupres du dit roy (mineur encores), jusques a ce qu'apres le grand voyage de Bayonne en l'année 1564, son frere ainé, le colonel de Harouel, luy ayant donné son enseigne colonelle, il alla servir en Hongrie avesques ceste charge, estant lors agé de dix sept ans. Ce fut en ce voyage que Mr de Guyse, Henry de Lorraine (2), y fut aussy envoyé a mesme age, par le cardinal de Lorraine, son oncle, trouver le duc de Ferrare, son oncle maternel (3), quy estoit, cette année la, general de l'armée de l'empereur en Hongrie, lors que Soliman, empereur des Turcs, assiegea Siguet, la prit et y mourut ; et que le dit cardinal le recommanda a mon oncle le colonel pour en avoir soin jusques a ce qu'il fut aupres de monsieur de Ferrare : ce qu'il fit, et de toute la

---

(1) La paix dont parle ici Bassompierre est la paix signée au Câteau-Cambrésis, le 3 avril 1559, peu de temps avant la mort du roi Henri II.

(2) Henri de Lorraine, duc de Guise, fils aîné de François de Lorraine, duc de Guise, et d'Anne d'Este, comtesse de Gisors, né le 31 décembre 1550, tué par ordre du roi Henri III, le 23 décembre 1588.

(3) Alphonse II d'Este, duc de Ferrare, Modène et Reggio, fils d'Hercule II, duc de Ferrare, Modène et Reggio, et de Renée de France, succéda à son père en 1559, et mourut le 27 octobre 1597. Il était frère de la mère du duc de Guise.

noblesse quy alla avesques luy, quy estoint de plus de cent gentilshommes de condition quy marcherent jusques a Siguet avesques le regiment de mon oncle, quy s'embarqua à Oulme (1). Ce fut en ce voyage que cette forte amitié se fit entre Mr de Guyse et feu mon pere, quy depuis jusques a sa mort, luy a constamment gardé son cœur et son service; et que mon dit sieur de Guyse l'a chery sur tous ses autres serviteurs et affectionnés, l'appellant l'amy du cœur (2).

Mon pere demeura deux ans en Hongrie, et ne s'en revint qu'apres le deces de feu mon oncle, son frere le colonel, lequel mourut à Vienne comme a esté dit cy dessus. Il fut rappellé par le roy Charles IXe, lors fait majeur, quy peu de temps apres, luy donna la charge de collonel de quinse cens chevaux reitres, qu'il n'avoit encores dix neuf ans accomplis. Il donna aussy pareille charge en mesme temps a son cousin germain, le comte Charles de Mansfeld, quy avoit aussy esté nourry jeune avesques luy, et qu'il aymoit fort: et tous deux ayans prié feu mon oncle Glaude Antoine de Bassompierre de venir les ayder a faire leurs capitulations, le malheur arriva a feu mon pere que, se jouant avesques son espée, a l'hostel de Tanchou au marché neuf, il blessa au petit ventre mon dit oncle d'une fort legere blesseure quy, pour avoir esté negligée, luy causa la mort.

Ces deux cousins, avesques d'autres colonels (quy

---

(1) Ulm, en Souabe, sur le Danube.
(2) D'Aubigné, dans son *Histoire universelle* (t. III, liv. I, éd. de Maillé), rapporte une lettre du duc de Guise à Christophe de Bassompierre, en date du 21 mai 1588; elle est signée seulement: *l'ami de cœur.*

furent aussy employés), servirent utilement le roy aux guerres civiles des huguenots, principalement aux batailles de Jarnac et de Moncontour, ausquelles mon pere, faisant tout devoir digne de luy, et de sa charge, fut blessé : en la premiere, au bras gauche d'un coup de pistollet quy luy emporta l'os du bras nommé la noix, quy conjoint les deux os, et donne le mouvement au coude, dont il fut estropié; et en l'autre bataille, quy se donna la mesme année, il eut un autre coup de pistollet au bras droit, au mesme lieu que le precedent, quy l'estropia dudit bras comme auparavant il l'estoit du gauche. Et est a remarquer que deux autres colonels, assavoir le reingraf (1), neveu de celuy dont a esté parlé cy dessus, et quy avoit espousé la cousine germaine de mon pere, nommée Diane de Dommartin, fille du comte de Fontenoy son oncle, laquelle par le deces dudit reingraf, quy mourut de cette blesseure, estant devenue vefve, fut remariée au marquis de Havray (2), et le comte Peter Ernest de Mansfeld quy avoit espousé la sœur de mon grand pere, lequel avoit esté envoyé par le duc d'Alve (3) au

---

(1) Jean Philippe II, rheingraf, fils ainé de Philippe François, rheingraf de la branche aînée de Dauhn, et de Marie-Egyptienne, comtesse d'Œttingen ou d'Ottange; né le 30 septembre 1545, marié en 1566 à Diane de Dommartin, baronne de Fontenoy, dame de Fénestrange ou Vinstingen, fille de Louis de Dommartin, baron de Fontenoy, et de Philippe de la Marck. — Il avait reçu à la bataille de Moncontour un coup de pistolet de la main de l'amiral de Coligny.

(2) Charles Philippe de Croy, marquis d'Havré, fils de Philippe II de Croy, duc d'Arschot, et d'Anne de Lorraine, sa seconde femme, né posthume le 1er septembre 1549, mort le 23 novembre 1613.

(3) Fernando Alvarez de Toledo, duc d'Albe et de Huesca, gou-

secours du roy avesques des trouppes : ces trois colonels, dis-je, furent blessés a mesme endroit et au mesme bras droit, et furent mis en mesme chambre, pansés par un mesme chirurgien, nommé maitre Ambroise Paray, quy en fait mention en son livre. Le reingraf mourut par la fievre quy l'emporta ; et les deux autres eschapperent par le benefice d'une eau excellente quy avoit esté donnée autrefois par le baron de la Guarde (1) a M^r le cardinal de Lorraine, de laquelle Mr de Guyse secourut lors feu mon pere, quy en fit part au comte de Mansfeld son oncle, dont le lit estoit proche du sien ; laquelle eau, prise dans une cuillier, empeschoit trois heures la fievre de venir, ce quy les sauva. Il est de plus a remarquer que maitre Ambroise Paray ayant desclaré ausdits colonels qu'ils ne devoint esperer aucun mouvement au bras, a cause que la noix du coude estoit emportée, et qu'ils pouvoint choysir s'ils vouloint avoir le bras droit, ou courbe, mon pere donna le choix a son oncle de prendre l'une façon, et qu'il prendroit l'autre, affin de voir par le succes celuy quy auroit le plus heureusement eslu : ledit comte choysit d'avoir le bras estendu, disant qu'avec iceluy il pourroit allonger une estocade, et mon pere l'ayant laissé courbé, il s'en aida beaucoup mieux que son oncle ne fit du sien ; car il luy fut du tout inutile, la ou mon pere se servoit du sien en beaucoup de choses, et ne paroissoit pas tant estropié.

---

verneur des Pays-Bas pour le roi d'Espagne ; né en 1509, mort le 12 janvier 1582.

(1) Antoine Escalin des Aimars, dit le capitaine Poulin ou Polin de la Garde, célèbre général des galères sous François Ier, Henri II, et ses successeurs.

Mon pere servit aussy avesques ses reitres en plusieurs autres voyages et occasions (1), comme a la venue du comte palatin Casimir en France (2), puis en Guyenne contre les huguenots; ayant precedemment esté envoyé par le roy Charles, avec mille chevaux, au secours du duc d'Albe, ou il fut a la bataille de Meminguen (3), et demeura un an en Flandres, neammoins a la solde et par le commandement du roy : ce que fit pareillement le comte Charles de Mansfeld, fils du comte Peter Ernest.

Apres cela estant revenus en France, la paix se fit (4), le mariage du roy de Navarre estant resolu avec la derniere fille de France, madame Marguerite : il se consumma a Paris, et la Saint-Bartelemi en suitte, ou mon pere se trouva : et peu de temps apres, la bonne volonté que le roy Charles portoit au comte Charles et a luy, le porta a les vouloir marier avesques les deux filles du mareschal de Brissac (5), ce que le comte de Mansfeld receut a grace : mais mon pere quy estoit

---

(1) Voir à l'Appendice. I.
(2) Jean Casimir, fils puiné de Frédéric III, comte palatin du Rhin, et de Marie de Brandebourg-Anspach, fut envoyé par son père au secours des calvinistes français en 1567 et 1568 pendant la guerre qui se termina par la paix de Longjumeau.
(3) La bataille de Gemmingen, et non Memmingen, fut gagnée par le duc d'Albe, le 21 juillet 1568, sur le duc de Nassau. Les hostilités en Guyenne eurent lieu à la fin de l'année 1568. La bataille de Jarnac fut livrée le 13 mars 1569, et la bataille de Moncontour le 3 octobre de la même année.
(4) La paix de Saint-Germain en 1570.
(5) Charles de Cossé, comte de Brissac, premier maréchal de Brissac, mort le 31 décembre 1553. Ses deux filles étaient Diane de Cossé et Jeanne de Cossé. Diane épousa le comte de Mansfeld; Jeanne épousa François d'Espinay, seigneur de Saint-Luc.

pauvre et caddet de sa maison, luy ayant remontré que ces filles, quy estoint en grande consideration et de peu de bien, ne seroint pas bien assorties avesques luy, quy n'en avoit gueres, et quy en avoit besoin; mais que, s'il luy vouloit faire la faveur de le marier avec la niece dudit mareschal, nommée Louyse le Picart de Radeval (1), quy estoit heritiere, et a quy madame de Moreuil (2), sa tante, vouloit donner cent mille escus, il luy feroit bien plus de bien, et luy causeroit sa bonne fortune : ce que le roy Charles fit, malgré les parens, et malgré la fille mesme, quy ne le vouloit point, parce qu'il estoit pauvre, estranger et allemand. En fin il l'espousa (3); et peu de jours apres il s'achemina au siege de la Rochelle, que M^r le duc d'Anjou (4), frere du roy, investit; auquel siege luy vint la nouvelle de son election au royaume de Poulongne, et desira que feu mon pere luy accompagnat : ce qu'il

---

(1) Louise le Picart, dame de Radeval, était fille de Georges le Picart, seigneur de Radeval, et de Louise de la Motte-Bléquin, fille de Louis de la Motte, seigneur de Bléquin, et d'Anne de Montmorency-Fosseux. Georges le Picart de Radeval était cousin-germain de la maréchale de Brissac, qui était fille de Jean d'Esquetot et de Madeleine le Picart; c'est ainsi que Louise le Picart de Radeval était nièce du maréchal de Brissac.

(2) Charles de Créquy, seigneur de Moreuil, du chef de sa mère, Jossine de Soissons, dame de Moreuil, avait épousé une autre Madeleine le Picart. Il mourut sans enfants de son mariage. Madame de Moreuil était probablement sœur de Georges le Picart de Radeval.

(3) Christophe, baron de Bassompierre, et Louise Le Picart de Radeval, furent mariés par contrat du 5 octobre 1572. Le siége de la Rochelle fut commencé au mois de décembre de la même année : le duc d'Anjou s'y rendit le 11 février 1573.

(4) Henri, duc d'Anjou, depuis roi de France sous le nom de Henri III.

fit avec un grand et noble esquipage, et luy fit rendre, en passant, beaucoup de service par ses parens, comme luy mesme luy en rendit de tres bons par son entremise vers les princes la ou il passa, a cause de la langue allemande. Mais comme ledit roy eslu voulut partir de Vienne en Austriche, le roy Charles son frere luy ayant mandé les brouilleries quy commençoint en France par Mr d'Alençon (1) et le roy de Navarre, son frere et beau frere, et comme il avoit besoin d'une levée de mille chevaux reitres, il envoya a mon pere une commission pour les lever : ce qu'il fit, s'en revint, et les amena en France a la mort du roy Charles, et la reine mere Caterine, regente, les conserva jusques au retour de Poulongne du roy Henry IIIe son fils, lequel luy fit depuis faire une autre levée a la revolte de Mr d'Alençon (2), et l'arrivée en France du duc des Deux Ponts. Et quelques années apres il remit ses estats et pensions au roy, pour se mettre de la ligue en l'année 1585, en laquelle il ammena de grandes levées de reitres, de Suisses, et de lantsquenets, sur son credit. Apres quoy les ligueurs s'estant accommodés (3) avec le roy (4), Sa Majesté voulut

---

(1) François, duc d'Alençon, frère de Charles IX et de Henri III; devenu duc d'Anjou en 1576, mort le 10 juin 1584.

(2) Ce fut en 1575 qu'eut lieu la révolte du duc d'Alencon. Les bandes allemandes, qui envahirent la France dans les premiers jours de 1576, étaient, comme en 1567, commandées par le prince Jean Casimir, et non par le duc de Deux-Ponts : ce dernier avait trouvé la mort dans l'expédition de 1569.

(3) L'accommodement fut conclu à Nemours le 7 juillet 1585.

(4) En 1586, Mr de Guyse entreprit d'assieger Sdan, sur ce que quelques gentilshommes qui y estoint retirés avoint surpris

qu'il fit une nouvelle levée de quinse cens chevaux en l'année (1) 1587, lors que la grande armée des reitres vint en France sous la conduitte de Mr de Boullon (2) et du baron de Dauno (3). Et bien que ce regiment fut avesques le roy sur la riviere de Loire, la personne de mon pere, et quelques trouppes qu'il leva à la haste, demeura sur les frontieres d'Allemaigne et en Lorraine avec Mr de Guyse, et fut a la journée du Pont a Saint-Vincent (4), auquel lieu le travail qu'il prit luy causa une fievre continue de laquelle il fut a l'extremité, et fut plus de six mois a s'en remettre.

Rocroy (1) sur luy, dont le chef estoit Champagnac; le roy desputa feu mon pere pour aller reconnestre la possibilité ou impossibilité de ce siege, pour luy en faire son rapport : apres quoy il se retira à Removille pour se faire panser d'une maladie quy luy estoit survenue.

(Addition de l'auteur).

(1) Voir à l'Appendice. II.

(2) Guillaume Robert de la Marck, duc de Bouillon, prince de Sedan, fils de Henri Robert de la Marck, duc de Bouillon, prince de Sedan, et de Françoise de Bourbon-Montpensier, né le 1er janvier 1562, mort le 1er janvier 1588.

(3) Julien, burgrave de Dohna, était un seigneur d'une maison illustre de la Misnie, que le prince Jean Casimir avait désigné pour commander les reitres allemands qui venaient encore une fois envahir la France pour porter secours aux protestants français.

(4) Le duc de Guise fut engagé le 5 septembre 1587, au Pont-Saint-Vincent, bourg sur la Moselle, contre les forces supérieures des Allemands, et se tira avec honneur d'une situation difficile; mais il ne put arrêter les envahisseurs qui, après avoir désolé la Lorraine, débordèrent sur la Champagne et se dirigèrent vers la Loire.

(1) Rocroy fut surpris par les protestants retirés à Sedan, le 12 novembre 1586, et repris peu de temps après par le duc de Guise qui avait le gouvernement de Champagne.

1588. En suitte les barricades de Paris estant survenues en l'année 1588, et la paix de Chartres s'estant jurée, le roy assembla les estats a Blois (1). En ce mesme temps M^r le duc de Savoye (2) ayant envahi le marquisat de Saluces, le roy envoya querir feu mon pere pour luy faire faire quatre mille lantsquenets dont il luy donna la capitulation : et mon pere s'en voulant aller pour faire sa levée, il luy commanda d'arrester encores quinse jours pour recevoir l'ordre du Saint Esprit au jour de l'an prochain (3), a quoy se preparant, Mr de Guyse fut tué la surveille de Nouel, et le roy envoya en mesme temps Mr de Grillon (4), mestre de camp du regiment des gardes [cheux mon pere (5)], pour le prendre, affin de destourner les levées que l'on pourroit faire pour la ligue en Allemaigne, [se douttant bien que l'affection que mon pere avoit pour Mr de Guyse le porteroit a venger sa mort;

---

(1) Theodorich de Bettstein, fils de Maximilian, frere ainé de François, lequel Theodorich estoit cousin germain de mon pere, mourut sans hoirs, et laissa feu mon pere heritier de tous les biens de la maison de Bettstein.

(Addition de l'auteur).

(2) Le duc de Savoie était alors ce célèbre Charles-Emmanuel Ier, dont le long règne fut une suite d'entreprises tantôt hardies, tantôt artificieuses, le plus souvent dirigées contre la France. Fils du duc Emmanuel Philibert et de Marguerite de France, fille de François Ier, il succéda à son père le 30 août 1580, et mourut le 26 juillet 1630.

(3) Christophe, baron de Bassompierre, fut nommé chevalier des ordres en 1587, mais non reçu.

(4) Louis de Berton des Balbes, seigneur de Crillon, mestre de camp du régiment des gardes, *le brave Crillon*. Il mourut en 1615.

(5) Inédit.

mais comme un des gens de mon pere luy eut dit que les portes du chasteau avoint esté fermées (1)], se doutant de ce quy estoit arrivé et de ce qu'il luy pourroit avenir, [il] fit preparer deux bons chevaux, sur lesquels luy et un des siens estans montés, ils sortirent de la ville de Blois comme on en levoit le pont, et s'en vint à Chartres qu'il fit revolter. Puis estant arrivé a Paris, il fut mené droit a l'hostel de ville ou, en une grande assemblée quy estoit la fort animée a la guerre, il leur parla de l'accident arrivé; et luy ayans demandé son avis sur ce qu'ils devoint faire, il leur dit librement que sy ils avoint un million d'or de fonds pour commencer la guerre, il leur conseilloit de l'entreprendre : sinon, que ce seroit le meilleur de s'accorder avesques le roy aux plus avantageuses conditions que l'on pourroit, pourveu que les restes de la maison de Guyse fussent remis en dignité et honneur, comme quelques serviteurs du roy quy estoint dans Paris avoint desja proposé. L'assemblée se retira en suspens de ce a quoy ils se devoint resoudre, n'ayant point de fonds comptant pour commencer la guerre; et une grande partie d'iceux accompagna mon pere a l'hostel de Guyse, quy fut voir la vefve du defunt duc, et la consoler au mieux qu'il peut.

Il arriva en suitte que, le lendemain matin, un maçon quy avoit fait une cache au tresorier de l'espargne Molan dans une poutre (2) de son logis, la des-

---

(1) Passage inédit, mais qui se trouve dans le manuscrit FR. 4062.

(2) Dans les anciennes éditions, comme dans le manuscrit FR. 17476, on lisait ici : *Molandant, une pauvre femme,* au lieu de :

couvrit a messieurs de la ville, ou ils trouverent 330000 escus au soleil (1) : allors tout le monde cria a la guerre, et fut donné de cette somme a mon pere 100000 escus au soleil pour les levées de 4000 chevaux reitres, de 6000 lantsquenets, et de 8000 Suisses, a quoy il s'obligea, et partit en mesme temps pour donner ordre a les mettre sur pied. Et toutes ces forces se trouverent, au commencement de juillet de l'année suivante 1589, aux environs de Langres, ou le duc de Nemours (2) les vint recevoir avec quelques trouppes françoises : et la mort du roy Henry troisieme estant arrivée le 2ᵉ d'aust suyvant, Mʳ du Maine (3), avesques une puissante armée, alla pousser le roy de Navarre a Dieppe, et y eut a Arques quelque combat (4) : et en mars de l'année suyvante 1590, la bataille d'Ivry fut donnée, en laquelle mon pere fut blessé en deux endroits. Et s'estant sauvé, et retiré en Allemaigne, puis revenu en Lorraine, puis en

---

Molan dans une poutre. Les manuscrits FR. 10315, et FR. 4062, portent le texte véritable.

(1) Voir à l'Appendice. III.

(2) Charles-Emmanuel de Savoie, duc de Nemours, fils de Jacques de Savoie, duc de Nemours, et d'Anne d'Este, veuve de François de Lorraine, duc de Guise ; par conséquent frère utérin du duc de Guise. Il mourut en juillet 1595.

(3) Charles de Lorraine, duc de Mayenne, fils de François de Lorraine, duc de Guise, et d'Anne d'Este, mort le 4 octobre 1611. Ce prince, ainsi que son fils, le second duc de Mayenne, est souvent appelé M. du Maine dans ces mémoires, et dans les écrits du temps, bien que ni l'un ni l'autre n'aient jamais possédé l'ancienne comté-pairie du Maine.

(4) Bassompierre amena au duc de Mayenne, au moment de la bataille d'Arques, un renfort de trois enseignes de cavalerie.

France, d'ou il retourna en l'année 1592, sur la fin, en Lorraine, et vers ce temps la l'evesque de Strasbourg estant decedé, il accourut a Saverne pour faire brigue en faveur de M^r le cardinal Charles de Lorraine (1), pour le faire eslire evesque; ce quy luy reussit heureusement par la promesse qu'il fit au chapitre qu'en cas que cette election causat du trouble, il seroit general de leur armée. Comme il avint, parce que les chanoines protestans quy estoint a Strasbourg esleurent le frere du marquis de Brandebourg evesque : et il fut assisté, outre ses propres forces, de celles de la ville de Strasbourg et du duc de Wirtemberg. Neammoins mon pere conquit toute l'evesché de deça le Rein, et prit Moltsich, Tachtein, Banfeld (2), et plusieurs autres places que les protestans avoint saysies.

Apres quoy s'estant retiré en Lorraine (3), et quitté, par la conversion du roy Henry IVe, tous les desseins qu'il pouvoit avoir en France, il prit le soin de restablir les affaires de M^r le duc de Lorraine, de traitter la paix avesques le roy, et pour cet effet, en l'année

---

(1) Charles de Lorraine, fils du duc Charles III, et de Claude de France, né le 1er juillet 1567, cardinal de Lorraine, légat apostolique, fut évêque de Strasbourg de 1592 à 1604.

(2) Mutzig, département du Bas-Rhin.—Dachtein, lieu voisin de Mutzig. — Benfeld, chef-lieu de canton du département du Bas-Rhin.

(3) Christophe de Bassompierre, baron de Haroué, qui était grand-maître de l'hôtel et surintendant des finances du duc de Lorraine, assista aux états de la Ligue, en 1593, comme représentant de ce prince, et y traversa efficacement le projet d'élection de Philippe II, ou du duc de Guise.

1594 (1), il alla a Laon que le roy tenoit assiegé, fit la paix entre le roy et Mr de Lorraine, et obtint qu'il demeureroit en neutralité entre le roy d'Espaigne et luy; et le roy ayant envoyé le sieur de Sancy (2) en Lorraine pour ratifier le traitté, ils convindrent aussy de quelque suspension d'armes, et en suitte d'une paix entre les deux eslus evesques de Strasbourg : et en mesme temps y eut quelque pourparler de mariage entre M^r le marquis du Pont (3), fils ayné du duc de Lorraine, et Madame (4), sœur du roy, quy ne peut pour lors reussir a cause de sa religion. Sy fit bien celuy du duc de Bavieres (5) et de la plus jeune fille du duc

---

(1) L'accommodement du duc de Lorraine avec le roi Henri IV fut signé sous les murs de Laon, le 31 juillet 1594, par M. de Sancy pour le Roi, et par M. de Bassompierre pour le duc. Le traité fut ratifié plus tard par les deux princes.

Pendant le siége de Laon, Bassompierre fut aussi chargé de porter des paroles au duc de Mayenne; mais la négociation resta sans succès. (Voir le mémoire rapporté dans les *Lettres inédites de Henri IV*, recueillies par le prince Aug. Galitzin, p. 134.)

(2) Nicolas de Harlay, baron de Maule, seigneur de Sancy, premier-maître d'hôtel du roi, ambassadeur, etc., fils de Robert de Harlay, seigneur de Sancy, et de Jacqueline de Morainvillier. Il mourut le 17 octobre 1629.

(3) Henri de Lorraine, fils aîné de Charles III, duc de Lorraine, et de Claude de France; alors connu sous le nom de marquis du Pont, depuis appelé duc de Bar, et enfin Henri II, duc de Lorraine, à la mort de son père, en 1608.

(4) Catherine de Bourbon, princesse de Navarre, duchesse d'Albret, fille d'Antoine de Bourbon-Vendôme, et de Jeanne d'Albret, reine de Navarre; née le 7 février 1558, morte le 13 février 1604.

(5) Maximilien, fils aîné de Guillaume II, duc et électeur de Bavière, et de Renée de Lorraine, sœur du duc Charles III, épousa, le 5 février 1595, sa cousine germaine Elisabeth de Lor-

de Lorraine, nommée Elisabet, qui se consumma au caresme prenant de l'année 1595, auquel mon pere, en qualité de grand mestre, donna l'ordre pour le faire somptueusement reussir. Cette mesme année il fonda le couvent des Minimes en la ville neufve de Nancy (1), et en l'année suyvante 1596, il mourut au chasteau de Nancy le 22 (2) d'avril, la nuit du dimanche au lundy de Quasimodo.

Il laissa de sa femme, Louyse de Radeval, cinq enfans vivans, sçavoir trois masles et deux filles, dont je suis le premier né.

Le deusieme fut Jean de Bassompierre, quy fut nourry avesques moy, et vinsmes en France ensemble. Il fut en Hongrie en l'année 1599, et en revint, la suivante, a la conqueste que le roy fit en Savoye; puis en l'année 1603, s'estant brouillé avec le roy sur le sujet du comté de Saint-Sauveur que nous tenions en engagement, il le quitta et se mit au service du roy d'Espaigne, quy luy donna un regiment entretenu : et pendant qu'il le mettoit sur pied, il s'en alla au siege d'Ostende; et s'estant trouvé a la prise que les Espagnols firent du bastion du Porc-espic, il fut blessé d'une mousquetade au genouil, dont on luy coupa la jambe, et en mourut peu de temps apres en l'année 1604.

Le troisieme fils, nommé George Affrican, destiné

---

raine, fille du duc, et de Claude de France. Devenu électeur par l'abdication de son père, en 1596, Maximilien Ier régna jusqu'en 1651.

(1) Voir à l'Appendice. IV.

(2) Le lundi de Quasimodo était, en l'année 1596, le 22 avril.

pour estre d'eglise, ne voulut prendre cette profession, ouy bien celle de chevalier de Malte, ou il fut envoyé, et y fit ses caravanes, voyages, et sejours : et comme il estoit a cinq journées pres de faire les vœux, la mort de mon frere de Removille estant avenue a Ostende, ma mere et moy luy despeschames en diligence pour empescher qu'il ne les fit, et le ramener a Romme, et puis en Espaigne : de la, revenu en Lorraine, il se maria en l'année 1610 a ... (1) de Tornielle, fille du comte de Tornielle, grand mestre de Lorraine. Il fut bailly et gouverneur de Vosges, et grand escuier de Lorraine; puis, en l'année 1632, mourut au retour d'un voyage en guerre qu'il avoit fait en Allemaigne avesques M^r le duc Charles IVe de Lorraine, lors que, le roy de Suede ayant deffait l'armée de l'empereur à la bataille de Leipsic, M^{rs} le duc de Bavieres et de Lorraine, vindrent avec leurs forces se joindre aux restes de celle du comte de Tilly (2) pour luy resister.

Il laissa six enfans, trois fils et trois filles, sçavoir : l'ainé, Anne François.

---

(1) Henriette de Tornielle, fille de Charles-Emmanuel, comte de Tornielle, et d'Anne du Châtelet, fut mariée, par contrat du 2 juin 1610, à George African de Bassompierre, marquis de Removille. La maison de Tornielle, originaire du duché de Milan, établie seulement depuis une génération en Lorraine, y avait déjà contracté de grandes alliances, et son chef y remplissait les plus hautes fonctions : il était grand-maitre de l'hôtel et chef des finances du duc de Lorraine. Il obtint du roi Henri IV des lettres de naturalité pour ses enfants.

(2) Jean Tserclas, comte de Tilly, fils puîné de Martin, seigneur de Tilly, et de Dorothée de Schierstædt, tué le 30 avril 1632.

Les filles sont ..... (1) de Bassompierre, mariée à Mr de Houailly : la seconde, ... (2), coadjutrice d'Espinal : et la troisieme, ... (3), segrete de Remiremont.

Anne François de Bassompierre, quy naquit le ... jour de mars de l'année 1612, fut nourry et eslevé cheux son pere jusques en l'année 1624 qu'il me fut envoyé en France, ou l'ayant tenu quelques mois, je le renvoyay estudier, et apprendre la langue allemande, a Fribourg en Briscau, ou il fut recteur, et y demeura jusques au commencement de l'année 1626 que je le retiray des estudes, et le fis venir pres de moy a Solleure, ou j'estois allé ambassadeur extreordinaire pour le roy; puis le rammenay en France, et le mis en l'academie de Benjamin (4) jusques au commen-

---

(1) Yolande Barbe de Bassompierre fut mariée, par contrat du 7 avril 1633, à Alexandre Timoléon d'Hallwin, seigneur de Wailly, Leuilly, etc., capitaine des gardes de Monsieur.

(2) Marguerite Anne de Bassompierre fut admise au chapitre d'Epinal avant l'âge de quinze ans; en 1628 elle obtint des bulles d'accès à la dignité abbatiale pour en jouir après le décès de Madame Claude de Cussigny, sa tante : cette dernière étant morte le 1er novembre 1635, il y a lieu de penser que cette partie des mémoires du maréchal fut écrite et même copiée avant cette date, puisqu'à partir de ce moment Marguerite Anne de Bassompierre réclama le titre d'abbesse.

(3) Nicole Henriette de Bassompierre. La doyenne et la secrète étaient, après l'abbesse, les deux dignitaires principales du chapitre de l'église insigne, collégiale et séculière de Remiremont.

(4) L'académie était, comme on sait, une école où les jeunes seigneurs se formaient à tous les exercices qui devaient faire d'eux de parfaits cavaliers et des gentilshommes accomplis. La profession de chef d'académie était noble; car le s^r Benjamin, dit de Hanique, *illustre escuyer*, figure avec son blason dans le *César armorial*. Il est vrai que son académie était la plus célèbre

cement de l'année 1628 qu'il vint me trouver devant la Rochelle, et y demeura tant que le siege dura; puis me suivit au Pas de Suse, et en la guerre contre les huguenots de Languedoc en l'année 1629 : laquelle finie (par la summission qu'ils firent au roy), il s'en alla au siege de Bos le Duc (1), ou il demeura tant qu'il dura avesques l'armée des Hollandois. De la, estant revenu me trouver, je le laissay pres du roy, m'en allant, en 1630, ambassadeur extreordinaire en Suisse; et revint avesques Sa Majesté a la guerre et conqueste de Savoye. Puis au retour, au commencement de l'année 1631, comme le roy me fit mettre prisonnier, je le laissay aupres de Sa Majesté; et alla en sa suitte au voyage de Bourgongne lors que Monsieur son frere sortit de France : au retour duquel mon neveu receut commandement de sortir de France, et s'en alla trouver son pere en Lorraine et Mr de Lorraine, aupres duquel il demeura, et fut a la guerre d'Allemaigne apres la bataille de Leipsic; au retour de laquelle, comme a esté dit cy dessus, le

---

de son temps, comme l'atteste le couplet suivant d'une chanson à danser, manuscrite, pour la naissance de Louis XIV:

> Mons. de Benjamin,
> Des escuyers la source,
> Fit planter un dauphin
> Au milieu de la course
> Ou six vingts cavalliers
> Avec la lance
> Luy faisoient tous la reverence
> Et puis alloient brider la potence.

(1) Bois-le-Duc fut pris sur les Espagnols, en 1629, par Frédéric Henri, prince d'Orange.

marquis de Removille, son pere, estant mort, M^r le duc de Lorraine continua a son fils les charges qu'il possedoit de son vivant, quy estoint le bailliage de Vosges et l'estat de grand escuyer, et le tint fort cher, et en ses bonnes graces : et lors qu'il mit une armée sur pié, il le fit mareschal de camp; laquelle, en son absence, ayant esté deffaitte en l'année 1633 (1), et les affaires de M^r le duc de Lorraine ruinées par le roy quy occupa le duché, et que le duc l'eut cedé a son frere, mon neveu voulut courre la fortune de l'ancien duc son maitre, quy luy donna sous luy le commandement de ses trouppes reduites a quatre cens chevaux, qu'il joignit a celles de l'empereur, quy estoint en Alsas sous la charge du marquis Eduart de Baden et du comte de Salm, doyen de Strasbourg; lesquelles le jour de ..... (2) furent deffaittes par le comte Frederich Otto (3) reingraf : et mon neveu, combattant vaillamment et acquerant beaucoup d'honneur, fut pris et blessé d'un grand coup de pistollet au bras apres avoir rendu des preuves signalées de son courage, et mené à Rouffac (4).

---

(1) Les troupes lorraines défaites par les Suédois à Pfaffenhofen, en Alsace, le 10 août 1633, étaient commandées par les maréchaux de camp Florainville et Gâtinois.

(2) Le 12 mars 1634. Cette date détermine l'époque avant laquelle les mémoires du maréchal n'ont pas dû être commencés.

(3) Otto Ludovic, rheingraf, de la branche de Mœrchingen ou Morhange, fils de Jean IX, rheingraf, et d'Anne Catherine de Crichingen ou Créhange. Il fut général de la cavalerie suédoise.

(4) Ruffach, chef-lieu de canton, arrondissement de Colmar, département du Haut-Rhin.

Quant aux deux autres enfans masles de George Affrican de Bassompierre, mon frere, ils sont encores jeunes et aux estudes, pendant qu'en la Bastille j'escris cecy.

Les filles de Christofle de Bassompierre, mon pere, (au moins de celles qui le survesquirent, car il en avoit premierement eu une ainée, nommée Diane, quy mourut a l'eage de dix ans, en l'année 1584, a Rouan), furent, Henriette, mariée en 1603 a messire Timoleon d'Espinay, mareschal de Saint-Luc (1), premierement gouverneur de Brouage et des isles, puis lieutenant general en Guyenne; laquelle mourut, en novembre de l'année 1609, d'une mauvaise couche, laissant deux fils et deux filles : l'ainé Louis, comte d'Estelan, le second François, seigneur de Saint-Luc; et deux filles, l'ainée Renée (2), mariée au marquis de Beuvron, et l'autre nommée... (3), quy fut premierement religieuse a Saint-S.(4), puis abbesse d'Estival, qu'elle quitta pour se faire feuillantine, d'ou ne pouvant souffrir l'austerité, elle s'est mise a Saint-Paul de Reims. L'autre fille de Christofle, nommée Caterine, fut mariée, en 1608, a M^r le comte de Til-

---

(1) Timoléon d'Espinay, seigneur de Saint-Luc, comte d'Estelan, fils de François d'Espinay, seigneur de Saint-Luc, et de Jeanne de Cossé-Brissac, chevalier des ordres du roi en 1619, maréchal de France en 1628, mort le 12 septembre 1644.

(2) Renée d'Espinay épousa, par contrat du 27 juin 1626, François d'Harcourt, marquis de Beuvron et de Beaufou après la mort de son frère aîné.

(3) Henriette d'Espinay.

(4) Sans doute Saint-Sauveur, en Lorraine. Estival était aussi une abbaye de la Lorraine.

lieres (1), duquel elle a plusieurs fils et filles (2).

Il a esté necessaire de faire preceder a ce present journal de ma vie tout ce quy a esté narré cy dessus pour donner une parfaite intelligence de mon extraction, des alliances de ma mayson et des predecesseurs que j'ay eus; ensemble des biens quy sont venus de ligne droitte ou collaterale en la maison de Bettstein, et de ceux que nous pretendons legitimement nous appartenir. Maintenant je feray un ample narré de ma vie, sans affectation ny vanité; et comme c'est un journal de ce que j'en ay peu recueillir de ma memoire, ou que j'en ay trouvé dans les journaux de ma maison quy m'ont donné quelque lumiere aux choses particulieres, vous ne trouverés pas estrange sy je dis toutes choses par le menu, plustot pour servir de memoire, que pour en faire une histoire, mon desssein estant bien eslongné de cette malseante ostentation.

Je suis issu troisieme enfant en ordre de feu Christofle de Bassompierre et de Louyse de Radeval, et premier de ceux quy les ont survescus, quy estoint cinq en nombre, comme a esté dit cy dessus.

1579. Je naquis le dimanche jour de Pasques fleuries, 12ᵉ jour du mois d'avril, a 4 heures du matin,

---

(1) Tanneguy le Veneur, comte de Tillières, seigneur de Carouge, fils de Jacques le Veneur, comte de Tillières, baron de Carouge, et de Charlotte Chabot de Charny, marié par contrat du 21 août 1608 à Catherine de Bassompierre, fut ambassadeur en Angleterre en 1619, et mourut en 1652. Il a laissé des mémoires.

(2) Voir à l'Appendice. V.

en l'année 1579, au chasteau de Harouel en Lorraine, et le mardy 21ᵉ suyvant je fus tenu sur les fonts de baptesme par Charles de Lorraine, duc de Mayenne, Jean, comte de Salm (1), mareschal de Lorraine, et Diane de Dommartin, marquise de Havray (2), et fus nommé François.

1584. On m'esleva en la mesme maison jusques en octobre [de] l'année 1584, quy est le plus loing d'ou je me puisse souvenir, que je vis Mʳ le duc de Guyse, Henry, quy estoit caché dans Harouel pour y traitter avesques plusieurs colonels de reitres, lantsquenets, et Suisses, pour les levées de la Ligue. Ce fut lors que l'on commença a me faire apprendre a lire et a escrire, et en suitte les rudiments. J'eus pour precepteur un prestre normand, nommé Nicole Cirée. Sur la fin de cette mesme année, ma mere estant allée en France, auquel voyage ma sœur ainée, nommée Diane, mourut, on nous mena, mon frere Jean et moy, a Espinal, pour estre nourris cheux ma tante l'abbesse d'Espinal pendant l'absence de ma mere, quy estant revenue cinq mois apres, elle nous vint querir, et nous ramena a Harouel en l'année 1585 que nous passames au mesme lieu, et celle de 1586, sur la fin de laquelle Mʳ de la Roche Guyon (3) et Mʳ de

---

(1) Jean IX, comte de Salm, fils de Jean VIII, comte de Salm, et de Louise de Stainville, mort en 1600.

(2) On sait que Diane de Dommartin, marquise d'Havré, était cousine-germaine de Christophe de Bassompierre. ⚔

(3) Henri de Silly, comte de la Roche-Guyon, chevalier des ordres du roi le 31 décembre 1585. — Jean de la Haye, seigneur de Chantelou, avait épousé Madeleine le Picart de Radeval, sœur de Mᵐᵉ de Bassompierre, et tante du maréchal.

Chantelou s'y retirerent (1); et mon pere y vint aussy, où il demeura fort peu. Un intendant des finances de France, nommé Vieeville, s'y vint aussy refugier; mais, a cause de ces autres, il voulut s'aller tenir a Removille d'ou mon pere revenoit se refaire d'une grande maladie.

1587. Au commencement de l'année 1587 ma mere accoucha de mon jeune frere Affrican. On nous mena a Nancy sur l'arrivée de la grande armée des reitres qui bruslerent le bourg de Harouel sur l'automne (2). Mon pere eut une tres grande maladie a Nancy, qu'il eut au retour du voyage de Montbeliart (3), et que Mrs de Lorraine et de Guyse eurent esté quelques jours à Harouel.

1588. En l'année 1588 on nous donna un autre precepteur nommé Gravet, et deux jeunes hommes, appellés Clinchamp et la Motte; ce premier pour nous apprendre a bien escrire, et l'autre a danser, jouer du luth, et la musique. Nous ne bougeames de Harouel ou Nancy, ou mon pere arriva a la fin de l'année,

---

(1) Voir à l'Appendice. VI.

(2) « Ilz (les ennemis) mettent le feu indifferemment en toutes les maisons des gentilshommes, abbayes, bourgades et villages d'ou ils delogent et partout ailleurs ou ilz peuuent entrer. Hier en marchant monsieur de Lorraine vit dix huict grands villages en feu. Ilz ont brulé vne maison au baron d'Ossonuille, treze villages d'vne terre au s^r de Bassompierre et sont logés asteure en vne aultre et en vne terre du comte de Salm. »
(Lettre de Caspar de Schomberg au roi, du 13 septembre 1587. Bibl. imp. 500 Colb. t. X. fol. 213).

(3) A la suite du combat d'Auneau, le duc de Guise et le marquis du Pont-à-Mousson poursuivirent les débris des reitres dans le comté de Montbéliard.

eschappé de Blois : et nous continuames a estudier et apprendre ces autres choses les années 1589 et 1590, comme aussy en 1591, ou je vis à Nancy la premiere fois Mr de Guyse (1), qui estoit eschappé de sa prison. Nous allames, mon frere et moy, au mois d'octobre (1591), estudier a Fribourg en Briscau, et fusmes de la troisieme classe : nous n'y demeurasmes que cinq mois, parce que Gravet, nostre precepteur, tua la Motte, quy nous montroit a danser; et ce desordre nous fit revenir a Harouel, d'ou, la mesme année, ma mere nous mena au Pont a Mousson (2) pour y continuer nos estudes. Nous n'y demeurasmes que six semaines a la troisieme, puis vinmes passer les vavances à Harouel (1592); et au retour nous montasmes a la seconde, ou nous fusmes un an; et aux autres vacances de l'année 1593, que nous montasmes a la premiere, nous allames aux vacances a Harouel : l'année 1594 [nous allames] passer le caresme prenant (3) a Nancy, ou nous combattimes a la barriere, habillés a la suisse, le jeune Rosne (4), les

---

(1) Charles de Lorraine, duc de Guise, comte d'Eu, etc., fils ainé d'Henri, duc de Guise, et de Catherine de Clèves, comtesse d'Eu. C'est ce duc de Guise qui figure dans toute la suite de ces mémoires, lesquels se terminent par l'annonce de sa mort, arrivée en 1640.

Le jeune duc de Guise s'échappa du château de Tours le 15 août 1591.

(2) Pont-à-Mousson était le siége d'une université dont l'établissement était dû à Charles III et au cardinal de Lorraine, son oncle.

(3) Les derniers jour du carnaval, et particulièrement le mardi-gras.

(4) Charles de Savigny, dit Saladin d'Anglure, vicomte d'Es-

deux Amblise (1), et Vignolles, aux noces de Montricher qui espousa la sœur de Tremblecourt (2), ou il se fit forces magnificences. Puis nous retournasmes au Pont a Mousson jusques aux vacances que nous allames passer a Harouel : lesquelles finies, nous retournasmes en la mesme classe. Puis peu de temps apres, feu mon pere estant de retour du siege de Laon (ou il avoit esté traitter la neutralité de Lorraine), il nous ramena un gouverneur nommé George de Springuesfeld, Allemand, et nous fit venir a Nancy le trouver pour nous le donner, ou nous demeurasmes jusques apres la Toussaints : puis retournasmes au Pont a Mousson, ou nous demeurasmes jusques au caresme prenant de l'année suivante 1595 que nous vinsmes a Nancy aux noces de M^r le duc de Bavieres et de madame Elisabet, derniere fille de S. A. de Lorraine, et le suyvimes en Bavieres lors qu'il ramena sa femme en son païs ; passames par Luneville, Blamont, Salbourg (3) et Saverne, ou M^r le cardinal de Lorraine, legat, et evesque de Strasbourg, les festoya trois jours : puis ils passerent

---

toges, baron de Rosne, fils de Chrestien de Savigny, seigneur de Rosne, et d'Antoinette d'Anglure, dame d'Estoges.

(1) Claude d'Anglure, baron de Bourlemont, prince d'Amblise, et René, son frère puiné, tous deux fils d'African d'Anglure, baron de Bourlemont, prince d'Amblise.

(2) Tremblecourt était un gentilhomme lorrain qui, en février 1595, se jeta en aventurier sur la Franche-Comté. Le connétable de Castille et le duc de Mayenne marchèrent au secours du pays. Obligé de rendre Vesoul, dont il s'était emparé, Tremblecourt se sauva en Lorraine, où il périt peu de temps après.

(3) Blamont ou Blankenberg, aujourd'hui chef-lieu de canton de l'arrondissement de Lunéville, département de la Meurthe. — Sarrebourg, chef-lieu d'arrondissement du département de la Meurthe.

a Haguenau, de la a Waissembourg (1) ou ils furent logés cheux le commandeur des Teutons (2), quy tient rang de prince. De la ils allerent a Landau, puis a Spire ou le grand provost de l'evesché, nommé Metternich, les festina; puis ils arriverent a Heidelberg, receus, logés, et deffrayés par le palatin Frederich eslecteur (3), quy avoit espousé la fille ainée du prince Guillaume d'Orange. De la nous allames passer au duché de Wirtemberg, et le duc (4) nous vint trouver a une ville de son estat, nommée Neustat (5), ou il festina le duc de Bavieres quy, apres y avoir sejourné deux jours, en partit pour aller à Tonauwert, auquel lieu, a cause de l'inondation du Danube, nous fumes contraints de sejourner trois jours : et le dernier, comme le duc estoit dans un batteau pour aller reconnestre le passage pour le lendemain, un de ses pages de vallise (6) quy estoit derriere luy, auquel il commanda de tirer un coup de pistollet pour advertir la duchesse devant les fenestres de laquelle il passoit en batteau, le pistollet faillit de prendre feu, et comme il le vouloit rebander, il lacha,

---

(1) Weissenburg ou Wissembourg, aujourd'hui ville de France, chef-lieu d'arrondissement du département du Bas-Rhin.

(2) De l'ordre Teutonique.

(3) Frédéric IV, comte palatin du Rhin, fils de Louis V, comte palatin du Rhin, et d'Elisabeth de Hesse, avait épousé, le 10 juillet 1593, Louise Julienne de Nassau, fille de Guillaume, prince d'Orange, et de Charlotte de Bourbon-Montpensier.

(4) Frédéric, duc de Wurtemberg de 1593 à 1608.

(5) Neuenstadt, ville du Wurtemberg, dans le cercle du Neckar. — Donauwerth, sur le Danube, en Bavière.

(6) Officier dont les fonctions correspondaient à celles du portemalle du roi.

tuant un vieux seigneur quy estoit entre le duc et moy, assis sur une mesme planche, lequel se nommoit Notarft. Nous partimes le lendemain de Tonauwert, et passames le Danube avesques grande difficulté, et fusmes deux jours fort mal logés pour les destours qu'il nous convint faire : en fin le troisieme nous arrivasmes a un chasteau du duc de Bavieres nommé Isrech (1), et le lendemain à Landshout quy est la seconde ville de la Baviere : nous y passames la semaine sainte, ou il y eut forces penitents. Puis apres Pasques, ayans pris congé du duc et de la duchesse, nous nous en vinsmes faire nostre stage de chanoines à Ingolstat (2), ou nous trouvames les trois ducs freres du duc Maximilian, quy y estoint aux estudes; quy estoint (3) le duc Philippe, evesque de Ratisbonne, quy fut depuis evesque de Passau et cardinal : le duc Ferdinand, coadjuteur de Colongne, quy depuis en a esté electeur : et le duc Albert, plus jeune des enfans du duc Guillaume lors regnant. Nous y continuames peu de temps la rhetorique, puis allames a la logique que nous fismes compendieuse (4) en trois mois, et de la passames a la physique, estudians quand et quand en la sphere.

---

(1) Isareck, sur l'Isar, en Bavière. — Landshut, ville sur l'Isar, ancienne université.

(2) Ingolstadt, ville de Bavière, sur le Danube; ancienne université.

(3) Philippe, évêque de Ratisbonne, cardinal en 1596, mort le 21 mai 1598; Ferdinand, archevêque de Cologne en 1612, mort en 1650; Albert, devenu plus tard landgrave de Leuchtenberg et comte de Hall : tous trois fils du duc Guillaume II, et de Renée de Lorraine.

(4) *Compendieuse*, abrégée. — *Quand et quand*, en même temps.

Nous allames au mois d'aust a Munichen (1), le duc nous ayant priés de venir passer la cervaison (2) (qu'ils nomment la hirsfaist) avesques luy. Nous vismes le duc Guillaume et la duchesse Madeleine (3) sa femme, et ses deux filles : la princesse Marianne, depuis mariée a l'archiduc Ferdinand, presentement empereur, et la princesse Madeleine quy, depuis, a esté femme du duc de Neubourg et de Julliers (4). Nous allames a Nostre-Dame de Ettinguen, a Wasserbourg, et a Straubynge (5), quy estoint vers le lieu ou la chasse se faisoit : puis au bout d'un mois, qu'elle fut finie, nous vinmes continuer nos estudes jusques en octobre que nous quittames la physique lors que nous fusmes parvenus aux livres *De anima :* et parce que nous avions encores sept mois de stage a faire, je me mis a estudier en mesme temps aux institutes du droit, ou j'employay une heure de classe, une autre heure aux cas de conscience, une heure aux aphorismes d'Hippocrate, et une heure aux ethiques et politiques d'Aristote; ausquelles estudes je m'occupay de telle sorte que mon gouverneur estoit contraint de temps en temps de m'en retirer pour me divertir.

1596. Je continuay le reste de cette année la mes estudes, et le commencement de celle de 1596. Mon

---

(1) Munchen, en français Munich.
(2) Hirschfeiste, cervaison, temps où les cerfs sont gras et bons à chasser.
(3) Renée, et non Madeleine.
(4) Marie-Anne, mariée en avril 1600 à Ferdinand, archiduc d'Autriche, et depuis empereur; Madeleine, mariée en novembre 1613 à Wolfgang Guillaume, comte palatin de Neubourg, l'un des prétendants à l'héritage de Juliers et Clèves.
(5) Wasserburg, Œtting, sur l'Inn; Straubing sur le Danube.

stage finit a Pasques, auquel temps mon cousin le baron de Boppart (1) vint aborder en Ingolstat, s'en allant en Hongrie : il passa Pasques avesques nous, et le lundy de Pasques nous nous embarquames avesques luy sur le Danube et allames à Raiguensbourg (2); il en partit le lendemain, et nous allames trouver M^r le cardinal de Bavieres quy estoit evesque de Ratisbonne, lequel nous logea en son palais, et nous y retint trois jours, au bout desquels nous primes congé de luy et allasmes a Nuremberg, ou nous estions lors que feu mon pere mourut ; de Nuremberg nous revinmes par Eichstat (3) a Ingolstat, ou nous demeurames encor pres d'un mois : et puis, ayant receu les nouvelles de la mort de mon pere, nous allames a Munichen prendre congé du duc et de la duchesse de Bavieres, et passant par Augspourg (4) et Oulme, nous revinmes a Harouel, trouver nostre mere, puis a Nancy faire les funerailles de nostre pere. Et ayant demeuré quelque temps en Lorraine, mon frere et moy partimes pour aller en Italie, accompagnés du sieur de Mallaville, vieux gentilhomme quy nous tenoit lieu de gouverneur, de Springuesfeld quy l'avoit precedemment esté, et d'un gentilhomme de feu mon pere, nommé d'Arandel, et passames par Strasbourg, Oulme, Augsbourg et

---

(1) Outre les anciennes alliances des maisons de Bayer et de Bassompierre, le baron de Boppart devait être cousin du jeune François de Bassompierre, comme fils d'Adam Bayer, baron de Boppart, dont le père, Georges Bayer, baron de Boppart, avait épousé Anne de Dommartin, sœur de Marguerite, l'aïeule de Bassompierre.

(2) Regensburg, en français Ratisbonne.

(3) Eichstadt, ville et principauté en Bavière.

(4) Augsbourg et Ulm.

Munichen, ou nous vismes le duc et la duchesse, puis par Wasserbourg, Nostre Dame d'Ettinguen, Bourghause et Insbrouch (1); de la a Brixen, puis a Trente et a Verone, ou les comtes Ciro et Alberto de Canossa (dont le dernier, quy avoit esté nourry page du duc de Bavieres, s'en estoit revenu avesques nous), nous vindrent prendre a l'hostellerie, et nous menerent en leur palais, ou ils nous firent une grande reception et traittement. Le lendemain nous en partimes pour aller a Mantoue, puis à Bolongne (2), d'ou nous passames l'Apennin pour arriver a Florence, ayans precedemment passé par Pratolin (3), maison de plaisance du grand duc quy estoit lors a Lambrogiano, lequel nous fit regaler a nostre arrivée, et nous fit donner des carrosses pour l'aller trouver le jour d'apres a Lambrogiano ou nous fumes logés et deffrayés dans le chasteau : le lendemain nous luy fismes la reverence, puis a Madame, de quy feu mon pere estoit grand serviteur (4); elle voulut que je la menasse pendant qu'elle se promenoit au jardin, ou ayant rencontré la princesse Marie (5), depuis reine de France, elle nous présenta

---

(1) Burghausen, ville de Bavière, sur la Salza. — Innsbruck, capitale du Tyrol.
(2) Bologne.
(3) Pratolino; cette maison de plaisance des ducs de Toscane, située dans le voisinage de Florence, fut commencée et achevée par le grand-duc François-Marie.
(4) Le grand-duc de Toscane était alors Ferdinand Ier, second fils de Cosme le Grand, et d'Eléonor de Tolède, et successeur de François-Marie, son frère aîné. Il avait épousé, en 1589, Christine de Lorraine, fille du duc Charles III, et de Claude de France.
(5) Marie de Médicis était fille du grand-duc François-Marie, et

a elle. Apres disner nous partimes de Lambrogiano et retournames à Florence, ou ayant demeuré quatre jours, nous nous acheminasmes à Romme par Sienne et Viterbo; et y ayans sejourné huit jours pour faire nos stations, eschelle sainte, et autres devotions, et pour y visiter les cardinaux a quy nous avions addresse, nous partimes pour aller a Naples, passant par Gayette (1), Capoue, et Aversa. Plusieurs gentilshommes françois et estrangers y vindrent avesques nous sous la seureté d'un bien ample passe-port quy nous fut donné par le duc de Sessa (2), ambassadeur d'Espaigne a Romme, lequel (outre qu'il estoit amy particulier de feu nostre pere), avoit sejourné au Pont a Mousson un mois pour attendre la seureté d'aller en France, pendant que nous y estions aux estudes, ou nous l'avions souvent visité.

Estans arrivés a Naples, nous allames faire la reverence au vice roy, nommé don Henrique de Gousman, comte d'Olivares (3), et luy portames les lettres de recommandation du duc de Sessa, a l'ouverture des quelles ayant appris nostre nom, nous demanda sy nous estions enfans de Mr de Bassompierre, colonel des reitres en France, quy estoit venu au secours du duc d'Alve en Flandres, envoyé par le feu roy Charles : et comme nous luy eumes dit que nous les estions, il nous

---

de Jeanne d'Autriche, et par conséquent nièce du grand-duc régnant.

(1) Gaëte.

(2) Antoine-Ferdinand Folch de Cardona et Cordova, duc de Sessa, fils de Ferdinand de Cardona, duc de Soma, et de Béatrix de Cordoue; né en 1551, mort en 1606.

(3) Henri de Guzman, second comte d'Olivarès, fils de Pierre de Guzman, premier comte d'Olivarès, et de Françoise de Ribera.

embrassa avesques grande tendresse, nous asseurant qu'il avoit aymé mon pere comme son propre frere, et que c'estoit le plus noble et franc cavalier qu'il eut jammais connu; qu'il ne nous traiteroit pas seulement comme personnes de qualité, mais comme ses propres enfans : ce que veritablement il executa depuis par tous les tesmoignages d'affection et de bonne volonté dont il se peut imaginer. J'appris a monter a cheval sous Jean Baptiste Pignatelle; mais au bout de deux mois son extreme vieillesse ne luy permettant plus de vaquer songneusement a nous instruire, et en remettant l'entier soin a son creat (1) Horatio Pintaso, mon frere demeura toujours a son manesge; mais pour moy, je m'en retiray, et vins a celuy de Cesar Mirabbello, quy le tenoit proche de la porte de Constantinople. Je fus aussy, la mesme année, voir les singularités de Bayes et de Putsolle, et l'année suyvante 1597 mon frere eut la petite verolle, et moy en suitte : apres que nous en fusmes gueris, nous partimes de Naples en caresme, et revinsmes a Romme logés en un petit palais quy est dans la place de Santa-Trinita, tirant vers les Minimes.

M^r le duc de Luxembourg (2) vint ambassadeur ordinaire du roy vers Sa Sainteté (3).

---

(1) *Créat*, sous-écuyer d'une académie d'équitation.

(2) François de Luxembourg, duc de Piney, second fils d'Antoine de Luxembourg, comte de Brienne et de Ligny, etc., et de Marguerite de Savoie-Tende; mort le 30 septembre 1613.

Le duc de Luxembourg, envoyé comme ambassadeur à Rome après la réconciliation du roi avec le Saint-Siége, y fit son entrée le 16 avril 1597.

(3) Le pape alors régnant était Clément VIII (Hippolyte Aldobrandini), élu en 1592, mort en 1605.

Sainte-Offange tua Roquemengarde, gentilhomme provençal, et s'estant retiré a nostre logis, nous le sauvames dans les Minimes, et de la cheux le cardinal Montalte (1).

Peu de temps apres Pasques nous partismes de Romme pour aller a Florence ou nous demeurasmes a apprendre nos exercices, moy sous Rustico Picardini a monter a cheval, et mon frere sous Lorensin : pour les autres exercices nous eumes mesmes maitres, comme messer Agostino pour danser, messer Marquino pour tirer des armes, Julio Parigi pour les fortifications, ausquelles Bernardo de la Girandole quelquefois assistoit, et nous enseignoit aussy : nous les continuames tout l'esté, et vismes aussy les festes de Florence, comme le calcho, le paillo (2) de la course des chevaux, les comedies, et quelques noces dedans et dehors le palais. Puis apres la Toussaints, je fus a Pratolin porter les premieres nouvelles au grand duc de la prise d'Amiens (3). De la nous allasmes par Pistoya, Pise, et Luques a Livorne ; et estans revenus a Florence, nous primes congé de Leurs Altesses, et nous acheminames à Bolongne ; puis par la Romaigne, Fayensa (4), Imola, Forli, Pesaro, Sinigalla et Ancone, nous arrivames la veille de Nouel a Nostre Dame de

---

(1) André Peretti, dit Montalte, évêque d'Albano et de Frascati, cardinal de la promotion de 1596, mort en 1621.

(2) Le *calcio* est un jeu de ballon particulier à la ville de Florence.—Le *palio* est une étoffe de soie que l'on donne comme prix de course, d'où l'on dit : *courir le palio*.

(3) La garnison espagnole d'Amiens avait capitulé le 19 septembre 1597.

(4) Faenza. — Sinigaglia.

Lorette, et y fismes la nuit nos pasques dans la chapelle : le cardinal Gallo (1) nous fit loger au palais de Lorette nommé la Santa Casa, et deffrayer aussy ; et le lendemain, jour de Nouel, il me fit estre un des tesmoins a l'ouverture des troncs des aumones, quy monterent a quelque six mille escus pour ce quartier dernier de l'année.

Forces gentilshommes françois se rencontrerent aussy a Lorette quand et nous (2), et primes tous ensemble resolution de passer en Hongrie a la guerre devant que de revenir cheux nous; et nous l'estans entre-promis, nous partimes le lendemain de Nouel tous ensemble pour nous y acheminer, assavoir : Mrs de Bourlemont et d'Amblise freres, Mrs de Foucaude et Chaseneuil freres, Mr de Clermont d'Antragues (3), M^{r} le baron de Crapados, et mon frere et moy. Mais comme le naturel des François est changeant, a trois journées de la quelques uns de ceux quy n'avoint pas la bourse assés bien fournie pour un sy long voyage, ou quy avoint plus d'envie de retourner bientost a la maison, mirent en avant qu'en vain nous allions chercher la guerre sy loin, puis que nous l'avions si pres de nous; que nous estions parmy l'armée du pape, quy s'acheminoit a la conqueste de Ferrare, desvolue au pape par la mort du duc Alphonse nouvellement decedé, que

---

(1) Antoine-Marie Gallio, évêque de Pérouse, puis d'Osimo et d'Ostie, cardinal de la promotion de 1585, mort en 1620.

(2) *Quand et nous*, en même temps que nous, avec nous.

(3) Henri de Balsac, seigneur, puis marquis de Clermont d'Entragues, fils de Charles de Balsac, seigneur de Clermont-Soubiran, et d'Hélène Bon.

don Cesar d'Este (1) destenoit contre tout droit; que cette guerre n'estoit pas moins juste, et sainte, que celle de Hongrie, et estoit sy prochaine que dans huit jours nous serions aux mains avesques les ennemis, la ou, quand nous irions en Hongrie, les armées ne se mettroint en campagne de plus de quattre mois. Ces persuasions prevalurent sur nos esprits, et conclumes que le lendemain nous irions à Forli offrir tous ensemble nostre service au cardinal Aldobrandin (2), legat de l'armée, et que je porterois la parole au nom de tous; et l'executay au mieux que je peus. Mais le legat nous receut sy maigrement, et nous fit sy peu de bon accueil, que le soir, a la giste, nous ne pouvions assés tesmoygner le ressentiment, et la colere que nous avions de son mespris. Allors feu mon frere commença a dire que veritablement nous avions eu ce que nous meritions; que, n'estans point sujets du pape, ny obligés a cette guerre, nous nous estions allé inconsiderement offrir d'assaillir un prince de la maison d'Este, a quy la France avoit tant d'obligation, quy avoint tous esté sy courtois aux estrangers,

---

(1) César d'Este, fils d'Alphonse d'Este, marquis de Montecchio, et de Julie de la Rovere, et petit-fils d'Alphonse Ier et de Laure Eustochie. Le Pape revendiquait le duché de Ferrare comme dévolu au Saint-Siége par l'extinction de la ligne légitime d'Este. Don César qui s'était fait proclamer à Ferrare le 29 octobre 1597, renonça à ce duché par la capitulation du 13 janvier 1598, et demeura seulement duc de Modène et de Reggio.

(2) Pierre Aldobrandini, neveu du pape, diacre cardinal de la promotion de 1593, puis archevêque de Ravenne et évêque de Sabine, mort en 1621. — Les anciennes éditions l'appelaient Alamanni.

principalement aux François, et si proches parens non seulement des rois de France dont ils estoint sortis par filles, mais aussy de Mrs de Nemours (1), et de Guyse; et que, sy nous valions quelque chose, nous irions offrir nos vies et nostre service au secours de ce pauvre prince que l'on vouloit injustement spolier d'un estat possedé par une sy longue suite d'ancestres. Ces mots finis, il n'eut pas seulement l'approbation de tout le reste de la compagnie, mais encores une ferme resolution d'aller des le lendemain droit a Ferrare pour nous y jetter. Ce que j'ay voulu représenter icy, premierement pour faire connestre l'esprit volage et inconstant des François, et puis en suitte que la fortune est la pluspart du temps maitresse et directrice de nos actions, puis que nous quy avions fait dessein de donner nos premieres armes contre les Turcs, les portames contre le pape.

1598. Ainsy nous arrivames la veille du jour de l'an 1598 a Bolongne, ou nous trouvames le chevalier Verdelli et quelques autres, quy se joygnirent a nous pour aller a Ferrare, et partimes le 2e pour arriver le 3e a Ferrare, ou nous fumes logés et receus cheux le duc avec toute sorte d'honneur et de bonne chere. Nous y trouvames, desja arrivé, M^r le comte de Sommerive (2), second fils de M^r le duc du Maine, et quelques autres gentilshommes françois qui s'estoint

---

(1) Henri de Savoie, duc de Nemours, frère puiné du précédent duc de Nemours, par conséquent fils de Jacques de Savoie, duc de Nemours, et d'Anne d'Este. Il mourut le 10 juillet 1632.

(2) Charles-Emmanuel de Lorraine, fils puiné de Charles de Lorraine, duc de Mayenne, et de Henrie de Savoie, marquise de Villars, comtesse de Tende et de Sommerive. Né le 19 octobre

venus offrir a don Cesar. Mais il estoit sy peu resolu a la guerre, qu'il nous parloit continuellement du peu de moyen qu'il avoit de la faire ; qu'il n'avoit point trouvé d'argent aux coffres du feu duc; que le roy d'Espaigne s'estoit desja desclaré pour le pape, et que le roy, a son avis, en feroit de mesme; que les Venitiens quy le portoint a la guerre, ne le vouloint secourir ouvertement, et que ce qu'ils luy promettoint sous main estoit peu de chose. En fin le jour des Rois, comme il entra avesques une grande trouppe de seigneurs et gentilshommes pour ouir la messe en une grande eglise prochaine du palais, tous les prestres, nous voyans arriver, quitterent les autels sans achever les messes qu'ils avoint commencées, et se retirerent de devant nous comme devant des escommuniés. Cela acheva de perdre le dessein peu resolu de don Cesar de conserver Ferrare, et des l'apres disnée fit partir la duchesse d'Urbin (1), sœur du feu duc Alfonse, pour aller traitter avesques le legat Aldobrandin. Ce que nous autres considerans, nous prismes le lendemain congé de luy pour aller chascun ou bon luy sembla.

Mon frere et moy allames coucher le 6ᵉ (2) du mois a Rovigo, et le lendemain a Padoue, ou nous trouvasmes Mʳ de Tilly (3) quy y faisoit ses exercices,

---

1581, il mourut à Naples le 14 septembre 1609, sans avoir été marié.

(1) Lucrèce, fille d'Hercule II d'Este, et de Renée de France, avait épousé, le 19 janvier 1570, François-Marie de la Rovere, duc d'Urbin. Elle mourut en 1598.

(2) Sans doute le 8; car le 6, jour des Rois, les jeunes gentilshommes étaient encore auprès de don César.

(3) Jacques Tserclas, premier comte de Tilly, fils de Martin,

lequel nous donna le lendemain a disner, et le jour suyvant s'en vint avesques nous a Venise, ou nous sejournasmes huit jours. Puis estans revenus a Padoue, nous prismes nostre chemin par Mantoue et Pavie droit a Gesnes ou nous achevasmes de passer le caresme prenant, et ou mon frere et moy, tous deux devenus amoureux de la fille du consul des Tudesques, nommée Philippine (ou nous estions logés), nous querellames jusques au point d'estre quelques jours sans nous parler.

Nous fusmes, pendant nostre sejour a Gesnes, priés par les marquis Ambroise (1) et Federic Spinola aux noces de leur sœur qu'ils marioint au prince du Bourg de Valdetare, de la maison de Candi, ce qu'ils firent en nostre endroit, portés (a mon avis), par la priere du sieur Manfredo Ravasguieri, a qui Mr le comte de Fiesque (2) nous avoit recommandés.

Nous partimes de Gesnes le premier jeudy de caresme, et passant par Tortone, nous arrivasmes le samedy d'apres a Milan. Le lendemain nous fusmes priés à disner par les marquis de Marine, cousins du comte de Fiesque, quy nous firent un magnifique

---

seigneur de Tilly, et de Dorothée de Schierstædt, mort en 1624. Il était le frère ainé du grand capitaine de la guerre de Trente ans.

(1) Ambroise Spinola, depuis duc de San Severino, marquis de los Balbazes, noble génois, illustre général au service d'Espagne, né en 1571, mort le 26 septembre 1630. — Frédéric Spinola, son frère, amiral, tué dans un combat naval près d'Ostende, le 27 mai 1603.

(2) Scipion de Fiesque, comte de Lavagne, fils de Sinibalde de Fiesque, comte de Lavagne, et de Marie de la Rovere, chevalier des ordres du roi, mort en 1598.

festin, au partir duquel ils nous menerent voir les plus remarquables eglises, et autres lieux de la ville ; et le lendemain nous eusmes permission d'entrer au chasteau, auquel le castellan (1) nous fit une collation avesques beaucoup de compliments.

Nous partismes de Milan apres y avoir sejourné quatre jours, avesques le chevalier Verdelli, et l'ambassadeur d'Espaigne en Suisse, nommé Alfonse Casal. Nous passames a Come, puis a Lougan (2) et a Bellinzone ; de la nous montames le Saint-Gotart par un fort mauvais temps, et vinmes coucher a Altorf. Le lendemain nous nous mismes sur le lac de Wallestat et de Lucerne (3), et arrivasmes le soir a Lucerne, ou l'ambassadeur Alfonse Casal nous voulut traitter et loger. Nous en partimes le lendemain, et en deux jours nous vinmes a Basle ; puis a Tanné (4), a Remiremont, et a Espinal cheux nostre tante, ou nous fusmes jusques apres Pasques, que, ma mere retournant de France, nous la fusmes trouver à Harouel, ou apres y avoir demeuré quelques jours, nous fusmes a Nancy.

Septembre. — Les deputés du duc de Cleves (5) vin-

---

(1) Gouverneur du château.

(2) Lugano.

(3) Le lac des Waldstædte, ou des Quatre Cantons, dont le lac de Lucerne proprement dit est un golfe.

(4) Thann, en Alsace.

(5) Jean Guillaume, duc de Clèves, Juliers et Berg, fils de Guillaume, duc de Clèves, et de Marie d'Autriche, épousa en secondes noces, en 1598, Antoinette de Lorraine. Il mourut sans enfants le 25 mars 1609, et sa mort donna lieu à l'ouverture de la succession de Clèves et Juliers. La duchesse Antoinette mourut en 1610.

drent peu apres demander madame Antoinette, seconde fille du duc de Lorraine, en mariage, et porterent au duc de Bar une procuration pour l'espouser en son nom; apres quoy ils l'emmenerent a Dusseldorf (1). Puis en septembre, M^r l'archeduc Albert (2) s'en allant en Italie, pour de la, s'aller marier en Espagne avesques l'infante, Mr de Vaudemont (3) l'alla trouver sur le chemin a Valdrevange (4) : mon frere et moy l'accompagnames, et don Diegue d'Innarra, quy faisoit pres de luy l'office de majordome major, nous ayant menés a sa chambre apres que Mr de Vaudemont se fut retiré, il nous fit beaucoup de bon accueil, disant que nostre nom et nostre maison luy estoint chers et a toute la sienne.

Au retour de ce petit voyage, nous nous preparasmes pour celuy de France, ayans precedemment esté a Luxembourg pour en avoir permission de M^r le comte Peter Ernest de Mansfeld, nostre tuteur honoraire (5), quy nous la donna fort malaisement, parce qu'il vouloit que nous nous missions au service du roy

---

(1) Capitale du duché de Berg.
(2) Albert, archiduc d'Autriche, fils de l'empereur Maximilien II, et de Marie d'Autriche, d'abord appelé le cardinal Albert, déposa la pourpre pour épouser l'infante Isabelle-Claire-Eugénie, fille de Philippe II, roi d'Espagne, et d'Elisabeth de France, et devenir par elle souverain des Pays-Bas. Il mourut en 1621.
(3) François de Lorraine, comte de Vaudemont, fils de Charles III, duc de Lorraine, et de Claude de France, fut père du célèbre Charles IV. Il mourut le 14 octobre 1632.
(4) Vaudrevange, en Lorraine, aujourd'hui département de la Moselle.
(5) Mme de Bassompierre avait la garde noble et administration des corps et biens de ses enfants.

catholique ; et ce fut a condition qu'apres que nous aurions esté quelque temps a la court du roy, et en Normandie (ou ma mere luy fit croire que nous avions quelques affaires), que nous passerions de la en la court d'Espaigne, et que nous ne nous embarquerions en l'une ny en l'autre jusques apres nostre retour de toutes les deux : il nous fit promettre de plus, que quand nous voudrions faire ce choix, que nous suyvrions l'advis quy nous seroit donné sur ce sujet par nos principaux parens et amis.

Octobre. — Nous partimes donc de Harouel, mon frere et moy, avec ma mere et mes deux sœurs, en fort bel esquipage, le lendemain de la Saint-François, le 5ᵉ jour d'octobre de la mesme année 1598 ; et passans par Toul, Ligny, Saint-Disier, Vittri, Fere Champenoise, Provins, et Nangis, nous arrivasmes a Paris le 12ᵉ du mesme mois d'octobre, et vinsmes loger a l'hostel de Montlor, en la rue de Saint-Thomas du Louvre.

Le roy estoit pour lors a Monceaux (1) avesques une grande maladie, de laquelle il fut en grand danger. Il n'y avoit pres de luy, de la connoissance de ma mere, que Mʳ de Schomberg (2), pere du mareschal, auquel elle escrivit pour sçavoir quand nous pourrions faire la reverence a Sa Majesté ; il luy respondit qu'il n'estoit pas a propos d'y penser seulement, en l'estat ou

---

(1) Le château de Monceaux, situé à deux lieues de Meaux, avait été donné, en 1595, par Henri IV à Gabrielle d'Estrées.

(2) Gaspard de Schomberg, gentilhomme de Misnie, fils de Wolfgang de Schomberg et d'Anne de Minkwitz, fut colonel de reîtres au service de France pendant les guerres de religion. Il mourut le 17 mars 1599.

le roy estoit; et qu'il luy conseilloit de nous retenir a Paris jusques a ce que, Sa Majesté y venant, nous puissions recevoir cet honneur. Nous sursismes donc; et cependant nous fismes la court a Madame, sa sœur, quy estoit destinée duchesse de Bar, et tout estoit des lors conclu. Elle eut dessein de me faire espouser Mlle Caterine de Rohan (1), afin de l'arrester pres d'elle en Lorraine ou j'avois quelque bien : mais mon inclination n'estoit pas lors au mariage.

Plusieurs des amis de feu mon pere, ou des parens de ma mere, nous vindrent voir; comme Dunes (2), Chanvallon (3), le mareschal de Brissac (4), Mrs de Saint-Luc freres (5); mais plus particulierement que personne, M^r le comte de Gramont (6), quy, en ce

---

(1) Catherine de Rohan, fille de René, vicomte de Rohan, et de Catherine de Parthenay, dame de Soubise, fut mariée en 1604 à Jean de Bavière, duc des Deux-Ponts, et mourut le 10 mai 1607.

(2) Charles de Balsac, seigneur de Dunes, dit le bel Entraguet, fils de Guillaume de Balsac, et de Louise d'Humières, l'un des combattants du duel des mignons, mort en 1599.

(3) Jacques de Harlay, seigneur de Champvallon, fils de Louis de Harlay, seigneur de Cesy et de Champvallon, et de Louise Stuart de Carr, l'un des amants de Marguerite de Valois, mort le 30 avril 1630.

(4) Charles II de Cossé, comte, puis duc de Brissac, maréchal de France, fils de Charles I de Cossé, comte de Brissac, maréchal de France, et de Charlotte d'Esquetot, mort en 1621, après avoir assisté au siège de Saint-Jean-d'Angeli. Il était cousin issu de germain de Mme de Bassompierre. (Voir p. 24.)

(5) Timoléon d'Espinay Saint-Luc et ses frères avaient pour mère Jeanne de Cossé, sœur du duc de Brissac.

(6) Antoine, comte de Gramont, fils de Philibert, comte de Gramont, et de Diane, dite *la belle Corisande* d'Andouins, vicomtesse de Louvigny. Il obtint un brevet de duc le 31 décembre 1643, et mourut en août 1644.

temps la, rechercheoit ma sœur aynée : et advint qu'un jour que le roy commençoit a se mieux porter, M^r le Grand (1), quy estoit premier gentilhomme de la chambre, vint faire un tour a Paris, et Mr de Gramont l'ayant sceu, me vint prendre pour me mener le saluer : mais comme il estoit allé cheux Pregontat se baigner, je ne peus executer mon dessein que le lendemain matin. Sa courtesie ordinaire le porta a me faire plus de compliments que je ne meritois, et me pressa de demeurer a disner cheux luy, ou les plus gallans de la court estoint conviés. Pendant le disner, ils proposerent de faire un ballet pour resjouir le roy, et l'aller danser a Monceaux ; a quoy chascun s'estant accordé, quelques-uns de la compagnie furent des danseurs, et d'autres qu'ils choysirent, quy n'estoint pas presens. Ils me dirent qu'il falloit que j'en fusse ; a quoy je tesmoygnay un passionné desir : mais n'ayant point encores fait la reverence au roy, il me sembloit que je ne le devois pas entreprendre. Mr de Jainville (2) dit lors : « Cela ne vous en doit point empescher ; car nous arriverons de bonne heure a Mon-

---

(1) Roger de Saint-Lary et de Termes, seigneur, et depuis duc de Bellegarde, fils de Jean de Saint-Lary, seigneur de Termes, et d'Anne de Villemur, mort le 13 juillet 1646, à l'âge de 83 ans. On l'appelait Monsieur le Grand, à cause de ses fonctions de grand écuyer de France.

(2) Claude de Lorraine, fils puiné d'Henri de Lorraine, duc de Guise, et de Catherine de Clèves, comtesse d'Eu, porta d'abord le titre de prince de Joinville, et devint duc de Chevreuse par suite de délaissement à lui fait du dit duché par le duc de Guise son frère, le 12 avril 1606. L'auteur de ces mémoires l'appelle assez indifféremment M. de Joinville ou M. de Chevreuse. Le duc de Chevreuse mourut le 24 janvier 1657.

ceaux : vous ferés la reverence au roy, et le soir, apres, nous danserons le ballet. » De sorte que je l'appris avesques onse autres, quy estoint M^{rs} le comte d'Auvergne (1), de Jainville, de Sommerive, le Grand, Gramont, Termes (2), le jeune Schomberg (3), Saint-Luc, Pompignan, Messillac (4), et Maugeron : ce que j'ay voulu nommer, parce que c'estoit une elite de gens quy estoint lors sy beaux et sy bien faits, qu'il n'estoit pas possible de plus. Ils representoint des barbiers, pour se moquer, a mon avis, du roy, qu'une carnosité, qu'il avoit lors, avoit mis entre les mains de gens de ce mestier, pour s'en faire panser.

Apres que nous eusmes appris le ballet, nous nous acheminasmes a Monceaux pour le danser. Mais comme le roy fut averti que nous y allions, il envoya par les chemins nous dire que, n'ayant point de couvert

---

(1) Charles, bâtard de Valois, comte d'Auvergne, depuis duc d'Angoulême, fils naturel de Charles IX, roi de France, et de Marie Touchet, né en 1573, mort en 1650. Ce ne fut qu'après la mort de Diane, légitimée de France, duchesse d'Angoulême, que le roi, par lettres du mois de janvier 1620, donna au comte d'Auvergne le duché d'Angoulême et le comté de Ponthieu. Néanmoins, même avant cette époque, l'auteur des mémoires l'appelle assez fréquemment M. d'Angoulême.

(2) César Auguste de Saint-Lary, baron de Termes, second fils de Jean de Saint-Lary, seigneur de Termes, et d'Anne de Villemur, fut grand écuyer par la démission du duc de Bellegarde, son frère, et mourut le 22 juillet 1621.

(3) Annibal de Schomberg, second fils de Gaspard de Schomberg et de Jeanne Chasteignier de la Rocheposay, mort en la guerre de Hongrie contre les Turcs.

(4) Bertrand Chapt de Rastignac, seigneur de Messillac, fils de Raymond Chapt de Rastignac, gouverneur de la Haute-Auvergne, et de Marguerite de Sauniac, dame de Messillac.

pour nous loger a Monceaux, quy n'estoit, en ce temps la, gueres logeable, nous nous devions arrester a Meaux, ou il envoyeroit le soir mesme six carrosses pour ammener avesques nous tout l'esquipage du ballet. Par ainsy je fus frustré de mon attente de le saluer avant ledit ballet. Nous nous habillames donc a Meaux, et nous mismes avesques la musique, pages, et violons, dans les carrosses quy nous avoint menés, ou que le roy nous envoya, et dansames ledit ballet, apres quoy, comme nous ostames nos masques, le roy se leva, vint parmi nous, et demanda ou estoit Bassompierre. Allors tous ces princes et seigneurs me presenterent a luy pour luy embrasser les genoux : il me fit beaucoup de caresses, et n'eusse jammais creu qu'un sy grand roy eut eu tant de bonté et de privauté vers un jeune homme de ma sorte. Il me prit, puis apres, par la main, et me vint presenter a madame la duchesse de Beaufort (1), sa maitresse, a quy je baisay la robbe; et le roy, affin de me donner moyen de la saluer et baiser, s'en alla d'un autre costé.

Nous demeurasmes jusques a une heure apres minuit a Monceaux, et puis nous en revinsmes coucher a Meaux, et le lendemain a Paris.

Madame la duchesse eut congé du roy pour venir a Paris le voir danser encore une fois cheux Madame,

---

(1) Gabrielle d'Estrées, fille d'Antoine d'Estrées, marquis de Cœuvres, et de Françoise Babou de la Bourdaisière; mariée en 1591 à Nicolas d'Amerval, seigneur de Liancourt, duquel elle fut peu après séparée, marquise de Monceaux en 1595, et enfin duchesse de Beaufort par lettres du 10 juillet 1597.

a l'hostel de la reine mere (1), ou il se dansa un jour apres; et les douse masques prindrent pour danser les branles Mlle de Guyse (2), madame la duchesse, Caterine de Rohan, Mlle de Luce, madame de Villars (3), de la Pardieu, mesdemoyselles de Rets (4), de Bassompierre, de Haraucourt, d'Antragues (5), de la Patriere (6), et de Mortemer : lesquelles j'ay voulu nommer parce que, quand ces vingt quatre hommes

---

(1) Le palais des Tuileries, construit par la reine-mère Catherine de Médicis.

(2) Louise-Marguerite de Lorraine, damoiselle de Guise, fille de Henri de Lorraine, duc de Guise, et de Catherine de Clèves; comtesse d'Eu; mariée le 24 juillet 1605 à François de Bourbon, prince de Conti, dont elle fut la seconde femme, veuve le 3 août 1614, morte le 30 avril 1631. C'est cette princesse que l'on a crue mariée secrètement avec le maréchal de Bassompierre.

(3) Julienne-Hippolyte d'Estrées, fille d'Antoine d'Estrées, marquis de Cœuvres, et de Françoise Babou de la Bourdaisière; mariée par contrat du 7 janvier 1597 à Georges de Brancas, marquis, puis duc de Villars. C'était une des sœurs de Gabrielle d'Estrées. Elle fut, dit Tallemant des Réaux, éprise de Bassompierre.

(4) Hippolyte de Gondi, fille d'Albert de Gondi, premier duc de Retz, maréchal de France, et de Claude-Catherine de Clermont, dame de Dampierre, baronne de Retz; mariée le 18 janvier 1607 à Léonor de la Madeleine, marquis de Ragny, morte en août 1646.

(5) Henriette de Balsac d'Entragues, et Marie de Balsac d'Entragues étaient filles de François de Balsac, seigneur d'Entragues, de Marcoussis et de Malesherbes, et de Marie Touchet, sa seconde femme. Henriette, qui succéda si promptement et si tristement à Gabrielle d'Estrées, devint la marquise de Verneuil; elle mourut le 9 février 1633. Marie fut la maîtresse de Bassompierre; elle vivait encore en 1660. C'était sans doute Henriette qui dansait dans le ballet.

(6) Sans doute fille de Georges l'Enfant, seigneur de la Patrière, et de Françoise du Plessis-Richelieu. On la verra plus tard amie de Bassompierre.

et dames vindrent a danser les branles, toute l'assistance fut ravie de voir un choix de sy belles gens; de sorte que, les branles finis, on les fit recommencer encores une autre fois sans que l'on se quittat : ce que je n'ay jammais veu faire depuis. Madame, sœur du roi, ne dansa point, parce qu'elle avoit un peu de goutte a un pied : mais elle retint l'assemblée depuis dix heures du soir jusques au lendemain qu'il estoit grand jour.

Le roy, peu de jours apres, recouvrit (1) sa santé, et s'en alla changer d'air a Saint Germain, passant par Paris. Il logea au doyenné de Saint Germain ou logeoit madame la duchesse; et estant a Saint Germain en Laye, il fit baptiser le dernier fils naturel qu'il avoit eu de madite dame la duchesse : il fut nommé Alexandre (2) par Madame, sœur du roy, et Mr le comte de Soissons (3), quy le tindrent sur les fonts; et le soir de la ceremonie on dansa le grand ballet des Estrangers, duquel j'estois, de la trouppe des Indiens.

1599.
JANVIER.

Cette année la finit, et celle de 1599 commença

---

(1) Recouvra.

(2) Alexandre, dit le chevalier de Vendôme, fils naturel de Henri IV, roi de France, et de Gabrielle d'Estrées, né en avril 1598, légitimé par lettres du mois d'avril 1599, devint grand prieur de France, et mourut en 1629, au donjon de Vincennes.

(3) Charles de Bourbon, comte de Soissons, fils de Louis de Bourbon, Ier du nom, prince de Condé, marquis de Conti, comte de Soissons, et de Françoise d'Orléans-Rothelin, sa seconde femme, né le 3 novembre 1566, mort le 1er novembre 1612.

par la ceremonie de l'ordre du Saint Esprit, en laquelle furent nommés et receus chevaliers M^rs le duc de Ventadour (1), le marquis de Tresnel, Mr de Chevrieres, le vicomte d'Auchy, Mrs de Palaiseau, le comte de Choisy, Poyanne et Belin.

Le lendemain (2) arriva M^r le duc de Bar quy venoit espouser Madame, lequel Mr de Montpensier' (3) eut charge d'aller au devant, et de l'amener a Paris : le roy vint au devant entre Pantin et la Chapelle ; et apres qu'il l'eut embrassé, il le laissa entre les mains de Mr de Montpensier, et s'en alla passer le reste du jour a la chasse. Peu de jours apres (4) il fut marié avesques Madame, a Saint Germain, par M^r l'archevesque de Rouan (5), frere bastard du roy, lequel fut

---

(1) Anne de Lévis, duc de Ventadour, fils de Gilbert de Lévis, duc de Ventadour, et de Catherine de Montmorency, mort le 3 décembre 1622. — François Jouvenel des Ursins, marquis de Trainel, fils de Christophe Jouvenel des Ursins, baron de Trainel, et de Madeleine de Luxembourg, mort le 9 octobre 1650. — Jacques Mitte, comte de Miolans, seigneur de Chevrières. — Eustache de Conflans, surnommé *la grande barbe*, vicomte d'Auchy. — Claude de Harville, seigneur de Palaiseau, baron de Nainville. — Jacques de l'Hôpital, comte, puis marquis de Choisy. — Bertrand de Baylens, baron de Poyane. — Jean-François de Faudoas d'Averton, comte de Belin.

Le vicomte d'Auchy, et M. de Palaiseau faisaient partie de la promotion de 1597. La promotion de 1599 comprenait trois chevaliers outre ceux que nomme Bassompierre, savoir René de Rieux, seigneur de Sourdeac, Brandelis de Champagne, marquis de Villaines, et Robert, marquis de la Vieuville.

(2) La cérémonie avait eu lieu le 2 janvier 1599.

(3) Henri de Bourbon, duc de Montpensier, fils de François de Bourbon, duc de Montpensier, et de Renée d'Anjou, marquise de Mézières, né le 12 mai 1573, mort en 1608.

(4) Le mariage fut célébré le 30 janvier.

(5) Charles de Bourbon, fils naturel d'Antoine de Bourbon-

longtemps avant que de pouvoir estre persuadé de faire cet acte, a cause de la religion que Madame professoit. Apres disner on dansa le grand bal, auquel je menay Mlle de Longueville (1).

La court revint a Paris, et la court de parlement vint faire remontrance au roy, tendant a ne verifier l'edit de Nantes en faveur de ceux de la religion, ausquels le roy respondit en fort bons termes (2) : j'y estois present.

Fevrier. — Sa Majesté s'en alla de la faire un tour a Fontainebleau pendant la foire de Saint Germain, pour ordonner les bastiments qu'il vouloit y estre faits au renouveau (3) ; pendant l'absence duquel il se fit ce desordre dans la foire, de plusieurs princes contre Mr le Grand, ou Mr de Chevreuse se brouilla avesques Termes : nous accompagnames Mr le Grand au retour ; et nous rencontrames avesques eux en la rue de Bussy, sans que les uns ny les autres fissent autre chose que se morguer. Mr de Montpensier arresta Termes en son hostel, et Mr le Grand estant revenu au sien avesques forces seigneurs, Mr d'Esguillon (4) y

---

Vendôme, roi de Navarre, et de Louise de la Béraudière; archevêque de Rouen de 1597 à 1604, mort en 1610.

(1) Catherine d'Orléans, damoiselle de Longueville, fille ainée de Léonor d'Orléans, duc de Longueville, marquis de Rothelin, comte de Dunois, et de Marie de Bourbon, duchesse d'Estouteville, mourut sans alliance en 1638. Elle fut l'une des fondatrices du couvent des Carmélites du faubourg Saint-Jacques.

(2) Voyez le discours du roi dans de Thou, liv. CXXII. — L'édit fut enregistré le 25 février.

(3) Au printemps.

(4) Henri de Lorraine, duc d'Aiguillon, fils ainé de Charles de Lorraine, duc de Mayenne, et de Henrie de Savoie, marquise de

vint sur la minuit offrir à M[r] le Grand, s'il vouloit mener son frere sur le pré, qu'il y meneroit Mr de Jainville, et qu'ils auroint affaire ensemble. Il respondit que son frere estoit entre les mains de Mr de Montpensier, et qu'il estoit serviteur de Mr de Jainville et le sien, n'estant pas en estat de luy en dire davantage. Cette brouillerie fit revenir le roy de Fontainebleau, quy accommoda le tout, retenant neammoins M[r] de Termes en arrest jusques apres le partement de Madame, quy s'en alla le jeudy deusieme jour de caresme (1). Le roy fut ce jour la a la chasse, et de la coucher a Fresne (2), ou madame la duchesse se trouva, et alla le lendemain disner a Monceaux, ou le lendemain Madame arriva a disner, a quy il fit un superbe festin, et puis l'alla accompagner jusques a Jouarre, d'ou elle partit le lendemain, accompagnée de Mrs de Montpensier et de Nemours quy la menerent jusques a Chalons.

Apres le partement de Madame, le roy alla passer son caresme a Fontainebleau, et la plus part de la court vint passer par Paris, et y fit quelque sejour. Madame de Rets (3) y revint de Noisy un soir, et M[r] le

---

Villars-Tende. Il devint duc de Mayenne à la mort de son père, et fut tué devant Montauban le 17 septembre 1621. Les terres et baronnies d'Aiguillon, Montpesat, etc., ne furent érigées en duché, sous l'appellation d'Aiguillon, qu'au mois d'août 1599.

M. d'Aiguillon était cousin germain de M. de Joinville, auquel il offrait de servir de second.

(1) 25 février.
(2) Fresnes, à deux lieues de Meaux.
(3) Claude-Catherine de Clermont, baronne de Retz, fille de Claude de Clermont, baron de Dampierre, et de Jeanne de Vi-

duc de Joyeuse (1) m'amena avesques luy au devant d'elle : luy et moy nous mismes dans son carrosse, et revinsmes avec elle descendre a l'hostel de Rets, ou nous y fismes collation, et nous en retirasmes sur le minuit. Il fut tout ce jour de la meilleure compagnie du monde. Je luy donnay le bon soir a la porte derriere de son logis qu'il ne fit que traverser, et s'en alla rendre aux Capucins, ou il y a finy saintement ses jours. Le lendemain matin le pere Archange, capucin (2) qui preschoit a Saint Germain, le dit en son sermon (3), ou j'estois sur le jubé avesques Mrs de Montpensier, d'Espernon (4), et le Grand, quy n'en furent pas plus estonnés que moy, mais plus affligés,

---

vonne, mariée en 1565 à Albert de Gondi, lequel fut créé duc de Retz en 1581. Elle mourut en 1604.

(1) Henri de Joyeuse, comte du Bouchage, puis duc de Joyeuse, né en 1567, se fit capucin en 1587 sous le nom de père Ange, sortit du couvent en 1592, y rentra en 1599, et mourut le 28 septembre 1608.

> Vicieux, pénitent, courtisan, solitaire,
> Il prit, quitta, reprit la cuirasse et la haire.

(2) Le P. Archange, capucin, que d'autres appellent le P. Ange, passait pour être le fruit des amours de Marguerite de Valois et de Champvallon.

(3) Les anciennes éditions portent : *Le père Archange lui dicta son sermon à Saint-Germain.*

(4) Jean-Louis de Nogaret de la Valette, duc d'Epernon, fils de Jean de Nogaret de la Valette, et de Jeanne de Saint-Lary de Bellegarde, né en mai 1554, mort le 13 janvier 1642. Après avoir été un des favoris de Henri III, qui érigea en sa faveur la baronnie d'Epernon en duché-pairie, il joua un rôle important sous les règnes de Henri IV et de Louis XIII, et termina sa longue carrière dans la disgrâce.

encores que je le fusse bien fort; car j'honorois particulierement ce seigneur la.

Je m'en allay deux jours apres (1) a Fontainebleau, ou un jour, comme on eut dit au roy que j'avois de belles portugaises et autres grandes pieces d'or, il me demanda si je les voulois jouer au cent contre sa maitresse; a quoy m'estant accordé, il me faisoit demeurer pres d'elle a jouer, pendant qu'il estoit a la chasse, et le soir il prenoit son jeu. Cela me donna grande privauté avesques le roy et elle : lequel un jour m'ayant mis en discours de ce qui m'avoit convié de venir en France, je luy avouay franchement que je n'y estois point venu a dessein de m'embarquer a son service, mais seulement d'y passer quelque temps, et de la en aller faire autant en la court d'Espaigne, avant que de faire aucune resolution de la conduite et visée de ma fortune; mais qu'il m'avoit tellement charmé, que, sans aller plus loing chercher maitre, s'il vouloit de mon service, je m'y vouois jusques a la mort. Allors il m'embrassa, et m'asseura que je n'eusse sceu trouver un meilleur maitre que luy, quy m'affectionnat plus, ny quy contribuat plus a ma bonne fortune et a mon avancement. Ce fut un mardy (2) ...^me de mars, que je me compte depuis ce temps la françois, et puis dire que depuis ce temps la j'ay trouvé en luy tant de bonté, de familiarité, et de tesmoygnages de bonne volonté, que sa memoire sera, le reste de mes jours, profondement gravée dans mon cœur.

---

(1) Le mercredi 10 mars. Le duc de Joyeuse était rentré au couvent le lundi 8 mars.

(2) Ce mardi devait être le 16, ou le 23, ou le 30 mars.

Avril. — La semaine sainte arriva, quy me fit demander congé au roy d'aller faire mes pasques a Paris; lequel me dit que je m'en viendrois le mardy (1) avesques luy a Melun, ou il alloit conduire sa maitresse, quy les vouloit aussy faire a Paris. Comme nous fusmes le soir a Melun, le roy m'envoya appeller comme il souppoit, et me dit : « Bassompierre, ma maitresse vous veut demain amener avesques elle dans son batteau a Paris : vous jouerés ensemble par les chemins. » Il la vint le lendemain conduire jusques a ce qu'elle s'embarqua, et me fit mettre avesques elle, quy vint aborder proche de l'Arsenac, ou le mareschal de Balagni (2) et le marquis de Cœuvres (3), quy l'attendoint, l'aiderent a sortir, et la menerent au prochain logis de l'Arsenac, ou demeuroit madame la mareschalle de Balagni sa sœur. Là la vindrent trouver madame (4) et mademoyselle de Guyse, madame de Rets et ses filles, et quelques autres dames, quy l'accompagnerent aux tenebres au petit Saint-Anthoine, ou la musique des tenebres estoit excellente, puis la

---

(1) Le 6 avril.

(2) Jean de Montluc, seigneur de Balagny, fils naturel de Jean de Lasseran Massencomme, dit de Montluc, évêque de Valence, et d'Anne Martin, légitimé en janvier 1567, maréchal de France en 1594, mort en 1603. Il avait épousé en secondes noces, en 1596, Diane d'Estrées, sœur aînée de Gabrielle.

(3) François-Annibal d'Estrées, marquis de Cœuvres, depuis maréchal d'Estrées, frère de Gabrielle d'Estrées, mort le 5 mai 1670.

(4) Catherine de Clèves, comtesse d'Eu, fille de François de Clèves, duc de Nevers, et de Marguerite de Bourbon-Vendôme, mariée d'abord à Antoine de Croy, prince de Portien, épousa en secondes noces, en 1570, Henri de Lorraine, duc de Guise, et mourut le 11 mai 1633, à l'âge de 85 ans.

conduirent a son logis du doyenné Saint-Germain. Elle pria Mlle de Guyse de demeurer aupres d'elle : mais une heure apres, luy ayant pris une grande convulsion dont elle revint, comme elle voulut commencer une lettre qu'elle escrivoit au roy, la seconde convulsion luy prit sy violente, qu'elle ne revint depuis plus a elle. Elle dura en cet estat la toute la nuit et le lendemain, qu'elle accoucha d'un enfant mort; et le vendredi saint, a six heures du matin, elle expira. Je la vis en cet estat le jeudy apres midy, tellement changée qu'elle n'estoit pas reconnoissable.

Le vendredi saint, comme nous estions au sermon de la passion a Saint-Germain de l'Auxerrois, la Varenne (1) vint dire au mareschal d'Ornano (2) que madame la duchesse venoit de mourir (3), et qu'il estoit a propos d'empescher le roy de venir a Paris, lequel s'y acheminoit en diligence, et qu'il le supplioit d'aller au devant de luy pour l'en divertir. J'estois aupres dudit mareschal au sermon, lequel me pria d'y venir avesques luy : ce que je fis, et trouvasmes le roy par dela la Saussaye, proche de Villejuive (4), quy venoit sur des courtaux (5) a toute bride.

---

(1) Guillaume Fouquet, marquis de la Varenne, mort en 1616.

(2) Alfonse Corse, dit d'Ornano, fils de Sanpietro Corse, de Bastelica, et de Vanina d'Ornano, colonel général des Corses, maréchal de France en 1596, mort en 1610.

(3) Suivant l'Estoile, Gabrielle ne mourut que le samedi 10 avril. Ces deux indications différentes peuvent se concilier. Il paraît en effet que la Varenne, pour empêcher le roi de venir jusqu'à Paris, lui fit annoncer prématurément l'événement inévitable et prochain. (*Mémoires de Sully*.)

(4) Villejuif, près de Paris.

(5) Courtauds, chevaux de moyenne taille, à la queue coupée.

Lors qu'il vit monsieur le mareschal, il se douta qu'il luy en venoit dire la nouvelle; ce quy luy fit faire de grandes lamentations. En fin on le fit descendre dans l'abbeie de la Saussaye, ou on le mit sur un lit. Il tesmoygna tout l'exces du desplaisir quy se peut representer. En fin, estant venu un carrosse de Paris, on le mit dedans pour s'en retourner a Fontainebleau, tous les principaux des princes et seigneurs estans accourus le trouver : nous allames donc avesques luy a Fontainebleau, et comme il fut en cette grande salle de la cheminée, ou il monta d'abord, il pria toute la compagnie de s'en retourner a Paris prier Dieu pour sa consolation. Il retint pres de luy Mʳ le Grand, le comte du Lude (1), Termes, Castelnau de Chalosse, Montglat (2) et Frontenac (3); et comme je m'en allois avec tous ceux qu'il avoit licenciés, il me dit : « Bassompierre, vous avés esté le dernier aupres de ma maitresse; demeurés aussy aupres de moy pour m'en entretenir. » De sorte que je demeuray aussy, et fusmes huit ou dix jours sans que la compagnie se grossit, sinon de quelques ambassadeurs quy se venoint condoloir avesques luy, et puis s'en retournoint aussy tost.

Mais peu de jours se passerent sans qu'il commençat

---

(1) François de Daillon, comte du Lude, fils de Guy de Daillon, comte du Lude, et de Jacqueline Motier de la Fayette, fut depuis gouverneur de Gaston, duc d'Orléans, et mourut le 27 septembre 1619.

(2) Robert de Harlay, baron de Monglat, frère de M. de Sancy, fut premier maître d'hôtel du roi après lui, et mourut en 1607.

(3) Antoine de Buade, seigneur de Frontenac, baron de Paluau, fils de Geoffroy de Buade, seigneur de Frontenac, et d'Anne Carbonnier, fut premier maitre d'hôtel du roi.

une nouvelle pratique d'amour avesques Mlle d'Antragues vers laquelle il despescha souvent le comte du Lude et Castelnau. En fin madame d'Antragues vint se tenir à Malerbes (1), et chascun (2) dit au roy qu'il falloit que, pour passer son ennuy, il s'allat divertir : il y alla donc, et en fut fort amoureux. Nous n'estions que dix ou douse avesques luy, mangeans d'ordinaire a sa table, logés dans le mesme chasteau.

May. — Nous allames de la au Hallier, et madame d'Antragues a Chemaut (3), ou le roy alloit a toute heure. Le roy eut au Hallier une grande prise avesques M^r le comte d'Auvergne, en presence de Sainte-Marie du Mont (4) et de moy, dans la gallerie; et il s'en alla de la (juin)a Chasteauneuf (5), les dames s'en retournans a Paris.

De Chasteauneuf nous vinsmes la veille de la Saint-Jean a Orleans, ou estoit madame la mareschalle de la Chastre (6), et ses deux filles, de Senetere

---

(1) Malesherbes, arrondissement de Pithiviers, département du Loiret.

(2) Les anciennes éditions portent : *chassant*, au lieu de : *chacun*.

(3) Chemault, arrondissement de Pithiviers, département du Loiret.

(4) Georges aux Espaules, seigneur de Sainte-Marie-du-Mont, fils de Robert aux Espaules, baron de Sainte-Marie-du-Mont, et de Jeanne de Bours, fut lieutenant de roi en Normandie.

(5) Châteauneuf-sur-Loire, arrondissement d'Orléans, département du Loiret.

(6) Jeanne Chabot, fille de Gui Chabot, baron de Jarnac, et de Louise de Pisseleu; mariée en secondes noces à Claude de la Châtre, baron de la Maisonfort, premier maréchal de la Châtre. Ses filles de Senneterre et de la Châtre étaient : Marguerite de la Châtre, première femme de Henri de Saint-Nectaire, marquis de

et de la Chastre, quy estoint bien belles : mais le roy, le lendemain de la Saint-Jean, partit en poste, et s'en vint a Paris loger cheux Gondi (1), parce que madame d'Antragues logeoit a l'hostel de Lion. Nous y demeurasmes quelques jours : mais en fin, sur un desordre quy arriva au comte du Lude allant trouver Mlle d'Antragues de la part du roy, que son pere et son frere firent rumeur, et l'emmenerent le lendemain a Marcoussis (2) : le roy alla un matin a Marcoussis en s'en retournant en poste a Blois, ou nous ne fusmes gueres sans revenir a Paris; d'ou (3) le roy revint en un jour en poste, courant a neuf chevaux, dont j'estois de la trouppe.

Juillet. — Il vint loger cheux le president de Verdun (4), ou nous soupames, puis couchasmes le roy, et nous mismes a jouer aux dés, Mr de Roquelaure (5),

---

la Ferté-Nabert, et Louise de la Châtre, mariée depuis à Antoine de la Grange, seigneur d'Arquien.

(1) Jérome de Gondi, ou Geronimo Gondi, baron de Codun, fils de François-Marie Gondi, et d'Anne de Velez de Guevarra, avait exercé des emplois considérables, principalement dans les ambassades. L'hôtel bâti par lui devint plus tard l'hôtel de Condé, situé entre la rue des Fossés-Monsieur-le-Prince et la rue de Condé.

(2) Marcoussis, arrondissement de Rambouillet, département de Seine-et-Oise.

(3) D'où, c'est-à-dire de Blois.

(4) Nicolas de Verdun, fils de Nicolas de Verdun, intendant de finances, et de Nicole de l'Aubespine, fut successivement conseiller au parlement de Paris en 1583, président d'une chambre des enquêtes, premier président du parlement de Toulouse, enfin premier président du parlement de Paris, et mourut le 16 mars 1627.

(5) Antoine de Roquelaure, fils de Géraud de Roquelaure, et de

Marcilly, escuyer du roy, et moy. Nous ouismes peu apres crier le roy qu'on vint a luy, et estoit sorty de sa chambre. Nous y accourusmes, et trouvasmes qu'il disputoit la porte de sa chambre avesques Berringuen (1) qu'il y avoit enfermé, a quy le sens estoit tourné par le soleil ardent quy luy avoit donné sur la teste le jour, en venant en poste avesques le roy. Nous retirasmes Berringuen de la, et Mr de Roquelaure coucha en la chambre du roy au lieu de luy.

Le roy n'avoit point d'esquipage en ce voyage, et disnoit cheux un president, soupoit cheux un prince ou un seigneur, selon ce qu'il leur envoyoit mander. Il ne possedoit pas encores Mlle d'Antragues, et couchoit parfois avesques une belle garce nommée la Glaude (2). Il advint qu'un soir apres souper de cheux M^r d'Elbeuf (3), le roy s'en vint coucher cheux Zammet (4) avec cette garce, et comme nous l'eumes deshabillé, ainsy que nous nous voulions mettre dans le carrosse du roy, qui nous ramenoit en nos logis, Mrs de Jain-

---

Catherine de Besolles, maréchal de France en 1615, mort le 9 juin 1625, à l'âge de 81 ans.

(1) Pierre de Beringhen, seigneur d'Armainvilliers et de Grez, premier valet de chambre du roi.

(2) Dans les éditions précédentes et dans tous les livres qui, d'après Bassompierre, ont donné des détails sur ce triste côté de la glorieuse vie de Henri IV, la Glaude (ou la Claude), est appelée *la Glandée*. Nous lui restituons son véritable nom. *Suum cuique*.

(3) Charles de Lorraine, duc d'Elbeuf, fils de René de Lorraine, marquis d'Elbeuf, de la maison de Guise, et de Louise de Rieux, né le 18 octobre 1556, mort en 1605.

(4) Sébastien Zamet, Lucquois naturalisé français, « seigneur de dix-huit cent mille écus », fut surintendant de la maison de la reine Marie de Médicis. Il mourut le 14 juillet 1614.

ville, et le Grand, eurent querelle sur quelque chose que ce premier pretendoit que M^r le Grand eut dit au roy, de Mlle d'Antragues (1) et de luy; de sorte que M^r le Grand fut blessé à la fesse, le vidame du Mans (2) receut un coup a travers du corps, et la Riviere (3) un coup dans les reins. Apres que Mr de Praslain (4) eut fait fermer les portes du logis, et que Mr de Chevreuse s'en fut allé, ils me prierent d'aller trouver le roy, et luy conter ce quy s'estoit passé; lequel se leva avec sa robbe et son espée, et vint sur le degré ou ils estoint, moy portant le flambeau devant luy. Il se fascha extreordinairement, et envoya la nuit mesme dire au premier president (5) qu'il le vint trouver le lendemain avec la court de parlement; ce qu'ils firent sur les neuf heures du matin. Il leur commanda de faire informer de l'affaire, et d'en faire bonne justice; ce qu'ils firent, et firent assinner le comte de Cramail (6), Barraut, Chaseron, et moy, pour desposer du

---

(1) Le prince de Joinville était amoureux de Mlle d'Entragues. Voir sur cette aventure Tallemant des Réaux, *Historiette du marquis de Rambouillet*, et l'*Histoire des Amours de Henri IV*.

(2) Charles d'Angennes, marquis de Rambouillet, vidame et sénéchal du Mans, fils de Nicolas d'Angennes, seigneur de Rambouillet, et de Julienne, dame d'Arquenay. Il mourut le 6 février 1652.

(3) Sans doute un fils de Jean de la Rivière, seigneur de Cheny, et de Charlotte de Harlay.

(4) Charles de Choiseul, marquis de Praslin, fils de Ferry de Choiseul, seigneur de Praslin et du Plessis, et d'Anne de Béthune, maréchal de France en 1619, mort le 1er février 1626.

(5) Achille de Harlay, fils de Christophe de Harlay, seigneur de Beaumont, et de Catherine du Val, premier président de 1583 à 1611, mort le 23 octobre 1616.

(6) Adrien de Montluc, seigneur de Montesquiou, comte de

fait : et le roy nous commanda d'aller respondre aux commissaires, quy estoint Mrs de Fleuri, et de Turin, conseillers de la grand chambre, ce que nous fismes : et le proces fut instruit. Mais a l'instante priere que monsieur, madame, et mademoyselle de Guyse (1) firent au roy, l'affaire ne passa pas plus avant; et deux mois apres, M^r le connestable (2) accorda cette querelle à Conflans.

Le roy, au bout de deux jours, s'en retourna a Blois, et tost apres (aust) alla a Chenonceaux voir la reine Louyse (3) quy s'y tenoit lors : il devint un peu amoureux d'une des filles de la reine, nommée la Bourdaisiere (4). Il s'en revint passer l'esté a Fontainebleau, allant de fois a autre voir Mlle d'Antragues a Malesherbes (septembre), ou il en jouit; et sur l'automne, estant de retour a Paris, il la fit loger (octobre) a l'hostel de Larchant.

Il alla aussy en poste a Orleans, sur le passage de

Carmain, fils de Fabien de Montluc, et d'Anne, dame de Montesquiou, mort le 28 janvier 1646. On l'appelait le comte de Cramail.

(1) La mère, le frère, et la sœur du prince de Joinville.

(2) Henri de Montmorency, d'abord seigneur de Damville, devenu duc de Montmorency, en 1579, par la mort de son frère aîné, était fils d'Anne, duc de Montmorency, connétable, et de Madeleine de Savoie-Tende; né le 15 juin 1534, il mourut le 2 avril 1614. Il fut maréchal et connétable de France.

(3) Louise de Lorraine, fille de Nicolas de Lorraine, comte de Vaudemont, puis duc de Mercœur, et de Marguerite d'Egmont, sa première femme; née le 30 avril 1553, mariée le 15 février 1575, à Henri III, roi de France, morte le 29 janvier 1601.

(4) Marie Babou de la Bourdaisière, fille de Georges Babou, seigneur de la Bourdaisière, comte de Sagonne, et de Madeleine du Bellay.

la reine Louyse, quy s'en alloit a Moulins, et il demeura trois jours a Orleans avesques elle.

En ce mesme temps le cardinal Andrea d'Austriche (1) passa a Orleans, quy y fit la reverence au roy.

Novembre. — Sur la fin de l'automne le roy vint a Monceaux, d'ou je pris congé de luy pour aller en Lorraine traitter avesques S. A., affin qu'il me delivrat de la caution que feu mon pere estoit pour luy, de cent cinquante mille escus qu'il avoit empruntés pour le mariage de madame la grand duchesse, sa fille (2), de laquelle responsion l'on m'inquietoit a Paris.

Decembre. — Je demeuray six semaines en Lorraine, plus tost pour l'amour que je portois a Mlle de Bourbonne (3) que pour cette autre affaire.

1600.
JANVIER.

Janvier. — En fin je revins la veille des Rois de l'année 1600. M^r le duc de Savoye estant quelques jours auparavant arrivé pres du roy, quy estoit ce soir la en un grand festin cheux Mr de Nemours ou le bal se tint en suitte, je luy fus faire la reverence,

---

(1) André, archiduc d'Autriche, cardinal en 1576, évêque de Constance, mort le 12 décembre 1600.

(2) La grande duchesse de Toscane.

(3) Yolande de Livron, damoiselle de Bourbonne, fille d'Erard de Livron, baron de Bourbonne, et de Yolande de Bassompierre, qui était cousine germaine du maréchal. Yolande de Livron était née le 5 août 1581.

et puis il me presenta a Mr de Savoye, luy disant beaucoup de bien de moy.

Ce soir mesme vint la nouvelle de la retraitte de Canise, laquelle le roy loua infiniment, et l'action de Mr de Mercure (1). Et M^r le comte de Soissons ayant dit la dessus qu'il s'estonnoit que Mr de Mercure l'eut faite : car il ne l'estimoit pas capitaine; le roy luy repartit ainsy : « Et qu'en diriés vous s'il ne vous eut pas pris prisonnier, et deffait vostre frere? »

Trois jours apres, M^rs d'Auvergne et de Biron (2) danserent le ballet des Turcs; et autant apres, Mrs de Montpensier, de Guyse, et le Grand, danserent celuy des Amoureux, duquel j'estois : M^r le comte d'Auvergne, et quelques uns de nous, danserent a l'improviste celuy des Lavandieres; et peu apres, celuy des Nymphes : finalement Mr de Nemours dansa celuy des Docteurs gracieux; nous fismes aussy quelques festes a cheval (fevrier).

Je fus cet hiver la cheux madame de Sen-

---

(1) Philippe-Emmanuel de Lorraine, duc de Mercœur, fils de Nicolas de Lorraine, comte de Vaudemont, puis duc de Mercœur, et de Jeanne de Savoie-Nemours, sa seconde femme, né le 9 septembre 1558, mort le 19 février 1602.

Généralissime des armées de l'Empereur, le duc de Mercœur venait de faire une belle retraite devant les Turcs qui assiégeaient Canise ou Kanisa en Hongrie. En 1592 il avait battu, entre Craon et Château-Gonthier, les troupes royalistes commandées par le prince de Conti. Le comte de Soissons, investi d'un commandement par le roi Henri III, avait été fait prisonnier, en 1589, à Château-Giron en Bretagne.

(2) Charles de Gontaut, baron, puis duc de Biron, amiral, puis maréchal de France, fils aîné d'Armand de Gontaut, baron de Biron, maréchal de France, et de Jeanne, dame d'Ornezan et de Saint-Blancard, fut décapité le 31 juillet 1602.

teni (1), et puis je devins amoureux de la Raverie : le roy le devint aussy de madame de Boinville (2) et de Mlle Clin (3).

Mars. — Mr de Savoye partit vers la my-caresme (4). Le roy le fut conduire a une lieue de Paris, et s'en alla faire ses pasques a Fontainebleau, ou peu apres se fit la conference en la salle des estuves sur la verification des articles du livre de Mr du Plessis Mornay contre la messe, ou je me trouvay (5). Mr de Vaudemont l'y vint trouver.

Avril. — Je m'en allay voir ma mere en Lorraine ou je ne demeuray que huit jours.

May. — Puis le roy estant venu faire ses adieux (6) aux princesses a Paris, son desmariement estant fait avesques la reine Marguerite, et son mariage conclu avesques la princesse Marie de Medicis, il s'achemina a Lion en poste, ayant envoyé la court devant, l'attendre a Moulins, ou il sejourna quinse jours aupres de la reine Louyse, a cause, principalement, de la Bourdaisiere, qu'il aymoit.

---

(1) Sans doute madame de Santeny pour laquelle le roi fit construire le château d'Ormesson.

(2) Isabelle Potier, fille de Nicolas Potier, seigneur de Blancmesnil, et d'Isabeau Baillet, mariée à Oudart Hennequin, seigneur de Boinville, qui fut maître des requêtes ordinaire du roi.

(3) Madame Quelin fut la mère de Nicolas Quelin, conseiller en la grand-chambre, qui affichait à tort, dit-on, la prétention d'être fils de Henri IV.

(4) Le mercredi 1er mars.

(5) Ce fut le jeudi 4 mai que du Plessis-Mornay « soutint sa thèse » devant le roi contre le cardinal du Perron, évêque d'Evreux.

(6) Le roi revint à Paris le 12 mai.

Juillet. — En fin nous arrivasmes a Lion ou le roy sejourna trois mois (1), attendant l'effet du traitté qu'il avoit fait avec M. le duc de Savoye pour la restitution du marquisat de Saluces : en fin il s'achemina a Grenoble, ou il arriva le 14ᵉ d'aust. J'en partis le jour mesme pour me trouver a la prise de la ville de Montmelian, que M. de Crequy (2) petarda d'un costé avec son regiment, et M. de Morges (3) de l'autre, avec quelques compagnies de celuy des gardes. J'estois avec mon cousin de Crequy (4), lequel fut plus heureux que Morges, parce que son petard luy fit ouverture pour entrer en la ville, et l'autre ne fit qu'un trou fort petit, de sorte que nos gens furent rompre la porte par laquelle les gardes devoint entrer. Nous fismes barricade contre le chasteau quy nous tira forces canonnades. Il y eut quelque desordre entre les trouppes que menoit Morges, et celles de M. de Crequy, sur un des chevaux-legers du roy quy fut tué par un gentilhomme de Dauphiné, nommé Pilon, le prenant pour un ennemy : M. de Crequy ayant apaisé la rumeur, il voulut faire remettre l'espée au fourreau a

---

(1) Il faut lire : trois semaines.
(2) Charles, sire de Créquy et de Canaples, maréchal de France en 1621, duc de Lesdiguières en 1626 par la mort du connétable de Lesdiguières, dont il avait successivement épousé deux filles, était fils d'Antoine de Blanchefort, seigneur de Saint-Janvrin, et de Chrétienne d'Aguerre. Antoine de Blanchefort avait été institué héritier des biens de la maison de Créquy par le cardinal de Créquy, son oncle maternel, à la condition d'en prendre les nom et armes. Le maréchal de Créquy fut tué d'un coup de canon le 17 mars 1638.
(3) Abel de Bérenger de Morges.
(4) Voir à l'Appendice. VII.

un chevaux-leger, nommé Beuseins, Bearnois, lequel luy dit qu'il tirat luy-mesme la sienne; ce quy renouvella la noyse, quy fut en fin apaisée par la prudence de Mr de Crequy. J'y demeuray tout le lendemain, et la nuit aussy, pendant laquelle nous allames donner une allarme a ceux du chasteau, sondant leur fossé. Ils nous tirerent extremement et de mousquetades et de coups de canon : et comme les autres se fussent retirés par dessous la barricade par ou ils estoint entrés, j'en perdis la piste; de sorte que je fus plus d'une heure a la mercy du feu du chasteau, a vingt pas du fossé. En fin Mr de Crequy, en peine de moy, envoya un sergent me chercher, que je fus bien ayse de trouver, et plus encores le trou de la sortie.

Je m'en revins le soir d'apres trouver Mr de Grillon, quy menoit le regiment des gardes a Chamberi, ou la nuit mesme nous gaignames les fausbourgs, et perçant les maysons, vinmes jusques contre la porte de la ville. Le roy y vint le lendemain a six heures du matin, et ayant fait sommer la ville, Mr de Jacob, quy en estoit gouverneur, vint parler de dessus la muraille a Mr de Villeroy (1), avesques lequel il capitula que, sy dans trois jours il n'estoit secouru, il rendroit au roy la ville et le chasteau de Chamberi, et que cependant le roy pourroit s'approcher jusques sur le fossé, et y planter mesme ses batteries. Le

---

(1) Nicolas de Neufville, seigneur de Villeroy, fils de Nicolas de Neufville, seigneur de Villeroy, et de Jeanne Prudhomme, ministre et secrétaire d'Etat, servit sous les règnes de Charles IX, Henri III, Henri IV et Louis XIII, et mourut en 1617, âgé de 74 ans.

roy n'avoit que son seul regiment des gardes, quy n'estoit pas de quinse cens hommes, trois compagnies suisses, et le regiment de Crequy avesques quelque quatre cens chevaux : et il falloit assieger Chamberi et Montmelian (1) tout a la fois et s'opposer aux ennemis; et sy mauvais esquipage de l'artillerie qu'aux quatre canons qu'il avoit tirés du fort de Baraut, il commit Vignoles (2), Termes, Constenant (3), et moy, commissaires pour en executer chacun un, ce que nous fismes a l'envy l'un de l'autre; mais ce fut en vain, car le jour venu, le roy entra a Chamberi (4).

Le lendemain a la pointe du jour, Mr des Diguieres (5) (que le roy avoit fait lieutenant general en son armée), partit avesques tout ce qu'il peut emmener de forces et tous nous autres volontaires quy estions avesques le roy, au nombre de dix ou douse; et passans a la mercy des canonnades de Montmelian et de Miolans,

---

(1) Le château, qui tenait encore, quoique la ville eut été forcée.

(2) Bertrand de Vignolles, dit la Hire, marquis de Vignolles, fils de François de Vignolles la Hire, baron de Vignolles, et de Marie de la Rochebeaucourt.

(3) Henri de Bauves, baron de Contenan, lieutenant des chevau-légers de la garde du roi.

(4) Par la suite du récit de Bassompierre on voit que suivant lui la prise de Montmélian aurait eu lieu le 22. De Thou et l'Estoile assignent à ce fait la date du 23 août.

(5) François de Bonne, seigneur, puis duc, de Lesdiguières, maréchal de France en 1609, maréchal général des camps et armées du roi en 1621, dernier connétable de France en 1622, fils de Jean de Bonne, seigneur de Lesdiguières, et de Françoise de Castellane, né le 1er avril 1543, mort le 28 septembre 1526.

vinsmes repaitre a Saint-Pierre d'Albigny, puis attaquer une escarmouche a Conflans, et passer plus d'une lieue au dela, pensant y trouver Albigny (1) logé avesques les trouppes de Mr de Savoye : mais il en estoit party le matin; de sorte qu'il nous fallut retourner a Saint-Pierre d'Albigny, ou nous ne peumes arriver qu'a trois heures apres minuit, ayans esté vingt et quatre heures a cheval par un chaud excessif.

Le lendemain Mr Desdiguieres fit sommer Miolans, quy se rendit, et ne voulut point investir ce jour la Conflans, tant pour la traite du jour precedent, que parce que c'estoit la feste de Saint-Bartelemy, jour funeste a ceux de la religion. Mais le lendemain matin il s'y achemina avesques trois compagnies du regiment des gardes, et sept de celuy de Crequy avesques quelque cavalerie. Les gardes avoint l'avant garde, et se hasterent de devancer le regiment de Crequy, comme ils firent; et firent leurs approches par le bas de la place, dans le faubourg que ceux de la ville avoint bruslé deux jours auparavant, lors que nous parusmes devant la ville : mais peu apres s'y estre logés, estans veus et battus par derriere, d'une maison platte ou il y avoit quarante mousquetaires, a la premiere sortie que firent ceux de Conflans, un quart d'heure apres, ils rembarrerent les gardes jusques au bas de la montaigne. Allors parut le regiment de Crequy, quy revint prendre avesques eux le premier logement. Ceux des gardes, au diner de Mr Desdiguieres vindrent demander un des deux canons destinés pour battre la place,

---

(1) D'Albigny était gouverneur de la Savoie.

affin de forcer cette maison platte quy leur incommodoit sy fort leur logement. Allors Mr de Crequy, quy estoit piqué de ce que les gardes ne l'avoint pas attendu pour donner ensemble a leur gauche a l'investissement, offrit a Mr Desdiguieres de la prendre sans canon, quy le prit au mot; et l'apres disnée Mr Desdiguieres s'en vint de l'autre costé de l'Isere, vis a vis de la dite maison, pour en voir l'esbattement. Un petardier, nommé Bourquet, attacha un petard a la porte, quy fit plus de bruit que de mal; mais il y avoit une grange tenante a la maison, que l'on sappa, et puis on y mit le feu, quy les contraignit de se rendre a misericorde : et Mr de Crequy les amena tous liés a Mr Desdiguieres, quy puis apres alla par en haut luy sixieme (dont j'estois l'un), reconnestre le lieu ou il logeroit sa batterie; et estant sur le haut, un des capitaines du regiment de Crequy, quy estoit un de ces six, nommé la Couronne, parlant avesques moy, receut une mousquetade de la ville, quy luy rompit la cuisse. Mr Desdiguieres nous montra ou il feroit sa batterie, que nous tenions un lieu inaccessible pour le canon; mais il nous dit : « Demain a dix heures mes deux canons seront montés, sy je puis gaigner ce soir quarante escus a Mr de Bassompierre, pour en donner vingt aux Suisses, et vingt aux François quy la monteront. » Ce qu'il fit, ayant premierement fait mener ses canons, munitions, gabions, et plate-formes, au pied de la montaigne, sy droitte qu'a peine un homme y pouvoit monter a pied, et fit creuser des loges pour tenir ceux quy serviroint a guinder les canons; quy estoint comme des marches ou ils se pouvoint tenir, et mit, en montant, cinquante Suisses d'un costé, et cinquante François de l'autre, avec des cables ; et avoit d'espace en espace, en montant, fait faire des relais pour reposer le canon, et donner loisir aux François et Suisses de remonter aux marches plus hautes : et ainsy ayant premierement fait guinder les gabions, puis les plate-formes, les munitions et les affuts, finalement monta les canons avec une diligence incroyable, et dont nous n'avions encores veu en France l'experience. La batterie fut preste a onse heures, et on commença a battre le derriere du chasteau, quy est au haut de la ville, contre l'attente des assiegés, quy ne se fussent jamais doutés que l'on les eut pris par la. Le roy arriva a la batterie sur les deux heures apres midy, comme nous nous estions preparés pour aller a l'assaut; ce qu'il ne voulut permettre, et renvoya querir par Perne, exempt de ses gardes, huit ou dix volontaires, qui estions prets a donner : et en mesme temps ceux de la ville firent une chamade pour se rendre ; et sortirent deux heures apres, avesques honorable capitulation, mille trente soldats commandés par un marquis de Versoy, baron de Vatteville, et nous n'estions pas tant a les assieger.

Le roy partit le lendemain, et vint coucher a Saint-Pierre d'Albigny. Le jour d'apres il disna au chasteau de Miolans. Il trouva dedans cinq prisonniers que Mr de Savoye y tenoit depuis longues années, quy ne pouvoint endurer la clarté du jour en sortant : il donna la liberté a quatre, et le cinquieme ayant esté reconnu pour avoir fait de grandes meschancetés en France, fut envoyé a Lion, ou peu de jours apres il fut mis sur une roue. De la le roy vint coucher a

Chamoux pour faire le siege de Charbonnieres que Mr de Grillon avoit desja investie. Mr de Suilly (1) y amena forces canons, qu'il fit guinder a l'exemple de Mr des Diguieres, et le mesme jour qu'il fut en batterie, le chasteau se rendit (septembre) (2). Nous fusmes douse jours a ce siege, au bout desquels, et apres la prise de Charbonnieres, le roy s'en alla a Grenoble.

Je m'en voulus aller avec Mr des Diguieres en la vallée de Morienne qu'il alloit conquerir; mais le roy me commanda de le suivre. Il vint coucher a la Rochette, et le lendemain disner a Grenoble; d'ou, ayant sceu que madame de Verneuil arrivoit à Saint-André de la Coste (3), il partit pour s'y en aller, et me fit prester un des chevaux de son escuirie pour le suyvre. Je fis cette traitte au trot, dont j'estois sy las qu'a l'arrivée je n'en pouvois plus. A l'abord le roy et madame de Verneuil se brouillerent (4), de sorte que le roy s'en voulut retourner de colere, et me dit : « Bassompierre, que l'on face seller nos chevaux pour nous en retourner. » Je luy dis que je dirois bien que l'on sellat le sien, mais que, quant au mien, je me des-

---

(1) Maximilien de Béthune, alors marquis de Rosny, depuis duc de Sully, surintendant des finances et grand-maître de l'artillerie, maréchal de France en 1634, fils de François de Béthune, baron de Rosny, et de Charlotte Dauvet, né en 1559, mort le 21 décembre 1641.
(2) Charbonnières capitula le 10 septembre.
(3) La Côte-Saint-André, sur la route de Vienne à Grenoble.
(4) La querelle avait sans doute pour motif la fameuse promesse de Henri IV à la marquise de Verneuil, et la prochaine arrivée de la « grosse financière » qui allait devenir reine de France.

clarois du party de madame de Verneuil pour demeurer avesques elle : et en mesme temps je fis tant d'allées et de venues pour accorder deux personnes quy en avoint bonne envie, que j'y mis la paix; et couchasmes a Saint André. Le lendemain le roy s'en retourna a Grenoble, y menant madame de Verneuil, et y demeura huit ou dix jours; puis s'en revint a Chamberi ou il ne sejourna gueres qu'il ne s'en allat a Aix (octobre), puis a Nissy (1) ou Mr de Nemours (2) le receut fort bien. Il y demeura trois jours, pendant lesquels Mr de Biron le vint trouver, et quitta pour cet effet le siege de Bourg. Nous allames cependant visiter Genesve, ou nous vismes Theodore de Bese. Le roy partant de Nissy vint coucher a Faverge, quy fut brulé en partie la mesme nuit par l'inadvertance de la cuisine de la bouche, ou le feu se prit. De Faverge le roy alla a Beaufort, et le lendemain vint disner au dessus du col de Cormette (3) qu'il voulut reconnestre, comme une des avenues par laquelle le duc de Savoye pouvoit rentrer en son païs. Il s'en revint coucher a Beaufort, le lendemain a Saint Pierre d'Albigny, et le jour d'apres, passant par les batteries de Montmelian, il s'en revint a Chamberi; mais il logea en un autre logis que le sien, qu'il avoit quitté pour le donner a monsieur le legat quy approchoit : c'estoit le cardinal Aldobrandin, neveu du pape Clement VIIIe, lors seant.

---

(1) Aix en Savoie. — Annecy.
(2) Le duc de Nemours, prince de la maison de Savoie, restait inactif pendant cette guerre.
(3) Faverges et Beaufort, en Savoie. — Le col du Cornet, non loin de Beaufort.

Cependant l'armée du roy croissoit infiniment, et tous les princes et seigneurs de France y venoint a l'envy. Les batteries commencerent a tirer contre Montmelian : mais apres le premier jour elles cesserent, parce que le comte de Brandis (1) quy en estoit gouverneur, parlementa, et en fin traitta que, sy dans un mois la place n'estoit secourue par une armée, qu'il la rendroit au roy (2). Allors monsieur le legat arriva a Chamberi, quy y fut reçeu magnifiquement; et en passant proche de Montmelian, on mit l'armée en bataille, quy faisoit montre generale ce jour la.

Le roy, en mesme temps, s'en alla a Moustiers, parce que le duc de Savoye avoit regaigné toute cette vallée de Saint Maurice (3) quy est depuis le petit Saint Bernard jusques au pas du Ciel, quy estoit gardé par les regiments de Navarre et de Chambord.

Novembre. — Le roy y vint, et y fit attaquer une grande escarmouche, ou il fut toujours, pour commander et nous faire retirer, a la merci d'infinies mousquetades quy luy furent tirées. Il s'en retourna coucher a Moustiers, et de la vint a Chamberi par Montmelian quy lors luy fut livré, suyvant la capitulation precedente. Il y trouva monsieur le legat, avesques lequel il eut diverses conferences sans rien resoudre.

Madame de Verneuil s'en retourna en France, et le roy alla assieger le fort Sainte Caterine ; et apres

---

(1) Jacques de Rivolles, baron de Brandis.
(2) La capitulation fut signée le 16 octobre.
(3) Moutiers et Saint-Maurice étaient les deux villes principales de la Tarentaise.

qu'il l'eut pris, il le remit entre les mains de ceux de Genesve (1), quy le raserent a l'heure mesme (decembre) : dont le legat fut tellement offensé, qu'il s'en vouloit retourner tout court, et on eut grand peine de le retenir. En fin le roy revint sur la fin de l'année a Lion, ou il trouva la reine quy y avoit desja fait son entrée (2), et le mesme soir consumma son mariage.

Puis quelques jours apres, monsieur le legat estant arrivé, il l'espousa en face d'Eglise.

1601.
JANVIER.

Peu de jours apres le roy conclut la paix entre Mr de Savoye et luy (3), au gré du legat, duquel il se licencia, et partit une nuit en poste de Lion pour s'en revenir a Paris; et s'estant embarqué sur l'eau a Rouanne, il vint descendre a Briare, ayant appris par le chemin la mort de la reine Louyse. De Briare il vint coucher a Fontainebleau, et [le] lendemain disna a Villejuive, et passant la Seine au bac des Tuilleries s'en alla coucher a Verneuil (4), n'ayant que quatre personnes avec luy, dont j'estois un. Nous demeurasmes trois jours a Verneuil, puis vinmes a Paris. Le roy logea cheux Montglat, au prioré de Saint-Nicolas

---

(1) Le fort de Sainte-Catherine avait été construit par le duc de Savoie pour tenir en bride les Genevois.

(2) La reine fit son entrée à Lyon le dimanche 3 décembre. Le roi y arriva le 9. La cérémonie eut lieu le 17. Le mariage par procuration avait été célébré à Florence le 5 octobre.

(3) La paix fut signée le 17 janvier.

(4) Verneuil-sur-Oise, à deux lieues de Senlis.

du Louvre, ou il eut toujours les dames a soupper qu'il envoyoit convier, et cinq ou six princes, ou de nous quy estions venus avec luy.

En fin la reine arriva a Nemours, et le roy, courant a soissante chevaux de poste, l'y alla trouver, et la mena a Fontainebleau, ou ayant demeuré cinq ou six jours, elle arriva a Paris, logée cheux Gondy (1). Le mesme soir le roy luy presenta madame de Verneuil, a quy elle fit bonne chere. Nous allames de la loger cheux Zammet, parce que le Louvre n'estoit pas encores appresté. En fin la reine y vint loger, et le lendemain elle s'habilla a la françoise, prenant le dueil de la reine Louyse. Nous dansames quelques ballets, et courusmes en camp ouvert sur le pont au Change au caresme prenant (2).

Je pris congé du roy pour aller en Lorraine voir ma mere mallade, ou je demeuray pres de trois mois, et revins comme madame de Bar et S. A. son beaupere vindrent en France voir le roy (juin), quy vint au devant d'eux a Monceaux qu'il avoit peu de jours auparavant donné a la reine, quy fit de grands festins a sa belle-sœur et a Mr de Lorraine. Ce fut la ou j'ouis un conseil (3), ou le roy me fit demeurer, de peur que je ne m'en allasse a Paris, parce que je luy gaignois son argent : il demanda sy il donneroit quelque chose a madame de Verneuil pour la marier a un prince qu'elle disoit la vouloir espouser sy elle avoit

---

(1) Le vendredi 9 février.
(2) Le 6 mars.
(3) Les précédentes éditions portent : *un concert*.

encores cent mille escus. Mr de Believres (1) dit : « Sire, je suis d'avis que vous donniés cent mille beaux escus a cette demoiselle pour luy trouver un bon parti. » Et comme M. de Suilly eut respondu qu'il estoit bien aysé de nommer cent mille beaux escus, mais difficile de les trouver, sans le regarder le chancelier repliqua : « Sire, je suis d'avis que vous preniés deux cent mille beaux escus, et que vous les donniés a cette damoiselle pour la marier, et trois cent mille ettout (2), sy a moins il ne se peut, et c'est mon avis. » Le roy se repentit depuis de n'avoir creu et suivy ce conseil.

Juillet. — De la le roy alla a Verneuil, d'ou il partit a l'improviste pour s'en aller en poste a Calais (aust). Il me renvoya de Verneuil trouver la reine, et sa sœur, et S. A., pour leur faire compliment de sa part. Je retournay le trouver a Calais, et pris congé de luy pour aller au siege d'Ostende (3), et quelque temps apres, estant un soir venu trouver le roy a Calais (septembre), je trouvay Mr de Biron prest a s'embarquer pour aller en Angleterre, quy me desbaucha pour luy accompagner.

Nous ne trouvasmes point la reine a Londres; elle estoit en progres (4) a quarante milles de la en un

---

(1) Pompone de Bellievre, seigneur de Grignon, fils de Claude de Bellievre, premier président du parlement de Grenoble, et de Louise Faye, né en 1529, mort le 9 septembre 1607. Il fut créé chancelier de France, le 2 août 1599.

(2) Aussi.

(3) Le siége d'Ostende avait été commencé par les Espagnols le 5 juillet 1601.

(4) En voyage.

chasteau nommé Basin (1) quy appartient au marquis de Vinsester (2) : la reine nous fit recevoir a un autre chasteau quy est a une lieue de Basin, nommé la Vigne, d'ou l'on vint prendre Mr de Biron pour le mener a Basin. Il fut fort honorablement receu de la reine, quy vint le lendemain a la chasse avesques plus de cinquante dames sur des haquenées contre le chasteau de la Vigne, et envoya dire a Mr de Biron qu'il vint a la chasse. Le lendemain il prit congé de la reine, et s'en revint a Londres, ou apres y avoir sejourné trois jours, il retourna passer la mer quy le porta a Boulongne, et fusmes contraints de prendre terre au port Saint-Jean, et d'arriver a minuit a Boulongne ; auquel lieu nous arriva la nouvelle de la naissance de monsieur le dauphin, quy naquit le jour de Saint-Cosme, 27e septembre. Nous nous en revinmes en poste trouver le roy a Fontainebleau, ou il demeura (octobre) jusques a ce que la reine fut relevée de couche (novembre), et puis s'en revint a Paris, d'ou madame sa sœur, et Mr de Lorraine, prindrent congé de luy pour retourner en leur païs (decembre) (3).

Peu apres fut la brouillerie de madame de Verneuil avesques le roy, causée sur ce que madame de Villars donna au roy des lettres qu'elle (4) avoit escrites au prince de Jainville, et luy, luy avoit baillées. L'affaire

---

(1) Basing.
(2) William Pawlet, marquis de Winchester, fils de William Pawlet, marquis de Winchester, et d'Anne Howard, mort en 1629.
(3) Le 17 décembre.
(4) Mme de Verneuil.

se raccommoda sur ce que M^r le duc d'Esguillon amena au roy un clerc de Bigot (1), quy confessa avoir contrefait ces lettres, et le prince de Jainville fut banni.

1602.
Janvier.

J'allay, peu de jours apres, voir ma mere en Lorraine, et m'en revins pour le caresme prenant de l'année 1602, auquel les Suisses vindrent jurer le renouvellement de l'alliance.

Fevrier. — Crequy se battit contre Chambaret. La Bourdaisiere se maria au vicomte d'Estoges (2). Nous dansames le ballet des Saysons, et quelques autres.

Mars. — Le roy alla en caresme a Fontainebleau, auquel lieu Laffin (3) le vint trouver a la mi-voye (4), et luy donna les traittés de Mr de Biron avec Espaigne et Savoye.

Avril. — Le roi s'en alla vers Paques a Blois, puis a Tours, et de la a Poitiers (may), pour donner ordre aux affaires du Poitou.

Juin. — De la nous vinmes passer la Feste-Dieu a Blois; puis a Orleans, ou le comte d'Auvergne vint trouver le roy; de la a Fontainebleau, ou Mr de Biron

---

(1) Claude Bigot, sieur des Fontaines, fut depuis maître des requêtes.

(2) Marie Babou de la Bourdaisière épousa, par contrat du 23 février 1602, Charles de Savigny, dit Saladin d'Anglure, vicomte d'Estoges, baron de Rosne.

(3) Jean de la Fin de Beauvais, l'instigateur et le dénonciateur des complots du maréchal de Biron.

(4) A la moitié du carême, c'est-à-dire vers le 13 mars.

vint un matin (1). Le roy le pressa longuement, au jardin des pins, de luy dire ce quy estoit de ses pratiques, et qu'il luy pardonneroit : il en fit de mesme l'apres disner, le soir, et le lendemain encores; et sur le soir le roy donna l'ordre pour le prendre, ce quy fut fait en entrant du cabinet du roy en la chambre Saint-Louis, ou Vittri (2) l'arresta. J'estois dans la chambre, retiré a la fenestre avesques Mr de Montbason (3), Monglat, et La Guelle (4). Nous nous approchasmes, et lors il dit a Mr de Montbason qu'il allat de sa part supplier le roy que l'on ne luy ostat point son espée, et puis nous dit : « Quel traitement, Messieurs, a un homme quy a servy comme moy! » Mr de Montbason luy vint dire que le roy vouloit qu'il rendit son espée; il se la laissa oster : lors on le mena avesques six gardes en la chambre en ovale, et en mesme temps le roy dit au comte d'Auvergne qu'il passat au petit cabinet de Lomenie, et dit a M^r le Grand, Mr du Maine, et a moy, que nous demeurions aupres de luy. A quelque temps de la, il nous renvoya relever par Termes, Gramont, et Monglat, et lors fit lire les lettres que Laffin luy avoit données, escrites de la main de M^r de

---

(1) Le 13 juin.

(2) Louis de l'Hospital, marquis de Vitry, fils de François de l'Hospital, seigneur de Vitry, et d'Anne de la Châtre, mort en 1611. Le marquis de Vitry était capitaine des gardes du roi, et en même temps capitaine de Fontainebleau.

(3) Hercule de Rohan, duc de Montbazon, fils de Louis de Rohan, prince de Guémené, et de Léonor de Rohan, dame du Verger, mort le 16 octobre 1654, à l'âge de 86 ans.

(4) Jacques de la Guesle, fils de Jean de la Guesle, et de Marie Poiret, avait succédé à son père dans la charge de procureur général au parlement de Paris.

Biron, par lesquelles tout apparoissoit de sa conspiration. Nous nous retirasmes au jour; et le lendemain matin ils furent menés tous deux, au dessus de la chambre de M.^r le Grand, et a une autre chambre proche de la, separement. Puis le jour d'apres ils s'embarquerent sur la riviere a Valvins, et furent menés par eau descendre a l'Arsenac, d'ou on les mena a la Bastille. Le roy arriva ce mesme jour a Paris. Le lendemain qu'ils furent arrivés, le roy remit l'affaire de Mr de Biron au parlement, quy prit pour leurs commissaires Mrs de Fleuri et de Turin, conseillers a la grand chambre, quy assisterent M.^r le chancelier de Believres et M.^r le premier president de Harlay a instruire le proces. Le roy, cependant, s'alla tenir a Saint-Maur des Fossés, et le parlement fit appeller les pairs de France pour intervenir au jugement de Mr de Biron, lequel, apres l'instruction parfaite de son proces, fut mené par eau au Palais, par Mr de Montigni (1), gouverneur de Paris, avesques quelques compagnies des gardes; ou il fut ouy sur la sellette, les chambres assemblées, et le lendemain toutes les voix furent recueillies, et Mr de Biron condamné a avoir la teste tranchée en Greve, et ses biens confisqués. Ses parens et amis se jetterent, pendant sa prison, plusieurs fois aux pieds du roy pour luy demander misericorde, et Sa Majesté leur respondit humainement qu'il avoit pareil regret qu'eux a son

---

(1) François de la Grange, seigneur de Montigny, fils de Charles de la Grange, seigneur de Montigny et d'Arquien, et de Louise de Rochechouart, fut maréchal de France en 1616, et mourut le 9 septembre 1617.

malheur, et qu'il l'aymoit; mais qu'il devoit aymer davantage le bien de sa couronne, quy l'obligeoit a faire servir d'exemple celuy quy, ayant plus receu de graces, avoit plus grievement failli; et qu'il avoit de bons juges, et legitimes, ausquels il en laissoit le jugement. En fin le...(1) de juillet, il fut executé en la court de la Bastille, et fut plus agité et transporté en cette derniere action que l'on n'eut creu. Il fut le soir mesme enterré a Saint-Paul, a l'entrée du chœur de l'eglise, ou tout le monde luy alla jetter de l'eau benite.

Aust-Septembre. — Nous passames quelque partie de l'esté a Saint-Germain; puis le roy, passant par Paris pour aller a Fontainebleau, pardonna au comte d'Auvergne, et le mit en liberté (octobre).

Novembre. — La reine accoucha de sa premiere fille (2), maintenant reine d'Espaigne, le 22º de novembre, a Fontainebleau, en la mesme chambre en ovale ou monsieur le dauphin estoit né. Nous revinmes a Paris sur l'hiver. Nous fismes un carrousel et plusieurs ballets (décembre).

1603.
JANVIER.

Saubole (3) se barricada a Mets contre Mr d'Esper-

---

(1) Le 31 juillet.
(2) Elisabeth de France, mariée par procuration à Philippe d'Autriche, depuis Philippe IV, roi d'Espagne, le 18 octobre 1615; morte le 6 octobre 1644.
(3) Roger de Cominges, seigneur de Saubole, fils de Jean de Cominges, seigneur de Saubole, et de Madeleine d'Espagne,

non. Le roy y alla, tira Saubole (fevrier), et y mit Requien (1) en sa place.

Mars. — Madame, sœur du roy, vint trouver Leurs Majestés a Mets, puis M^r le duc de Lorraine, et le duc et duchesse des Deux Ponts. Et le lendemain de Paques (2), le roy fut coucher a Nomeny, et le jour d'apres (avril) il arriva a Nancy, ou il fut receu avesques tout l'apparat et la magnificence imaginable. Madame y dansa un ballet, et apres que le roy eut demeuré huit jours a Nancy, il s'en retourna a Fontainebleau, ou il fit une diette, et moy aussy. Il eut une retention d'urine la veille de la Pentecouste (may), quy le mit en peine, mais il en fut tost delivré (juin).

Juillet. — Mr de Saint-Luc espousa ma sœur aynée au mois de juillet de cette mesme année, et le roy fut a Saint-Germain, Monceaux, Tremes, Nanteuil (3), Villers Coterets et Soissons : puis, estant retourné a Paris, je pris congé de luy pour m'en aller en Hongrie.

Mes parents allemands, quy avoint veu tous mes ancestres entierement adonnés aux armes, souffroint impatiemment que je passasse ma vie dans l'oisiveté

---

mort le 24 juillet 1615. — Saubole était gouverneur de Metz sous le duc d'Epernon: de Thou, liv. CXXIX, raconte sa querelle avec les habitants de Metz et avec le duc.

(1) Antoine de la Grange, seigneur d'Arquien (que Bassompierre écrit Requien), frère puiné du maréchal de Montigny, mourut le 9 mai 1626. La reine de Pologne, Marie d'Arquien, était sa petite-fille.

(2) Le 31 mars.

(3) Tresmes et Nanteuil-sur-Marne étaient deux seigneuries appartenant à Potier de Gesvres, secrétaire d'Etat, depuis comte de Tresmes.

que la paix de France nous causoit, et bien que j'eusse esté a la conqueste du roy en la Savoye, et au siege d'Ostende, ils me pressoint continuellement de quitter la court de France, et me jetter dans les guerres de Hongrie, et pour cet effet me procurerent le regiment de trois mille hommes de pied que le cercle de Bavieres devoit fournir l'année 1603. Je refusay cette charge cette année la, n'estant pas a propos que, sans avoir aucune pratique ni connaissance du païs, j'y allasse de plain saut y commander trois mille hommes; mais bien me resolus-je d'y aller volontaire, avesques le meilleur esquipage que je pourrois; et pour cet effet, je m'apprestay le mieux qu'il me fut possible (aust); et ayant envoyé mon train m'attendre a Oulm pour y apprester un batteau de colonel, et se fournir de tout ce quy seroit necessaire, je partis le 16e d'aust de cette mesme année 1603, de Paris, et arrivay le 18e a Nancy, ou je demeuray jusques au 22e; et ayant eu des carrosses de relais, je vins coucher a Salbourg. Le 23e, je vins disner a Saverne cheux M^r le doyen Frants de Creange (1), et coucher a Strasbourg. Je demeuray un jour pour faire changer en ducats l'argent que j'avois avesques moy, et dans un carrosse de louage j'en partis le 25e, et arrivay le 28e à Oulm. J'y demeuray le 29e, et vis l'arsenac de la ville, quy est bien beau, et m'embarquay le 30e sur le Danube, avesques tout mon esquipage, dans deux grands batteaux.

Septembre. — J'arrivay le troisieme jour d'apres,

---

(1) François de Créhange ou Crichingen, fils de Wierich, baron de Crichingen, et d'Antonia, fille de Thomas, rheingraf de la branche de Kyrburg, fut chanoine de Cologne et de Strasbourg.

le matin, a Neubourg, ou le duc (1), pere de celuy d'a present, m'envoya enlever et m'amener en son chasteau, ou je fus extremement bien receu : il me retint tout le jour, et le soir il me fit festin aussy beau qu'il se peut. Je pris congé de luy pour partir le lendemain matin, que je vins disner a Ingolstat; puis passant par Ratisbonne, Passau, et Lints (2), j'arrivay a Vienne en Austriche le 9e de septembre, ou je trouvay Mr le prince de Jainville, le reingraf Frederich (3), Quinterot, et d'autres, quy me vindrent trouver aussy tost que je fus arrivé, et vindrent soupper cheux moy le lendemain.

Je me trouvay bien en peine lors que je sceus que celuy quy commandoit cette année la l'armée de l'empereur en Hongrie estoit le Rosworm (4), lequel estoit mon ennemy capital, parce qu'estant autrefois lieutenant des gardes de mon pere a la Ligue, lors que Schartsembourg (5) en estoit capitaine, et puis en suitte aux troubles de la France estant devenu capitaine, il tua

---

(1) Le duc Guillaume II, qui, en 1596, avait abdiqué en faveur de Maximilien Ier, son fils.

(2) Linz, capitale de la basse Autriche, sur le Danube.

(3) Frédéric, rheingraf, comte de Salm et de Neufville, frère puiné du rhingrave Jean Philippe II (voir p. 21), né en 1547, mort en 1610.

(4) Christophe Herman de Rossworm, qui s'était signalé en 1601 à la prise d'Albe royale ou Stuhl-Weissenburg en Hongrie, avait emporté d'assaut, en 1602, la ville basse de Bude, et la ville de Pesth. Il était, en 1603, maréchal de camp général de l'armée de l'Empereur. Il fut condamné à mort pour meurtre, et eut la tête tranchée le 29 décembre 1604.

(5) Adolphe, baron, puis comte de Schwartzenberg, tué en 1600 devant Papa en Hongrie.

assés mal le lieutenant, nommé Petoncourt, brave gentilhomme; et ayant esté envoyé pour garder le Blancmesnil par mon pere, estant, pendant son sejour, devenu amoureux d'une jeune demoyselle quy estoit refugiée au Blancmesnil avec sa mere, il l'enleva, sous asseurance de l'espouser, et en ayant jouy quelque temps, en fit jouir plusieurs autres, et puis la renvoya : ce quy estant venu a la connoissance de feu mon pere, il tascha de le faire attraper; mais luy, avec une dousaine des gardes de feu mon pere, rodait la campaigne, et estant venu proche d'Amiens, logea a une maison du mayeur (1), proche de la ville, en laquelle le feu se prit; le mayeur ayant fait sortir quelques gens pour esteindre le feu, [ils] trouverent Rosworm qu'ils prindrent, dont mon pere estant adverty, le mit au reicht (2) pour luy faire trancher la teste : ce quy eut esté executé sy M\ de Vittry, mestre de camp de la cavalerie legere, a quy il avoit connoissance, et luy avoit fait quelque service, ne luy eut donné moyen de se sauver. Depuis ce temps la, comme il estoit brave homme et eut suyvy les armées, il estoit parvenu a cette grande charge; et s'estoit de telle sorte desclaré nostre ennemy, que l'on eut quelque avis qu'il nous avoit voulu faire assassiner a Ingolstat : de quoy feu mon pere ayant fait plainte au duc de Bavieres quy luy avoit donné la conduitte de son regiment, il luy en osta cette année là la commission, ce qui l'anima d'autant plus contre mon dit pere

---

(1) Le mayeur, ou maire d'Amiens.
(2) Au *recht*, c'est-à-dire, à la justice, au jugement.

et nous, ses enfants. Toutes ces raysons estoint suffisantes pour me faire apprehender de me mettre en lieu ou il eut toute puissance, et moy desnué d'assistance et d'amis. C'est pourquoy le soir, apres souper, je communiquay cette doute a mon cousin le reingraf, qui entra dans mon sentiment, et me desconseilla d'aller en l'armée, sy je n'avois de bonnes precautions precedentes, et qu'il estoit d'avis que je m'en allasse en Transilvanie sous le general George Basta (1), amy de feu mon pere, et homme de grande reputation pour les armes. Nous en demeurasmes la pour ce soir, et le lendemain il me mena faire la reverence a l'archeduc Ferdinand, depuis empereur, lequel me fit bon accueil. Ce mesme matin vint aussy a l'audience le docteur Pets (2), un des principaux conseillers de l'empereur Rodolphe, arrivé le soir auparavant a Vienne, ou l'empereur l'avoit envoyé pour conferer des affaires avec l'archeduc son frere; lequel estoit amy du reingraf quy me le fit aussy saluer : et comme il estoit homme libre (3), il dit au reingraf que s'il luy vouloit donner a disner ce jour la, il luy feroit plaisir, parce qu'autrement il iroit disner tout seul a l'hostellerie; le reingraf luy dit qu'il le meneroit diner cheux un autre luy mesme, quy estoit moy, son cousin

---

(1) Georges Basta, célèbre général des armées impériales, auteur d'un livre sur le gouvernement de la cavalerie légère, avait récemment fait la conquête de la Transylvanie, où il livra encore, en septembre 1603, un combat important.

(2) Le docteur Petzen, jurisconsulte, conseiller et négociateur de l'empereur Rodolphe II.

(3) Homme libre, traduction du titre de *Freiherr*, libre seigneur, ou baron ne relevant que de l'Empire.

et son frere, et je l'en priay instamment; ce qu'il accepta a tel sy (1), que le lendemain nous viendrions disner avesques luy : car son train arrivoit le jour mesme.

Or ce docteur Pets n'aymoit pas le Rosworm, et le reingraf luy ayant dit l'estat ou j'estois avesques luy, apres le disner, luy et moy estans a moitié yvres, il m'en parla et me dit que je me devois soigneusement garder du Rosworm quy estoit le plus meschant de tous les hommes, et qu'il m'offroit l'assistance du colonel Pets, son frere, quy avoit trois mille lantsquenets en l'armée; que le reingraf, mon cousin, y avoit six cens chevaux françois, et autant de la cavalerie de Moravie, qu'il commandoit conjointement; et que je cherchasse encor quelque support en l'armée ; que de son costé il tascheroit de m'y en trouver, et qu'il s'offroit d'estre entierement mon amy : dont je le remerciay avesques les paroles plus exquises que je peus. Sur cela nous nous separasmes avec promesse d'aller le lendemain disner cheux luy : il en pria aussy M**r** le prince de Jainville et Quinterot, quy avoint disné avesques luy cheux moy. Je dis au reingraf ce que le docteur Pets m'avoit dit du Rosworm, et il fut bien ayse que le dit docteur se fut desclaré pour moy, et son frere aussy; car il n'aimoit pas Rosworm.

Le lendemain nous vinmes a l'hostellerie ou le docteur Pets nous devoit traitter, ou nous trouvasmes le colonel Zeiffrid Colovich (2), quy estoit arrivé le soir

---

(1) *A tel si*, à condition.
(2) Siffrid ou Siegfried Colowitz était un des principaux officiers de l'armée impériale. Il s'était signalé cette année même par de

de l'armée, et disna avesques nous. Pendant le disner, Colovich et moy fismes brouderchaft (1) avesques grandes protestations d'amitié; et apres disner, le docteur Pets luy conta devant moy ce quy estoit du Rosworm et de moy, et que, puis que nous estions freres, qu'il falloit qu'il me maintint en l'armée et empeschat que le Rosworm ne me fit aucun desplaisir : ce qu'il me promit et jura de faire de tout son pouvoir quy n'estoit pas sy petit qu'il n'eut mille chevaux allemands du regiment d'Austriche, qu'il commandoit, outre douse cens Hongrois dont il estoit colonel; et que son frere Ferdinand de Colovicht avoit quinse cens lansquenets; qu'au reste le Rosworm estoit hay en l'armée, et qu'il n'oseroit rien entreprendre ouvertement, car ce seroit une mechanceté trop manifeste; et que, pour le reste, je viendrois loger en son quartier, ou il empescheroit bien toute sorte de supercherie; qu'il retourneroit le lendemain a l'armée, qu'il luy diroit qu'il m'auroit veu a Vienne, et qu'il pressentiroit s'il auroit aggreable que je le visse, et qu'au pis aller il me tiendroit en son quartier des Hongrois, et que nous ne nous soucierions pas de luy.

Le landgraf de Hessen de Darmestat (2) estoit arrivé depuis peu a Vienne pour aller a l'armée, et avoit

---

nombreux exploits dans cette guerre sans fin que l'Empereur soutenait en Hongrie contre les Turcs.

(1) *Bruderschaft*, c'est-à-dire fraternité : Bassompierre et Colowitz se jurèrent amitié fraternelle.

(2) Louis V, le Fidèle, landgrave de Hesse Darmstadt, fils de Georges Ier, le Pieux, auteur de la ligne de Hesse Darmstadt, et de Madeleine, fille du comte Bernard de Lippe; né en 1577, mort le 27 juin 1526.

esté prié par le docteur Pets a ce mesme festin, pendant lequel le dit docteur dit qu'il avoit le jour auparavant disné cheux moy a la françoise, et qu'il n'avoit jamais fait meilleure chere, et qu'il falloit que le lendemain j'en donnasse a la compagnie, quy me promirent d'y venir, et le Colovich de retarder son partement jusques apres disner, pour estre de la partie. Ils y vindrent tous, et je leur fis bonne chere. Apres disner Colovich partit, bien intentionné pour moy, auquel je priay de plus de parler a M^r le comte Frederich de Holloe, et a son frere le comte Casemir, chanoyne de Strasbourg (1), dont le premier estoit colonel de mille chevaux, et le second de cinq cens arquebusiers reitres, comme aussy au colonel de Mersbourg (2), quy estoint tous trois mes parents, et le reingraf leur escrivit aussy par luy.

Je demeuray a Vienne jusques au 21e de septembre, tant pour m'y pourvoir de tentes, chariots, chevaux, et autres utensiles necessaires a l'armée, ou il faut tout porter, parce que l'on campe, que pour attendre M^r le prince de Jainville, quy m'avoit prié de le mener dans mes batteaux, estant venu sans

---

(1) Georges Frédéric, comte de Hohenlohe-Weickersheim, fils de Wolfgang, comte de Hohenlohe-Neuenstein, et de Madeleine de Nassau, né en 1559, mort le 6 septembre 1645. — Son frère Louis-Casimir, tué en Hongrie en 1604.— Les comtes de Hohenlohe, dont le nombre fut toujours prodigieux, étaient connus en France sous le nom de comtes d'Hollac. Ils étaient comtes d'Empire du banc de Wetteravie.

(2) Le colonel de Mœrsberg était sans doute de la branche cadette de cette maison, dont l'auteur avait épousé une fille du rhingrave Jean VI.

esquipage. Nous partismes donc ensemble ce jour la, et vinmes coucher a quattre lieues de Vienne, d'ou nous nous estions embarqués assés tard.

Le lendemain 22°, nous vinmes coucher a Presbourg (autrement Possonia) (1), ville capitale de la Hongrie, que possede maintenant l'empereur. La nous trouvasmes le colonel Germanico Strasoldo (2), quy menoit trois mille Italiens a l'armée : son lieutenant colonel estoit Alessandro Rodolfi, et alloint quand et luy en ce voyage, volontaires, les seigneurs Mario et Pompeo Frangipani (3), le marquis Martinaingue (4), et le marquis Avogadro. Ils vindrent trouver Mr le prince de Jainville, et luy firent tous cinq la reverence avesques beaucoup d'offres d'amitié, et a moy aussy, disans que nous devions estre tres unis ensemble, puis que nous estions tous estrangers ; ce que nous leur promismes de nostre part.

Le 23° nous naviguasmes tout le jour, et sur le soir il nous prit envie de nous arrester au giste en une isle deserte, et y faire tendre nos tentes pour voir sy rien n'y manquoit : mais nous trouvasmes la nuit une telle

---

(1) Posony en hongrois, *Posonium* en latin.

(2) Le colonel Strasoldo fut tué à la fin de cette année devant Hatwan.

(3) Le marquis Pompeo Frangipani et son frère cadet Mario Frangipani étaient deux seigneurs d'une maison romaine, jadis célèbre dans le parti gibelin. Pompeo Frangipani devint le frère d'armes et l'un des plus chers amis de Bassompierre. Il mourut en 1638.

(4) Le marquis Martinengo était probablement frère du comte Martinengo qui avait été tué l'année précédente dans un combat devant Pesth.

quantité de moucherons (nommés cousins), quy nous gasterent le visage de telle sorte, qu'outre que nous en fusmes toute la nuit inquietés outre mesure, le lenmain nous n'estions pas reconnoissables, tant nous avions nos visages enflés.

Le 24ᵉ nous fusmes coucher a Gomar (1), ou le gouverneur de la forteresse, nommé Jean de Molard, nous vint trouver pour nous prier de venir loger cheux luy, dont nous nous excusames sur nostre embarquement que nous voulions faire de grand matin. Il envoya le soir un esturgeon de present a Mʳ le prince de Jainville, et a moy un autre, et nous manda qu'il esperoit nous revoir le lendemain a Strigonie (2), parce que l'evesque d'Agria (3) et le seigneur Eliachiasy (4), deputés de l'empereur pour traitter la paix, avesques le comte de Altheim (5) et luy, venoint d'arriver, quy s'en alloint a Strigonie, ou devoit estre la conference.

Nous partimes de Gomar le 25ᵉ de bon matin pour tacher de passer Strigonie et eviter la rencontre de ces deputés : mais le comte de Altheim nous vint querir, et nous ammena des chevaux pour monter a la forteresse. Il fit a Mʳ le prince de Jainville et a moy un beau

---

(1) Komorn, ville et forteresse de Hongrie, sur la rive gauche du Danube.

(2) Strigonie, ou Esztergom, nom hongrois de la ville de Gran, en Hongrie, sur la rive droite du Danube.

(3) Nom latin de Eger, en allemand Erlau, ville de Hongrie.

(4) Le comte Etienne Illischazki, un des principaux seigneurs de la Hongrie.

(5) Michel Adolphe, comte d'Althann, ou d'Altheim, fut maréchal de camp général de l'Empereur. Né en 1574, il mourut en 1638.

festin a soupper, ou nous beumes mediocrement : mais de malheur, les deputés susdits estans venus sur la fin du soupper, on fit resservir de nouveau, et fusmes jusques a minuit a table, ou nous nous ivrasmes tellement, que nous perdismes toute connoissance : on nous ramena dans nos batteaux, d'ou nous partimes le lendemain 26ᵉ pour aller coucher a Vats (1). Nous eumes la nuit quelques allarmes des Turcs, ou pour mieux dire, des Hongrois, quy feignoint estre Turcs pour venir piller : ce quy nous fit passer la nuit dans nos batteaux. Et le 27ᵉ de septembre nous passames aupres de l'isle de Vats, gardée par quinse cens lansquenets sous la charge du colonel Ferdinand Colovich, lequel nous attendoit a disner dans son batteau, et nous traitta fort bien, en ayant eu ordre de son frere le colonel Zeifrid Colovich duquel j'ay parlé cy dessus.

Peu apres que nous fusmes dans son batteau, il me retira en sa chambre, ou il me donna une lettre de son frere en creance sur luy, par lequel il me mandoit que je pouvois en asseurance venir saluer le general Rosworm en la compagnie de Mʳ le prince de Jainville ; que Mʳ de Tilly, quy, cette année la, estoit sergent major general de cavalerie et infanterie de l'armée, lequel avoit autrefois esté aufwarter (2) de feu mon pere, et quy m'affectionnoit fort, luy avoit dit que le general luy avoit asseuré qu'il ne me vouloit point de mal en mon particulier, mais qu'aussy il ne vouloit point avoir de privauté avesques moy, et que

---

(1) Waitzen, sur la rive gauche du Danube.

(2) *Aufwaerter,* soldat servant, ou page. Les anciennes éditions portent : *au quartier.*

je le pourrois saluer en la dite compagnie, et puis ne le gueres prattiquer. Il me dit de plus qu'il m'asseuroit que plus de la moitié de l'armée s'opposeroit a luy s'il me vouloit faire quelque violence, ou mauvais traittement, et que les deux comtes de Hollac, celuy de Zolms (1), le reingraf, les colonels de Mersbourg, de Pets, de Strasolde, et luy, joints ensemble, estoint plus puissants que le general ; qu'au reste j'envoyasse mes tentes en son quartier des Hongrois quy avoint l'avant-garde, et que j'y aurois autant de pouvoir que luy.

Cette nouvelle me resjouit fort, car j'estois en peine de mon abbord avesques Rosworm, et en peine aussy, sy je ne le voyois point, qu'il ne me voulut souffrir a l'armée, ou nous arrivasmes sur les trois heures apres midy du mesme jour. Et apres que Mr le prince de Jainville eut salué le Rosworm au devant de sa tente, je le saluay aussy, et luy moy, puis Mr de Tilly quy m'entretint jusques a ce que Mr de Chevreuse et monsieur le general se separerent : et lors je m'en vins en mes tentes, quy estoint tendues a l'avant garde cheux Colovich (2) qui m'y mena, puis s'en alla.

Apres soupper le dit Colovich me manda qu'il me viendroit prendre incontinent, et que je fusse a cheval devant ma tente : ce que je fis, et allames ensemble passer le pont a l'isle d'Odom, qui estoit contre nostre

---

(1) Parmi les nombreux comtes de Solms alors existants, celui-ci était sans doute Guillaume, comte de Solms Greiffenstein, fils de Conrad, comte de Solms Braunfels, et d'Elisabeth de Nassau, lequel fut plus tard commissaire impérial en Hongrie.

(2) Ici et dans la suite du récit il s'agit de Zeifrid Colowitz.

camp. Il y avoit quelque six vingts Hongrois de ceux du Colovich, quy estoint en garde dans l'isle, quy nous dirent que les Turcs passoint dans l'isle a une lieue au dessus, et qu'ils faisoint un pont de batteaux pour la traverser. Colovich me fit prendre un de ses chevaux pour quitter le mien qui n'estoit pas assés viste, et allames reconnestre les Turcs avec cette cavalerie : mais des qu'ils nous ouïrent venir, ils rentrerent dans les chayques(1), (quy sont petits vaisseaux du Danube armés), et s'en retournerent de l'autre costé vers l'armée des Turcs. C'estoit quelque petit nombre de Turcs qui estoint venus reconnestre le lieu ou ils se camperoint apres estre passés. Ils ne discontinuerent pas pourtant la fabrique de leur pont de batteaux, qu'ils avoint desja conduitte depuis leur rive jusques a une petite isle que le Danube fait en ce lieù la; et de cette isle avoint desja advancé vers nous quattre batteaux, lesquels, le matin suivant 28ᵉ septembre, nous rompismes a coups de canon, et en fut aussy tiré grande quantité du camp des Turcs a nous, la riviere entre deux : puis nous nous retirames au camp, et proche du pont je vis premierement empaler deux prebecs (ou fugitifs de nostre armée vers celle du Turc).

Nous passames le reste de la journée en l'attente de ce que les Turcs voudroint entreprendre : ce quy nous apparut la nuit prochaine; car ils passerent en l'isle d'Odom au mesme lieu qu'ils avoint reconnu et descendu la nuit precedente, au nombre de quelque dix mille hommes, tant de pié que de cheval, sur des

---

(1) Caïques.

chayques et pontons, et commencerent a se retrancher a dessein, a mon avis, d'y faire passer en suitte tout le reste de leur armée, sy nous ne les en eussions chassés.

Cette petite armée estoit des troupes que le frere de l'Escrivan quy avoit tant excité de troubles en Asie les années precedentes, avoit emmenées au camp de Bude, apres avoir appointé avesques l'empereur des Turcs, lors que son frere fut mort, aux conditions d'estre bascha et gouverneur de la Bosnie(1). Et parce qu'il amenoit avesques luy l'eslite des rebelles quy estoint en grande reputation au Levant, il demanda, avant qu'entrer en son gouvernement, de venir passer un esté en la guerre de Hongrie : et, comme l'Escrivan, impatient de repos (estans les deux armées le Danube entre deux) (2), se plaignit qu'il n'avoit point d'occasion de faire parestre la valeur de ses gens, il offrit au sardar (quy est a dire le general bascha) de passer du costé des chrestiens, et de s'y fortifier en sorte qu'il y pourroit puis apres passer a loisir, et nous combattre.

---

(1) L'auteur commet ici une légère erreur. L'Ecrivain ou le Scriban, officier qui avait reçu ce surnom parce qu'il avait été secrétaire, n'était point mort; c'était lui-même qui, après avoir été à la tête des révoltés d'Asie, avait traité pour eux et pour lui avec le sultan, et avait obtenu le gouvernement de Bosnie.

(2) L'année précédente les chrétiens avaient pris Pesth et la ville basse de Bude, située sur la rive opposée du Danube. Cette année ils étaient campés sur la rive gauche, couvrant Pesth et menaçant Bude. Les Turcs campés sur la rive droite avaient pour objet de ravitailler Bude et de reprendre Pesth ou Gran. Rosworm avait fortement occupé la grande île d'Adon, située entre les deux camps : ce fut dans cette île que se livra le combat.

Le Colovich monta a cheval avec ses Hongrois des la minuit; et moy, et quelques gentilshommes françois quy m'accompagnoint, allames avec eux : mais ils demeurerent dans le grand retranchement (que l'on avoit fait pour y contenir toute l'armée), quy estoit gardé par le regiment de Strasolde, italien.

Sur la pointe du jour de Saint Michel, 29ᵉ du mois de septembre, nous sortimes du grand retranchement avesques deux cens Hongrois pour reconnestre les ennemis : mais nous n'eumes pas fait trois cens pas, que nous trouvasmes en teste quelque cent chevaux. Les dits Hongrois, selon leur coustume, s'estoint tous escartés ça et la pour faire la descouverte, et n'avions pas trente chevaux avesques nous, quy prindrent tous la fuitte en les voyant : mais moy, quy ne pouvois croire que les Turcs se fussent tant advancés, et quy voyois fort peu de difference entre eux et les Hongrois, je crus que c'estoint des nostres, jusques a ce qu'un Hongrois fuyant me cria : « Heu! Domine, adsunt Turcæ. » Ce quy me fit retirer aussy. Mais les Turcs ne nous approcherent jammais de trente pas, craignant les embuscades; car c'estoit dans des taillis que nous estions, et eux estoint eslongnés de plus d'une lieue hongroise de l'armée quy estoit passée de nostre costé.

Le general Rosworm vint peu de temps apres, quy fit passer dans l'isle toute l'armée, a quatre mille hommes pres qu'il laissa a la garde de nostre camp : et apres qu'elle fut passée et mise en battaille, il prit le premier une besche, et commença a combler le dit retranchement, nous y faisant tous travailler pour animer les soldats; ce quy ayant esté fait en moins de demie heure, il envoya quatre compagnies hongroises du regiment d'Anadasti (1) pour escarmoucher les Turcs, quy prindrent en mesme temps la fuitte, et les Hongrois leur donnerent la chasse pres de trois quarts de lieue. Le Rosworm envoya quatre compagnies de carabins (2) liegeois pour les soustenir; mais comme les Hongrois eurent rencontré mille chevaux turcs quy venoint soustenir les fuyards, ils prindrent eux-mesmes la fuitte, et les Turcs les poursuivirent vifvement. Ils estoint bien montés, tant pour poursuivre que pour fuir; mais les carabins, quy ne l'estoint pas a l'esgal d'eux, furent assés malmenés des Turcs, quy en tuerent plus de quarante avant que les regiments de cavalerie d'Austriche et Moravie eussent fait teste, et qu'ils se fussent retirés entre ces deux esquadrons.

Ils se mirent lors a escarmoucher, ce qu'ils entendent parfaitement bien, et mieux que les chrestiens, et nous nous meslames quelque trente volontaires, François ou Italiens, en cette escarmouche, parmy les Hongrois : ce quy dura plus de deux heures, et insensiblement nous nous estions beaucoup plus avancés que le general ne nous l'avoit ordonné, ce quy avoit esté cause que les dits regiments d'Austriche et de Moravie s'estoint aussy avancés pour favoriser nostre escarmouche. Cela obligea le Rosworm d'envoyer le Colovich avesques ordre de faire la retraitte selon qu'il luy avoit ordonnée, quy estoit en une forme nouvelle

---

(1) Ce colonel est appelé Nadasdi dans les histoires du temps.
(2) Les carabins étaient des cavaliers armés de carabines.

et que nous n'avions encores veu pratiquer. Car apres que Colovich fut venu premierement aux Hongrois quy escarmouchoint, puis a nous, pour nous dire que, sans discontinuer l'escarmouche, nous perdissions toujours petit a petit du terrain, il s'en retourna a ces deux mille chevaux qu'il separa en cinq esquadrons, qu'il mit comme un cinq d'un dé : il mit, puis apres, le capitaine a la teste, et le lieutenant a la queue de chasque esquadron ; puis a un point nommé, il fit faire a chasque homme des deux premiers esquadrons, quy estoint en teste, demi tour a gauche, les ayant pour cet effet un peu eslargis en leurs rangs ; puis l'esquadron ayant la teste tournée devers nostre camp, et le lieutenant estant a la teste, ces deux esquadrons susdits s'alloint, au trot, remettre derriere les deux esquadrons quy faisoint les deux derniers points du cinq du dé, laissant autant de distance entre les quatre bataillons qu'il en falloit pour y placer le cinquieme pour faire le cinq du dé parfait ; puis ils se remettoint la teste tournée devers l'ennemi. Cependant nous perdismes autant de terrain que ces deux esquadrons en avoint quitté, l'esquadron du milieu soustenant nostre escarmouche ; lequel se retira peu apres en la mesme forme que les deux premiers, et se logea entre les quatre ; et puis les deux derniers esquadrons en firent de mesme, et ainsy consecutivement jusques a ce que, sans desordre, nous fusmes rejoints dans le corps de l'armée. Allors le general la fit toute marcher en bataille droit aux ennemis quy nous attendirent bravement, bien qu'inegaux. Comme nous marchions, on nous battoit de cinquante canons de l'autre costé du Danube ; ce quy nous fit quelque peu de mal : mais comme nous eumes passé huit ou neuf cens pas, ils ne nous peurent plus endommager.

Monsieur le general retint aupres de luy Mr le prince de Jainville et monsieur le landgraf avesques ses volontaires italiens : mais je m'estois desrobbé peu auparavant avesques huit ou dix gentilshommes françois, et m'allay mettre a la pointe gauche, au regiment du comte Casimir de Hoenloe, mon cousin, quy me fit l'honneur de me mettre a sa droitte, et ces gentilshommes au premier rang de son esquadron. Nous chargeames les premiers un gros de quelques mille chevaux turcs, et estions soutenus de deux mille chevaux, assavoir mille reitres du Colovich, et mille du comte Frederich de Hoenloe. Le colonel et moy, avesques ses officiers et les François que j'avois amenés, chargeames fort bien; mais les cinq cens chevaux quy estoint arquebusiers reitres, n'en firent pas de mesme; ains (1) faisant le caracol (2), chasque rang en deschargeant, ils montrerent le flanc aux Turcs quy les chargerent vivement, et nous eussent deffaits sy ces deux susdits esquadrons ne se fussent avancés, quy nous donnerent loysir de nous rallier, et de les charger de nouveau; lesquels a cette seconde charge ne tindrent plus, et nous les menames battans jusques sur la rive du Danube, ou il s'en fit une terrible boucherie; car en mesme temps l'aile droite de nostre armée avoit chargé et deffait l'aile gauche des Turcs.

---

(1) *Ains*, mais.
(2) La caracole est le mouvement de l'escadron qui tourne sur sa droite ou sur sa gauche, comme sur un pivot, pour faire volte-face et se remettre en bataille.

Ainsy tout fut rompu, et de ces dix mille hommes passés en demeura plus de sept mille sur la place, et plus de mille noyés, voulans repasser le Danube a nage. Il y eut quelque mille chevaux quy s'escarterent dans l'isle, quy furent en suitte aussy deffaits, et la pluspart tués (1).

Il m'arriva un accident en ce combat, quy me pensa perdre. J'estois monté sur un cheval d'Espaigne alesan, beau et bon, quy m'avoit cousté mille escus de Geronimo Gondy; mais il estoit un peu ardent. Il receut dans le combat un coup de sagaye au dessus de l'œil, quy le fit battre a la main, de sorte qu'il rompit sa gourmette. Je ne m'en aperceus point dans la premiere charge; mais lors que les ennemis lascherent le pié, je m'aperceus qu'en peu de temps je n'estois pas seulement le premier des poursuyvants, mais plus avant que je ne voulois dans les fuyards, de sorte que, voulant retenir l'ardeur de mon cheval, je vis qu'il m'estoit impossible de l'arrester. Lors je le pris par une des resnes pour le faire tourner a gauche, ce qu'il fit; mais il prit sa course dans un gros de mille Turcs, quy se retiroint n'ayant point combattu, et s'alloit jetter dedans, sans que Des Estans, quy me servoit d'escuyer, se jetta a la bride, qu'il luy haussa de telle sorte qu'il me donna loysir de me jetter a terre a vingt pas des Turcs, quy n'oserent tourner pour me venir tuer, dont ils montroint grand desir; car j'avois des armes dorées, gravées, tres belles, et quantité de plumes et d'escharpes sur moy et sur mon cheval. Le

---

(1) Voir à l'Appendice. VIII.

dit Des Estans, en se jettant a mon cheval, se perça la jambe de mon espée, que j'avois laissée pendue a mon bras, pour me saisir des resnes.

Sur ces entrefaites M⁺ le prince de Jainville, quy suyvoit la victoire, me voyant en cet estat, me creut blessé, et s'en vint à moy, quy remontay en diligence sur un autre cheval, et poursuivis les Turcs jusques a l'eau. Puis nous revinmes au lieu ou estoit le Rosworm et autres chefs, assis sur des Turcs morts; quy me voyant me voulut parler devant tous ces messieurs, et apres m'avoir loué de m'avoir veu bien faire, et que je ne serois pas de la maison d'ou j'estois issu sy je n'estois vaillant, il me dit en suitte : « Feu M⁺ de Bettstein, vostre pere, a esté mon maitre, mais il m'a voulu faire indignement mourir. Je veux oublier ce dernier outrage pour me ressouvenir de la premiere obligation, et estre desormais (sy vous voulés), vostre amy et vostre serviteur. »

Allors je descendis de cheval et le vins saluer, et l'asseurer de mon service, avesques les paroles plus efficaces dont je me peus imaginer. Puis il se retourna vers les deux princes, de Jainville et landgraf de Hessen, et les colonels et autres officiers quy estoint la, et leur dit : « Messieurs, je ne saurois faire cette reconciliation et nouvelle asseurance d'amitié avesques M⁺ de Bettstein en meilleur lieu, apres une meilleure action, ny devant de plus nobles tesmoins. Je vous prie tous demain a disner, et luy aussy, pour la reconfirmer. » Ce que nous luy promismes.

Lors nous nous assismes, M⁺ de Jainville et moy, comme les autres, sur les corps de ces Turcs morts, et appris pour lors une chose que depuis j'ay connue n'estre sans raison : un des lieutenants du mareschal de camp, vieux colonel nommé Hermestein, nous dit que l'on pouvoit discerner les Turcs d'avesques les chrestiens qui estoint la morts, non seulement par la circoncision, mais aussy par les dents, que les Turcs avoint toutes gastées et pourries, a cause des turbans dont ils couvrent trop leurs testes; que nous ne trouverions point aux Hongrois quy ne la couvrent que de ce petit bonnet : ce que nous trouvasmes veritable en plus de cinquante Turcs quy avoint les dents gastées; et ceux quy n'estoint point circoncis les avoint fort blanches et nettes.

Apres cette victoire nous repassames toute l'armée de l'autre costé du Danube, en nostre camp, quy n'y arriva pas toute qu'il ne fut le lendemain 30e de grand jour; auquel le general commanda que l'on tuat tous les prisonniers du jour precedent, parce qu'ils embarrassoint l'armée : quy fut une chose bien cruelle de voir tuer de sang froid plus de huit cens hommes rendus.

Je vins disner cheux le Rosworm, selon la promesse que je luy en avois faite, avesques tous les principaux de l'armée, ou nous confirmames avesques le verre, et mille protestations, l'amitié (qu'il m'a toujours depuis fidellement gardée), que nous avions faite sur le champ de bataille. Apres disner nous nous mismes a jouer a la prime, et demeuray jusques a minuit dans sa tente, y ayant encores fait collation.

Octobre. — Le lendemain premier jour d'octobre, le conseil de guerre se tint, auquel on admit les deux princes, et on me fit aussy cet honneur de m'y appeller, la ou fut agité le differend d'entre le baron de

Siray et le colonel de Steremberg (1) quy commandoit un regiment de mille chevaux du royaume de Boheme. Cette querelle demeura plusieurs jours a estre appointée parce que l'on leur ordonna, sur peine d'infamie, de vuider leur differend par le combat; ce que Steremberg [refusa quand Siray l'accorda, et puis, lors que Steremberg (2)], persuadé par ses amis, l'eut accepté, Siray ne le voulut point. En fin le conseil, pour ne les deshonorer tous deux, ordonna au comte de Zults (3), grand mestre de l'artiglerie, et au colonel de Hofkirich de les appointer entre eux sans qu'ils s'addressassent plus au conseil.

Nous demeurasmes en repos jusques au dimanche 6ᵉ jour d'octobre (4), que quelques Tartares de l'armée du Turc, ayans passé le Danube a nage (a quoy ils sont coustumiers), vindrent donner proche de la teste de nostre camp sur quelques gens quy coupoint du foin pour les chevaux de l'armée. Ils pouvoint estre quelque douse cens, quy, ayans veu que la cavalerie sortoit du camp pour les combattre, s'enfuirent de telle vistesse qu'ils disparurent en moins de rien, et allerent repasser le Danube comme ils l'avoint precedemment passé.

J'ay dit cy-dessus que les Turcs avoint passé le bras du Danube quy estoit entre eux et l'isle d'Odom, a la

---

(1) Richard, comte de Stahrenberg, fils de Henri de Stahrenberg, et de Madeleine de Lamberg, né en 1570, mort le 8 février 1613.

(2) Inédit.

(3) Charles Louis, comte de Sultz, fils d'Alvicus, comte de Sultz, et de Barbe de Helfenstein, né en 1560, mort le 29 septembre 1616.

(4) Le dimanche était le 5 octobre.

faveur d'une petite isle de quinse cens pas de tour quy estoit au millieu de ce bras du Danube, entre la grande isle et eux, et qu'ils avoint fait un pont de batteaux depuis leur rive jusques a la petite isle, et comme nous avions, a coups de canon, rompu celuy qu'ils avoint commencé de faire depuis la dite petite isle jusques a celle d'Odom; ce quy les avoit contraints de passer (lors qu'ils vindrent a nous), sur des chayques et radeaux. Ils garderent encor, depuis la bataille, cette petite isle, et conserverent le pont, quy leur donnoit communication de leur armée a elle. Ils y mirent aussy six canons, desquels ils tiroint a ceux quy s'approchoint.

Le general s'advisa de se saysir de cette isle et de ces canons; et de fait, fit accommoder un batteau ou il y avoit dessus deux caques de poudre, dans lesquelles il y avoit des ressorts quy y devroint mettre le feu des qu'ils desbanderoint, et on avoit mis une perche a chascune de ces caques, ausquelles estoint attachées des cordes quy faisoint desbander les ressorts quand elles rencontroint quelque resistance quy les faisoit plier; puis on conduysit ce batteau au fil de l'eau du pont des Turcs quy donnoit communication a la petite isle, et lors qu'il vint a passer entre deux batteaux, ces perches quy furent arrestées par le pont firent l'effet que l'on s'en estoit promis, et rompirent le pont. Le Rosworm avoit ordonné quarante chayques quy, dans la nuit obscure quy estoit entre le jeudy et le vendredy 11ᵉ d'octobre (1), devoint descendre dans l'isle, tuer

---

(1) Le vendredi était le 10 octobre.

cent ou six vingts Turcs quy y estoint de garde, et jetter les pieces de canon sur des radeaux qu'a cet effet on avoit ordonnés.

Le tout fut conduit avesques un tres bon ordre, hormis qu'une demie heure devant, les Hongrois destinés a faire l'execution ayans demandé d'estre secourus de cinquante piquiers ou hallebardiers pour soustenir un choc de cavalerie, s'il y en avoit dans l'isle, le Rosworm dit qu'ils fissent ce quy leur avoit esté ordonné, et qu'il ne vouloit pas hasarder ses piquiers a cette execution, ce quy piqua tellement les Hongrois qu'ils ne voulurent point donner dans l'isle, qu'ils eussent sans difficulté prise, et les canons aussy : car le batteau avesques les caques donna contre le pont, et le rompit ; et les Turcs quy estoint dans l'isle prindrent l'espouvante de telle sorte qu'ils se jetterent dans le Danube pour gaigner leur camp, dont plusieurs se noyerent, et nos Hongrois demeurerent au millieu du Danube sur leurs vaisseaux sans vouloir s'advancer. Nous estions de l'autre costé du Danube, vis a vis de la petite isle, pour voir executer cette entreprise, bien marris de voir que, par la laschetè ou meschanceté des Hongrois, nous eussions perdu cette occasion.

Le general s'en retourna bien en coleré, disant forces choses infames contre les Hongrois ; ce qu'il continua encores le lendemain, principalement lors que les trois colonels hongrois, Colovich, Anadasti, et Dourgi (1), le vindrent trouver pour luy faire prendre rayson en

---

(1) Ce colonel est probablement celui que de Thou appelle Tursy, et qui était capitaine général du Danube.

payement; et leur dit que ces trouppes hongroises estoint sans courage, ausquelles il ne donneroit jammais employ ny execution a faire : ce que ces colonels rapporterent a leurs gens, lesquels revindrent le lendemain samedi 12e octobre (1), dire de la part des Hongrois au general qu'aucune lascheté ny poltronnerie n'avoit empesché les Hongrois d'assaillir l'isle, mais bien le mespris qu'il avoit fait d'eux, de n'avoir voulu hasarder cinquante piquiers lantsquenets pour les soustenir; et que, pour preuve que ce n'estoit point la crainte quy avoit destourné leur dessein, ils offroint d'aller au dessous de nostre camp passer en chayque le Danube, et faire un fort sur l'autre rive du costé des ennemis, en la plaine quy est entre Bude et leur camp, en laquelle ils faisoint paitre leurs chameaux au nombre d'environ dix mille.

Le Rosworm quy connoissoit de quelle importance il estoit de construire un fort entre Bude et le camp des ennemis, quy les eut empeschés d'envittailler Bude, et aussy voulant faire donner sur les doigts des Hongrois quy n'avoint pas voulu descendre a l'isle, pensa qu'il feroit infailliblement l'un ou l'autre. C'est pourquoy il loua hautement la genereuse resolution des Hongrois, de laquelle il donnoit l'honneur aux colonels, qu'il disoit leur avoir persuadé, et a l'heure mesme leur fit fournir des chayques, des outils, et un ingenieur, pour tracer un fort sur le bord de l'autre rive, ou nos chayques alloint quelquefois prendre terre du costé des ennemis, et enlevoint toujours quelque cha-

---

(1) Le samedi était le 11 octobre.

meau ou buffle, ou quelque malheureux Turc. C'est pourquoy l'armée turquesque ne print point alarme lors qu'ils virent aborder deux chayques a leur rive, deux heures avant la nuit du dit samedi : et apres que l'ingenieur leur eut tracé le fort, ils passerent autres cinq chayques avesques quelque cinquante travailleurs, quy n'estonnerent pas ces gardeurs de chameaux. Mais comme la nuit fut venue, il passa jusques a huit cens Hongrois, quy travaillerent sans intermission toute la nuit, et furent le matin relevés par cinq cens autres, lesquels continuerent le retranchement; de sorte qu'il y avoit un fossé de deux toises autour, creux d'une toise, et le fort relevé de pres de dix pieds. Cela donna telle frayeur aux Turcs que toute nostre armée ne se voulut camper entre Bude et eux, qu'ils se resolurent de chasser les nostres de ce fort.

La plaine ou il estoit assis a plus d'une demi-lieue tant de long que de large, faite en demie lune, quy est bornée par les costeaux, par le camp des ennemis et par Bude en l'arc, et par la riviere en la corde : ces costeaux font cinq vallées, outre celle de Bude et celle du camp, et a Bude y a la citadelle sur une montaignette, nommée le Blockhaus.

Des le matin du dimanche 13e octobre (1) les Turcs mirent leurs chameaux en haye, avesques chascun une banderolle dessus, sur le haut des costeaux, ce quy faisoit fort belle veue : et ne fut veu dans toute cette plaine aucun homme ny beste, sy ce n'estoit quelque Turc quy passoit parfois du camp a Bude, ou aux vallées, pour porter les ordres.

---

(1) Le dimanche était le 12 octobre.

Le Rosworm fit loger sur la rive de l'isle d'Odom, vis a vis de la plaine des ennemis, quarante canons de batterie; fit venir au dessous du dit fort toutes les chayques de nostre armée quy estoint au nombre de soissante, pour recevoir et repasser les Hongrois, en cas qu'ils fussent pressés de se retirer; et fit passer en l'isle d'Odom trois mille chevaux dans nostre grand retranchement, et le regiment du colonel Pets, pour ayder aux Italiens de Strasolde, quy y estoint logés, de le garder. Je fus le matin dans le nouveau fort, et vis l'estat de ceux quy estoint dedans, que je trouvois bien plus resolus a le construire qu'a le garder : je le dis au retour a Rosworm; mais il me dit qu'il ne s'attendoit pas de conserver ce fort, et qu'ayant esté construit en une nuit, ce seroit merveille s'il n'estoit destruit en un jour.

Sur les deux heures apres midy nous commençames a voir contre-monter l'armée navale des Turcs, quy estoit en ordre de croissant, composée de cinquante-deux chayques. Dedans ce croissant estoint deux galleres a vingt-huit bancs, et un peu plus avant une chayque entre les deux galeres, mais plus avancée, quy portoit le tambour major des Turcs : ces deux galeres alloint toujours tirant de leur grosse artiglerie; et les chayques, chascune, des deux fauconneaux qu'elles portent. Elles n'eurent pas contre-monté trois cens pas que du Blockhaus de Bude furent tirées trois volées de canon, quy estoit le signal pour attaquer le fort, et en mesme temps sortirent des cinq vallées susdites, de Bude, et du camp, plus de vingt cinq mille chevaux quy couvrirent la plaine, ayans tous le sabre a la main, qu'ils faisoint passer par dessus leurs testes a leur mode, ce quy faisoit paroistre infinis miroirs a la lueur du soleil, quy, ce jour la, fut tres beau et clair. Ils vindrent de furie donner a nostre nouveau fort, et ceux quy ne peurent monter servirent de marche-pied aux autres pour y entrer, et y tuerent plus de trois cens de nos Hongrois, le reste s'estant sauvé dans les chayques quy estoint a leur bord pour les ramener au nostre. Plusieurs Turcs se jetterent a cheval dans le Danube pour attaquer nos chayques, dont quelques uns furent tués, et deux ammenés de nostre costé avesques les chevaux.

Cependant l'armée de Danube (1) des Turcs s'approchoit toujours, tirant incessamment, et donna dans les esquadrons de reitres quy estoint en bataille dans l'isle d'Odom, de sorte qu'il les fallut faire tirer a l'escart, et mettre le regiment de Pets sur le ventre. Mais a l'heure mesme le comte de Zults ayant fait pointer six canons de batterie contre les galeres et chayques des Turcs, il les força de s'en retourner.

Ce fut chose estrange que, de quarante canons pointés contre la plaine ou estoint les Turcs, quy tirerent par trois fois, il n'y eut jammais que deux volées (2) de canon quy rasassent l'horizon, lesquelles firent chascune une rue par ou elles passerent, faisant voler tant de testes, jambes, et bras en l'air que, sy les autres canonnades eussent fait de mesme, ils eussent tué plus de deux mille hommes. Le general en attribuoit la faute au jour de dimanche,

---

(1) L'armée de Danube, c'est-à-dire la flottille.
(2) Deux volées, c'est-à-dire seulement deux coups.

auquel les canonniers et pointeurs s'estoint enivrés.

Apres la prise de ce fort les Turcs continuerent a leur ayse de ravitailler Bude, quy estoit leur principal dessein : et est certain que, sy on leur eut peu empescher ce ravitaillement, ce quy se fut peu faire sy nous nous fussions de bonne heure campés de l'autre costé du Danube, Bude ne pouvoit plus tenir. Le Rosworm en fut fort blasmé : mais il s'excusoit sur ce que, s'il eut passé de l'autre costé de la riviere, ou Bude est située, que les Turcs eussent infailliblement pris le poste ou nous estions logés et en suitte la ville de Pest sans difficulté, d'ou ils eussent avesques plus de commodité ravitaillé Bude qu'ils n'avoint fait par dela, et qu'elle ne pouvoit faillir d'estre secourue.

Les Turcs, pour prendre leur revanche du fort que nous avions voulu construire de leur costé, mirent vis a vis de nostre camp, sur un petit lieu relevé proche de Bude, qui y commande, vingt pieces de canon, desquelles ils tirerent en batterie par plusieurs jours dans nostre camp, non sans quelque dommage. Une apres-disnée que nous jouions a la prime avesques le general et deux autres, une volée de canon perça sa tente en deux endroits : elle estoit remarquable pour estre violette, ce quy les y fit souvent pointer leurs pieces. Une autre volée renversa la tente du jeune Schomberg, frere du mareschal dernier mort, comme je l'estois allé voir, et fusmes, quatorse personnes, ensevelis dessous, dont un nommé Boisrot fut bien blessé du mast quy cheut sur sa teste. En fin le Rosworm quitta le tertre ou il estoit logé, et se campa en une vallée prochaine, d'ou le canon ne le pouvoit plus offenser; et les Turcs, voyans que leur batterie ne nous incommodoit plus, la cesserent au bout de cinq jours qu'ils l'eurent continuée.

En fin le general, voyant que son sejour en ce mesme camp luy estoit inutile, et que l'on le blasmoit a Vienne et a Prague de ce qu'avec une sy belle armée (car elle estoit de trente cinq mille hommes de pied et de dix mille chevaux), il ne s'estoit osé loger du costé des ennemis, mesme apres cette grande deffaite d'Odom quy les avoit affoiblis de quantité d'hommes, et de leurs meilleurs soldats, il se resolut de passer de leur costé, et, pour cet effet, fit construire un double pont, pour entrer en l'isle de Vats, et pour en sortir du costé de Saint André (1), cinq lieues au dessus de Bude. Il alla disner le dimanche 20e (2) dans l'isle de Vats, et passa sur le premier pont, alla visiter l'autre quy estoit fort advancé, puis s'en revint au camp, d'ou il partit avesques toute l'armée le mardy suyvant 22e; et ayant passé le premier pont, se campa dans l'isle, ou il sejourna le lendemain; et le jeudy 24e l'armée passa le second pont, quy traversoit le bras du Danube voysin de Saint André, et nous campasmes assés pres de la.

L'armée turquesque ne changea point son camp, encores que nous eussions quitté le nostre ancien : mais seulement cinq jours apres que nous fusmes

---

(1) Rosworm avait construit un fort à Saint-André, sur la rive droite du Danube, entre Bude et Wisegrad, pour empêcher les Turcs de se loger dans cette position.

(2) Le dimanche était le 19 octobre; le mardi était le 21; le jeudi, le 23; et le dimanche suivant, le 26.

campés sous Saint André, quy fut le dimanche 27ᵉ, ils vindrent quelque vingt mille chevaux a une lieue pres de nostre armée, et s'estans mis dans une plaine proche d'une montaigne quy les couvroit de nostre veue, ils envoyerent cinq cens chevaux a l'escarmouche pour nous attirer dans leur embuscade, dont un Hongrois quy demeuroit proche de la nous vint advertir; ce quy fut cause que nous continuames l'escarmouche tout le jour sans nous advancer lors qu'ils faisoint semblant de fuir.

Nous demeurasmes campés sans rien faire, proche de Saint André, jusques au mardy 5ᵉ de novembre(1), que le general partit a soleil couché avec cinq mille chevaux, et s'en vint droit a Bude toute la nuit; et arrivasmes a la pointe du jour en la ville basse de Bude, quy n'est point fermée, ou l'on avoit donné avis au general que quantité des principaux Turcs de l'armée estoint venus loger. Nous donnasmes jusques aux escuries du roy sans rencontrer personne que de pauvres habitans hongrois; seulement trouvasmes nous dans les bains quelque trente Turcs quy furent tués comme ils se baignoint. Mais en nous retournant l'artiglerie de la ville et du chasteau nous salua rudement, et tua dix ou douse reitres. Nous nous en revinmes au camp de Saint André, ayant enduré cette nuit la un tres grand froid.

Or la coustume des armées turquesques quy viennent faire la guerre en Europe, est de ne camper pas plus longuement que jusques au jour de la Saint Mar-

---

(1) Le mardi était le 4 novembre.

tin (1), quy est l'onsieme de novembre, sy ce n'est qu'ils soint sur la fin d'un siege, et que le general demande encores trois jours en sa faveur, apres lesquels expirés ils ont pouvoir de couper impunement les cordages des tentes du dit general, et, le lendemain, de piller la proviand (2) (quy est le magasin des vivres), et puis s'en aller sans autre ordre : et comme cette année la le dessein des Turcs ne fut autre que d'avittailler la ville de Bude, quy patissoit et commençoit d'estre affamée, le sardar bascha (quy est leur general), creut avoir satisfait a ses ordres, l'ayant suffisamment proveue de vivres pour deux ans; de sorte qu'il ne voulut point retenir l'armée en campaigne plus longuement que leur coustume ordinaire, et deslogea du camp ou il estoit logé depuis trois mois, pour s'en retourner a Belgrade, et, de la, licencier l'armée : dont le general fut averty le jour de la Saint Martin au soir, comme je jouois a la prime avesques luy dans sa tente, par un homme que luy envoya celuy quy commandoit dans Pest, quy avoit veu leur deslogement et avoit envoyé quelques houssards costoyer la riviere jusques a Belgrade, dont il luy mandoit qu'il luy donneroit avis de temps en temps jusques a ce que l'armée fut desbandée : ce qu'il fit le lendemain, et le jour d'apres, quy estoit le 13ᵉ, il l'asseura que

---

(1) Ils nomment le jour de Saint-Martin, Demetrius (1).
(*Addition de l'auteur.*)

(2) C'est dans la langue militaire allemande que l'approvisionnement de bouche se nomme le *proviant*.

(1) C'est-à-dire qu'en Hongrie on célèbre le 11 novembre la fête de saint Demestrius.

la pluspart de l'armée estoit envoyée en ses garnisons, et que les trouppes d'Asie s'embarquoint sur le Danube pour s'en retourner. Ce qu'ayant sceu aussy par divers espions hongrois quy estoint en la ditte armée des Turcs, il fit repasser l'armée le 15° de novembre en l'isle de Vats, ou il sejourna le lendemain pour licencier ou mettre en diverses garnisons une grande partie de l'armée. Il envoya le colonel Gaisperguer avec son regiment de lantsquenets de quinse cens hommes a Pest, quy est vis a vis de Bude; et parce qu'ils faisoint difficulté d'y entrer s'ils n'avoint un prest (1), attendant leurs montres, le general me pria de prester deux mille ducats pour leur donner, m'asseurant de me les faire rendre dans peu de jours : ce qu'il fit sachant que je ne manquois pas d'argent, leur ayant gaigné a la prime, depuis que j'estois arrivé a l'armée, plus de huit mille ducats.

M. le prince de Jainville, M. le landgraf de Hessen, monsieur le reingraf, Schomberg, et les volontaires italiens s'en retournerent de Vats, et moy je suyvis l'armée volante de trois mille chevaux et de huit mille hommes de pied que le general retint, avesques laquelle il partit le 17° de l'isle, et vint camper a quatre lieues loing de la riviere, et le lendemain il vint assieger la ville de Hatwan quy ne tint que trois jours, puis se rendit; il y mit le regiment de Roemer, de quinse cens hommes, en garnison, et vint loger a trois lieues de la : puis le lendemain il vint camper devant Strigonie,

---

(1) Avance de cinq jours en attendant le paiement de la solde qui se faisait à la montre ou revue.

de l'autre costé du pont de batteaux quy y estoit fait. Nous en deslogeames le lendemain 24ᵉ de novembre apres avoir rompu l'armée, qu'il licentia ou envoya en diverses garnisons, et vinmes disner et coucher a Javarin (1) par un froid extreme. Le lendemain nous en partismes, et vinmes coucher a Gomar, ou je sejournay trois jours avesques le Rosworm, quy estoit amoureux de la Sʳᵃ Anna Regina de Holnec (2), sœur de la femme du gouverneur de Gomar, Jean de Mollart, laquelle estoit dame de la reine d'Espaigne, et l'avoit accompagnée jusques a Madrid (3); mais elle ne voulut demeurer en Espaigne, et s'en estoit retournée l'année auparavant. Elle pensoit espouser le Rosworm; mais c'estoit un vieux mattois quy ne s'entendoit pas au mariage.

Nous partimes de Gomar le 29ᵉ, et arrivasmes le 30ᵉ et dernier de novembre a Vienne en Austriche, ou je trouvay desja arrivés Mʳˢ de Jainville, reingraf, Schomberg, et autres quy avoint esté dans l'armée. J'y trouvay aussy mes amis Carle de Harach (4), Zeifrid Bremer (5), Quinterot, et autres, desquels je

---

(1) Javarin ou Raab, sur le Raab, près de son confluent avec le Danube.

(2) La senora Anna Regina de Hollneck.

(3) Philippe III, roi d'Espagne, avait épousé, le 18 avril 1599, Marguerite d'Autriche, fille de Charles, archiduc de Styrie.

(4) Karl, premier comte de Harrach, fils de Léonard, baron de Harrach, et de Marie Jacobe de Zollern, né en 1570.

(5) Seifrid ou Siegfried Christophe Breuner, baron, fils de Seifrid Breuner, baron, et d'Elisabeth de Eitzing, fut conseiller des empereurs Rodolphe II, Mathias, Ferdinand II, et Ferdinand III,

receus tant de gracieux accueil et de courtoisies, que je demeuray six semaines au dit Vienne, ou je passay extremement bien mon temps (decembre).

Je fus en Moravie en une belle maison de Mr Maximilian de Liectenstein (1), mon bon amy, nommée Raurau, en compagnie de Carle de Harach, de Mr de Jainville, et de Schomberg. Puis M^r le prince de Jainville ayant renvoyé son train, vint loger quinse jours a mon logis, ou il fut receu au mieux qu'il fut possible; puis il en partit en poste pour s'en aller a Prague, et de la en France.

1604.
Janvier.

Je partis de Vienne le 18e de janvier de l'année 1604, et arrivay par la poste le 22e a Prague ou je trouvay le Rosworm, quy, depuis nostre reconciliation, m'avoit porté une tres estroitte amitié. Il vint le lendemain matin 19e (2), me prendre en son carrosse a mon logis, et m'amena a la salle du palais de Prague, ou nous nous promenasmes jusques a ce que les conseils se levassent, et lors tous les seigneurs des conseils vindrent donner le bonjour au Rosworm, lequel ils respectoint fort a cause de la charge qu'il avoit eue de mareschal de camp general de l'armée;

---

et mourut en 1651. Il avait épousé Anna de Harrach, une des quatorze sœurs de Karl de Harrach.

(1) Maximilien de Lichtenstein, fils de Hartmann de Lichtenstein, et d'Anne Marie de Ortenburg, reçut en 1623 de l'empereur Ferdinand II le titre de prince.

(2) Il faut lire : 23e.

et puis en suitte il me presenta a eux, les priant de m'aimer, et leur disant beaucoup de bien de moy.

Il me mena de la disner cheux un vieux seigneur nommé Prechethovits (1), quy estoit bourgrave de Carlestein (2), quy est la seule forteresse du royaume de Boheme, en laquelle la couronne, et tous les tiltres et enseignements (3) du dit royaume sont gardés : il avoit deux fils, l'un grand fauconnier de l'empereur, l'autre un jeune seigneur quy avoit esté camarade du Rosworm en la derniere armée, et quy, l'année presente, pretendoit le regiment de cavalerie que le royaume de Boheme devoit envoyer en Hongrie; et parce que le Rosworm pouvoit beaucoup pour luy faire obtenir, ils recherchoint tous avec passion ses bonnes graces. Le dit Rosworm estoit amoureux de la derniere des quatre filles du dit bourgrave, nommée panna (4) Sibilla : les autres trois estoint, la comtesse de Millesimo, l'ainée; la seconde avoit espousé Carle Colovich, frere du colonel Zeifrid Colovich; et la troisieme, nommée panna Ester, estoit une jeune dame d'excellente beauté, en l'age de dix huit ans, vefve depuis six mois d'un gentilhomme nommé Briczner, avec quy elle avoit esté un an mariée.

Nous fumes noblement receus et traittés cheux ce M^r de

---

(1) Prestowitz.
(2) Carlstein, au sud et à peu de distance de Prague.
(3) Chartes.
(4) Panna, en langue slave, veut dire dame ou demoiselle noble. Les précédentes éditions donnaient invariablement aux filles du burgrave le nom d'Anna; l'une était Anna Sibilla, et l'autre Anna Esther. Cependant le manuscrit FR. 17476-17477 donne le mot : panna.

Prechethovits, et apres disner nous dansames, ou je commençay de devenir amoureux de madame Ester, cette vefve, quy me fit paroistre n'estre pas marrie de mon dessein, que je luy descouvris en partant du logis, comme ses sœurs alloint conduire le Rosworm; car elle y correspondit de sorte qu'elle me donna moyen de luy escrire, et me manda les lieux ou elle alloit, pour m'y trouver. J'allay aussy parfois la voir sous la couverture de l'amitié que j'avois contractée a l'armée avec son jeune frere, Wolf de Prechethovits; mais comme le caresme-prenant approchoit, son pere s'en allant a Carlestein, elle fut forcée de partir.

Au sortir de ce disner et du bal de cheux Prechethovits, le Rosworm, pensant m'obliger, m'embarqua en une assés mauvaise affaire. Il avoit traitté avec un hoste de la Nouvelle-Ville, que pour deux cens ducats, il lui livreroit ses deux filles, quy estoint tres belles; et je pense qu'il surprit ce pauvre homme estant ivre, pour luy faire cette promesse, comme il apparut en suitte. Car, comme nous fusmes arrivés a deux cens pas de cette hostellerie, nous descendimes de carrosse, qu'il commanda de tourner et de nous attendre la; et le Rosworm et moy, avec un sien page boheme pour nous servir de truchement, allames en cette hostellerie : nous trouvasmes le pere dans son poile (1) avec ses deux filles quy travailloint a leurs ouvrages, quy fut aucunement estonné de nous voir, et plus encores lors que le Rosworm luy fit dire que nous luy portions chascun cent ducats pour avoir le pucellage de ses

---

(1) Dans la chambre où était le poéle.

deux filles, comme il luy avoit promis. Lors il s'escria qu'il n'avoit jammais promis telle chose, et ouvrant la fenestre, cria par deux fois : Mortriau! Mortriau! quy veut dire : au meurtre! Allors le Rosworm luy porta le poignard a la gorge, et luy fit dire par le page que, s'il parloit aux voysins, ou s'il ne commandoit a ses filles de faire nostre volonté, il estoit mort, et me dit cependant que je prisse une des filles, et que je m'en jouasse. Moy, quy pensois estre venu a une affaire ou toutes les parties estoint d'accord, fus bien estonné lors que je vis qu'il nous falloit forcer des filles, et en la presence de leur pere. Je dis au Rosworm que je ne m'entendois point de forcer des filles. Il me dit lors que, sy je ne le voulois faire, je vinsse tenir le poignard a la gorge du pere, et qu'il feroit son devoir avec une des dites filles : ce que je fis a grand regret, et ces pauvres filles pleuroint. Le Rosworm commençoit a en baiser une, quand un grand bruit du voysinage, esmeu au cry qu'avoit fait l'hoste, luy fit lascher prise, et me dire qu'il nous falloit payer de courage et de bonne mine, ou nous estions perdus, et lors il fit dire a l'hoste qu'il le tueroit s'il ne nous faisoit sortir des mains du peuple. Cet hoste avoit une juppe volante, sous laquelle il luy mit sa dague qu'il luy tenoit contre la chair, et me fit donner le poignard du page pour en faire de mesme : et ainsy sortimes du poile jusques en la rue, l'hoste intimidé disant toujours au peuple que ce n'estoit rien, jusques a ce qu'estans un peu eslongnés, nous retirasmes nos dagues de dessous sa juppe, et l'hoste recommença a crier comme devant: Mortriau! Mortriau! ce quy convia le peuple de courir apres nous avesques infinis coups de pierre. Allors le

Rosworm me cria : « Mon frere, sauve quy peut! sy vous tombés, ne vous attendés point que je vous releve ; car chascun doit songer a soy. » Nous courions assés viste ; mais une pluie de pierres nous incommodoit grandement, dont l'une ayant donné par les reins du Rosworm le porta par terre ; et moy, pour ne faire ce qu'il avoit dit qu'il me feroit, le relevay, et l'aiday vingt pas, au bout desquels nous trouvasmes heureusement nostre carrosse, auquel nous estans jettés nous fismes toucher jusques a ce que nous fussions en seureté dans la Vielle-Ville, estans eschappés des pattes de plus de quatre cens personnes.

Le jour d'apres, 24.ᵉ de janvier, le Rosworm me fit obtenir l'antichambre de l'empereur, quy est un lieu reservé aux fort grands seigneurs et princes, en laquelle je me trouvois de deux jours l'un : et cinq ou six jours apres, jouant a la paulme contre le grand Walestein (1), quy faisoit la charge de grand chambellan de l'empereur depuis la mort de Peter de Mollart, decedé depuis huit jours, l'empereur nous vint voir jouer a travers d'une jalousie quy estoit en une fenestre quy regardoit sur le jeu de paume, et y demeura longtemps ; et le lendemain matin, comme j'estois en son antichambre, il me fit appeler pour luy faire la reverence, ou il me traitta fort benignement,

---

(1) Albert Venceslas Eusèbe, comte de Waldstein ou Wallenstein en Bohême, fils de Guillaume de Waldstein et de Marguerite de Smirtitz, né en 1583, devint, dans la guerre de Trente ans, généralissime des armées impériales et duc de Friedland. Cet homme célèbre fut tué à Egra le 14 février 1634, par ordre de l'empereur Ferdinand II.

disant qu'il connoissoit ma race, quy avoit toujours fidellement servy leur royale mayson; qu'il avoit eu bonne information de moy en cette derniere guerre d'Hongrie; et que, sy je pretendois a quelque charge, qu'il seroit bien ayse de m'en gratifier. Il me parla en espagnol, et voulut que je luy respondisse aussy.

Fevrier. — Peu de jours apres m'arriva la nouvelle de la mort du baron de Siray, tué par monsieur le reingraf mon cousin : ce quy m'obligea de parler aux principaux du conseil en faveur du reingraf, et pour l'excuser, et en fin de demander sur ce sujet audience a l'empereur, quy me fut promptement accordée, et me respondit favorablement, et en suitte me fit dire par le comte de Furstemberg (1) qu'il avoit refformé les six compagnies de cavalerie du reingraf a trois, et les quattre de carabins du Rosworm a deux ; et que, sy je voulois lever encores trois nouvelles compagnies de cavalerie, et deux de carabins, que l'empereur me retiendroit a son service en qualité de colonel de mille chevaux; ce que j'acceptay, voyant la longue paix de France, et convié aussy par l'amour extreme que je portois a madame Ester. Les trois compagnies de chevaux-legers furent données a Champgaillart, vieux soldat françois; a don Baltasar Marrada, Espagnol; et a Jean Paul, Italien; quy les avoit desja commandées sous le reingraf, et quy les renforcerent du desbris des autres. Pour les deux compagnies de carabins, le capitaine la Ramée en eut une, et le capitaine Mer-

---

(1) Christophe, comte de Furstenberg, fils d'Albert, comte de Furstenberg, et d'Isabelle de Pernstein, né en 1583, mort le 2 janvier 1614.

guelot, tous deux liegeois, l'autre. Je fis donner la cornette de Champgaillart a Cominges(1), et sa lieutenance a La Croix, quy depuis a esté colonel.

C'estoit pendant le caresme-prenant que l'on traittoit de ma capitulation, auquel temps on parle peu d'affaires en ces païs du nord; et je ne pressois pas fort mes expeditions, estant esperduement amoureux de madame Ester, laquelle, apres plusieurs esperances qu'elle me donna, et sa sœur au Rosworm, de revenir passer le carnaval a Prague, en fin elles furent retenues a Carlestein par la maladie du bourgrave leur pere. Nous le passames bien gayement en festes et festins continuels, et jouans a la petite prime fort grand jeu, entre cinq ou six que nous estions, assavoir le president du royaume nommé Steremberg (2), Adam Galpopel, le grand prieur de Malte, Kinsky l'ainé (3), et le Rosworm et moy; et n'estoit soir qu'il n'y eut deux ou trois mille dallers (4) de perte ou de gain.

Celuy quy faisoit l'office de grand escuier de l'empereur, nommé Bruscofschi, se maria avesques une riche femme, ou le Rosworm et moy, fusmes conviés; et un des quatre jours que cette noce dura, nous vou-

---

(1) Charles de Cominges-Guitaut, seigneur de Fléac, second fils de Pierre de Cominges, seigneur de Guitaut, et de Joachine du Breuil, servit longtemps sous le maréchal de Bassompierre, et devint maître d'hôtel du roi, et capitaine au régiment des gardes. Il fut tué au siége de Pignerol, en 1630.

(2) Jean Ulric, comte de Stahrenberg.

(3) Guillaume Kinsky, fils ainé de Jean Kinsky, baron de Wchinicz, et d'Anne de Wizesowitz, colonel au service de l'Empire, fut tué, en 1634, avec Wallenstein.

(4) Thalers.

lusmes faire des masques a cheval, et nous promener par la ville avesques de tres beaux habits. Nous fusmes huit de partie, assavoir le Rosworm et moy, quy marchions les premiers; Walestein le Longuo (1) et le Kinsky alloint apres; Haraud et Charnin (2), deux gentilshommes de la chambre de l'empereur, suyvoint; et le jeune Schomberg, avec le comte Wolf de Mansfeld (3) estoint les derniers. Comme nous passames devant la maison de ville de la Vieille-Ville, quelques sergents nous vindrent dire en langue esclavonne, au Rosworm et a moy, quy ne l'entendions pas, que l'empereur avoit deffendu d'aller en masque par la ville : a quoy nous ne fismes autre response, sinon que nous n'entendions point l'esclavon. Ils nous laisserent lors passer; mais comme ce vint au retour, ils tendirent les chaines a toutes les avenues de la place de la maison de ville, hormis celle par ou nous entrions; et des que nous fusmes passés, ils la tendirent aussy, et lors ils commencerent par les derniers, et prindrent par la bride le cheval du comte de Mansfeld et celuy de Schomberg, et les menerent en prison; puis se saysirent en suitte de Haraud et de Charnin, et du Walestein et du Kinsky, lesquels, souffrans impatiemment cet oultrage, et n'ayans point d'espées pour l'empes-

---

(1) Ce Waldstein, que Bassompierre appelle Longuo, était sans doute Hincko, comte de Waldstein, fils de Burian, comte de Waldstein, et de Catherine de Ludawitz.
(2) Peut-être Harald et Czernin.
(3) Wolfgang, comte de Mansfeld, de la branche de Bornstædt, fils de Bruno, comte de Mansfeld, et de Christine de Barby, fut maréchal de camp général des armées de l'empereur. Né en 1575, il mourut le 15 mai 1638.

cher, nous crierent que nous prinssions garde a nous. Allors le Rosworm se saisit de son espée, et moy de la mienne, que nos laquais portoint devant nous ; et sans les tirer des fourreaux, nous regardions que l'on ne saisit pas la bride de nos chevaux : ce que un sergent ayant voulu faire a moy, le Rosworm luy donna de son espée avec le fourreau sur la main de telle sorte que, le fourreau s'estant coupé, il blessa bien fort le dit sergent a la main. Allors plus de deux cens sergents se mirent sur nous ; et nous deux, de nostre costé, mismes nos espées nues a la main, lesquelles ils esvitoint : mais a chaque passade que nous faisions, ils nous deschargeoint de grands coups de hampes de hallebarde sur les reins et sur les bras : ce qui dura quelque temps, jusques a ce qu'un chef de justice sortant de la maison de ville, haussa son baston (que l'on nomme *regiment*); allors tous les archers mirent leurs hallebardes en terre, et le Rosworm (quy sçavoit la coustume), y jetta aussy son espée, et me cria que je jettasse aussy vistement la mienne ; ce que je fis : autrement j'eusse esté desclaré rebelle a l'empereur, et pour tel, puny. Allors Rosworm me pria de parler quand le juge nous interrogeroit, affin que l'on ne le connut point. Il me demanda quy j'estois, et luy ayant dit sans desguiser, il me demanda quy estoit mon compagnon; je luy dis que c'estoit Rosworm. Allors il nous fit de grandes excuses ; et le Rosworm quy estoit bien marry de ce que je l'avois nommé, quand il vit qu'il ne s'en pouvoit plus desdire, se desmasqua en collere, menaçant le juge et les sergents de les faire rigoureusement chastier, et qu'il s'en plaindroit a l'empereur et au chancelier : eux tascherent le mieux qu'ils peurent de le rapaiser; mais il avoit esté trop battu, et moy aussy, pour se contenter de paroles. On nous rendit nos six compagnons plus heureux que nous, car ils n'eurent que la peur, et nous nous retirasmes: puis le soir, comme sy de rien n'eut esté, nous retournames aux noces. Mais le lendemain le Rosworm vint trouver le chancelier du royaume, auquel il parla fort arrogamment, et le chancelier fit mettre, pour nous satisfaire, plus de cent cinquante sergents prisonniers, les femmes desquels estoint tout le jour a la porte de mon logis pour obtenir grace, et moy j'en sollicitois assés le Rosworm; mais il estoit inexorable, et les fit demeurer quinse jours en prison, pendant la rigueur de l'hiver, dont deux en moururent. Enfin, a grand peine, je les fis delivrer.

Quelques jours apres il se fit une belle assemblée de dames cheux le grand chancelier, ou nous allames danser un petit ballet, quy fut trouvé beau pour estre en Boheme, ou il ne s'en danse pas souvent.

Pendant ce temps la, comme nous jouions un soir au quinola, Adam Galpopel et Kinsky se querellerent, et se battirent le lendemain, ou Adam Galpopel fut blessé à la jambe. Le grand prieur de Boheme, et l'ambassadeur de Venise quy estoit venu jouer avesques nous cheux Adam Galpopel, a quy nous tenions compagnie pendant que sa blesseure le tint au lit ou au logis, se querellerent aussy sur le sujet de saint Jean et de saint Marc, ce quy donna a rire a la court.

Or, dans la ville de Prague, le nouveau calendrier se pratique; mais dans la campaigne, parmy les hussites, il ne s'observe point; de sorte qu'apres que le caresme-prenant fut passé a Prague, il dura encor dix jours de plus a la campagne, et le bourgrave de Carlestein nous convia, le Rosworm et moy, avec deux autres seigneurs, l'un nommé Slabato, et l'autre Colobrat (1), de le venir passer à Carlestein, ou quantité de dames et de seigneurs se devoint trouver aussy : ce que nous fismes des nostre mercredi des Cendres (2), et nous mismes tous quattre en carrosses, quy estions les quattre amoureux des quattre filles du bourgrave; car Colobrat aymoit de longue main la comtesse Millesimo, et Slabato estoit depuis peu embarqué avec la femme de Hans Colovich (3). Nous y trouvasmes plus de vingt dames, parmy lesquelles il y en avoit de tres belles : et ne faut pas demander sy nous fumes bien venus et veus des quattre filles du logis, mais principalement de la mienne, quy fut ravie de me voir, et moy elle; car j'en estois extremement amoureux, et puis dire qu'en toute ma vie je n'ay passé dix journées plus agreablement, ny ne les employay mieux que je fis celles la : ce fut une continuelle feste, estant perpetuellement a table, ou au bal, ou en sclitte (4), ou en une autre meilleure occupation.

En fin apres le carnaval passé, nous nous en revinmes a Prague, avec grand regret d'elles et de nous, mais avec grande satisfaction de nostre petit voyage. Ma maitresse me promit qu'elle viendroit bientost a

---

(1) Slavata, et Colowrat, seigneurs bohémes.
(2) Le 3 mars.
(3) Ce Colowitz que Bassompierre appelle ici Hans (ou Jean), est celui qu'il a précédemment désigné sous le nom de Karl. Voy. p. 133.
(4) *Schlitten*, traineau.

Prague : mais comme son pere retomba malade, elle ne le peut, mais elle me fit venir desguisé a Carlestein, ou je fus cinq jours et six nuits caché en une chambre pres de la sienne, au bout desquels, et de ma vigueur, je m'en revins a Prague, ou, apres avoir tiré mes expeditions, et assinnation pour l'argent de ma levée sur le landsfried de Lorraine (1), je pris congé de l'empereur pour m'en revenir en France (avril), et partis de Prague, le jeudi devant Paques fleuries (2) en poste avec un de mes amis nommé Cocorjovits, et vinmes coucher a Carlestein pour dire adieu au bourgrave, a ses fils et filles, mais en effet pour prendre congé de ma maitresse, et en esperance, mesmes en ferme creance lors, de retourner la trouver aussy tost que ma levée seroit faite, que je ferois acheminer par le Danube en Hongrie, pendant que j'irois faire un tour a la court de l'empereur.

J'en partis le lendemain, et vins coucher à Cocorjovits, ou il me fut fait tres bon traittement par le maitre de la maison, et y avoit assés belle compagnie de dames : mais elles ne me touchoint gueres au cœur; car j'y avois donné trop de place a panna Ester Prechethovits. Je n'avois avesques moy que le seul Guit-

---

(1) Sur les recettes provenant du landsfried de Lorraine. Le *landsfried,* ou paix du pays, était un établissement par lequel la diète de Worms avait, en 1495, aboli dans l'Empire le droit de guerre privée, sous peine d'amende et de confiscation. La Lorraine, quoique reconnue indépendante par le traité de 1542, contribuait pour sa quote-part aux charges qui avaient pour objet la paix et la sûreté de l'Empire.

(2) Le 8 avril.

taut (1), et un vallet allemand que j'avois esté forcé de prendre, a cause que les miens estoint demeurés malades a Prague. Le samedi lendemain il nous fit encores festin a disner, ou il nous enivra, et puis nous presta son carrosse, quy me mena à Bilsem (2), d'ou je partis le jour de Paques fleuries pour aller coucher a Ratisbonne. J'en partis le lundy, et couchay à Brouk, et le mardy j'arrivay a Munichen.

Le mercredi je vins saluer M^r le duc Maximilian, lequel me fit l'honneur de m'offrir le regiment de trois mille lantsquenets que le cercle de Baviere entretenoit en Hongrie, et qu'en quelque année que je voulusse le recevoir, pourveu que je l'en advertisse devant Paques, qu'il me le donneroit; dont je luy rendis tres humbles graces : et m'ayant fait deffrayer, j'en partis le mercredy saint en un carrosse qu'il me presta, quy me mena, le lendemain jeudy saint, disner a Augsbourg, ou je demeuray le vendredy, samedy, et dimanche de Paques, pour quelques affaires que j'y avois, et en partis le lendemain de Paques (3), et m'en revins en trois jours a Strasbourg a disner, et a coucher a Saverne.

Je me mis a table pour souper avant que d'aller voir les chanoines au chasteau ; mais comme je commençois, ils arriverent pour me prendre, et me mener loger au chasteau. C'estoint M^r le domdechent (4)

---

(1) Cominges-Guitaut. Voy. p. 138.
(2) Pilsen, en Bohême.
(3) Le 19 avril.
(4) Le *domdechant,* c'est-à-dire le doyen du chapitre, de Strasbourg, était François de Crehange dont l'auteur a parlé à la p. 99.

de Creange, et les comtes de Quesle (1) et de Reiffercheid (2). Ils avoint desja souppé, et estoint a demi ivres. Je les priay, que, puis qu'ils me trouvoint a table, ils s'y missent plustost que de me mener attendre le souper au chasteau, ce qu'ils firent; et en peu de temps de notre soif (3), Guittaut et un mien compere, maitre de monnoies de Lorraine, et moy, nous les achevasmes sy bien d'ivrer, qu'il les fallut remporter au chasteau, et moy, je demeuray a mon hostellerie, et le lendemain, a la pointe du jour, je montay a cheval, pensant partir; mais ils avoint, la nuit, envoyé deffendre que l'on ne me laissat pas sortir : car ils vouloint avoir leur revanche de ce que je les avois enivrés. Il me fallut donc demeurer ce matin là a disner, dont je me trouvay bien mal; car, affin de m'enivrer, ils me mirent de l'eau de vie dans mon vin, a mon avis, bien qu'ils m'ayent depuis asseuré que non, et que c'estoit seulement d'un vin de Lebsberg, quy est sy fort et sy fumeux, que je n'en eus pas beu dix ou douse verres que je ne perdisse toute connoissance, et que je ne tombasse en une telle lethargie, qu'il me fallut saigner plusieurs fois, et me ventouser, et me serrer avesques des jarretieres les bras et les jambes. Je demeuray a Saverne cinq jours en cet estat, et perdis de telle sorte le goust du vin, que je fus,

---

(1) Peut-être un comte de Manderscheid-Kayl.
(2) Deux frères, Hermann Adolphe et Guillaume Salentin de Salm-Reifferscheid, fils de Werner, comte de Salm et Reifferscheid, et de Marie de Limburg-Styrum, furent chanoines de Strasbourg; le premier mourut en 1637, et le second en 1634.
(3) *Soif* veut dire ici boisson, de l'allemand *saufen*, boire avec excès.

depuis, plus de deux ans, non seulement sans en pouvoir boire, mais mesmes sans en pouvoir sentir sans horreur.

Apres que je fus guery, je m'en vins en deux jours a Harouel, ou je ne demeuray gueres sans aller a Nancy. Je trouvay du changement a la court de Lorraine par la mort de Madame, sœur du roy, duchesse de Bar.

May. — Apres que j'y eus sejourné quelques jours, je fus a Espinal, non tant pour y voir ma tante, que ma cousine de Bourbonne (1), nouvellement mariée au comte des Cars (2), de quy j'avois esté extremement amoureux ; et sy feu ma mere n'y eut point eu de repugnance, j'eusse creu ne vivre pas malheureux, marié avec elle : mais je ne luy voulus pas desplaire. Je la trouvay quy arrivoit comme moy cheux ma tante, ou nos anciens feux se rallumerent, et nostre sejour de quatre jours a Espinal y aida fort. Mr de Couvonges estoit venu avesques moy, et sa femme avesques ma cousine ; nous allames la conduire a Ville-sur-Yllon, avesques ma cousine de Viange (3). De la nous allames a Mirecourt, voir monsieur et madame de Marcossay, puis revinmes au dit Ville-sur-Yllon, d'ou nous nous separasmes de ma cousine des Cars, non sans y avoir tous deux bien du regret ; et elle s'en retourna a

---

(1) Voir p. 78.

(2) Jacques de Pérusse, comte des Cars, fils de François de Pérusse, comte des Cars, et de Claude de Baufremont.

(3) Claude de Cussigny, fille de Jean de Cussigny, seigneur de Viange, et d'Anne Marguerite de Bassompierre (voir p. 18), fut élue abbesse d'Epinal en 1621, après la mort de sa tante Yolande de Bassompierre, et mourut le 1er novembre 1635, à l'âge de 66 ans.

Bourbonne, et nous a Espinal, et de là a Nancy : et le lendemain que j'y fus arrivé, j'allay a Toul au devant de ma mere, quy revenoit de France, et l'emmenay a Harouel, ou madame d'Espinal (1) la vint voir le lendemain : et le jour d'apres, on rapporta le corps de feu mon frere de Removille, quy avoit esté blessé d'une mousquetade au genouil a la prise du Porc-Espic au siege d'Ostende (2); duquel coup il luy fallut couper la jambe, et en mourut cinq jours apres; quy me fut un sensible deplaisir et une signalée perte; car c'estoit un homme de grand cœur et de bon jugement, et quy, avec apparence, estoit pour faire une grande fortune. Je l'avois laissé aupres du roy en m'en allant en Hongrie, pour terminer l'affaire de Saint-Sauveur, laquelle je desduiray, comme celle quy m'a fait changer mes desseins, et quy me fit quitter la charge que j'avois en Hongrie, quy fut aussy cause de la mort de mon frere.

Une tante de ma mere, nommée madame de Moreuil, luy donna soissante mille escus, la mariant avec feu mon pere : et pour asseurer cet argent a ma mere, il le fallut employer en chose quy luy tint nature de propre; ce que l'on fit en prenant en engagement du roy le comté de Saint-Sauveur le Viscomte, de Saint-Sauveur Lendelin, et la baronnie de Nehou (3), pour quarante

---

(1) Yolande de Bassompierre, abbesse d'Epinal.
(2) Voir à l'appendice. IX.
(3) Saint-Sauveur-le-Vicomte, chef-lieu de canton de l'arrondissement de Valognes (Manche). — Nehou, village du canton de Saint-Sauveur-le-Vicomte. — Saint-Sauveur-Lendelin, chef-lieu de canton de l'arrondissement de Coutances (Manche).

mille escus que mon pere fournit comptant ; et depuis, on supplea encores des autres vingt mille escus que l'on devoit employer de la dite donation de madame de Moreuil, et ce, par edit d'alienation verifiée aux parlements et chambres des comptes ou il appartenoit. Or dans le contract d'engagement il estoit porté que, sy les dittes terres n'avoint de revenu autant que montoit l'interest de nostre argent au denier vingt, quy estoit neuf mille livres par an, ce quy en manqueroit nous seroit payé sur la recepte generale de Caen. Il arriva que, apres la bataille de Moncontour, comme l'on licentia les reitres, on paya leurs descomptes au mieux que l'on peut ; et comme l'on n'avoit pas tout l'argent comptant qu'il falloit pour les payer, on convia feu mon pere, et Schomberg, de prendre des rentes sur l'hostel de ville de Paris, ou d'autres engagements, pour une partie de la somme quy leur estoit deue, et a leurs reitres, et l'autre partie comptant : et feu mon pere qui vit que les terres de Saint-Sauveur quy lui estoint desja engagées, valoint beaucoup plus que l'interest des premieres sommes pour lesquelles il les tenoit, offrit de prendre encor quarante mille escus sur les mesmes terres en engagement ; ce que les ministres de France accepterent avesques joye, et luy en donnerent les expeditions que luy mesme desira. Et comme il ne sçavoit point certaines lois de la France particulieres, il ne se soucia point de faire verifier aux chambres des comptes cette derniere partie, et jouit, pres de trente ans, des dites terres en cette façon (1).

---

(1) Voir à l'Appendice. X.

Advint que, en l'an 1595, Mʳ de Schomberg, estant redevable a mon pere de la somme de 32000 escus, offrit a mon pere que, s'il vouloit prendre cette somme sur le roy, et en surcharger encores les terres de Saint-Sauveur, qu'il feroit adjouster encores par le roy vingt et quatre mille livres de plus, quy estoint deues a feu mon pere pour restes de payements de reitres, les quelles 24000 estoint, en bonne forme, desclarées dettes de la couronne. Feu mon pere, pour sortir d'affaires avec Mʳ de Schomberg, quy en ce temps la n'estoit pas bien dans les siennes, et pour estre payé de ce reste dont il n'estoit point assinné, accepta ce parti, et eut les expeditions necessaires pour ce dernier surengagement, quy furent verifiées au parlement comme les autres. Et lors on advertit feu mon pere qu'il estoit besoin de les faire aussy verifier aux chambres des comptes de Paris et de Rouan : ce que voulant faire, et de celle aussy des quarante mille escus precedents (1), la chambre en refusa la verification : et bien que ma mere, depuis sa viduité, en eut obtenu diverses jussions, elle n'y peut parvenir.

Il arriva qu'en l'année 1601, le duc de Wirtemberg poursuivant le remboursement de quelques sommes d'argent qu'il avoit prestées au roy pendant la guerre, on luy dit qu'il cherchat luy mesme les moyens de se faire payer, par l'invention de quelque parti, ou la descouverte de quelques terres quy ne fussent encores engagées, ou quy le fussent a sy bas prix que l'on luy peut surengager pour plus grande somme; a quoy son

---

(1) Les quarante mille écus du premier surengagement.

resident, nommé Bunichhause, quy y travailloit, fut aydé par le procureur general de la chambre des comptes de Rouan, nommé le Menil Basire, quy luy promit, moyennant dix mille escus, qu'il luy fourniroit des engagements suffisants pour sa somme, et que, s'il le vouloit introduire cheux Mr de Rosny, qu'il luy desclareroit : ce que Bunichhause ayant fait, il dit au marquis de Rosny que nous tenions les domaines de Saint-Sauveur le Viscomte, de Lendelin, et de Nehou, pour soissante mille escus, et qu'il estoit porté par le contract, que, sy les dittes terres n'estoint de trois mille escus de revenu, le roy s'obligeoit de payer ce qu'il y manqueroit sur la recepte generale de Caen ; ce quy faisoit reciproquement en faveur du roy, que sy les terres valoint davantage, que le surplus devoit estre restitué au roy : par ainsy, sy le roy se vouloit faire justice a luy-mesme, non seulement il seroit quitte du premier engagement de 180000 livres, mais encores du deuxieme de 120000 livres, et du dernier de pareille somme de 120000 livres ; et que, par la supputation qu'il en avoit faitte, nous demeurerions redevables de plus de 60000 livres au roy, quand bien S. M^{té} nous compteroit les 180000 livres actuellement desboursees par nous (1), a dix pour cent ; veu que, des autres sommes quy estoint de dettes de service, quy n'estoint et ne pouvoint estre verifiées en engagement de domaine, le roy n'estoit obligé a aucun interest.

Mr de Suilly prit cet avis avec applaudissement, et

---

(1) C'est-à-dire : *réellement* versées ; il s'agit ici des 180000 livres ou des 60000 écus de la dot.

creut que, sans bourse deslier, il pourroit payer le duc de Wirtemberg qu'il affectionnoit pour estre protestant, et parce aussy qu'il l'avoit autrefois connu. Il le proposa au roy, et l'asseura que nous aurions sujet d'estre plus que contents sy le roy nous faisoit don de ce que nous luy serions redevables de reste ; de sorte qu'en l'année 1604, comme je revins d'Angleterre, je trouvay que, par un arrest du conseil, il estoit ordonné que ma premiere somme de 60000 escus me seroit actuellement remboursée avec les interets au denier dix ; que les deux autres, de chascune 40000 escus, me seroint pareillement remboursées, mais sans interets, et que je rendrois compte des fruits des dits domaines depuis l'année 1569 que j'en estois entré en jouissance.

Je me plaignis grandement au roy de cette injustice de son conseil, et lui fis voir comme mon pere, estranger et ignorant des lois de la France, avoit traitté de bonne foy, que s'il n'eut pris sur les dits domaines la seconde somme de 40000 escus, que l'on [la] luy eut donnée comptant, comme l'on avoit fait aux autres colonels ; que sy on en faisoit de mesme a tous les anciens detenteurs des domaines, ou droits sur le roy, quy, par leur industrie ou la suitte des temps avoint esté augmentés, outre que l'on ruineroit quantité de grandes maisons, cela apporteroit ce prejudice que tous les domaines qu'ils tiennent desperiroint ; et que, quand cette regle seroit generale, elle devroit avoir exception pour nous quy estions estrangers, quy servions de bonne foy, et quy avions apporté du soulagement aux affaires du roy, n'ayant pas receu nostre argent comptant que l'on nous devoit donner, mais pris un encherissement sur une terre que nous possedions desja; que, cela consideré, il trouveroit que le revenu de ces domaines n'avoit point excedé l'interest de nostre somme; que, s'il y avoit quelque chose a redire, c'estoit sur la partie de Mr de Schomberg (1), de laquelle le comté de Nanteuil nous seroit garant (2).

Le roy prit assés bien mes raysons : mais pour cela il ne fit pas casser l'arrest donné, sy bien en suspendre l'execution plus de deux années, pendant lesquelles nous jouissions, mais avec incertitude de nos affaires, et crainte que, sy un jour on executoit l'arrest, la recette que nous continuions de faire tomberoit plus lourdement sur nous, de sorte que de temps en temps je pressois le roy de me faire justice, soit en me remboursant, ou en cassant l'arrest : et comme je m'en voulus aller en Hongrie, je le pressay de m'expedier, lequel me promit qu'il me donneroit contentement, et que dans deux mois au plus tard je serois satisfait; mais que je fisse bien comprendre mes raysons à Mr de Suilly, quy ne m'estoit pas favorable en cette affaire. Je luy dis que je reviendrois avant ce temps la (car je luy celay mon voyage de Hongrie, craignant qu'il ne m'en destournat, et luy dis seulement que j'allois en Lorraine et en Allemaigne), et que cependant je luy laissois mon frere quy luy en parleroit de temps en temps; ce qu'il trouva bon. Et quand mon frere, quy estoit un esprit colere et chaud, luy en parla, le roy luy

---

(1) Parce que, pour cette partie, M. de Bassompierre n'était pas créancier direct du roi.

(2) Gaspard de Schomberg avait acquis du duc de Guise le comté de Nanteuil, moyennant 380000 livres.

dit qu'a mon retour il me contenteroit; mon dit frere le pressa de telle sorte qne le roy se facha, et mon frere ne parla pas au roy avesques le respect et la retenue qu'il devoit : ce quy fut cause que le roy luy parla fort aigrement; et mon dit frere, le lendemain, prit congé de luy, et s'en alla en Flandres servir le roy d'Espaigne, auquel lieu il fut tres bien appointé, et eut commission de faire un regiment d'infanterie. Mais comme il ne devoit estre, en la place, montre qu'a la fin du mois de juillet, il s'en alla, en attendant, voir le marquis Spinola devant Ostende, ou il fut tué. Et comme je revins peu de temps avant sa mort en Lorraine, ou je levois cinq cens chevaux pour aller en Hongrie, et mon frere un regiment de gens de pié pour servir en Flandres, le roy creut que j'avois tout a fait quitté son service; ce quy fut cause qu'il fit saisir par le president d'Enfreville et le baron de la Lutumiere le chasteau de Saint-Sauveur, et en chasser ceux quy estoint dedans de ma part. Mais ayant sceu que je m'en allois en Hongrie, et non en Flandres, et que mon frere estoit mort, il me fit escrire par Zammet qu'il s'estonnoit fort de ce que je voulois quitter son service sans sujet, et que il n'avoit encores fait executer l'arrest du conseil, sy bien oster des mains de mon frere, quy estoit espagnol, une place des siennes; qu'il me tiendroit ce qu'il m'avoit promis, de me donner contentement, et qu'il me mettroit toujours en mon tort.

Juillet. — Je me creus obligé d'escrire a Sa Majesté une lettre de plainte, accompagnée de tant de respect, et de desplaisir, de ce qu'il me vouloit oster le moyen de pouvoir avec honneur demeurer a son service; et d'escrire aussy a Zammet une plus ample lettre, ou je disois mes raysons ; laquelle le roy receut en bonne part, et vit celle de Zammet, puis m'escrivit deux mots de sa main, me commandant de le venir trouver, et qu'il me tesmoygneroit combien il m'estoit bon maitre ; ce que je fis : et connoissant que je ne pouvois en mesme temps estre en France et en Hongrie, que mon affaire de France n'estoit pas de celles quy se terminent en un mois, et qu'elle m'y arresteroit longtemps ; considerant aussy qu'elle m'importoit de cent cinquante mille escus, je me resolus de m'envoyer excuser vers l'empereur par un gentilhomme que j'y envoyay, que j'addressay au Rosworm, pour moyenner que Sa Majesté receut mes excuses en bonne part sur les raysons que je luy alleguay : ce que, par sa bonté, elle fit de telle sorte qu'elle me fit mander par le mesme Rosworm qu'elle ne provoieroit point de colonel a ses trouppes estrangeres, et que, sy l'année d'apres j'y voulois revenir, elle me conserveroit la capitulation qu'elle m'avoit faitte. Et bien que j'eusse desja fait quelques frais, je rendis l'argent que j'avois receu, entierement ; dont on me loua a la court de l'empereur.

Aust. — Je partis donc de cheux moy, et m'en vins a Paris, ou je fus extremement bien receu de mes amis, quy m'y retindrent trois jours avant que d'aller trouver le roy quy estoit a Fontainebleau, et m'y voulurent accompagner ; de sorte que nous courions a pres de quarante chevaux de poste : car Mrs de Pralain, de Laval, de Crequy, comte de Sault (1),

---

(1) Louis d'Agout, comte de Sault, fils de François-Louis d'Agout, comte de Sault, et de Chrétienne d'Aguerre, veuve en

Gordes (1), Saint-Luc, Sainte-Marie-du-Mont, Richelieu (2), et moy, courusmes ensemble.

Le roy estoit dessus cette grande terrasse devant la court du cheval blanc, quand nous arrivasmes, et nous y attendit, me recevant avesques mille embrassades; puis me mena en la chambre de la reine sa femme, quy logeoit en la chambre du bout, regardant sur l'estang; et fus bien receu des dames, quy ne me trouverent point mal fait pour un Allemand inveteré d'une année dans le païs. Il me presta ses chevaux pour courre le cerf le lendemain quy estoit le jour de Saint-Bartelemy, 24me d'aust : il ne voulut point courre ce jour, auquel a pareil il avoit couru tant de fortune autrefois. Apres la chasse je le vins trouver a la salle des estuves, ou nous jouames au lansquenet avesques la reine et luy.

Je devins lors amoureux d'Antragues (3), et l'estois encores d'une autre belle dame. J'estois aussy en fleur de jeunesse, et assés bien fait, et bien gay.

Septembre. — Le roy devint amoureux de la com-

---

premières noces d'Antoine de Blanchefort-Créquy. Il mourut le 1er janvier 1609.

(1) Guillaume de Simiane, baron, puis marquis de Gordes, fils de Balthasar de Simiane, baron de Gordes, et d'Anne de Saint-Marcel, fut capitaine des gardes du corps de la compagnie écossaise. Il mourut en 1642.

(2) Henri du Plessis, seigneur de Richelieu, fils de François du Plessis, seigneur de Richelieu, et de Susanne de la Porte, fut tué en duel en 1619 par le marquis de Thémines. Il était frère ainé du cardinal de Richelieu.

(3) Marie de Balsac d'Entragues, sœur de la marquise de Verneuil.

tesse de Moret (1), quy s'appelloit Bueil, et estoit nourrie avec madame la princesse de Condé (2).

Sa Majesté me fit l'honneur de me restablir au chasteau de Saint-Sauveur, et de me donner main levée des domaines qu'il avoit fait saisir : ce quy m'obligea d'aller en Normandie sur la fin de septembre, et vins cheux Sainte-Marie-du-Mont, ou je demeuray trois jours (octobre), et ou Mrs de Montgomery (3), la Luserne (4), et Canisy (5) me vindrent voir, et m'accompagnerent a Saint-Sauveur, m'ayant precedemment fait embrasser le president d'Enfreville de quy je me plaignois, et le baron de la Lutumiere, desquels (m'ayans montré les lettres par lesquelles le roy leur commandoit de prendre Saint-Sauveur) je demeuray satisfait. Je m'en revins (apres avoir demeuré huit jours a Saint-Sauveur), cheux Sainte-Marie, quy me mena le lendemain cheux son

---

(1) Jacqueline de Bueil, fille de Claude de Bueil, seigneur de Courcillon, et de Catherine de Montecler. Le roi la fit comtesse de Moret.

(2) La princesse de Condé auprès de laquelle Jacqueline de Bueil était élevée comme parente et orpheline, était Charlotte Catherine de la Trémoille, fille de Louis de la Trémoille, duc de Thouars, et de Jeanne de Montmorency; et veuve de Henri Ier de Bourbon, prince de Condé. Elle mourut en 1629, à l'âge de 61 ans.

(3) Jacques, comte de Montgommery, fils de Jacques, comte de Montgommery, seigneur de Lorges, et de Charlotte de Maillé.

(4) Jacques de la Luzerne, seigneur de Beusseville, fils d'Antoine de la Luzerne, seigneur de Beusseville, capitaine des côtes de Normandie, et de Marie le Marquetel.

(5) René de Carbonnel, marquis de Canisy, fils de Philippe de Carbonnel, seigneur de Canisy, et de Guillemette de Cambernon, était beau-frère de M. de la Luzerne.

beau fils de Longaunay (1) a Damigny, ou nous trouvasmes ces mesmes Montgomery et la Luserne, quy ne m'abandonnerent que je ne fusse de retour a Rouan. Nous passames a Sainte-Croix, ou estoit madame de Silly (2), puis a Lisieux ou le mareschal de Fervaques (3) nous festoya, puis a Rouan, ou nos amis nous retindrent deux jours, au bout des quels je m'en revins a Fontainebleau trouver le roy, ou le connestable de Castille arriva, a quy le roy fit fort bon accueil.

Je passois en ce temps la une fort belle vie a la court, quy quitta Fontainebleau apres la Toussaints pour venir a Paris (novembre); le roy ayant peu auparavant fait arrester le comte d'Auvergne, en Auvergne, et l'amener a la Bastille (4), et peu apres M^r d'Antragues qu'il envoya a la Conciergerie, et madame de Verneuil qui fut gardée par le chevalier du guet en un logis quy est en la rue Saint-Paul, appartenant a Heudicourt. On instruisit le proces a tous trois; mais il n'y eut point de jugement que pour M^r le comte

---

(1) Jean de Longaunay, seigneur d'Amigny, avait épousé Susanne aux Espaules, fille ainée de Georges aux Espaules, seigneur de Sainte-Marie du Mont.

(2) Marie de Lannoy, fille de Louis de Lannoy, seigneur de Morvilliers, et d'Anne de la Viefville. Elle avait épousé Antoine de Silly, comte de la Rochepot.

(3) Guillaume de Hautemer, comte de Grancey, seigneur de Fervaques, fils de Jean de Hautemer, seigneur de Fervaques, et d'Anne de la Baume, maréchal de France en 1595, mort en 1613. Il était lieutenant-général au gouvernement de Normandie.

(4) Le comte d'Auvergne fut arrêté le 9 novembre, et enfermé à la Bastille le 20 du même mois.

d'Auvergne (1), quy fut condamné a avoir la teste tranchée. Mais le roy transmua la peine en une prison perpetuelle, en partie en consideration de madame d'Angoulesme (2) quy en fit de merveilleuses instances, mais davantage, a mon avis, pour une rayson qu'il nous dit, que le feu roy Henry troisieme, son predecesseur ne luy avoit, en mourant, recommandé particulierement que M^r le comte d'Auvergne et M^r le Grand, et qu'il ne vouloit pas qu'il fut dit qu'il eut fait mourir un homme que celuy quy luy avoit laissé le royaume luy avoit si affectionnement recommandé.

1605.
JANVIER.

Mais toutes ces condamnations et graces ne furent données qu'au commencement de l'année 1605 (3), que le roy estoit a Paris, ou nous passames le caresme-prenant en festes et ballets.

Fevrier. — J'eus querelle contre Termes, et mon

---

(1) M. d'Entragues fut aussi condamné à avoir la tête tranchée, et le roi lui accorda la même commutation de peine. Mais le comte d'Auvergne resta en prison, tandis que d'Entragues fut exilé dans ses terres. (Mémoires de Sully, année 1605. — De Thou, liv. CXXIV.)

(2) Diane, légitimée de France, fille naturelle de Henri II et de Philippe Duc, mariée : 1° à Horace Farnèse, duc de Castro; 2° à François de Montmorency, qui devint duc de Montmorency en 1567, veuve sans enfants en 1579. Par lettres du mois d'août 1582, le roi Henri III lui fit don du duché d'Angoulême et du comté de Ponthieu. Elle mourut le 11 janvier 1619, à l'âge de 80 ans.

(3) L'arrêt fut rendu le 1er février 1605. Les lettres de commutation furent vérifiées au parlement le 15 avril suivant.

frere de Saint-Luc le fut appeller pour moy, quy se devoit battre contre Montespan (1). Mr de Montpensier nous accorda, et fusmes toujours depuis extremement amis.

Le roy permit a Mrs de Nemours et de Sommerive de courir les rues masqués le mardy gras 20me fevrier (2). Ils rencontrerent Mrs de Vittry, de Saint-Luc, comte de Sault, et moy, quy venions de nous preparer pour l'entrée d'un combat de barriere, et nous demanderent sy nous voulions estre de la partie; dont les ayans remerciés, ils nous dirent : « Gardés vous donc de nous rencontrer, car nous n'espargnerons personne a coups de bourrelets. » Allors Vittry le pere respondit : « Messieurs, nous vous preparerons la collation au cimetiere Saint-Jean, sy vous la voulés venir prendre. » Et ainsy nous estans separés, nous nous resolumes de courre aussy les rues. Mais comme nous ne nous estions apprestés que tard, il y avoit apparence que leur trouppe eut esté plus forte que la nostre : sur quoy Mr de Vittry nous dit : « Sy vous me voulés croire, nous nous mettrons une dousaine de parents ensemble, armés de toutes pieces d'armes dorées, dont nous ne manquons pas, et mettrons huit ou dix hommes masqués devant nous, et aurons de bons bourrelets a l'arçon de la selle. Nous ne demanderons rien a personne; mais sy l'on nous attaque, ou nos masqués, allors nous

---

(1) Antoine Arnaud de Pardaillan, marquis de Montespan, fils d'Hector de Pardaillan, seigneur de Montespan, et de Jeanne, dame d'Antin, mort le 28 mai 1624. Il avait épousé la sœur de M. de Termes.

(2) Le mardi-gras était le 22 février.

nous pourrons deffendre, et avec grand avantage. »
Ce que nous fismes, et nous mismes, Mr de Vittry et
son fils, Mr de Crequy et le comte de Sault, Mr de Saint-
Luc et le commandeur son frere (1), Mr de Senecey (2) et
Beauvais-Nangis (3), Tremon, frere de Senecey, et
moy (4), tous armés de belles armes dorées jusques
aux greves (5) et aux sollerets (6), sur de grands
coursiers, avesques des selles d'armes, avions nos
espées au costé, et des bourrelets aux mains, de
cordes de puits couvertes de taffetas incarnat. Nous
mismes devant nous huit ou dix masques a cheval, non
armés que de bourrelets, et partimes de derriere la
place royale, de cheux Vittry, et marchans par la rue
Saint-Antoine, deux a deux, nous arrivasmes en la place
du cimetiere Saint-Jean, en mesme temps que la grande
bande, quy pouvoit estre de deux cens chevaux, commença a paroistre du costé de la rue de la Verrerie; et
des qu'ils eurent aperceu les masques qui marchoint
devant nous, ils vindrent a la charge : et nos masques,

---

(1) Charles d'Espinay, second fils de François d'Espinay, seigneur de Saint-Luc, et de Jeanne de Cossé, commandeur de
Malte, fut tué en 1622, dans un *combat contre les Turcs.*

(2) Henri de Baufremont, marquis de Senecey, fils de Claude
de Baufremont, baron de Senecey, et de Marie de Brichanteau,
mort en 1622.

(3) Nicolas de Brichanteau, marquis de Beauvais-Nangis, fils
d'Antoine de Brichanteau, marquis de Nangis, et d'Antoinette de
la Rochefoucaud, dame de Linières, est l'auteur des *Mémoires*
publiés pour la Société de l'histoire de France par MM. Monmer-
qué et Taillandier. Né en 1582, il mourut en 1654.

(4) Voir à l'Appendice. XI.

(5) Armures pour les jambes.

(6) Armures pour les pieds.

selon l'ordre que nous leur avions donné, s'estans retirés derriere nous, quy parusmes lors, et les chargeames rudement, nos genouilleres les incommodoint fort, et leurs bourrelets ne blessoint que nos armes ; de sorte qu'ils jugerent pour le mieux de se retirer dans leur gros quy estoit encores dans la rue de la Verrerie, lequel ils mirent en desordre; et nous, cependant, les poursuivans toujours, j'eus le contentement qu'un de mes rivaux de Mlle d'Antragues, de quy j'estois lors amoureux, fut bien frotté devant elle, quy estoit aux fenestres de son logis a nous regarder. En fin ils s'escarterent, et nous leur passames a travers. Ce fut le mardi 20me de fevrier [22me], et le jeudi 22me [24me] j'eus une bonne fortune.

Le dimanche 25me [27me], se fit le combat a la barriere, le seul quy se soit fait du regne du feu roy, ny de celuy de son fils le roy present regnant. Nostre partie estoit les chevaliers de l'Aigle, et estions le comte de Sault, Saint-Luc, et moy, quy entrions ensemble. Feu Mr de Vittry estoit nostre mareschal de camp, quy eut meilleure grace en cette action la qu'aucun autre quy s'en meslat allors : aussy estoit ce un tres honneste et brave homme, et original a sa mode (1).

Mars. — Le mardy suyvant, quy estoit le 27me fevrier

---

(1) Les tenants de ce combat à la barrière, ayant à leur tête le duc de Nevers, étaient le comte de Cramail, le marquis de Cœuvres, le baron de Termes et le comte de Saint-Aignan. Ils offrirent leur cartel sous le nom de chevaliers de Thrace. Les chevaliers de l'Aigle furent au nombre des assaillants; à leur entrée Bassompierre portait sur son écu un aigle regardant le soleil avec cette devise : *Yo solo lo meresco*. Voir sur ce combat le *Romant des chevaliers de Thrace*, Paris, J. Gesselin. MDCV.

[premier jour de mars] (1), le matin, le roy estant aux Tuilleries, dit a Mr de Guyse : « Ah ! Guisart, Antragues nous mesprise tous pour idolatrer Bassompierre. Je ne vous en parle pas sans le bien sçavoir. » Comment (2) Mr de Guyse respondit : « Sire, vous ne manqués pas de moyens pour vous venger, et pour moy je n'en ay point d'autre que celuy de chevalier errant, en le deffiant de rompre trois lances a camp ouvert cette apres-disnée, au lieu qu'il plaira a Vostre Majesté nous ordonner. » Le roy nous l'accorda, comme souvent il nous arrivoit de faire pareilles parties, et nous dit que ce seroit dans le Louvre, et qu'il en feroit sabler la court. Il (3) prit Mr de Jainville, son frere, pour son second, et Mr de Termes pour tiers ; et moy, je pris Mr de Saint-Luc et M^r le comte de Sault.

Nous vinmes tous six disner et nous armer cheux Saint-Luc ; et comme nous avions toujours des harnois et livrées preparées a tous evenements, nous fusmes armés d'armes argentées, et nos panaches incarnats et blancs, comme nos bas de sayes aussy : et Mr de Guyse et sa trouppe, a cause de la prison de la marquise de Verneuil, de quy il estoit lors amoureux couvert, s'habilla et arma de noir et or.

Nous vinmes donc au Louvre ; et nostre esquipage quy entra le premier, et nos personnes aussy, nous mismes du costé du vieux corps de logis, et M^r de

---

(1) Les quatre dates entre crochets sont les dates exactes ; elles avaient d'abord été données par l'auteur, qui les a ensuite surchargées sur son manuscrit.

(2) Ce mot paraît inutile et ne présente pas de sens.

(3) *Il*, c'est-à-dire : le duc de Guise.

Guyse qui vint apres, se mit au dessous des fenestres de la reine, vis a vis de nous. Nostre carriere estoit le long de la salle des Suisses. Il avint que Mr de Guyse estoit monté sur un petit cheval nommé Lespesnes, et moy sur un grand coursier que le comte de Fiesque (1) m'avoit donné. Il prit le bas du ruisseau, et moy le haut du pavé, de sorte que j'estois fort haut au prix de luy; et au lieu de rompre sa lance en haussant, il la rompit en baissant, tellement qu'apres avoir rompu le premier eclat contre mon casque, il rompit le second contre la tassette; quy glissa jusques dans la fente des chausses, par ou elle entra dans mon ventre, et s'arresta dans ce grand os qui joint la hanche et les reins; et là, la lance se rompit pour la seconde fois, et m'en demeura un tronçon, plus long que le bras, attaché aux os de la cuisse, quy me sortoit du ventre. Je rompis ma lance dans sa salade, et bien que je me sentisse mortellement blessé, j'achevay ma carriere, et on me vint ayder a descendre proche du petit degré du roy, ou M^r le Grand me prit et Guittaut (2) l'ainé, quy m'aiderent a monter cheux Mr de Vandosme (3) sous la chambre du roy; et un gentilhomme de M^r le Prince (4),

---

(1) François de Fiesque, comte de Lavagne, fils de Scipion de Fiesque, comte de Lavagne, et d'Alphonsine Strozzi, fut tué devant Montauban en 1621.

(2) Gaspard de Cominges, seigneur de Guitaut, fils aîné de Pierre de Cominges, seigneur de Guitaut, et de Joachine du Breuil.

(3) César, duc de Vendôme, fils naturel de Henri IV et de Gabrielle d'Estrées, duchesse de Beaufort, né en juin 1594, légitimé par lettres du roi du mois de janvier 1595, mort le 22 octobre 1665.

(4) Henri II de Bourbon, prince de Condé, fils de Henri Ier de

pensant que le tronçon que j'avois dans le corps fut seulement au bas de saye, me l'arracha, sans y penser, sy a propos, que les chirurgiens eussent eu peine de le faire sy adroittement. Allors tous mes boyaux sortirent de mon ventre, et tomberent au costé droit de mes chausses : le nombril me tenoit contre le dos, et la quantité de sang que je perdois m'empescha de me pouvoir soustenir ; de sorte que l'on me jetta sur le lit de Mᵣ de Vandosme, là ou, apres estre desarmé, on visita ma playe, on me remit les boyaux dans le ventre le mieux que l'on peut ; puis avesques une longue tente (1) et force bandages, on les y tint ferme. Le roy, monsieur le connestable, et tous les principaux de la court estoint là, la plus part pleurans, ne pensant pas que je deusse vivre une heure. Je ne fis pas neammoins mauvaise mine, ny ne creus jammais mourir. Plusieurs dames y estoint, quy me virent panser, et je voulus a toute force retourner a mon logis ; pour quoy faire la reine m'envoya sa chaire ou on la portoit, car pour lors elle estoit grosse. Le peuple me suyvoit en y allant, avesques apparence de desplaisir. Comme j'arrivay a mon logis, je perdis la veue, ce quy me fit penser que j'estois bien mal ; et l'on me fit confesser et saigner quasy en mesme temps. Cependant je ne croyois pas mourir, et ne faisois que rire.

Le roy, des que je fus blessé, fit cesser le tour-

Bourbon, prince de Condé, et de Charlotte de la Trémoille, né posthume le 1ᵉʳ septembre 1588, mort le 26 décembre 1646. Il fut le père du grand Condé. C'est lui qui figure dans toute la suite de ces mémoires sous le nom de M. le Prince.

(1) Rouleau de charpie, qu'on met dans une plaie.

noy, et ne permit qu'aucun autre courut, depuis, cette course en camp ouvert; ayant esté la seule quy ait esté faite cent ans auparavant en France, et n'a esté recommencée depuis.

Sur les onse heures du soir du jour de ma blesseure, la veue me revint, que j'avois perdue sept heures auparavant; quy donna la premiere esperance de ma vie, que jusques allors on avoit tenue desesperée. Mais comme quelques tranchées violentes m'eussent en mesme temps tourmenté, on creut que j'allois passer, et les prestres commencerent a me parler de mon salut : je disois toujours que je me sentois mieux qu'ils ne pensoint; et les tranchées s'estant apaisées, je me mis a reposer avesques peu de fievre, et dormis jusques a six heures du matin, que l'on me saigna de rechef pour arrester le sang quy couloit perpetuellement de ma plaie, et le divertir. Lors je m'affoiblis fort; mais peu apres, m'estant remis a dormir, je creus a mon resveil estre tout a fait guery. Aussy n'eus je depuis aucun accident ny mal, sinon quand on me faisoit rire avec exces; car ma tente sortoit quelquefois du ventre, et mes boyaux aussy. En fin je me gueris a une cuisse (1) pres, d'ou j'avois perdu le mouvement des que je fus blessé.

Il ne se peut dire combien je fus visité pendant ma blesseure, et principalement des dames. Toutes les princesses y vindrent, et la reine y envoya trois fois ses filles, que Mlle de Guyse y amenoit passer les apresdisnées entieres : et elle, quy croyoit estre obligée de

---

(1) Droitte. (*Addition de l'Auteur.*)

m'assister puis que son frere m'avoit blessé, y estoit la plus part du temps. Ma sœur de Saint-Luc, quy coucha toujours au pié de mon lit, tant que je fus en danger, recevoit les dames : et le roy, hormis le lendemain de ma blesseure, vint toutes les apres disnées me voir, et en partie aussy pour y voir les bonnes compagnies. En fin je sortis le seisieme jour ; mais j'avois toujours une tente dans le ventre. Plus de trois semaines apres on me portoit dans une chaise ; car je n'avois nul affermissement sur le costé droit, et allois a potence jusques apres que ma blesseure fut fermée, que je m'appuyois sur un baston, ayant toujours un grand fremissement en toute la cuisse et jambe droitte.

Avril. — Peu de jours apres Paques de la mesme année, en tirant mon mouchoir dans le cabinet du roy, je laissay tomber une lettre d'Antragues que Sardini releva, et le marquis de Cœuvres luy ayant dit qu'elle estoit a luy, il luy donna, lequel la montra au roy, et puis demanda a me parler la nuit, devant l'hostel de Soissons, seul : il y mena neammoins le comte de Cramail, et apres m'avoir reproché quelques mauvais offices qu'il disoit que je luy avois rendus, me dit que l'estime qu'il faisoit de moy, et le desir qu'il avoit d'acquerir mon amitié eternelle, l'avoit fait resoudre a me servir plustost que de me nuire en cette presente occasion ; et qu'ayant trouvé une lettre qu'Antragues m'escrivoit, sans s'en prevaloir d'aucune sorte, il venoit de la renvoyer par Sardiny a Antragues mesme ; et qu'il me prioit que, par ce soin qu'il avoit pris pour moy, je luy rendisse desormais des preuves d'une reciproque amitié. Lors moy, quy croyois qu'il me parlat sans feintise, luy fis mille protestations de service et d'affection. Il me dit que le roy sçavoit que cette lettre luy estoit tombée entre les mains, et qu'il falloit que je luy envoyasse promptement une lettre que quelque autre femme m'eut escrite, pour luy montrer; ce que je fis en diligence, et envoyai a l'heure mesme a Antragues sçavoir sy elle avoit receu cette lettre. Mais comme elle m'eut mandé qu'elle n'avoit veu personne de la part du marquis, alors, forcené de collere, et perdu dans ce ressentiment, j'allay droit au logis du dit marquis pour ravoir ma lettre, ou pour l'outrager : mais par les chemins je rencontray Mr d'Esguillon et Mr de Crequy quy m'arresterent pour sçavoir mon dessein : « Je vas, leur respondis-je, cheux le marquis de Cœuvres, ravoir une lettre qu'il a trouvée, qu'Antragues m'escrivoit ; et s'il ne me la rend, je suis resolu de le tuer. »

Lors ils me remontrerent que je courois un peril extreme, sans moyen d'en eschapper, d'aller tuer un homme dans son logis parmi tous ses gens; et que luy, seroit bien lache s'il me la rendoit, y allant de la sorte; mais qu'il valoit mieux y envoyer un de mes amis, et Crequy s'offrit d'y aller. Il trouva le marquis fort eslongné de me la rendre, comme il s'estoit auparavant offert, parlant a moy : au contraire il dit qu'il se vouloit servir de l'occasion que la fortune luy presentoit de se venger de moy. Crequy luy dit que cette affaire ne se passeroit pas ainsy, et que, ma vie y estant attachée, il ne devoit point rechercher ce quy peut-estre luy pourroit causer un grand malheur. En fin il pria Crequy de revenir le lendemain a six heures du matin (a mon avis parce qu'il avoit lors envoyé par La Varrenne la lettre au roy). Il (1) y retourna, et ils demeurerent d'accord qu'il porteroit luy mesme a neuf heures la lettre a Antragues : ce que j'accorday, resolu neammoins de me battre avec ce chicaneur ; mais je voulois auparavant sortir Antragues d'interest. Le marquis luy porta, comme il avoit promis, et Antragues m'escrivit pour me prier que je fusse amy du marquis, et que je me trouvasse au logis d'elle sur les cinq heures du soir, ou il viendroit aussy, et qu'elle vouloit que nous nous promissions devant elle une reciproque amitié.

Comme je voulois sortir de mon logis, Mr le Grand y arriva, quy me dit qu'apres avoir habillé le roy, il luy avoit commandé de me venir trouver pour me deffendre de sa part, sur peine de la vie, de n'avoir rien a demander au marquis, et que je l'offenserois sy je le faisois. Je luy respondis que je m'estonnois pourquoy il me faisoit cette deffense, veu que je n'avois rien a demander au dit marquis ; et qu'il m'estoit bien aysé d'obeir au commandement du roy.

Je m'en vins au Louvre, resolu de laisser passer deux ou trois jours sans rien dire au marquis, et de le quereller, puis apres, sur quelque autre sujet, mais en toute façon me battre avec luy ; et ainsy le conclumes Crequy et moy, quy me fit promettre de me servir de luy en cette affaire. Mais comme je revins disner a mon logis avec plusieurs de mes amis, Le

---

(1) *Il,* c'est-à-dire : Créquy.

Terrail (1) y arriva, quy me dit qu'estant allé pour voir le marquis de Cœuvres, on luy avoit dit qu'il n'y estoit pas; mais que, s'il y venoit de ma part, que l'on luy feroit voir : ce quy luy faisoit croire qu'il y avoit quelque chose a desmesler entre nous deux. Allors je dis a Mr de Crequy qu'il n'y avoit plus lieu de patienter, et qu'il l'allat appeller de ma part. Nous sortimes donc en cachette, Crequy et moy, quy me mena derriere le faubourg Saint-Germain, et puis alla querir le marquis. Mais il fit tant de refuittes, que Cramail, quy parloit a Crequy de sa part (car il ne luy voulut jammais parler luy-mesme), l'entretint d'excuses jusques au soir; et cependant ils avertirent le roy, et l'on me vint prendre ou j'estois, et on me donna des gardes; puis le lendemain on nous accorda, et ne voulus autre contentement que celuy du recit de tout ce quy s'estoit passé, quy nous avoit empeschés de nous battre.

Le roy me fit deffendre de venir au Louvre, ny me trouver ou il seroit, disant que je l'avois offensé d'avoir fait appeller le marquis apres les deffenses qu'il m'en avoit fait faire. Je ne me mis gueres en peine de ne pouvoir voir le roy, de quy je n'estois pas satisfait; et comme, peu de temps apres, il alla a Fontainebleau, je demeuray a Paris a passer mon temps. Mais parce que son indignation s'estendoit aussy bien sur mon cousin de Crequy que sur moy, et qu'il devoit prendre possession du regiment des

---

(1) Louis de Comboursier, seigneur du Terrail, eut la tête tranchée à Genève, en 1609, pour entreprise contre cette ville.

gardes, que Mr de Grillon avoit remis en ses mains, ce que le roy ne vouloit plus permettre ; joint aussy que les dames nous trouvoint a dire a la court, on fit office envers la reine pour faire nostre accord avesques le roy, et nous y faire revenir ; ce qu'elle obtint : et quelque temps apres que le roy eut esté nous y voyant sans nous parler, il s'en ennuya, et vescut avesques nous comme auparavant.

Lors Mr de Crequy prit possession du regiment des gardes, et moy je m'en vins aux bains de Plumieres (1) pour ma cuisse, et emmenay avesques moy bonne compagnie de la court outre mes gentilshommes, comme Bellot, Charmeil, Messillac, et le baron de Neufvi. J'avois avesques moy la bande de violons d'Avignon, que La Pierre commande : j'avois une espece de musique, et tous les divertissements qu'un jeune homme riche, desbauché, et mauvais mesnager, pouvoit desirer. Ma sœur de Saint-Luc estoit venue en Lorraine voir nostre mere ; mon frere y estoit aussy, et la jeunesse de Lorraine m'accompagnoit toujours. Nous menames une douce vie a Plumieres, ou je me gueris entierement (juin). J'y estois amoureux d'une dame de Remiremont, Bourguignonne, nommée madame de Fussé (juillet). En fin je ne m'y ennuyai point durant trois mois que j'y sejournay.

Aust. — J'en partis sur ce que l'on me manda que le roy alloit en Limousin avesques quelque espece d'armée, et que peut estre y auroit il guerre (2). Ma

---

(1) Plombières.
(2) Les amis du duc de Bouillon agitaient le Quercy, le Limou-

sœur estoit arrivée peu de jours avant moy a Paris, cheux laquelle je vins loger, et demeuray huit ou dix jours sans m'y ennuyer. La presidente de Verdun (1) y estoit nouvellement arrivée avesques sa niece Maupeou (2), avesques quy je m'apprivoysay. J'estois voysin de la Patriere quy estoit de mes amies.

Je rompis avec Antragues sans y conserver aucune intelligence, et puis j'allay, avesques bonne compagnie de dames, passer deux jours a Savigny cheux la comtesse de Sault (3), apres lesquels je m'en allay a Orleans la veille de la grande eclipse (4) de soleil quy fut cette année là.

Je vis en passant Mᴿ le chancelier de Bellievre a Artenay, quy avoit laissé les sceaux, en partant de

---

sin et le Périgord, et préparaient des mouvements à main armée dans ces provinces.

(1) Charlotte du Gué, première femme du président de Verdun.

(2) Les précédentes éditions portaient : *sa mère Maupera*, au lieu de : *sa nièce Maupeou*. Il était bizarre que le jeune Bassompierre s'apprivoisât avec la mère d'une présidente.

(3) Chrestienne d'Aguerre, fille de Claude d'Aguerre, baron de Vienne, et de Jeanne de Hangest; mariée : 1° à Antoine de Blanchefort-Créquy ; 2° à François-Louis d'Agoult de Montauban, comte de Sault; morte en 1611. La comtesse de Sault fut « cette héroïne si renommée dans les histoires de Provence, qui porta presque toujours le bonheur et la victoire dans son party, quoy qu'il ne fut pas toujours le plus juste; qui fit si souvent la bonne ou la mauvaise fortune du duc de Savoye en Provence ; et qui donna des marques d'une vertu héroïque et d'un grand courage en plusieurs occasions. » (Guy Allard, *Histoire généalogique des familles de Bonne, de Créquy*, etc.)

(4) L'éclipse eut lieu le 12 octobre, à une heure du soir. Il faut en conclure, malgré les dates marginales du manuscrit, que Bassompierre n'alla rejoindre le roi que dans le courant d'octobre.

Tours, entre les mains de M^r le garde des sceaux de Silleri (1). Je le trouvay qu'il se promenoit en un jardin, avesques quelques mestres des requestes, quy revenoint avesques luy. Il me dit : « Monsieur, vous voyés un homme quy s'en va chercher une sepulture a Paris. J'ay servy les rois tant que j'ay peu le faire, et quand ils ont veu que je n'en estois plus capable, ils m'ont envoyé reposer, et donner ordre au salut de mon ame, a quoy leurs affaires m'avoint empesché de penser. » Il me respondit aussy quelque temps apres, que je luy disois qu'il ne laisseroit pas de servir encores, et de presider aux conseils comme chancelier : « Mon amy, un chancelier sans sceaux est un apothicaire sans sucre. »

J'arrivay ce mesme soir a Orleans, ou j'y trouvay la reine quy revenoit de Tours, sa grossesse l'ayant empeschée de suyvre le roy a Limoges. Elle me donna des lettres pour le roy, et me commanda de luy dire et faire des plaintes de madame de Guiercheville (2), quy n'avoit voulu attendre mesdames les princesse

---

(1) Nicolas Brulart, seigneur, puis marquis de Sillery, fils aîné de Pierre Brulart, seigneur de Berny, et de Marie Cauchon, dame de Sillery et de Puisieux. Créé garde des sceaux en 1604, il n'en fut mis en possession qu'à ce moment. Il fut chancelier de France après Pomponne de Bellièvre, et mourut le 1er octobre 1624.

(2) Antoinette de Pons, marquise de Guercheville, fille d'Antoine, sire de Pons, et de Marie de Montchenu, dame de Guercheville, fut mariée : 1° à Henri de Silly, comte de la Rocheguyon; 2° à Charles du Plessis, seigneur de Liancourt, et mourut en 1632. L'honnêteté de ses mœurs, proclamée par Henri IV, n'excluait pas chez elle la crudité de l'expression, comme le prouve le motif qu'elle alléguait pour ne pas s'appeler Mme de Liancourt. Elle était dame d'honneur de la reine.

de Conty et duchesse de Longueville (1), quoy qu'elle luy eut mandé, pour entrer au carrosse du corps; et de ce qu'en la tançant sur ce sujet, elle luy avoit respondu assés arrogamment. Ce fut ou je vis la premiere fois madame la princesse de Conty apres son mariage (2).

Je partis le jour de l'eclipse, quy parut comme j'approchois de Romorantin. J'arrivay a trois jours de là a Limoges ou je trouvay le roy, quy me fit tres bonne chere; et des le même soir je me mis a jouer avesques luy, et gaignay durant le voyage plus de cent mille francs.

Octobre. — Nous revinmes par la Maison-Fort, Nansay (3), Aubigny et Montargis, a Fontainebleau, ou la reine et les dames estoint (novembre), et peu de temps apres, le roy s'en retourna de Fontainebleau a Paris y finir cette année (decembre).

1606.

JANVIER.

Nous commençames celle de 1606 par la foire de Saint-Germain, ou Crequy eut quelques paroles avec Haraucourt, et en suitte avesques le marquis de

---

(1) Catherine de Gonzague-Clèves,, fille aînée de Louis de Gonzague, prince de Mantoue, et de Henriette de Clèves, duchesse de Nevers et de Rethel; mariée le 28 février 1588, à Henri d'Orléans, duc de Longueville, veuve en 1595, morte le 1er décembre 1629.

(2) Mlle de Guise avait épousé le prince de Conti le 24 juillet 1605.

(3) Nançay, village du canton de Vierzon, arrondissement de Bourges, département du Cher.

Cœuvres (fevrier), dont la querelle dura longtemps, et fut cause de celle du comte de Sault et de Nantouillet (1), quy donna la mort a ce dernier.

La reine accoucha de madame de Savoye (2) le 10ᵉ de fevrier, et pendant ses couches, lors qu'elle commença a se mieux porter, il (3) me faisoit entrer pour jouer avec elle.

Nous fismes quelques ballets et un carrousel quy fut couru au Louvre et a l'Arsenac, quy estoit de quattre trouppes : la premiere estoit de l'Eau, dont Mʳ le Grand et les principaux de la court estoint ; celle quy entroit apres estoit la Terre, que Mʳ de Nevers (4) menoit ; la troisiesme estoit le Feu, que Mʳ de Rohan (5) conduisoit ; et la quatrieme l'Air, de laquelle estoit chef Mʳ le comte de Sommerive.

Mars. — Sur la fin du caresme le roy partit pour aller assieger Sdan (6) ; mais Mʳ de Boullon (7) se

---

(1) Michel Antoine du Prat, seigneur de Nantouillet, fils d'Antoine du Prat, seigneur de Nantouillet, et d'Anne de Barbançon, fut tué en duel par le comte de Sault, le 12 mars 1606.

(2) Christine de France, mariée le 10 février 1617 à Victor Amédée, prince de Piémont, depuis duc de Savoie, veuve le 7 octobre 1637, morte le 27 décembre 1663.

(3) Le roi.

(4) Charles de Gonzague-Clèves, duc de Nevers et de Rethel, fils de Louis de Gonzague, prince de Mantoue, et de Henriette de Clèves, duchesse de Nevers et de Rethel, devint duc de Mantoue en 1628 par la mort de Vincent II de Gonzague, duc de Mantoue, son cousin, et mourut le 21 septembre 1637.

(5) Henri de Rohan, premier duc de Rohan, fils aîné de René, vicomte de Rohan, et de Catherine de Parthenay, dame de Soubise, né le 21 août 1579, mort le 13 avril 1638.

(6) Sedan, principauté du duc de Bouillon.

(7) Henri de la Tour, vicomte de Turenne, fils de François de

mit a la rayson, et s'estant summis au roy, il eut grace de luy. Le roy escrivit une lettre a Mr de Guyse, a Mr le Grand, et a moy, par laquelle il nous donnoit advis de la summission de Mr de Boullon, et nous convioit de l'aller promptement trouver pour estre a son entrée a Sdan. Nous partimes donc ensemble le lundy de Paques (1), et allames coucher a la Ferté (2). Le lendemain nous couchames a Reims, ou nous trouvames Mr de Montpensier et Mr d'Espernon, avesques mesdames de Guyse, de Conty et de Nevers (3). Le mercredi nous couchames proche de la Cassine (4), et le jeudy nous vinmes a Doncheri trouver le roy quy se preparoit pour entrer le lendemain vendredi a Sdan. Le dit vendredi Mr de Boullon arriva devant que le roy fut levé, et se mit a genoux devant son lit, ou il luy parla longuement; puis le roy estant habillé, le roy fit lire son abolition devant le mesme Mr de Boullon, quy luy ayant fait une nouvelle protestation de sa fidellité, luy mit en main. Des cette heure la Mr de

---

la Tour, vicomte de Turenne, et d'Eleonor de Montmorency, devint duc de Bouillon du chef de sa première femme, Charlotte de la Marck, héritière de Guillaume Robert de la Marck, duc de Bouillon, son frère. Né en 1555, il mourut le 25 mars 1623.

(1) Le 27 mars.
(2) La Ferté-sous-Jouarre.
(3) Catherine de Lorraine, fille aînée de Charles de Lorraine, duc de Mayenne, et de Henrie de Savoie, marquise de Villars, fut mariée en février 1599 à Charles de Gonzague-Clèves, duc de Nevers, depuis duc de Mantoue, et mourut le 8 mars 1618, à l'âge de 33 ans.
(4) Cassine, arrondissement de Mézières, département des Ardennes. — Donchery, ville sur la Meuse, dans le voisinage de Sedan.

Boullon vescut comme il souloit faire auparavant, nous mena disner a la table des chambellans, qu'il tint, et se fascha contre les controlleurs du roy qu'ils ne la servoint pas bien a son gré : mesmes, quand les trouppes se mirent en battaille devant la ville pour le passage du roy, il leur fit changer d'ordre, et leur commanda avec la mesme audace qu'il avoit accoutusmé, tant cet homme estoit coustumier de commander partout.

Avril. — Le roy sejourna cinq jours a Sdan, au bout desquels il vint coucher a Mouson (1), puis a Busancy ou je le quittay pour m'en retourner a Paris, ou Antragues estoit de nouveau arrivée, de quy j'estois amoureux.

Le roy me commanda d'aller de sa part trouver la reine Marguerite quy avoit perdu Saint-Julien Dat, son galant, qu'un gentilhomme nommé Charmont avoit tué, a quy le roy avoit fait en suitte trancher la teste.

Il me donna aussy des lettres a porter a madame de Verneuil et a la comtesse de Moret. Je m'en allay cheux la premiere, parce que sa sœur y estoit ; et luy ayant dit en suitte que j'en allois porter une autre a la comtesse de Moret, elle eut envie de la voir, et m'ayant fait commander de luy donner par Antragues, de quy j'estois lors amoureux, je luy donnay : elle l'ouvrit, et apres l'avoir leue, me la rendit, disant que je ferois faire, en une heure, un chiffre pareil a

---

(1) Mouzon, chef-lieu de canton, arrondissement de Sedan, département des Ardennes. — Buzancy, arrondissement de Vouziers, département des Ardennes.

celuy quy estoit sur le cachet de la lettre, et qu'apres, je la fisse refermer, et il n'y paroistroit pas. Je la creus, et, ayant le lendemain envoyé mon vallet de chambre avesques la lettre, pour faire faire un pareil cachet, il se rencontra, par malheur, au graveur quy avoit fait le mesme cachet pour le roy, lequel, sans faire semblant de rien, fit tant qu'il tint la lettre du roy, et lors sauta au collet de mon vallet pour l'arrester : luy, quy estoit fort, se desmesla de luy, luy laissant son manteau et chapeau, et s'enfuit cheux moy fort esperdu, croyant que, s'il estoit pris, il seroit pendu deux heures apres. Je le fis cacher, et m'en allay trouver la comtesse de Moret, a laquelle je dis que, par malheur, pensant ouvrir un poulet qu'une dame m'avoit escrit, j'avois ouvert celuy que je luy portois de la part du roy; et que, craignant qu'elle n'eut pensé que je l'eusse fait a dessein, j'avois voulu faire faire un nouveau cachet pour le refermer; mais que mon vallet l'estant allé faire graver cheux celuy mesme quy les faisoit pour le roy, il avoit retenu la lettre; et que, sy elle la vouloit avoir, il falloit qu'elle l'allat faire demander a ce graveur nommé Turpin. Elle ne fit que rire de cet accident, ne pensant pas que c'eut esté autrement que par hasard que j'eusse ouvert sa lettre, qu'elle m'eut fait voir ou le roy me l'eut montrée, sy j'en eusse eu la curiosité : c'est pourquoy, sans entrer en autre esclaircissement, elle envoya redemander sa lettre; mais le graveur luy manda qu'elle n'estoit plus en sa puissance, mais bien en celle du president Siguier, quy presidoit a la Tournelle, a quy il l'avoit portée, lequel estoit un homme peu obligeant et austere, qu'elle, ny moy, ne connoissions point particulierement. Cela me mit bien en peine : en fin je m'advisay d'aller trouver madame de Lomenie (1), pour tascher, par son moyen, de faire estouffer cette affaire, soit en faisant retirer cette lettre, ou en escrivant a son mary pour le faire entendre au roy d'un biais qu'il ne s'en fachat point. Je la trouvay fort empeschée a faire une despesche a la court, et me pria de m'asseoir jusques a ce qu'elle eut achevé une lettre fort importante qu'elle escrivoit a son mary. J'eus aussy tost soubçon que c'estoit sur le sujet quy m'amenoit vers elle, et luy demanday s'il estoit arrivé quelque chose de nouveau quy fut sy pressé a mander. Elle me dit que ouy, et que l'on avoit voulu contrefaire les cachets du roy, et que par malheur, celuy qui les faisoit contrefaire s'estoit sauvé, mais que la lettre de la main du roy estoit demeurée, laquelle elle envoyoit a son mary, affin que le roy mandat a quy il l'avoit escrite, et par quy il l'avoit fait porter, moyennant quoy on esperoit de descouvrir le fond de cette affaire, et qu'elle voudroit qu'il luy eut cousté deux mille escus, et qu'elle en fut pleinement esclaircie. Je luy promis pour cette somme, sy elle me la vouloit bailler, de luy descouvrir, et luy dis en suitte la mesme excuse que j'avois faite a madame de Moret : et comme elle et son mary estoint de mes intimes amis, elle apaisa le tout, pourveu que je voulusse moi-mesme aller a

---

(1) Anne d'Aubourg, mariée à Antoine de Loménie, seigneur de la Ville-aux-Clercs, secrétaire d'Etat.

Villiers Costerets (1), ou le roy se trouveroit le lendemain, pour estre porteur d'une autre despeche qu'elle feroit a son mary sur ce sujet, et de la nouvelle, ainsy que je luy avois ditte : ce que je fis, et pris la response de la lettre que j'avois donnée a madame de Verneuil, et [de] celle que madame de Moret n'avoit point receue, quy se rioit avesques le roy de cette affaire et de l'apprehension ou j'avois esté, lequel ne fit qu'en rire ; dont je fus bien ayse, et m'en revins a Paris voir ma maitresse, quy estoit logée en la rue de la Coustellerie, ou j'avois une entree secrette par laquelle j'entrois au troisieme etage du logis, que sa mere n'avoit point loué ; et elle, par un degré desrobé de sa garde-robbe, me venoit trouver lors que sa mere estoit endormie.

May. — Le roy fit, a peu de jours de la, son entrée par la porte de Saint-Antoine a Paris, ou il luy fut tiré quantité de canonnades par resjouissance. Il voulut que Mr de Boullon marchat immediatement devant luy : ce qu'il fit, mais avec une telle asseurance et audace, que l'on n'eut sceu juger sy c'estoit le roy quy le menoit en triumphe, ou luy le roy, quy demeura quelques jours a Paris, puis s'en alla a Fontainebleau. Et comme il estoit amoureux d'Antragues, et Mr de Guyse, comme plusieurs autres aussy, quy avoint tous jallousie de moy qu'ils pensoint estre mieux avec elle, ils complotterent tous de me faire espier pour voir sy j'entrois en son logis, et sy je la voyois en particulier ; et le roy

---

(1) Villers-Cotterets, chef-lieu de canton, arrondissement de Soissons, département de l'Aisne.

commanda a ceux a quy il avoit donné charge d'y prendre garde, de se confier à Mr de Guyse, et de luy donner avis s'ils apercevoint quelque chose.

Il arriva, un soir que j'y devois aller, et que l'on m'espioit, au mois de may, que, souppant cheux M^r le Grand, il vint a faire une forte pluye : ce quy m'obligea de prendre un des manteaux de pluye de M^r le Grand; et sans penser que la croix de l'ordre estoit attachée dessus, je men allay sur les onse heures du soir au logis d'Antragues. Je fus suyvy par les espions du roy et ceux de Mr de Guyse, quy l'en vindrent aussy tost advertir, et luy dirent qu'ils avoint veu entrer un jeune chevalier du Saint-Esprit par une porte de derriere au logis de madame d'Antragues. Mr de Guyse ne le pouvoit croire, et y envoya deux de ses vallets de chambre pour voir et reconnoitre le chevalier quand il sortiroit, quy ne pouvoit estre que M^r le Grand, veu qu'il n'y avoit que luy de jeune chevalier a Paris, capable d'avoir cette bonne fortune. Je vis bien, en sortant, ces deux vallets de chambre que je connoissois, et pour cela je me desguisay le plus que je peus, croyant qu'infailliblement ils m'auroint descouvert : mais eux, voyant cette croix du Saint-Esprit, jugerent que c'estoit M^r le Grand, et en asseurerent Mr de Guyse. J'escrivis aussy tost a Antragues que les vallets de Mr de Guyse m'avoint veu sortir, que je craignois que nous ne fussions descouverts; et qu'elle inventat quelque excuse ou change, sy il luy en parloit.

Sur les neuf a dix heures du matin Mr de Guyse, quy avoit la puce a l'oreille, vint voir M^r le Grand : mais on luy dit a la porte qu'il avoit toute la nuit eu un grand mal de dents, et que l'on ne le verroit que sur le soir;

ce quy confirma davantage Mr de Guyse en la croyance qu'ayant veillé toute la nuit, il avoit voulu dormir la grasse matinée. Il s'en vint de la en mon logis, et me trouvant encore au lit, me dit : « Je vous prie, prenés vostre robe de chambre, et que je vous die un mot. » Je creus asseurement qu'il me vouloit dire que l'on m'avoit veu sortir de cheux Antragues, et me resolus de nier fermement. Mais luy, au contraire : « Que diriés vous, dit-il, sy le grand escuyer estoit mieux que vous, et que tout le monde, dans l'esprit d'Antragues, et non seulement dans son esprit, mais dans son lit encores? » Je luy dis que je n'en croyois rien, et que luy, ny elle, n'avoint aucun dessein l'un pour l'autre. « O Dieu, dit-il, que les amoureux sont aysés a tromper! Je l'ai creu comme vous, et cependant il est fort vray qu'il a esté toute cette nuit avec elle, et n'en est sorty qu'a quatre heures du matin : on luy a veu entrer, et mes vallets de chambre mesmes l'en ont veu sortir avesques tant de negligence, qu'il n'a pas seulement voulu prendre un manteau sans croix de l'ordre pour se desguiser. » Et aussy tost appella un des dits vallets, nommé d'Urbal, a quy il demanda devant moy s'il n'avoit pas veu sortir M^r le Grand de cheux Antragues. Il luy respondit : « Ouy, Monseigneur, aussy visiblement que je vois maintenant Mr de Bassompierre que voilà. » Je n'osois regarder au visage ce vallet, quy m'avoit veu le matin mesme sortir de la, et pensois que ce fut une fourbe pour se moquer de moy : mais comme je me tournois d'un autre costé, j'apperceus sur une forme (1) le manteau de M^r le Grand, que mon

---

(1) Banc garni d'étoffe.

vallet avoit plié, et laissé la croix a descouvert, quy devoit avoir esté cent fois aperceue de Mʳ de Guyse, s'il n'eut esté troublé allors : je m'en alláy asseoir dessus, de peur qu'il ne s'aperceut de cette croix; et, faisant l'affligé comme luy, et disant mille choses contre la legereté d'Antragues, je ne me voulus lever de dessus ce manteau, quoy que Mʳ de Guyse me priat de me promener avesques luy, jusques a ce que j'eus dit a mon vallet que, comme Mʳ de Guyse se tourneroit, il emportat ce manteau a une garde-robe, et le cachat, de peur qu'apercevant cette croix, mon amour et ma bonne fortune de la nuit passée ne fut aussy aperceue.

Je manday leur mesprise a Antragues, quy, par meschanceté, fit fort bonne chere, l'apres disnée, a Mʳ le Grand, affin que Mʳ de Guyse et le roy se confirmassent en cette creance, pour leur faire perdre soubçon de moy. Et quand, le lendemain, Mʳ de Guyse, (quy ne s'en peut taire, bien que luy et moy fussions demeurés d'accord que nous ne luy en dirions rien), eut fait la guerre à Mʳ le Grand de sa nouvelle amour, Mʳ le Grand ne luy en osta pas la creance par sa reponse ambigue, et le dit a Antragues, quy luy dit : « Puis que Mʳ de Guyse a cette opinion, faisons semblant qu'il y a de la finesse entre nous. » De sorte que toute la jalousie du roy et de Mʳ de Guyse tomba sur Mʳ le Grand, lequel ils haïssoint comme peste. Mais, pour nostre malheur, ils en avertirent la mere, laquelle, y prenant garde de plus pres, un matin, voulant cracher, et levant le rideau de son lit, elle vit celuy de sa fille descouvert, et qu'elle n'y estoit pas (juin). Elle se leva tout doucement, et vint dans sa garde-robe, ou elle trouva la porte de cet escalier derobé, qu'elle pensoit quy fut condamnée, ouverte : ce quy la fit crier, et sa fille, a sa voix, a se lever en diligence et venir a elle. Moy, cependant, je fermay la porte, et m'en allay, bien en peine de ce quy seroit arrivé de toute cette affaire; quy fut que sa mere la battit, qu'elle fit rompre la porte pour entrer en cette chambre du troisieme estage ou nous estions la nuit, et fut bien estonnée de la voir meublée des beaux meubles de Zamet avesques des plaques et des flambeaux d'argent. Allors tout nostre commerce fut rompu : mais je me raccommodai avesques la mere par le moyen de Mlle d'Asy (1), cheux laquelle je la vis, et luy demanday tant de pardons, avec asseurance que nous n'avions point passé plus outre que le baiser, qu'elle feignit de le croire. Elle s'en vint a Fontainebleau, et moy aussy, mais sans oser parler a Antragues qu'en cachette, parce que le roy ne le trouvoit pas bon. Toutefois les amans sont assés ingenieux pour trouver les moyens de quelques rares rencontres.

Le roy m'envoya, peu apres, son ambassadeur extreordinaire en Lorraine, pour assister de sa part aux noces de M^r le duc de Bar, son beau-frere, avec la fille de M^r le duc de Mantoue, niece de la reine (2), et aussy pour prier en mesme temps madame la duchesse de Mantoue de venir estre marraine de monsieur le

---

(1) Sans doute Jeanne Hennequin, femme d'Antoine Hennequin, seigneur d'Assy, dont la fille, Catherine Hennequin, épousa, le 28 juin 1606, Charles de Balsac, seigneur de Dunes, cousin de Mme d'Entragues.

(2) Le duc de Bar, veuf de la sœur du roi, épousa en secondes noces Marguerite de Gonzague, fille de Vincent Ier de Gonzague, duc de Mantoue, et d'Eléonor de Médicis, sœur de la reine.

dauphin, et Mr de Lorraine d'estre parrain de madame Elisabet, derniere fille de France, maintenant reine d'Angleterre (1). Je partis un soir de la court, et veux dire une aventure quy me survint, quy, pour n'estre de grande consequence, est neammoins extravagante.

Il y avoit quattre ou cinq mois que, toutes les fois que je passois sur le petit pont (car en ce temps la le Pont Neuf n'estoit point fait), qu'une belle femme, lingere a l'enseigne des deux Anges, me faisoit de grandes reverences, et m'accompagnoit de la veue autant qu'elle pouvoit ; et comme j'eus pris garde a son action, je la regardois aussy, et la saluois avesques plus de soin. Il avint que, lors que j'arrivay de Fontainebleau a Paris, passant sur le petit pont, des qu'elle m'aperceut venir, elle se mit sur l'entrée de sa boutique, et me dit, comme je passois : « Monsieur, je suis votre servante tres humble. » Je luy rendis son salut, et, me retournant de temps en temps, je vis qu'elle me suyvoit de la veue aussy longtemps qu'elle pouvoit. J'avois mené un de mes laquais en poste, pour le renvoyer le soir mesme avesques des lettres pour Antragues et pour une autre dame a Fontainebleau. Je le fis lors descendre et donner son cheval au postillon pour le mener, et l'envoyay dire a cette jeune femme que, voyant la curiosité qu'elle avoit de me voir et de me saluer, sy elle desiroit une plus particuliere veue, j'offrois de la voir ou elle me le diroit.

---

(1) L'auteur commet ici une double erreur: Elisabeth de France, qui fut baptisée avec le dauphin, était l'aînée des filles du roi, et elle devint reine d'Espagne; Henriette-Marie, qui fut reine d'Angleterre, naquit seulement en 1609.

Elle dit a ce laquais que c'estoit la meilleure nouvelle que l'on luy eut sceu apporter, et qu'elle iroit ou je voudrois, pourveu que ce fut a condition de coucher entre deux draps avec moy.

J'acceptay le party, et dis a ce laquais, s'il connoissoit quelque lieu ou la mener, qu'il le fit : il me dit qu'il connoissoit une maquerelle, nommée Noiret, cheux quy il la meneroit, et que sy je voulois qu'il portat des matelats, des draps, et des couvertes de mon logis, qu'il m'y appresteroit un bon lit. Je le trouvay bon, et, le soir, j'y allay et trouvay une tres belle femme, agée de vingt ans, quy estoit coiffée de nuit, n'ayant qu'une tres fine chemise sur elle, et une petite juppe de revesche (1) verte, et des mules aux pieds, avec une peignoir sur elle. Elle me pleut bien fort, et, me voulant jouer avesques elle, je ne luy sceus faire resoudre sy je ne me mettois dans le lit avec elle, ce que je fis; et elle s'y estant jettée en un instant, je m'y mis incontinent apres, pouvant dire n'avoir jamais veu femme plus jolie, ny quy m'ait donné plus de plaisir pour une nuit : laquelle finie, je me levay et luy demanday sy je ne la pourrois pas voir encores une autre fois, et que je ne partirois que dimanche, dont cette nuit la avoit esté celle du jeudy ou vendredy. Elle me respondit qu'elle le souhaitoit plus ardemment que moy, mais qu'il luy estoit impossible sy je ne demeurois tout dimanche, et que la nuit du dimanche au lundy elle me verroit : et comme je luy en faisois difficulté, elle me dit : « Je crois que

---

(1) Espèce de flanelle.

maintenant que vous estes las de cette nuit passée, vous avés dessein de partir dimanche ; mais quand vous vous serés reposé, et que vous songerés a moy, vous serés bien ayse de demeurer un jour davantage pour me voir une nuit. » En fin je fus aysé a persuader, et luy dis que je luy donnerois cette journée pour la voir la nuit au mesme lieu. Allors elle me repartit : « Monsieur, je sçay bien que je suis en un bordel infame, ou je suis venue de bon cœur pour vous voir, de quy je suis sy amoureuse, que, pour jouir de vous, je crois que je vous l'eusse permis au millieu de la rue, plustost que de m'en passer. Or une fois n'est pas coustume ; et, forcée d'une passion, on peut venir une fois dans le bordel ; mais ce seroit estre garce publique d'y retourner la seconde fois. Je n'ay jamais connu que mon mary, et vous, ou que je meure miserable, et n'ay pas dessein d'en connestre jamais d'autre : mais que ne feroit on point pour une personne que l'on ayme, et pour un Bassompierre ? C'est pourquoy, je suis venue au bordel ; mais ç'a esté avesques un homme quy a rendu ce bordel honorable par sa presence. Sy vous me voulés voir une autre fois, ce pourra estre cheux une de mes tantes, quy se tient en la rue du Borg l'Abbé, proche de celle des Ours, a la troisieme porte du costé de la rue de Saint-Martin. Je vous y attendray depuis dix heures jusques a minuit, et plus tard encores, et laisseray la porte ouverte, ou, a l'entrée, il y a une petite allée que vous passerés viste ; car la porte de la chambre de ma tante y respond ; et trouverés un degré quy vous menera a ce second estage. »

Je pris le party, et ayant fait partir le reste de mon

train, j'attendis le dimanche pour voir cette jeune femme. Je vins a dix heures, et trouvay la porte qu'elle m'avoit marquée, et de la lumiere bien grande, non seulement au second estage, mais au troisieme et au premier encores; mais la porte estoit fermée. Je frappay pour avertir de ma venue; mais j'ouis une voix d'homme quy me demanda quy j'estois. Je m'en retournay a la rue aux Ours, et estant revenu pour la seconde fois, ayant trouvé la porte ouverte, j'entray jusques a ce second estage, ou je trouvay que cette lumiere estoit la paille des lits, que l'on y brusloit, et deux corps nuds estendus sur la table de la chambre. Allors je me retiray bien estonné, et en sortant, je rencontray des corbeaux (1) quy me demanderent ce que je cherchois; et moy, pour les faire escarter, mis l'espée a la main, et passay outre. M'en revenant a mon logis, un peu esmeu de ce spectacle inopiné, je beus trois ou quatre verres de vin pur, quy est un remede d'Allemaigne contre la peste presente, et m'endormis pour m'en aller en Lorraine le lendemain matin, comme je fis; et quelque diligence que j'aye sceu faire depuis pour apprendre ce qu'estoit devenue cette femme, je n'en ay jammais sceu rien sçavoir. J'ay esté mesmes aux deux Anges, ou elle logeoit, m'enquerir quy elle estoit; mais les locataires de ce logis la ne m'ont dit autre chose, sinon qu'ils ne savoint point quy estoit l'ancien locataire. Je vous ay voulu dire cette aventure, bien qu'elle soit de personne

---

(1) Hommes qui enlevaient les pestiférés. Pendant plusieurs mois de cette année, il régna à Paris une maladie contagieuse.

de peu ; mais elle estoit sy jolie que je l'ay regrettée, et eusse desiré pour beaucoup de la pouvoir revoir.

J'arrivay en poste a Nancy deux heures apres que mon esquipage y fut venu, et ne trouvay aucun des princes, ny gueres de gentilshommes, parce qu'ils s'en estoint tous allés recevoir madame de Mantoue et sa fille a Blamont ou ils devoint le lendemain arriver. Ma mere estoit a Nancy, quy me presta son carrosse pour envoyer en relais a Luneville; et je me servis du mien le lendemain jusques a ce que j'eusse trouvé le sien, quy me mena a Blamont, la ou je vis les princes et princesses de Lorraine et de Mantoue : et apres avoir fait mes premiers compliments, je m'en revins les attendre a Nancy, ou je fus traitté, logé, et deffrayé, fort magnifiquement. Les noces se firent, ou j'assistay de la part du roy. On y dansa fort, et on fit un carrousel assés beau, auquel Mr de Vaudemont menoit une bande, et moy l'autre.

Apres les noces, je priay, au nom du roy, S. A. de Lorraine et madame de Mantoue de venir en France tenir sur les fonts les enfants du roy; quy receurent cette grace de Sa Majesté avec le respect et l'honneur convenable.

Juillet. — Puis je m'en revins a Paris loger cheux le comte de Fiesque, bien en peine de n'avoir point d'habillement neuf pour le baptesme du roy, ayant mis tous ceux que j'avois aux noces de Lorraine. Mais comme ma sœur, madame de Verderonne (1), et la

---

(1) Louise Pot, fille de Guillaume Pot, seigneur de Rhodes, et de Jacqueline de la Châtre, était la seconde femme de Claude de l'Aubespine, seigneur de Verderonne.

Patriere me fussent venues voir a mon arrivée, et m'eussent dit comme tous les tailleurs et brodeurs estoint occupés de telle sorte que l'on n'en pouvoit fournir, quelque argent que l'on leur voulut donner, mon tailleur, nommé Tallot, vint avec mon brodeur me dire que, sur le bruit des magnificences du baptesme, un marchand d'Anvers avoit apporté la charge d'un cheval de perles a l'once (1), et que l'on me pourroit faire avec cela un habit quy surpasseroit tous les autres du baptesme, et que mon brodeur s'y offroit, sy je luy voulois donner six cens escus de la façon seulement. Ces dames et moy resolumes l'habillement, pour faire lequel il ne falloit pas moins de cinquante livres de perles. Je voulus qu'il fut de toile d'or violette, et des palmes quy s'entrelaceroint. En fin, devant que de partir, moy, quy n'avois que sept cens escus en bourse, fis entreprendre un habillement quy me devoit couster quatorse mille escus, et en mesme temps fis venir le marchand, quy m'apporta les eschantillons de ses perles, avesques lequel je conclus le prix de l'once. Il me demanda quattre mille escus d'erres (2); et moy, je le remis au lendemain matin pour les luy donner. Mr d'Espernon passa devant mon logis, quy sçachant que j'y estois arrivé, me vint voir, et me dit que bonne compagnie venoit ce soir souper, et jouer puis apres, a son logis, et qu'il me prioit d'estre de la partie. J'y portay mes sept cens escus, avesques lesquels j'en gaignay cinq

---

(1) Perles qu'on vend au poids.
(2) C'est-à-dire d'*arrhes*.

mille. Le lendemain le marchand vint ; je luy donnay ses quatre mille escus d'erres : j'en donnay aussy au brodeur, et poursuyvis, du gain que je fis au jeu, non seulement d'achever de payer l'habillement et une espée de diamants de cinq mille deux cens escus, que j'eus encores cinq ou six mille escus de reste pour passer mon temps.

Nous allames avec le roy a Villiers Cotterets pour recevoir Mr de Lorraine et madame de Mantoue quy y arriverent. En ce voyage le roy, estant a la chasse, se destourna pour aller voir madame des Essars (1), quy estoit cheux sa tante l'abbesse de Sainte-Perrinne; quy parut, a l'arrivée du roy, plus belle qu'elle n'a jammais esté depuis, quoy que sa beauté ait longuement duré.

Aust. — Le roy ramena ses compere et commere a Paris, ou on leur fit partout des magnifiques festins. Mais la peste croissant a Paris, on changea le lieu du baptesme, quy se devoit faire a Paris, en Fontainebleau (septembre), ou il se fit avesques grande magnificence le 14° septembre. Je servis, au festin royal, madame de Mantoue, avesques Mrs de Crequy et de Termes. Le soir je menay, au grand bal, Mlle de Montmorency (2) ; et le roy nous donna le rang de

---

(1) Charlotte des Essars, appelée comtesse de Romorantin, fille de François des Essars, seigneur de Sautour, et de Charlotte de Harlay, fut une des maitresses de Henri IV, dont elle eut deux filles. Elle épousa le 4 novembre 1630 François de l'Hôpital, seigneur du Hallier, depuis maréchal de l'Hôpital, et mourut le 8 juillet 1651.

(2) Charlotte Marguerite de Montmorency, fille de Henri de Montmorency, duc de Montmorency, connétable de France, et de

faveur, quy est le dernier, parce que le roy ne se retournant jamais aux pauses pour s'entretenir quattre a quattre selon la coustume, il donne la derniere place a celuy et celle quy se doivent retourner pour entretenir la reine et luy. Le lendemain il y eut un chasteau plein de feux d'artifice, qu'il fit fort beau voir. Et peu de jours apres, la peste augmentant a Fontainebleau, les parrains et legat ayans pris congé du roy, il retint peu de personnes avesques la reine et luy, et s'alla tenir a Montargis. Madame d'Antragues y vint : j'y passay bien mon temps avec sa fille, et avec d'autres aussy (octobre).

Novembre. — Nous revinmes vers la Toussaints a Fontainebleau, et peu de jours apres a Paris, ou madame d'Antragues et sa fille arriverent (decembre).

1607.
Janvier.

L'année 1607 se commença quasy avesques le caresme prenant, et ce caresme prenant par le ballet des Echecs, quy ne fut pas sy beau que d'autres, mais plus ingenieux qu'aucun autre quy se soit dansé (fevrier). Ce ne fut pas le seul ; car ce carnaval en foysonna, apres lequel je fus prié par Mr de Lorraine d'assister aux estats de son païs, ausquels il se doutoit, comme il avint aussy, qu'il y auroit de grandes difficultés, lesquelles il esperoit de surmonter si j'y

---

Louise de Budos, sa seconde femme; née le 11 mai 1594, mariée en 1609 à Henri II de Bourbon, prince de Condé, morte le 2 décembre 1650.

estois. Je demanday deux ou trois fois congé au roy pour m'y en aller; mais parce que je gaignois son argent au jeu, et que le jeu se romproit par mon absence, il ne me vouloit permettre de m'en aller (mars). En fin je le fus trouver a Chantilly : il me dit qu'il ne me diroit point adieu, et moy, m'inclinant, luy dis que sy ferois bien moy, et ainsy m'en allay. Il me fit dire que je ne luy avois point dit adieu, apres qu'il fut couché, et que je ne m'en allasse pas. Mais moy quy perdois le temps des estats de Lorraine, m'en allay le matin a Paris, et rencontrant M^{rs} d'Esguillon et de Boullon par les chemins, les priay de ne pas dire au roy qu'ils m'eussent rencontré; mais eux, malicieusement, luy dirent des qu'ils furent arrivés a Chantilly.

Allors le roy envoya deux exempts de ses gardes, Saint-Georges et Du Puis avesques commandement au provost de Meaux pour les assister a me prendre en passant ; ce quy leur fut aysé de faire, car j'y arrivay le soir au giste. J'envoyay, la nuit mesme, le jeune Guittaut au roy, et escrivis a Mr de Villeroy, lequel manda aux dits exempts et provost qu'ils me laissassent aller, pourveu que ce fut pour venir trouver le roy; ce que je fis. Il se moqua de moy quand il me vit, et me dit que j'avois veu, par le bon ordre qu'il avoit donné pour me prendre, que l'on ne partoit pas de son royaume sans son congé; qu'il vouloit que je demeurasse encor dix jours avesques luy, au bout desquels il me promettoit de me donner congé, et que mon sejour ne me seroit point infructueux : car pendant ce temps la il accorda avec moy cette grande affaire que j'avois pour les domaines de Saint-Sauveur, lesquels je luy rendis, et luy la somme entiere de quattre cent vingt mille livres que j'en pretendois ; mais je consentis que mon remboursement ne seroit qu'en quatre ans, dans les termes desquels je fus ponctuellement et entierement satisfait.

J'advertis aussy, pendant mon sejour, Mr le prince de Jainville et madame de Moret du dessein que le roy avoit de les surprendre ensemble, et de leur faire un sanglant affront. Mais eux, quy pensoint que je leur en parlois pour mon interest particulier, n'y pourveurent pas comme il falloit. Neammoins on ne les surprit pas ensemble : mais le roy en descouvrit assés pour chasser Mr de Cheuvreuse de la court, et en eut fait autant d'elle sy elle n'eut esté sur le point d'accoucher ; et le temps raccommoda l'affaire.

Je m'en allay en Lorraine apres les dix jours accomplis de ce dernier sejour, et peu de temps apres revins inconnu a Paris, voir madame de Moret, pour m'offrir de la servir en son desplaisir : et, ayant esté rencontré, par les chemins, par Mr de Tremes (1) quy s'alloit marier a Mlle de Luxembourg, et suyvi par un courrier de Mr de Lorraine quy dit a Chanvallon que j'estois arrivé devant luy, il y eut bruit de mon arrivée, et madame d'Antragues tint sa fille en estat de ne me pouvoir voir.

---

(1) René Potier, comte, puis duc de Tresmes, fils aîné de Louis Potier, baron de Gesvres, puis comte de Tresmes, et de Charlotte Baillet, mort le 1er avril 1670, à l'âge de 91 ans. Il épousa par contrat passé au château de Pougy, le 28 avril 1607, Marguerite de Luxembourg, fille de François de Luxembourg, duc de Piney, prince de Tingry, et de Diane de Lorraine-Aumale, sa première femme.

Je partis le mardy saint (1) de Paris, et m'en revins faire paques a Nancy, ou je trouvay Mʳ le prince de Jainville, quy y demeura quasy autant que moy.

La reine accoucha de Mʳ d'Orleans (2) a Fontainebleau le 16ᵉ avril.

S. A. de Lorraine fut fort maltraitté de sa noblesse en ces derniers estats, et en prit un desplaisir quy l'a accompagné jusques a la mort. J'allay a ceux du Barrois avesques luy, quy se terminerent selon son desir : et en suitte nous fusmes aux bains de Plumieres (may); moy, seulement pour passer mon temps.

Juin. — Je revins en suitte pres du roy, quy passa tout son esté en ses maisons de Saint-Germain et de Fontainebleau, a chasser (juillet, aust).

Septembre. — Il receut don Pedre de Tolede, vers l'automne, a Fontainebleau (3).

Je fis quelques voyages a Chemaut et a Beaumont (4) (novembre), et sur la fin de l'année ma mere s'en vint a Paris, que je logeay (decembre).

---

(1) 10 avril.
(2) N... de France, duc d'Orléans, mort en 1611.
(3) Pierre de Tolède, duc de Fernandina, fils de Garcias de Tolède, duc de Fernandina, et de Vittoria Colonna. Ce seigneur, qui était parent de Marie de Médicis, vint en ambassade extraordinaire auprès du roi. Mais de Thou place cette ambassade en 1608, d'accord avec L'Estoile, qui assigne à la réception de don Pedro à Fontainebleau la date du 19 juillet 1608. La même date est donnée dans la *Lettre contenant la description de l'entrée triomphale de don Pedro de Toledo faicte à Fontainebleau*, pièce imprimée à Venise par Corneille le Caillier, 1609.
(4) A Chemault, chez d'Entragues; à Beaumont, sans doute chez Harlay de Beaumont.

1608.
JANVIER.

En l'année 1608 je m'embarquay avec une dame blonde. Je gaignay fort au jeu cette année là, et donnay beaucoup a la foire (fevrier). Nous fismes forces ballets, comme celuy des Inconstans, celuy de mestre Guillaume, et autres, que l'on dansa a la ville. J'avois de plus maitresses en court, et estois bien avec Antragues.

Mars. — M' de Vendosme dansa aussy un ballet dont le roy voulut que nous fussions, Cramail, Termes et moy, qu'on nommoit lors les Dangereux : nous le fumes danser cheux M' de Montpensier, quy se leva pour le voir, bien qu'il s'en allat mourant (1).

Le roy vint le lendemain cheux luy, passer le contract de mariage de M' le duc d'Orleans et de Mlle de Montpensier, sa fille(2) ; auquel il fit donation de son bien, en excluant ses heritiers, sy elle venoit a mourir devant Monsieur.

---

(1) C'est par erreur que l'auteur place en mars l'exécution de ce ballet. En effet le duc de Montpensier, chez qui il se dansa, mourut le 27 ou, suivant L'Estoile, le 29 février. Le P. Anselme donne même au contrat de mariage la date du 14 janvier. Il en résulterait que le ballet aurait été dansé le 13 janvier.

(2) Marie de Bourbon, duchesse de Montpensier, fille unique de Henri de Bourbon, duc de Montpensier, et de Henriette Catherine, duchesse de Joyeuse; née le 15 octobre 1605, promise par traité du 14 janvier 1608 au duc d'Orléans, second fils du roi; mariée le 6 août 1626 à Gaston, duc d'Orléans, son frère puiné, morte en couches en 1627.

On fit une grande assemblée cheux le marquis de Cœuvres, ou il se joua une comedie quy estoit de toutes femmes blondes, parentes ou alliées du dit marquis.

Mʳ de Montpensier mourut.

Avril. — Nous allames, Mʳ de Crequy et moy, nous enfermer aux Chartreux pour y faire nos paques (1).

Madame de Simié mourut (2).

Le roy s'en alla a Fontainebleau, ou la reine accoucha de Mʳ d'Anjou le 7ᵉ d'avril (3); et je demeuray a Paris, ou je passay extremement bien mon temps. Je feignois d'estre malade du poulmon, de sorte que l'on ne me voyoit qu'a midy, et toute la court estoit cheux moy a passer le temps jusques sur les neuf heures du soir, que je feignois me devoir retirer a cause de mon mal; mais c'estoit pour estre toute la nuit en bonne compagnie.

May. — Le roy revint a la Pentecoste, et jaloux de la bonne vie que nous menions, voulut estre de la partie. L'on avoit joué fort grand jeu cheux moy pendant que le roy estoit a Fontainebleau, et moy feint malade, et avois introduit un marchand portugais, nommé Duarte Fernandes, quy faisoit bon tout

---

(1) Pâques était le 6 avril.

(2) Louise de l'Hôpital, fille de François de l'Hôpital, seigneur de Vitry, et d'Anne de la Châtre, fut la seconde femme de Jean de Seymer, ou Simier, maître de la garde-robe du duc d'Alençon. Elle mourut le 6 avril 1608. — Les anciennes éditions portent : Mᵐᵉ de Seneçay.

(3) Gaston de France, duc d'Anjou, plus tard duc d'Orléans, mais plus communément appelé Monsieur. Il naquit, non le 7, mais le 25 avril, et mourut le 2 février 1660.

ce que l'on jouoit, fournissant les marques a ceux quy luy donnoint du fonds, ou des gages, pour sa seureté. Il y avoit huit ou dix honnestes gens de la ville quy estoint de nostre partie; et de la court Mrs de Guyse, de Crequy, et moy : ceux de la ville estoint Autreville, Almeras (1), Chevry (2), Chastelain, Fedeau (3), Choisy de Can, et autres. Le roy voulut qu'ils vinssent tous les jours jouer avesques luy, soit qu'il fut au Louvre, ou cheux Mrs de Roquelaure ou Zammet.

Juin. — J'estois en grand heur; mais, sur ces entrefaites, il me fallut aller a Rouan, ou ma mere estoit, pour un proces que nous avions contre les heritiers d'un nommé le Clerc, que nous gaignames. Je revins a Paris, ou nous continuames le grand jeu, et l'amour, plus que devant.

Juillet. — La reine Margueritte donna une bague a courre, a une partie quy se fit a l'Arsenac, ou il se fit une grande feste. Les tenans de la partie estoint Mrs de Crequy, Rosny (4), Gramont, et Marillac (5),

---

(1) Alméras fut depuis général des postes, et mourut prêtre en 1637.

(2) Charles Duret, sieur de Chevry, devint conseiller d'Etat, intendant et contrôleur général des finances, et président en la chambre des comptes de Paris.

(3) Guillaume Feydeau, trésorier des guerres pour l'Ile-de-France.

(4) Maximilien de Béthune, marquis de Rosny, fils de Maximilien de Béthune, duc de Sully, et d'Anne de Courtenay, sa première femme, mourut avant son père, le 1er septembre 1634.

(5) Louis Marillac, comte de Beaumont-le-Roger, fils de Guillaume Marillac, seigneur de Ferrières, et de Geneviève de Bois-

lesquels voulurent que personne ne courut s'il n'estoit en partie de quattre : et parce que Mrs de Guyse, de Jainville, de Termes, de Bassompierre, general des galeres (1), et comte de Sault, s'estoint joints ensemble pour faire une partie, nous leur fismes dire que nous estions liés six d'une partie, quy ne nous pouvions separer, lesquels ne voulurent accorder aucune partie de plus ou moins de quattre : ce quy fut cause que nous six ne voulusmes point courre ; mais nous vinmes voir la feste, fort bien parés. Et parce qu'en ces grandes assemblées ceux quy ont plusieurs affaires de dames, comme je avois lors, sont fort embarrassés, je pensois que j'aurois là bien de la peine ; mais la fortune m'assista de telle sorte que, sans rien perdre ni negliger, je contentay tout. Et en fin m'estant mis sans dessein au dessous du lieu ou la reine estoit, sur un eschaffaud ou estoit Mlle de Montmorency, Peraut (2) quy estoit pres d'elle, et quy avoit esté avesques moy en Hongrie, me força de prendre son siege ; et lors pour la premiere fois, je luy parlay, et tachay de m'insinuer en ses bonnes graces, sans penser a ce quy m'est depuis arrivé. Apres la feste je fus ravy de voir que j'avois contenté toutes celles avesques quy

---

l'Évesque, sa troisième femme, fut fait maréchal en 1629, et eut la tête tranchée le 10 mai 1632.

(1) Le général des galères était alors Philippe-Emmanuel de Gondi, comte de Joigny, troisième fils d'Albert de Gondi, duc de Retz, et de Claude-Catherine de Clermont, qui plus tard entra dans la congrégation de l'Oratoire, et mourut le 29 juin 1662.

(2) Sans doute Jean du Fay, baron de Pérault, lieutenant de roi en Bresse, qui avait épousé Marie, fille bâtarde du connétable Henri de Montmorency.

j'avois intelligence, et que pas une n'eut pris ombrage d'une autre; ce quy est bien rare en pareilles occasions.

La chaleur de cette année là fit que l'eau de la riviere fut sy bonne pour s'y baigner que, plus d'un mois durant, on voyoit, depuis Charenton jusques en l'isle du Palais, plus de quatre mille personnes dans l'eau.

En ce temps la M^r le duc de Lorraine, Charles IIIe, mourut (1), et je fus prié d'aller a ses funerailles; ce que je fis, et demeuray trois semaines en ce voyage. Il ne se peut dire le soin que les dames eurent de me faire souvent sçavoir de leurs nouvelles, et de m'envoyer des courriers, des lettres et des presents. L'estoile de Venus estoit bien en ascendant sur moy allors. Je revins a Paris, et quatre dames en carrosse vindrent par dela Pantin, faisant semblant de se promener, quy me mirent dans leur carrosse, et me ramenerent jusques a la porte de Saint-Honoré, ou je remontay sur mes chevaux de poste pour entrer a Paris. Je trouvay qu'Antragues en estoit partie pour s'aller marier a Malesherbes avesques un comte d'Aché, d'Auvergne, quy la recherchoit; mais ce mariage se rompit sur les articles.

Des que le roy sceut que j'estois arrivé a Paris, il m'escrivit pour me faire promptement venir a la court, me mandant que j'avois jusques allors esté tenu le plus grand joueur de sa bande, mais qu'il estoit depuis peu arrivé un Portugais, nommé Pimen-

---

(1) Le duc de Lorraine était mort le 14 mai.

tel (1), quy me passoit de beaucoup. Je m'y en allay un matin avec Mʳ de Pralain quy avoit eu nouvelle de la mort de Mʳ de la Guyche (2), lieutenant general en Lionnois, et alloit pour en demander la charge au roy; mais il trouva, a son arrivée, qu'a l'instance de Mʳ de Villeroy, le roy l'avoit donnée a Mʳ d'Alaincourt (3), quy estoit lors son ambassadeur a Romme.

Nous demeurasmes quelques jours a Fontainebleau, jouant le plus furieux jeu dont l'on ait ouy parler. Il ne se passoit journée qu'il n'y eut vingt mille pistolles, pour le moins, de perte et de gain. Les moindres marques estoint de cinquante pistoles, lesquelles on nommoit quinterottes, parce que celles la alloint bien viste, a l'imitation de ces chevaux d'Angleterre que Quinterot avoit amenés en France plus d'un an auparavant, quy ont depuis esté cause que l'on s'est servy des chevaux anglois, tant pour la chasse que pour aller par païs, ce quy ne s'usoit point auparavant. Les marques plus grandes estoint de cinq cens pistoles, de sorte que l'on pouvoit tenir dans sa main a la fois plus de cinquante mille pistolles de ces marques

---

(1) Voir sur Pimentel et sur Edouard Fernandez, dont il a été parlé à la page 196, les *Mémoires de Sully*, liv. XXV, et L'Estoile, année 1608.

(2) Philibert, seigneur de la Guiche, fils aîné de Gabriel, seigneur de la Guiche, et d'Anne Soreau, dame de Saint-Géran. Le P. Anselme place sa mort à la Fête-Dieu de l'année 1607.

(3) Charles de Neufville, marquis d'Alincourt, et depuis, de Villeroy, fils de Nicolas de Neufville, seigneur de Villeroy, ministre et secrétaire d'Etat, et de Madeleine de l'Aubespine, mort en janvier 1642, à l'âge de 75 ans. Il avait épousé en premières noces Marguerite de Mandelot, dont le père avait été gouverneur de Lyon et du Lyonnais.

là. Je gaignay cette année là plus de cinq cent mille francs au jeu, bien que je fusse distrait par mille follies de jeunesse et d'amour. Le roy s'en revint a Paris, et de là a Saint-Germain, continuant ce mesme jeu, auquel Pimentel gaigna plus de deux cent mille escus.

La marquise de Verneuil, et madame d'Antragues et son autre fille, revindrent a Paris apres avoir failly a Malesherbes le mariage du comte d'Aché, et allerent loger, la marquise a Conflans cheux Cenamy (1), et madame d'Antragues a la maison de Mr de Vienne (2) au mesme bourg : et comme les sœurs venoint souvent loger ensemble, Mr de Guyse et moy faisions la nuit les chevaliers errans, et les allions trouver. En fin elles revindrent a Paris : madame d'Antragues logea cheux Mlle d'Asy, a la rue de Jouy, ou nous eumes querelle, Antragues et moy, et je rompis entierement avec elle quy s'en alla a Chemaut, et moy a Monceaux, ou le roy estoit venu aux premiers jours du mois d'aust(3).

Pimentel s'en alla de la, et le roy revint peu de jours apres a Paris, ou Mr de Mantoue, beau-frere du roy, arriva (4). Le roy le receut avesques toute la bonne chere possible ; et comme il estoit grand joueur, il fut

---

(1) Barthélemy Cenamy, Lucquois, qualifié « seigneur, baron, comte, marquis d'un million d'or » par Bluet d'Arbères, qui lui dédiait un de ses livres. Les anciennes éditions portaient, au lieu de Cenamy : *leur ami*.

(2) Jean de Vienne, président à la cour des comptes, mourut à la fin du mois de juin 1608.

(3) Ma sœur de Tillieres fut en ce temps là mariée à Paris.
(Addition de l'auteur.)

(4) Voir à l'Appendice. XII.

ravy de se mettre dans ce grand jeu, quy luy estoit extreordinaire. Nous le festoyames tous, l'un apres l'autre (septembre). Nous fismes devant luy le ballet des Dieux marins, et puis nous courusmes la bague, masqués, a l'Arsenac. Le roy le mena de là a Fontainebleau; et apres luy avoir tenu quelque temps avesques grande compagnie de dames, chasses, jeux, et autres divertissements, il prit congé du roy, quy le fut conduire jusques a Nemours, et me commanda de l'accompagner jusques a Montargis, ou je le quittay, et m'en revins a Fontainebleau, auquel lieu, le lendemain, M^r le prince fit appeller M^r le prince de Jainville, lesquels le roy accorda (octobre).

Je m'en revins a Paris (1), et un jour estant allé voir monsieur le connestable quy m'aymoit fort, et me l'avoit toujours tesmoygné, il me dit qu'il me vouloit le lendemain donner a disner, et que je ne manquasse pas de m'y trouver; ce que je fis. Il y avoit aussy convié M^{rs} d'Espernon, de Roquelaure, Zammet, et un mestre des requestes nommé la Cave. Quand nous fusmes arrivés, il commanda que l'on fermat sa porte, et qu'il ne vouloit que rien l'interrompit de jouir de cette bonne compagnie de ses familiers amis; et ne voulut que personne, outre ses officiers, fut en sa chambre, que Mr du Tillet Girard (2), et Ranchin, son medecin, ausquels il fit donner a disner dans sa garderobe, pour pouvoir estre, apres disner, aupres de luy.

---

(1) Et mon jeune frere revint en ce temps là a Paris avec la fievre quarte, que je logeay a mon escurie de court.

(*Addition de l'auteur.*)

(2) Nicolas Girard, sieur du Tillet, était secrétaire du connétable.

Apres que nous eumes fait bonne [chere], et que nous nous fusmes levés de table, il nous fit seoir en sa ruelle, et fit sortir tout le monde, commandant a Ranchin de se tenir a la porte, et la refuser a tous ceux quy y voudroint entrer. Nous ne sçavions ny ne nous doutions pas seulement de ce qu'il vouloit faire. En fin, apres que toutes choses furent en l'ordre qu'il desiroit, il nous dit :

« Messieurs, il y a longtemps que je pense a vous assembler pour le sujet present, comme de mes plus chers et meilleurs amis, ausquels je n'ay rien sur le cœur quy vous puisse estre caché, pour vous dire que j'ay receu, pendant ma vie, d'infinies graces et faveurs de Dieu quy, m'ayant fait naitre d'un pere grand et illustre, m'a conduit par la main, durant une longue et heureuse vie, au sommet des plus grands honneurs, charges, et dignités. Ce n'est pas qu'elle n'ait esté souvent entremeslée de grandes traverses et desplaisirs, partie desquels, par la grace de Dieu, j'ay soufferts avesques patience, ou surmontés avesques courage et generosité : les desordres avenus a nostre maison sur la fin de la vie du roy Charles et durant le regne du roy Henry troisieme, m'ont donné moyen d'exercer la souffrance, et de louer Dieu de m'en avoir sy heureusement tiré : j'ay eu aussy plusieurs afflictions domestiques, comme la perte de feu mon fils d'Offemont (1), et la mort de feu ma femme (2), quy me

---

(1) Hercule de Montmorency, comte d'Offemont, fils ainé du connétable Henri de Montmorency et d'Antoinette de la Marck, sa première femme, mort sans alliance en 1591.

(2) Le connétable parle ici de sa seconde femme, Louise de

laissa sur les bras deux petits enfans en bien bas eage, les mariages de mes deux filles ainées (1), quy n'ont pas esté trop heureux, encores que j'eusse cherché des partis avantageux pour moy et pour elles. Neammoins, estant desja advancé sur mon eage, Dieu m'a fait la grace de me donner un fils quy promet desja beaucoup de luy pour la conservation de nostre maison (2), et une fille bien née, quy estant desormais en estat de la pouvoir marier, j'ay cherché de la marier selon son contentement et le mien; ce quy me fait chercher un mary pour ma fille, et un gendre pour moy, selon nostre cœur et nostre desir : et bien que je puisse avoir le choix de tous les princes de la France, je n'ay point tant regardé de la loger en eminence qu'en commodité, et pour y vivre le reste de mes jours et le

---

Budos, fille aînée de Jacques de Budos, vicomte de Portes, et de Catherine de Clermont-Montbrison. Mariée au duc de Montmorency par contrat du 29 mars 1593, elle était morte, le 26 septembre 1598, âgée seulement de 23 ans. Les deux enfants en bas âge qu'elle lui avait laissés étaient Charlotte-Marguerite et Henri de Montmorency.

(1) Les deux filles aînées du connétable, toutes deux nées d'Antoinette de la Marck, étaient :

Charlotte de Montmorency, mariée par contrat du 6 mai 1591 à Charles, bâtard de Valois, comte d'Auvergne, depuis duc d'Angoulême, dont elle fut la première femme, morte le 12 août 1636, à l'âge de 63 ans;

Et Marguerite de Montmorency, mariée en juin 1593, à Anne de Lévis, duc de Ventadour, morte le 3 décembre 1660, à l'âge de 83 ans.

(2) Ce fils, sur lequel le connétable de Montmorency fondait de si légitimes espérances, était celui en qui devait finir, sous le glaive du bourreau de Toulouse, cette illustre lignée de connétables, de maréchaux et d'amiraux de France.

cours des siens avesques joye et contentement ; et l'estime que je fais de longue main de la mayson, personne, bien, et autres avantages que la naissance a donnés à Mr de Bassompierre que voicy, m'ont convié d'offrir a luy quy n'y pense pas, ce que d'autres, de plus grande qualité que luy, rechercheroint peut-estre avesques soin, et que je leur refuserois : ce que j'ay voulu faire en presence de mes meilleurs amis, quy sont aussy les siens particuliers, et vous dire, Monsieur de Bassompierre (s'adressant a moy), que vous ayant, depuis que je vous connois, toujours cherement aymé comme mon enfant, je vous en veux encores donner cette presente preuve, de vous le faire estre en effet, vous mariant avec ma fille, que j'estime devoir estre heureuse avec vous, connoissant, comme je fais, vostre bon naturel ; que vous le serés, et honoré, d'espouser la fille et petite fille de connestables, et de la maison de Montmorency; et que je le seray aussy le reste de mes jours, sy je vous vois tous deux contents et heureux ensemble. Je luy donneray cent mille escus en mariage presentement, et cinquante mille que mon frere luy leguera apres sa mort (1) : et sy rien ne vous empesche de vous marier, je donne maintenant charge à Girard, que voila, de traitter avesques vos gens, ou vostre mere, sy elle est icy, des articles et conventions necessaires. »

---

(1) Charles de Montmorency, frère puiné du connétable Henri de Montmorency; d'abord connu sous le titre de seigneur de Méru, puis baron de Damville après son frère Henri, il fut créé duc de Damville en 1610. Il mourut en 1612, après avoir été colonel-général des Suisses, et amiral de France.

Il avoit les larmes aux yeux de joye, quand il acheva ce discours, et moy, confus de cet honneur inopiné quy m'estoit sy cher, je ne sçavois quelles paroles employer, quy fussent dignes de ce que j'avois a luy dire. En fin je luy respondis qu'un honneur sy grand et sy inesperé, que sa bonté me faisoit presentement recevoir, m'ostoit la parole, et ne me laissoit qu'une admiration de ma bonne fortune; que comme ce bien estoit au dessus de mon attente et de mon merite, qu'il ne pouvoit estre payé que par des tres humbles services et des summissions infinies; que ma vie seroit trop courte pour y satisfaire, et que je ne luy pouvois offrir qu'un cœur quy seroit eternellement esclave de ses volontés; qu'il ne donneroit pas un mary a madame sa fille, mais une creature dont elle seroit incessamment adorée comme une deesse, et respectée comme une reine, et qu'il n'avoit pas tant choisy un gendre qu'un serviteur domestique de sa maison, de quy toutes les actions despendroint de ses seules intentions et volontés; et que sy, en l'exces que la joye faisoit en mon cœur, il me restoit encores quelque sorte de consideration, je luy demandois permission de luy dire mon unique apprehension, quy estoit que Mlle de Montmorency (quy avoit le choix de tous les princes de France quy estoint lors a marier), n'eut regret de quitter la qualité de princesse dont elle doit avec rayson estre asseurée, pour occuper celle d'une simple dame, et que j'aymerois mieux mourir et perdre la grace presente que monsieur le connestable me faisoit, que de luy causer le moindre desgoust ou mescontentement.

Sur cela, comme j'estois en un siege assés bas,

proche de luy, je mis un genouil en terre, et luy pris la main, que je luy baisay; et luy, m'embrassant, me tint un assés long temps en cet estat : apres quoy il me dit que je ne me misse pas en peine de cela ; et qu'avant que me parler, il avoit voulu pressentir l'intention de sa fille, quy estoit tres disposée a faire toutes les volontés de son pere, et particulierement en celle-la quy ne luy estoit pas desagreable.

Lors M^{rs} d'Espernon et de Roquelaure approuverent le choix que monsieur le connestable avoit fait de ma personne, luy en disant plus de bien qu'il n'y en avoit, comme aussy Zammet, la Cave, et du Tillet Girard ; puis m'embrasserent tous, louant le choix de monsieur le connestable, et mon bonheur. En suitte monsieur le connestable leur dit qu'il n'estoit pas a propos d'esventer cette affaire, et qu'il la confioit a leur secret jusques a ce qu'il fut temps de la divulguer; parce qu'il n'estoit pas allors aux bonnes graces du roy pour n'avoir pas voulu consentir au mariage que le roy vouloit faire de Mr de Montmorency (1) avec Mlle de Verneuil (2), sa fille. Ils luy promirent tous de n'en point

---

(1) Henri II, duc de Montmorency et de Damville, fils de Henri Ier, duc de Montmorency, connétable de France, et de Louise de Budos, sa seconde femme; né le 30 avril 1595, décapité à Toulouse le 30 octobre 1632.

(2) Gabrielle Angélique, légitimée de France, fille de Henri IV et de la marquise de Verneuil, fut mariée le 12 décembre 1622 à Bernard de Nogaret, duc de la Valette, et mourut le 24 avril 1627.

Le Roi voulait substituer Mlle de Verneuil, comme épouse du jeune Henri de Montmorency, à Mlle de Vendôme, fille de Gabrielle d'Estrées, que la maison de Longueville demandait pour le

parler, comme je fis aussy; et me dit que je le vinsse trouver sur le soir; que madame d'Angoulesme, sa belle-sœur (1), le devoit venir trouver, et qu'il me parleroit devant elle et sa fille de sa resolution de me la donner en mariage; et me dit devant elle : « Mon fils, voila une femme que je vous garde ; salués la. » Ce que je fis, et la baisay. Puis il luy parla, et a madame d'Angoulesme, quy tesmoygna estre fort satisfaite de l'election que son beau-frere avoit faite de moy pour sa niece.

Ma mere pria madame la princesse de Conty de la mener le lendemain cheux madame d'Angoulesme, quy luy dit en arrivant : « Nous serons les deux meres de nos nouveaux mariés, et ne sçay quy, de vous ou de moy, Madame, en aurons le plus de joye. » Elle fut de là voir monsieur le connestable, quy luy dit qu'elle tint la chose secrette, et que, cependant, leurs deux conseils s'assemblassent pour resoudre les articles, ce qu'ils firent. Mais il la pria que M^r le president de Jambeville (2) n'y fut point appellé, parce, dit-il, que cela se divulgueroit trop, et qu'elle prit un homme seul (3) quy se joignit avec Mr du Tillet Girard : ce

---

duc de Longueville. Le connétable ne voulut pas consentir à cet échange, et le roi s'irrita de son refus (*Histoire de la maison de Montmorency*, par Désormeaux, t. V, p. 192; *Histoire du duc de Montmorency*, anonyme, 1699, p. 20).

(1) Comme veuve de François, duc de Montmorency, frère aîné du connétable.

(2) Antoine le Camus, seigneur de Jambeville, fils de Martin le Camus, conseiller au parlement de Paris, et de Louise le Grain; président à mortier en 1602, mort en 1619.

(3) L'auteur n'a-t-il pas voulu dire : *un homme seur* (sûr), plutôt que :

qu'elle fit de la personne de M⁰ de Beauvilliers (1), quy avoit soin de mes affaires en France, personne fort capable et intelligente; et eux deux firent un projet des articles, que monsieur le connestable garda et sinna, ce que fit ma mere aussy.

1609.
JANVIER.

Monsieur le connestable ne pouvoit en ce temps la vivre sans me voir, tant il m'aymoit, et ne songeoit qu'a mon establissement. Il vouloit que de l'argent qu'il me devoit donner, j'en employasse cinquante mille escus pour avoir la charge de colonel general de la cavalerie legere de France, qu'avoit M⁰ d'Angoulesme (2). Mais ma mere offrit de desbourser les dits cinquante mille escus pour cette charge, et que monsieur le connestable, sans bourse deslier, me donnat, pour les cent mille escus promis, la terre de Fere en Tertenois (3) quy demeureroit propre a mademoi-

---

un homme seul? Si l'on en croit Tallemant des Réaux, « le président de Jameville estoit un goguenard qui faisoit des malices à tout le monde. »

(1) Antoine Godefroy, sieur de Bauvillier, fils de Denis Godefroy, procureur général de la cour des monnaies, succéda à son père dans sa charge, et mourut, en 1628, devant la Rochelle.

(2) Le comte d'Auvergne, que l'auteur appelle par anticipation M. d'Angoulême était alors en prison (voir p. 158). Charlotte de Montmorency, sa femme, avait conservé les appointements de sa charge.

(3) La Fère-en-Tardenois, chef-lieu de canton, arrondissement de Château-Thierry, département de l'Aisne.

selle sa fille et ses enfans : a quoy il s'accorda, et lors il me dit que je preparasse mes affaires pour le venir trouver sans bruit a Chantilly ou madame d'Angoulesme viendroit, et que nous nous marierions sans ceremonie. Mais Mr de Roquelaure, quy tachoit par tous moyens de remettre bien monsieur le connestable avec le roy, luy dit que s'il marioit sa fille sans le dire precedemment au roy, que ce seroit un acte de mespris dont le roy s'offenseroit encores davantage qu'il n'estoit; qu'il trouveroit aussy mauvais que je luy eusse celé mon mariage, et qu'il m'en voudroit mal.

Or le roy avoit quelque temps auparavant desiré de me faire estre son premier gentilhomme de la chambre a la place de Mr le duc de Boullon, quy n'y avoit pas la sujetion necessaire, et m'avoit promis de me donner vingt mille escus pour m'aider a la recompenser. Il avoit aussy pour cet effet donné charge a La Barauderie, s'en allant voir Mr de Boullon, de luy en parler, ce qu'il avoit fait; et il luy avoit rapporté que mon dit sieur de Boullon demandoit cinquante mille escus pour recompense de cette charge, mais qu'il croyoit qu'il l'abandonneroit pour quarante cinq mille escus, et que Mr de Boullon s'en venoit a la court pour y conclure cette affaire incontinent apres son arrivée ; ce que Mr de Roquelaure, quy m'aymoit tendrement, n'ignoroit pas, et mesmes avoit aidé a y disposer le roy : lequel Mr de Roquelaure adjouta a monsieur le connestable que, connoissant l'humeur du roy comme il faisoit, il l'asseuroit qu'il seroit bien ayse d'avoir ce pretexte pour se desdire des vingt mille escus qu'il m'avoit promis.

Je fus aussy de la mesme opinion, et parce que monsieur le connestable ne voyoit point lors le roy, il voulut que je luy en fisse l'ouverture en presence de Mr de Roquelaure, lequel diroit aussy au roy que monsieur le connestable l'avoit prié d'en demander de sa part la permission a Sa Majesté; ce que nous fismes tous deux des le mesme soir; et le roy aggrea tellement cette affaire, qu'il dit que non seulement il la trouvoit bonne, mais mesmes qu'en cette consideration il s'accorderoit avec mon dit sieur le connestable, et que je luy allasse a l'heure mesme dire de sa part qu'il le vint voir le lendemain, asseuré qu'il luy feroit bonne chere : ce que je courus luy dire, dont il fut merveilleusement satisfait.

Incontinent le bruit de mon mariage courut par la court, et le roy, pour m'obliger, voulut aller le lendemain cheux madame d'Angoulesme, apres avoir veu le matin monsieur le connestable, a quy il fit fort bonne chere : il dit d'abord a madame d'Angoulesme qu'il venoit, comme mon amy particulier, voir mademoiselle sa niece, et se resjouir avec elle de ce qu'elle l'avoit bien logée, et fit beaucoup d'autres apparences de tendresse pour moy.

Le soir mesmes arriva Mr de Boullon auquel le roy d'abord parla de sa charge sur mon sujet, lequel luy dit qu'il estoit venu a ce dessein. Je le saluay, comme les autres quy estoint là : mais j'oubliay, le lendemain, de l'aller voir cheux luy, comme certes je devois, puis qu'il estoit neveu de monsieur le connestable (1), et

---

(1) Comme fils d'Eléonor de Montmorency, sa sœur.

sans cela (1); et tout cela le piqua contre moy, outre ce qu'il a eu toute sa vie une particuliere jalousie de M^r d'Espernon, par le moyen duquel il pensoit que ce mariage s'estoit fait : et le soir d'apres, comme il entretenoit le roy quy avoit veu cheux la reine Mlle de Montmorency, que tout le monde avoit trouvée parfaite en beauté, et luy aussy, il luy dit qu'il s'estonnoit grandement de quoy Sa Majesté avoit permis de marier cette fille, veu que M^r le Prince estoit prest a se marier, qu'il n'estoit pas expedient d'allier hors de la France, et qu'il n'y avoit plus de filles pour luy, que Mlle du Maine (2) et elle, qu'il peut espouser; que le roy ne seroit jammais conseillé d'aucun quy aymat son service, de le marier avec Mlle du Maine, parce que les restes de la Ligue estoint trop puissants encores pour les accroitre d'un tel chef; et que Mlle de Montmorency ne luy donneroit que les mesmes alliés qu'il avoit desja, puis qu'il estoit petit-neveu de monsieur le connestable (3), et qu'il supplioit tres humblement Sa Majesté de peser ce conseil qu'il luy donnoit, et de faire reflection dessus. Le roy luy dit qu'il y penseroit, et puis se coucha.

Le lendemain la reine commença de recorder un

---

(1) Et pour toutes sortes de raisons, en outre de celle-ci.
(2) Renée de Lorraine, fille de Charles, duc de Mayenne, et de Henrie de Savoie, marquise de Villars. Elle épousa, en 1613, Marie Sforze, duc d'Onagno, comte de Santafiore, et mourut à Rome le 23 septembre 1638.
(3) Charlotte-Catherine de la Tremoille, mère du prince de Condé, était fille de Jeanne de Montmorency, sœur du connétable Henri de Montmorency.

grand ballet qu'elle vouloit danser pour le caresme prenant (1).

C'estoit le 16me de janvier de l'année 1609.

Elle fit sortir tout le monde de la grand'salle du Louvre, et s'y en alla. Le roy les alla voir apprendre, et ne mena que M^r le Grand, et Montespan, son capitaine des gardes, avesques luy. M^r le Grand, selon sa coustume de faire des admirations des choses nouvelles, et particulierement de Mlle de Montmorency, quy estoit digne de toute admiration, infusa dans l'esprit du roy, aisé a animer, l'amour quy, depuis, luy fit faire tant d'extravagances.

Le soir mesme il fut atteint de la goutte, quy le tint plus de quinse jours au lit, et pour mon malheur aussy elle prit a monsieur le connestable, quy l'empescha d'aller faire nos noces a Chantilly, comme il avoit esté arresté.

Je sceus cependant la mauvaise intention de Mr de Boullon contre moy; et il dit a Mr de Roquelaure, quy me le dit apres, que Mr de Bassompierre vouloit avoir sa charge de premier gentilhomme de la chambre, et ne luy en parloit point; qu'il vouloit espouser sa niece, et ne luy en disoit mot; mais qu'il brusleroit ses livres, ou il n'auroit ny sa charge, ny sa niece : et pour cet effet commença a mettre les fers au feu vers M^r le Prince, luy proposant le mariage de luy et de Mlle de Montmorency; que cette alliance luy donnoit pour parens tous les grands de la France, et que des parens d'une personne de sa qualité estoint ses creatures;

---

(1) Le ballet des *Nymphes de Diane*.

qu'il devoit preferer ce parti a un plus grand a cette occasion; et que s'il le perdoit, qu'il ne pourroit plus se marier, parce que le roy ne luy souffriroit point de se marier hors de France, et qu'en France il n'y avoit plus que Mlle du Maine a marier, a quoy le roy ne consentiroit jamais : de sorte qu'il esbranla son esprit a consentir qu'il en parlat de sa part a monsieur le connestable, auquel j'avois desja donné avis que Mr de Boullon me vouloit traverser. Mais monsieur le connestable me dit que je ne me devois pas mettre en peine de cela; que quelque parti que l'on luy proposat, il le refuseroit, et qu'il connoissoit trop bien l'esprit de Mr de Boullon pour s'y laisser seduire. Aussy luy respondit il fort aigrement lors qu'il luy en parla, et luy dit que sa fille n'estoit point a chercher party, puis qu'elle en avoit un tout trouvé, et qu'il avoit l'honneur d'estre grand oncle de M^r le Prince, ce quy luy suffisoit.

Pendant la goutte du roy, il commanda à M^r le Grand de veiller une nuit pres de luy, Gramont une autre nuit, et moy une autre, et nous relayer ainsy de trois en trois nuits durant lesquelles, ou nous luy lisions le livre d'Astrée quy lors estoit en vogue (1), ou nous l'entretenions lors qu'il ne pouvoit dormir, empesché par son mal. C'estoit la coustume que les princesses le venoint voir, et madame d'Angoulesme plus privement que pas une : le roy en estoit bien ayse, et entretenoit sa niece quand madame d'Angoulesme parloit a quelqu'un de nous, luy disant qu'il la vouloit aymer

---

(1) Voir à l'Appendice. XIII.

comme sa fille, qu'elle demeureroit au Louvre l'année de mon exercice de premier gentilhomme de sa chambre, et qu'il vouloit qu'elle luy dit franchement sy ce party luy aggreoit, parce que, s'il ne luy estoit aggreable, il sçauroit bien rompre ce mariage, et la marier mesmes a M^r le Prince son neveu (sy elle vouloit). Elle luy respondit que, puis que c'estoit la volonté de son pere, elle s'estimeroit bien heureuse avesques moy. Il m'a dit, depuis, que cette parole luy fit resoudre de rompre mon mariage, craignant qu'elle ne m'aymat trop, a son gré, sy je l'espousois.

Il fut veillé cette nuit la par Mr de Gramont, et ne dormit gueres; car l'amour, et la goutte, tiennent ceux qu'ils attaquent fort resveillés.

Il m'envoya chercher le lendemain dès huit heures du matin par un garçon de la chambre; et comme je le fus venu trouver, il me dit pourquoy je ne l'avois pas veillé la nuit precedente? Je luy respondis que c'estoit la nuit de Mr de Gramont, et que la prochaine estoit la mienne. Il me dit qu'il n'avoit jamais sceu fermer l'œil, et qu'il avoit souvent pensé à moy; puis me fit mettre sur un carreau a genoux devant son lit (comme c'estoit la coustume de ceux quy l'entretenoint au lit). Il continua de me dire qu'il avoit pensé a moy et de me marier. Moy, quy ne pensois rien moins qu'a ce qu'il me vouloit dire, luy respondis que, sans la goutte de monsieur le connestable, c'en seroit desja fait. « Non, ce dit il, je pensois de vous marier avec Mlle d'Aumale (1), et, moyennant ce mariage, re-

---

(1) Anne de Lorraine, duchesse d'Aumale, fille et héritière de

nouveller le duché d'Aumale en vostre personne. » Je luy dis s'il me vouloit donner deux femmes ? Lors il me respondit, apres un grand souspir :

« Bassompierre, je te veux parler en amy. Je suis devenu non seulement amoureux, mais furieux et oultré de Mlle de Montmorency. Sy tu l'espouses, et qu'elle t'ayme, je te haïray; sy elle m'aymoit, tu me haïrois. Il vaut mieux que cela ne soit point cause de rompre nostre bonne intelligence; car je t'ayme d'inclination et d'affection. Je suis resolu de la marier a mon neveu le prince de Condé, et de la tenir pres de ma femme. Ce sera la consolation et l'entretien de la vieillesse ou je vas desormais entrer. Je donneray a mon neveu, quy est jeune, et ayme mieux la chasse que les dames, cent mille francs par an pour passer son temps, et je ne veux autre grace d'elle que son affection, sans rien pretendre davantage. »

Comme il me disoit cela, je considerois que, quand je luy respondrois que je ne voulois pas quitter ma poursuitte, ce seroit une impertinence inutile, parce qu'il estoit tout puissant; je m'avisay de luy ceder de bonne grace, et luy dis :

« Sire, j'ay toujours ardemment desiré une chose quy m'est arrivée lors que moins je l'attendois; quy

---

Charles de Lorraine-Guise, duc d'Aumale, et de Marie de Lorraine-Elbeuf; mariée en 1618 à Henri de Savoie, duc de Nemours, morte en 1638.

La faveur que le roi offrait à Bassompierre consistait proprement, non dans le rétablissement du duché d'Aumale, dont le titre demeurait de droit à Mlle d'Aumale, mais dans l'adjonction nouvelle de la pairie à ce duché, l'ancienne pairie devant s'éteindre par le défaut d'hoirs mâles.

estoit de pouvoir, par quelque preuve signalée, tesmoygner a Vostre Majesté l'extreme et ardente passion que je luy porte, et combien veritablement je l'ayme. Certes il ne s'en pouvoit rencontrer une plus haute que celle cy, de quitter sans peine et sans regret une sy illustre alliance, une sy parfaite dame, et sy violemment aymée de moy, puis que, par cette pure et franche démission et resignation que j'en fais, je plais en quelque sorte a Vostre Majesté. Ouy, Sire, je m'en desiste pour jammais, et souhaite que cette nouvelle amour vous apporte autant de joye que la perte me causeroit de tristesse, sy la consideration de Vostre Majesté ne m'empeschoit de la ressentir. »

Allors le roy m'embrassa et pleura, m'asseurant qu'il feroit pour ma fortune comme sy j'estois un de ses enfants naturels; et qu'il m'aymoit cherement, que je m'en asseurasse, et qu'il reconnoistroit ma franchise et mon amitié. La dessus l'arrivée des princes et seigneurs me fit lever; et comme il m'eut rappellé, et m'eut encores dit qu'il me vouloit faire espouser sa cousine d'Aumale, je luy dis qu'il avoit eu la puissance de me desmarier, mais que de me marier ailleurs, c'est ce que je ne ferois jammais : et la dessus finit nostre dialogue.

J'allay disner cheux M^r d'Espernon, et luy dis ce que le roy m'avoit dit le matin, lequel me dit : « C'est une fantaysie du roy, quy passera comme elle est venue. Ne vous en allarmés point : car M^r le Prince, quy connestra le dessein du roy d'abbord, ne s'y engagera pas. » Ce que je me persuaday aussy parce que je le desirois, et n'en dis plus mot a personne. Il est vray que, comme, sous le ciel, il n'y avoit lors rien sy beau que Mlle de Montmorency, ny de meilleure grace, ny plus parfaite, elle estoit fort avant en mon cœur; mais comme c'estoit un amour reglé de mariage, je ne le ressentois pas sy fort que je devois.

Il arriva que, l'apres disnée, le roy joua a trois dés, selon sa coustume, ayant fait mettre une table a la ruelle de son lit : comme nous jouions sur le soir avesques luy, madame d'Angoulesme arriva avec sa niece qu'il avoit envoyé querir, laquelle il entretint fort longtemps de l'autre costé du lit. Cependant je regardois sa niece, quy ne sçavoit rien de toute cette affaire, et je ne me pouvois imaginer qu'elle fut pour reussir en cette sorte. Apres qu'il eut parlé a la tante, il entretint longuement la niece : puis ayant repris sa tante, comme Mlle de Montmorency se retira, moy la regardant, elle haussa, a mon avis, les espaules, pour me montrer ce que le roy luy avoit dit. Je ne ments point de ce que je vas dire : cette seule action me perça le cœur, et me fut sy sensible que, sans pouvoir continuer le jeu, je feignis de saigner du nés, et sortis du premier cabinet et du second. Les vallets de chambre m'apporterent sur le petit degré mon manteau et mon chapeau. J'avois laissé mon argent a l'abandon, que Berringuen serra, et ayant rencontré au bas du degré le carrosse de M^r d'Espernon, je montay dedans, et dis au cocher qu'il me menat a mon logis. Je rencontray mon vallet de chambre, avec lequel je montay a ma chambre, luy deffendant de dire que j'y fusse, et y demeuray deux jours a me tourmenter comme un possedé, sans dormir, boire, ne manger. On creut que j'estois allé a la campagne, comme je faisois parfois de pareilles esquipées. En fin mon vallet, craignant que je ne mourusse, ou ne perdisse le sens, dit a Mr de Pralain, quy [m'aymoit fort, l'estat ou j'estois, lequel me vint trouver pour me divertir; aussy que l'on m'envoya me commander de vivre, ce que je fis par son commandement, et par les persuasions de Mr de Pralain, quy] (1) m'amena ce soir mesme a la court, où d'abord j'estonnay tout le monde de me voir en deux jours sy amaigri, palle, et changé, que je n'estois pas reconnoissable.

Mars. — Deux ou trois jours apres, M^r le Prince se desclara de vouloir espouser Mlle de Montmorency, et me rencontrant, me dit : « Monsieur de Bassompierre, je vous prie de vous trouver cette apres disnée cheux moy, pour m'accompagner cheux madame d'Angoulesme, ou je vas offrir mon service a Mlle de Montmorency. » Je luy fis une grande reverence, mais je n'y allay point.

Cependant, pour ne demeurer oisif, et me reconforter de ma perte, je me divertis en me raccommodant avesques trois dames que j'avois entierement quittées, pensant me marier : l'une desquelles fut Antragues, que je vis cheux madame de Senteny, et les autres par rencontre, sans y penser, et m'y rembarquay.

Sur le commencement de l'année 1609, ma mere s'en retourna en Lorraine.

M^r le Prince [continua sa recherche, et] (2) en fin

---

(1) Inédit.
(2) Inédit.

fiança sa maitresse (avril) (1). J'estois un matin cheux le roy, qu'il vint me dire, comme a plusieurs autres : « Monsieur de Bassompierre, je vous prie de vous trouver cette apres disnée cheux moy, pour m'accompagner au Louvre a mes fiançailles. » Le roy quy le vit parler a moy, me demanda ce qu'il m'avoit dit : « Une chose, Sire, luy respondis je, que je ne feray pas. » « Et quoy ? » dit il. « Que je l'accompaigne pour se venir fiancer. N'est il pas assés grand pour y aller tout seul, et ne se sçauroit il fiancer sans moy ? Je vous responds que, s'il n'a d'autre accompagneur que moy, il sera fort mal suyvi. » Le roy dit qu'il vouloit que je le fisse, et moy luy respondis que je luy suppliois tres humblement de ne me le point commander, car je ne le ferois pas; que Sa Majesté se devoit contenter que j'avois abandonné ma passion au premier de ses desirs et de ses volontés; qu'elle s'en devoit contenter, sans me vouloir forcer d'estre mené en triomphe, apres m'avoir ravy ma femme pretendue et tout mon contentement. Le roy, quy estoit le meilleur des hommes, me dit : « Je vois bien, Bassompierre, que vous estes en colere; mais je m'asseure que vous ne manquerés pas d'y aller, quand vous aurés consideré que c'est mon neveu,

---

(1) C'est sans doute par erreur que Bassompierre a placé la date de mars à côté de la demande en mariage, et celle d'avril à côté des fiançailles; ces deux actes durent être accomplis en février, puisqu'ils précédèrent le duel de Bassompierre, et sa maladie, après laquelle il reparut le mardi gras, c'est-à-dire le 3 mars de cette année. Le contrat, dont l'auteur ne parle pas, fut passé le 2 mars, dans la galerie du Louvre, et expédié le 3, à l'hôtel de Montmorency.

premier prince de mon sang, quy vous en a prié luy-mesme; » et sur cela me quitta et prit Mrs de Pralain et de Termes, et leur commanda de venir disner avec moy et me persuader d'y aller, puis que c'estoit de mon devoir et de la bienseance : ce que je fis apres a leur remontrance; mais ce fut de sorte que je ne partis que lors que les princesses amenerent la fiancée au Louvre, et qu'elle passa devant mon logis; ce quy m'obligea de l'accompagner avesques ces messieurs quy avoint disné cheux moy, et puis, de la porte du Louvre, nous nous en retournasmes trouver M^r le Prince, que nous rencontrames comme il sortoit du Pont Neuf pour y venir. Les fiançailles se firent en la galerie du Louvre; et le roy, par malice, s'appuyant sur moy, me tint contre les fiancés tant que la ceremonie dura.

Deux jours apres, je tombay malade de la fievre tierce : et apres que j'en eus eu quattre acces, un matin, apres avoir pris medecine, un gentilhomme gascon, nommé Noel (1), me vint trouver au lit, et me dit qu'il desiroit se battre avec moy lors que je serois en santé. Je luy respondis que j'en avois a revendre quand c'estoit pour me battre, et me levay sur l'heure avesques ma medecine dans le corps, et l'allay trouver au rendés vous qu'il m'avoit donné, quy estoit a Bicestre, par un extreme brouillard, y ayant deux piés de neige sur la terre. Comme nous fusmes en presence, deux Gascons, nommés la Graulas et Car-

---

(1) Urbain, seigneur de Noé, fils de Gérard, seigneur de Noé, et de Catherine de Narbonne; ou son frère puiné, Paul de Noé, seigneur de l'Isle.

bon, avec un nommé le Fay, vindrent passer pres de nous pour nous arrester, et luy me dit : « A une autre fois ! » Mais je luy criay qu'il montat a cheval; ce qu'il fit, et a nostre parolle nous nous peumes approcher et rencontrer : mais comme j'y arrivois, Carbon, quy nous vouloit separer, rencontra le cheval de Noé de flanc, et le porta par terre. C'estoit un grand embarras dans l'espaisseur de ce brouillard; car je faillis a tuer la Graulas, le prenant pour Noé. En fin je m'en allay a Gentilly, ne pouvant plus supporter ma medecine; et Trigny (1), La Feullade (2), et quelques autres, arriverent, quy me ramenerent bien malade au logis. Toutefois, parce qu'il y avoit un ballet de filles quy se dansoit le soir a l'Arsenac, ou le roy, la reine, et les princesses estoint, et que je fus convié de m'y trouver, je ne laissay pas d'y aller en l'estat que j'estois, et d'y demeurer jusques au lendemain; dont je fus sy mallade que j'en pensay mourir, et ne me levay du lit que le mardy gras pour aller a l'Arsenac, ou l'on couroit une bague que Mlle de Montmorency donnoit. Je ne courus point, car j'estois encores trop foible; mais le roy m'appella aupres de luy pour luy ayder a entretenir la dame quy donnoit la bague, ce que je fis assés bien : mais il y eut une brouillerie pour un gant quy luy manquoit, lequel d'Andelot (3), sans

---

(1) François de l'Isle, seigneur de Trigny, gouverneur d'Amiens, mort en juin 1611.

(2) Georges d'Aubusson, baron, puis comte de la Feuillade, fils aîné de François d'Aubusson, seigneur de la Feuillade, et de Louise Pot de Rodes, capitaine-lieutenant des chevau-légers de la reine, mourut le 26 avril 1628.

(3) Charles de Coligny, marquis d'Andelot, fils puiné de Gas-

son sçeu, donna a M^r le Grand, quy le porta sur son chapeau en courant, ce que je fis voir au roy.

Le ballet de la reine se dansa le premier dimanche de caresme (1), quy fut le plus beau, et le dernier aussy, de tous ceux qu'elle a dansés : apres quoy le roy s'en alla a Fontainebleau.

Je demeuray a Paris, ou il arriva un accident quy m'apporta un peu de scandale. Un escuier de la reine, Italien, nommé Camillo Sanconi, estoit logé en une petite rue quy est devant la Monnoie, tirant vers Saint-Germain, au coin de laquelle, devant la porte de la dite Monnoie, madame d'Antragues estoit logée en une maison picottée. Cet escuier Camille aymoit son hostesse; et, ayant trouvé un jeune homme couché avesques elle, luy ou ses gens, luy donnerent forces coups d'espée, et le mirent en chemise hors du logis, et la grandeur de ses blessures ne luy permirent pas de faire cinquante pas sans mourir, tombant au dessous des fenestres de la chambre d'Antragues. Quelqu'un, passant la nuit, et voyant ce corps mort, creut que c'estoit moy, a cause du lieu ou il estoit, et vint battre a la porte de mon logis, disant que l'on m'avoit assassiné au logis de madame d'Antragues, et puis jetté par la fenestre, et que mes gens allassent, ou me secourir promptement sy j'estois encore en vie, ou m'emporter sy j'estois mort. Par hasard j'estois sorty de mon logis, desguisé, pour aller voir une dame ; ce quy leur confirma tellement cette opinion qu'ils cou-

---

pard, comte de Coligny, seigneur de Chastillon, amiral de France, et de Charlotte de Laval, mourut le 27 janvier 1632.

(1) Le 8 mars.

rurent inconsiderement ou estoit ce corps, qu'ils prindrent pour estre le mien, et les plus zélés s'estans jettés dessus, empescherent les plus considerés de le mieux reconnestre, et tous l'emporterent cheux moy. Aucuns des miens venus au devant, crians, avesques des flambeaux, on s'aperceut en fin que c'estoit un autre homme, et le rapporterent cheux un chirurgien voysin, ou la justice s'en vint tost apres saysir : ce quy causa un assés grand scandale et moquerie de mes gens par la ville.

Peu de temps apres Mr le Prince s'alla marier a Chantilly (1). Le roy revint de Fontainebleau a Paris, comme firent, tost apres les noces, ceux de Chantilly. Deux jours apres monsieur le connestable fut un peu malade, et je le vis : et puis il se fit un bal cheux la reine Margueritte, ou madame la nouvelle princesse parut; j'y eus bien des embarras pour un habillement bleu que j'y portay.

Le lendemain le roy alla a Fontainebleau, et les princesses et dames aux Tuilleries, ou il y eut une excellente musique. Le lendemain elles partirent pour aller a Fontainebleau, et moy j'y allay en poste, et arrivay comme on faisoit mettre l'eau au grand canal : le roy gagea mille escus contre moy que dans deux jours il seroit remply, et il ne le fut pas en huit.

Mesdames les princesses demeurerent huit jours a la court, puis s'en allerent a Vallery (2); et deux jours

---

(1) Le mariage, retardé par la nécessité d'attendre les dispenses de parenté, fut célébré le 17 mai.
(2) Une des résidences du prince de Condé.

apres le roy me fit une proposition de faire un voyage en Allemaigne et en Lorraine, feignant y aller pour d'autres affaires; et neammoins c'estoit pour disposer le duc de Lorraine (1) au mariage de sa fille aynée avec monsieur le dauphin. Il me permit aussy d'offrir jusques a douse mille escus de pension aux particuliers que je jugerois pouvoir ayder a cette affaire. Et pour davantage m'animer a le servir en cette occasion, il m'offrit de me marier a Mlle de Chemillié (2) qu'il venoit de desmarier d'avesques Mr de Montmorency (3), a quy il vouloit faire espouser Mlle de Vandosme sa fille (4) : il m'offrit aussy de faire restablir en ma faveur la terre de Beaupreau en duché et pairie; mais j'estois lors tellement perdu d'amour, que je luy dis que, s'il me vouloit faire quelque grace, ce ne seroit pas par mariage, puisque par mariage il m'avoit tant fait de mal.

---

(1) Le duc de Lorraine, alors régnant, était Henri II. Veuf sans enfants de Catherine de Bourbon, il n'eut de sa seconde femme, Marguerite de Gonzague, que deux filles, la princesse Nicole et la princesse Claude.

(2) Jeanne de Scepeaux, comtesse de Chemillé, duchesse de Beaupreau, fille unique et héritière de Guy de Scepeaux, comte de Chemillé, duc de Beaupreau, et de Marie de Rieux; mariée en 1609 à Henri II de Montmorency, depuis duc de Montmorency. Son mariage ayant été déclaré nul, elle épousa, le 10 mai 1610, Henri de Gondi, duc de Retz. Elle mourut le 20 novembre 1620, à l'âge de 32 ans.

(3) Voir à l'Appendice. XIV.

(4) Catherine-Henriette, légitimée de France, fille de Henri IV et de Gabrielle d'Estrées. Ce mariage n'eut pas lieu, et Catherine-Henriette épousa, en février 1619, Charles de Lorraine, duc d'Elbeuf. Elle mourut le 20 juin 1663.

Je m'apprestay donc pour partir, et parce que je mourois d'envie de voir les noces de Mʳ de Vendosme, quy, dans dix jours, se devoint faire a Fontainebleau (1), je demeuray a Paris, feignant d'y avoir des affaires, et en ce sejour j'y perdis 25000 escus au jeu. En fin j'y allay inconnu; et apres y avoir veu la ceremonie, je m'en revins a Paris, et tost apres en Lorraine; et sans passer a Nancy, allay droit a Harouel, ou je demeuray quelques jours avec ma mere, ma tante d'Espinal, et quantité de noblesse quy m'y vint voir, et puis m'en vins a Nancy, comme sy je n'y avois autre affaire qu'a y saluer les princes et y passer mon temps.

Je fis le lendemain appeller un gentilhomme nommé Mʳ de Ludre, sur ce qu'en passant devant sa porte, il avoit frappé un de mes cuisiniers; mais il me fit tant d'excuses et de satisfactions que nous demeurasmes amis.

Je passay quatre ou cinq jours a Nancy sans parler de rien a S. A., et puis luy dis que je le suppliois tres humblement de me vouloir donner une heure d'audience particuliere, lors qu'il en auroit la commodité; ce qu'il m'accorda dans sa galerie des l'apres disnée mesme, là ou, sans luy rien desguiser, je luy dis naïvement la cause de mon voyage, et luy presentay la lettre de creance du roy, que j'accompagnay des

---

(1) César, duc de Vendôme, épousa, en juillet 1609, Françoise de Lorraine, duchesse de Mercœur, fille unique et héritière de Philippe-Emmanuel de Lorraine, duc de Mercœur, et de Marie de Luxembourg.

paroles que je pensay estre utiles a mon dessein.

M^r le duc de Lorraine estoit prince timide et irresolu, quy s'estonna d'abord de ma commission, et plus encores de ma proposition, et se persuada facilement que quantité de trouppes françoises a pied et a cheval, quy estoint venues border sa frontiere sur le sujet de la mort arrivée en ce temps là du dernier duc de Cleves (1), y estoint mises a dessein de l'attaquer, en cas qu'il ne respondit conformement aux intentions du roy. Il me demanda sy le roy m'avoit donné cet ordre de luy parler, en partant d'aupres de luy, ou s'il me l'avoit envoyé depuis mon arrivée en Lorraine; et luy ayant dit que j'estois venu expres, despesché du roy, quy m'avoit luy mesme donné mon instruction, et voulu escrire de sa propre main la lettre que je luy avois apportée, affin que cette negociation ne fut esventée ny connue que quand il seroit temps, et qu'il m'avoit asseuré de n'en avoir fait aucune part a ses ministres, il me dit la dessus qu'il s'estonnoit bien que j'eusse esté trois semaines en Lorraine avant que de luy faire cette ouverture, et qu'il croyoit que je l'avois supersedée (2) a dessein de faire venir loger toutes ces trouppes en son voysinage avant que de luy parler.

Je m'aperçeus bien qu'il avoit de grands ombrages, et pour le remettre, je luy respondis lors que les mesmes raysons quy avoint convié le roy de ne par-

---

(1) Jean Guillaume, duc de Clèves et de Juliers, était mort le 25 mars 1609.
(2) Différée.

ler de son dessein qu'a moy seul, affin qu'il ne fut point esventé, m'avoint porté a retarder jusques a cette heure a luy en faire l'ouverture; qu'expres j'avois sejourné quelques jours en ma mayson pour esblouir les yeux de ceux quy eussent peu voir quelque jour en ce present affaire, ou quy se fussent peu doutter que j'eusse quelque chose a traitter avec Son Altesse de la part de Sa Majesté, des intentions de laquelle il devoit bien juger, puis qu'il m'avoit voulu commettre cette proposition, [a moy] de quy le frere a tout son bien en Lorraine, quy ay l'honneur d'estre son vassal du bien que j'y ay, et [pour luy] a quy ma maison a de tres estroittes obligations; que, s'il vouloit tromper Son Altesse, il ne se fut pas voulu servir de mon industrie pour ce sujet, et que, quand il l'eut voulu faire, je n'eusse pas accepté cette charge; que je ne la veux persuader en aucune chose, mais seulement luy dire purement et franchement ma commission, luy supplier de la tenir fort secrette, et puis m'y faire telle response qu'il luy plairoit, que je rapporterois a Sa Majesté sans y rien adjouster, desguiser ou diminuer; que je ne luy demandois point une response presente, et qu'il la pouvoit meurement et a loysir peser, et considerer, avant que de me la faire; mais que je le suppliois tres humblement qu'il choisit seulement une ou deux personnes pour s'en conseiller, affin de ne divulguer point une chose quy, pour beaucoup de respects, devoit estre celée et cachée.

Il se remit un peu a ce discours, et me demanda quel temps je luy donnois pour me respondre. Je luy repliquay que ce seroit celuy qu'il voudroit prendre, et que, pour couvrir davantage ma negociation, je m'en irois, s'il le trouvoit bon, me promener pour quinse jours en Allemaigne, affin que, sy a mon retour, on me voyoit plus assidu a l'entretenir, l'on jugeat plustost que ce fut pour les affaires d'Allemaigne que pour celles de France que je luy parlasse. Il trouva mon dessein fort bon, et me dit qu'il avoit desja mesmes choisy celuy auquel il vouloit confier cette affaire, et de quy il desiroit prendre le conseil et l'avis, quy estoit mon voysin, le sieur Bouvet, president de Lorraine, et qu'apres luy avoir parlé, des aujourdhuy il luy commanderoit de me voir, et de conferer avec moy, et qu'il me respondoit de son silence et secret. Je luy rendis tres humbles graces, et approuvay son election.

Il me demanda la dessus a quel dessein le roy faisoit approcher de la Lorraine de sy grandes forces. Je luy asseuray que c'estoit sur le sujet de la mort de son beau frere le duc de Cleves(1), et que le roy apprehendoit que la maison d'Austriche se voulut approprier ses estats, ce qu'il ne vouloit souffrir en aucune façon, luy estant tres important de ne la laisser si fort aggrandir, mesmement (2) en son voysinage.

Comme j'achevois ce discours, le president Bouvet arriva, avesques lequel je le laissay pour m'aller preparer de partir pour Allemaigne, ou j'avois aussy affaire de la part du roy avec le marquis de Dour-

---

(1) Antoinette de Lorraine, sœur du duc, avait épousé, en 1598, Jean Guillaume, duc de Clèves.
(2) Particulièrement.

lach (1), l'eslecteur palatin (2), et le duc de Wirtemberg (3).

Ce soir mesme M. le president de Lorraine, quy estoit mon proche voysin, me vint voir, comme il avoit souvent accoustumé de faire. Je vis bien qu'il me vouloit parler, et parce qu'il y avoit grande compagnie en mon logis, je luy dis : « Mon voysin, allons nous promener en nostre commun parterre, » (quy est cette place de la rue Neuve enfermée de barrieres). Il me dit quand nous y fumes : « Vous nous avés bien taillé de la besogne aujourd'huy, et avés mis en telle confusion nostre duc, que je ne l'ay de ma vie veu plus en peine, et ne se trouve pas moins empesché a vous respondre qu'a ne vous respondre pas. » Je luy dis : « Au moins ne luy ay je fait aucune proposition quy luy soit honteuse, et quand il auroit cherché une bonne alliance pour sa fille par tout le monde, il n'en eut sceu rencontrer une plus noble, plus commode pour le voysinage, ny un plus grand et meilleur party que celuy que je luy suis venu offrir : et s'il en sçait quelqu'un de plus sortable ou meilleur,

---

(1) Georges-Frédéric, margrave de Bade-Durlach, fils de Charles, margrave de Bade-Durlach, et d'Anne, comtesse palatine, né le 15 janvier 1573, succéda en 1604 à son frère aîné, Ernest-Frédéric, et mourut le 14 septembre 1638.

(2) Frédéric IV, électeur, comte palatin du Rhin, fils de Louis V, comte palatin du Rhin, et d'Elisabeth de Hesse, né le 5 mars 1574, succéda à son père en 1583, et mourut le 9 septembre 1610.

(3) Jean-Frédéric, duc de Wurtemberg, fils aîné de Frédéric, duc de Wurtemberg, et de Sibylle d'Anhalt, né le 5 mai 1585, succéda à son père en 1608, et mourut le 18 juillet 1628.

il le peut prendre sans nous offenser. » « Ce n'est pas cela, de par Dieu, me dit-il, il n'est que trop bon, et nous nous passerions bien a moins. »

Apres cela je luy desduisis tout mon fait (encores plus amplement que je n'avois fait au duc), que j'appuyai des meilleures raisons que Dieu me voulut inspirer. Il me dit en suitte que le duc luy avoit asseuré que je ne le presserois point de la response qu'apres le retour d'un voyage que j'allois faire en Allemaigne, et que, cependant, il estoit bien ayse de laisser remettre cet esprit allarmé, et de songer a son ayse un bon conseil a luy donner la dessus, a quoy il se trouvoit bien empesché. Je luy offris, de la part du roy, de l'interesser; mais il me respondit qu'il estoit bon serviteur de son maitre, lequel estoit puissant de luy faire plus de bien qu'il ne luy en falloit, et pour toute sa famille. Il me demanda quand je partirois pour Allemaigne, et je luy dis que je ne prendrois que le lendemain pour m'apprester et attendre monsieur le reingraf (1) que j'avois envoyé querir, quy m'avoit promis que nous ferions ce voyage de compagnie. Il m'asseura que le duc, et luy, garderoint le secret.

Je partis donc apres que le reingraf fut venu, et allames coucher a Blamont, et le lendemain a Salbourg cheux le colonel Lutsbourg, nostre amy. Le lendemain nous vinmes coucher a Saverne, ou les

---

(1) Philippe Otto, rheingraf, comte, puis prince de Salm, fils de Frédéric, rheingraf, et de Françoise de Salm, sa première femme, mourut en 1634.

chanoines nous festinerent, et le jour apres a Strasbourg, ou nous sejournasmes deux jours avesques Mrs de Ribeaupierre (1), Flecstein (2), Han, et autres, quy nous y estoint venus trouver. De là nous allames disner a Liechtenau (3) et coucher a Canstatt, ou se rencontrerent M^r et madame la comtesse de Hannau (4), beau frere et sœur du reingraf, quy nous voulurent donner a soupper, ou nous nous enivrames tous estrangement.

Le lendemain nous nous separames de nos hostes, eux pour aller a Liechtenau, et nous pour venir disner a un chasteau du marquis de Baden, ou il demeuroit lors pour la cervaison. Il estoit a la chasse avec sa femme (sœur du reingraf) (5), quand nous y arrivasmes; nous ne laissames pas d'y estre bien receus et traittés. Ils revindrent le soir fort tard; et nous ayant envoyé faire des compliments, [il] remit au lendemain a nous voir, quy estoit un dimanche. Il nous envoya encores faire ses excuses s'il ne nous voyoit qu'a disner, a cause du presche. Nous vinmes

---

(1) Le comte de Rappoltstein, ou Ribaupierre.

(2) Georges, baron de Fleckenstein, fils aîné de Philippe-Wolfgang, baron de Fleckenstein, et d'Anne-Alexandrine de Rappoltstein, né en 1588, mort en 1644.

(3) Lichtenau, ville du grand duché de Bade.

(4) Jean Reinhard Ier, comte de Hanau, fils de Philippe V, comte de Hanau, et de Marguerite-Louise de Bitsch, né en 1568, mort en 1625, avait épousé en secondes noces Anne, fille de Frédéric, rheingraf, et d'Anne-Emilie de Nassau, sa seconde femme.

(5) Le margrave de Bade-Durlach avait épousé en 1592 Julienne Ursule, fille de Frédéric, rheingraf, et de Françoise de Salm, sa première femme.

donc disner avec luy, et sa femme et ses enfans, ou il fit au reingraf et a moy tout bon accueil. Apres disner il nous entretint encores quelque temps, et nous pria fort de demeurer quelques jours a la chasse avesques luy, dont nous nous excusames; et en prenant congé de luy, feignant de luy faire des compliments, affin que le reingraf ne s'en aperceut pas, je luy dis que j'avois a luy parler de la part du roy secrettement, et que je le suppliois tres humblement qu'il me renvoyat querir, feignant de me vouloir donner quelque commission pour Sa Majesté; ce qu'il fit tres accortement : car apres nous avoir conduits jusques a la porte de la salle, comme il se fut desja retiré pour s'en aller, il se retourna tout court, et me cria : « Monsieur de Bettstein, j'avois oublié de vous demander sy vous vous achemineriés bientost en France, apres vostre retour en Lorraine. » Et comme je luy eusse dit que je m'y en irois aussytost, il me dit : « Me voudriés vous bien obliger de vous vouloir charger d'une affaire que j'ay avec S. M^{té}, et tascher de m'en sortir? Je vous en serois infiniment redevable; » et, luy ayant asseuré que je tiendrois cette commission a honneur, « Je vous prie donc de vouloir venir en ma chambre, tandis que le reingraf ira voir et entretenir sa chere sœur. » Je le suyvis, et, estans demeurés seuls, je luy donnay la lettre que le roy luy escrivoit en creance sur moy, et luy dis en suitte que le roy m'avoit commandé de le voir sur l'accident depuis peu arrivé par la mort du duc de Cleves, tant pour recevoir de luy quelque bon conseil et avis de la façon qu'il s'y devoit comporter pour empescher l'aggrandissement de la maison d'Austriche, quy luy estoit sy prejudiciable, comme aussy de sçavoir de luy quelle part il voudroit prendre en cette affaire (quy ne luy importoit pas moins qu'a S. M^{té}), en cas qu'elle voulut se desclarer ouvertement pour s'opposer a l'invasion que l'empereur, ou le roy d'Espaigne, voudroint faire des estats de Cleves et de Julliers, soit sous ombre de protection, de sequestre, ou autrement.

Il me respondit sur le champ qu'il rendoit graces tres humbles a S. M^{té} de l'honneur qu'il recevoit par sa lettre et par ma legation; que sa prudence n'avoit point besoin de conseil, ny son pouvoir d'aucune assistance; neammoins qu'il luy diroit que la chose principale a quoy le roy avoit a songer, n'estoit pas seulement d'empescher l'agrandissement de la maison d'Austriche, mais encores d'amoindrir sa puissance, laquelle, pendant sa vie, ne luy pourroit pas nuyre; mais apres sa mort, sy elle rencontroit des successeurs moins sages, et moins genereux que luy, elle pourroit causer la ruine de la France; que quand Sa dite Majesté voudroit fermement s'employer a cette œuvre, elle se pouvoit asseurer de sa personne, de ses estats, de ses moyens et de sa vie, pour les employer a son service; mais que ce seroit peu de chose de luy seul en Allemaigne, sy d'autres princes, touchés de mesmes interets, ne se conjoignoint a mesmes desseins, et qu'il osoit donner ce conseil au roy de faire pareillement rechercher messieurs l'electeur palatin et autres princes de la mesme maison, M^r le marquis d'Anspach (1), quy estoit un tres brave et gentil

---

(1) Joachim-Ernest, margrave d'Anspach, fils de Jean-Georges,

prince, aymé dans l'Allemaigne, et quy tireroit avesques luy beaucoup de seigneurs de l'empire, et aussy M^{rs} le duc de Wirtemberg et landgraves de Hessen et de Darmestat (1); tous lesquels le dit marquis me dit qu'il s'asseuroit que Sa Majesté trouveroit tres disposés a son service, et a suyvre ses entreprises et desseins.

Je m'avisay lors d'une chose que le roy approuva grandement depuis, quy fut que quand je le vis se porter sy franchement dans les interets du roy, de l'y ancrer encores davantage par la confiance que le roy prendroit de luy, et luy dis, sans en avoir charge, que le roy m'avoit aussy commandé de voir ces autres princes, sy je le pouvois faire sans doute ny soubçon, comme j'avois fait luy, que j'estois venu saluer comme ayant l'honneur de luy appartenir; et que je devois aussy passer a Stukart (2) vers M^r le duc de Wirtemberg, mais qu'estant allé (3) aux noces de M^r le marquis d'Anspach, sy j'y fusse allé, cela eut donné l'ombrage que le roy apprehendoit, et que le bien de cette affaire consistoit au secret que l'on y devoit tenir. Il fut fort aise de voir que nous avions en France le

---

électeur de Brandebourg, et d'Elisabeth d'Anhalt, sa troisième femme, né en 1583, mort le 28 février 1625.

(1) Maurice, landgrave de Hesse-Cassel, fils de Guillaume IV, le Sage, landgrave de Hesse-Cassel, et de Sabine de Wurtemberg, né en 1572, succéda à son père en 1592, abdiqua en 1627, et mourut en 1632. — Louis V, le Fidèle, landgrave de Hesse-Darmstadt, dont il a déjà été parlé (p. 104).

(2) Stuttgart.

(3) C'est-à-dire, le duc de Wurtemberg étant allé aux noces du margrave d'Anspach.

secret en recommandation, car il nous apprehendoit de ce costé là, et me tesmoygna qu'en cela consistoit le bien de nos affaires. Je poursuyvis donc a luy dire que j'avois despesché a Sa Majesté pour luy mander l'absence de ce prince, et celle du palatin, quy estoit allé a la hirschfaist au Haut-Palatinat, et qu'il m'avoit mandé la dessus que je me gardasse bien de passer outre, mais qu'apres avoir veu Mʳ le marquis de Baden, sy je rencontrois en luy la confiance et la satisfaction qu'il s'en attendoit et promettoit, je le priasse quand et quand de prendre la principale direction de tout ce dessein, et que je prisse les ordres de luy, non seulement de ce que j'aurois a faire pour le service de Sa Majesté, mais encores une instruction et formulaire de la façon qu'elle devoit agir en cette affaire, a quels princes elle devoit faire parler pour cette grande union et confederation pour le bien general, par quels moyens les y attirer, quelles lettres leur escrire et en quelle teneur, quelles personnes des leurs gaigner ou employer, et en fin tout le gros et le destail de cette affaire.

Ce prince prit mon discours de la mesme main que je luy presentois, accepta la charge que le roy luy donnoit, avesques grandes actions de graces, promit de s'y employer avec tout le soin et l'industrie que Sa Majesté sçauroit desirer; que, puis qu'elle luy commandoit, il m'envoyeroit des amples memoires et avis de ce qu'il faudroit faire, et ce par un sien secretaire, jeune homme, mais bien entendu, et en quy il se confioit entierement (nommé Huart), des qu'il auroit mis au net tous les papiers necessaires; que ce secretaire demeureroit pres du roy comme solliciteur de son affaire supposée, auquel il escriroit de temps en temps; et auroit aussy soin de luy faire tenir les lettres et autres ordres du roy quy seroint necessaires. Il fit en suitte appeller ce secretaire, et, en la presence de monsieur le reingraf (quy en fin, pour nous haster de partir, estoit revenu cheux le marquis), me dit que c'estoit le personnage qu'il envoyoit en la court de France solliciter son affaire, laquelle il me recommandoit, et le solliciteur aussy; et qu'il me prioit qu'il m'accompagnat en France, ce que je luy promis; et le reingraf ne se doutta jamais de tout ce que j'avois traitté avesques luy, de quoy je fis une ample despesche au roy, quy en fut extreordinairement satisfait, et de tout mon proceder avesques le dit marquis.

Nous revinsmes encor le mesme jour, mais bien tard, coucher à Canstatt. Le lendemain nous vinmes disner a Liechtenau, ou nous trouvasmes ma cousine la comtesse de Hannau, quy y estoit demeurée un peu malade, ce disoit elle; mais en effet c'estoit pour y attendre et voir son frere et moy. Nous demeurasmes avesques elle jusques sur le soir, que nous allames coucher a Strasbourg, ou nous sejournasmes trois jours a passer le temps, le dernier desquels le secretaire Huart arriva (aust), quy m'apporta toutes les instructions et memoires dont le marquis s'estoit peu aviser; et le lendemain nous nous en retournames a Nancy par les mesmes gistes que nous avions prises en allant.

J'y trouvay une ample despesche du roy sur plusieurs diverses choses, et entre autres, pour sonder l'intention de Mr de Lorraine sur les presentes occurrences des affaires de Cleves, duquel je ne peus tirer autre chose sinon qu'il conserveroit soigneusement la neutralité entre les deux couronnes, que Leurs deux Majestés luy avoint consentie et accordée.

Je n'eus pas une sy prompte expedition sur nostre affaire du mariage de madame sa fille avec monsieur le dauphin; car au bout de dix-huit jours je le trouvay sans resolution, et sans response a me faire : et seulement, apres avoir souvent consulté avec le president Bouvet, il conclut qu'il me diroit, a la premiere audience qu'il me donneroit, que moy et les miens avoint toujours esté sy affectionnés a toute sa maison; que mon frere, et moy, y ayans de grands biens et quelques parens; estant aussy homme de bien et d'honneur comme il me connoissoit, il ne se sçauroit mieux addresser qu'a moy pour se conseiller, de la resolution qu'il devoit prendre, et de la response qu'il devoit faire au roy.

J'avoue que ce discours me surprit, que je trouvay captieux. En fin je luy respondis que : « Sy, des le commencement de ce pourparler, je n'eusse pris le personnage de commissaire du roy, j'eusse de bon cœur accepté celuy de conseiller de Son Altesse, et m'en fusse acquitté, sinon avesques suffisance, au moins avesques candeur et probité; que maintenant je n'estois plus libre d'accepter aucune condition, puis que j'en avois desja une establie; mais que je pouvois bien luy dire toutes les responses qu'il pouvoit faire, et luy laisser, puis apres, le choix de celle qu'il jugeroit la plus convenable. »

« Qu'en la proposition que je luy avois faitte, il y avoit cinq sortes de personnes sur lesquelles il devoit faire reflection, assavoir : madame sa fille; luy-mesme; les princes de sa mayson, et quy ont l'honneur de porter son nom; ceux quy ont, par leurs femmes ou alliances, pretention sur le duché de Lorraine et ses autres estats; et finalement ses sujets, tant ecclesiastiques, nobles, que roturiers : de toutes lesquelles differentes personnes il devoit soigneusement considerer leurs divers interets au present sujet. »

« Que celuy de madame sa fille n'estoit autre que d'estre bien et grandement mariée, et, sy elle avoit pour dot un grand heritage, tirer du costé de son mary un grand douaire; de faire que les enfans qu'elle aura, quy seront grands princes par elle, le soint encores plus grands par son futur mary, et que, bien que sa qualité soit tres grande d'elle mesme, elle l'accroisse et l'augmente encores par son mariage. »

« L'interest de Son Altesse vient en suitte, quy a bien plus de branches que celuy de madame sa fille. Car, outre qu'il doit desirer le bien et la grandeur de madame sa ditte fille, a quoy l'affection paternelle le porte, il doit aussy avoir soin de la sienne particuliere, quy est de vivre heureusement et paysiblement, aymé et honoré de ses voysins, respecté et obey de ses sujets, et estimé des uns et des autres. »

« L'interest des princes de sa mayson luy doit estre recommandé comme le chef d'icelle, lesquels princes ont trois differentes souches : la plus ancienne, et par consequent plus eslongnée, est celle de Claude de Lorraine, dont est issue la maison de Guyse; celle d'apres, et quy approche plus vostre personne, est celle de Nicolas de Vaudemont, pere de la feue reine Louyse;

et la derniere est celle de monsieur son frere (1): quy doivent tous desirer, comme Son Altesse aussy, que les duchés et autres terres de la maison soint perpetués en la mesme race, et ne tombent point, par succession collatèrale, en d'autres familles qu'en celle mesme de Lorraine. »

« L'interest des princes collateraux ne la doit pas beaucoup toucher; neammoins il les faut peser en cette presente affaire. »

« Finalement celuy de vos vassaux et sujets, a quy Son Altesse ne tient pas seulement lieu de souverain, mais de pere, luy doit estre en singuliere recommandation. »

« J'ay desja dit les interets des princes de sa maison, parlant de ceux de Son Altesse; quy auroint a craindre que, s'il manquoit a la race de Lorraine un prince souverain, la qualité de princes, avec le temps, ne se perdit en eux-mêmes, comme nous avons veu en la maison de Luxembourg et d'autres. »

« Les princes, parents collateraux, ont interest que la Lorraine ne tombe point dans les mains d'un roy de France, de peur d'estre incorporée au royaume ; comme, de ce siecle, nous avons veu pareil exemple au duché de Bretaigne, duquel ceux de Ferrare, Nemours, et Lorraine, ont esté exclus, aussy bien que l'infante d'Espaigne, et le duc de Savoye, et Son Altesse mesme, quy est descendu de la seconde fille heritiere de France (2), [quoiqu'ils] y eussent un droit clair et apparent. »

---

(1) Le frère du duc.
(2) Renée de France, seconde fille de Louis XII et d'Anne de

« Finalement les vassaux et sujets de Vostre Altesse, accoutumés a la domination de tres bons princes, (quy prient tous les jours Dieu pour la continuation de ce bonheur par la procreation de ligne masculine a Son Altesse), ont interest de demeurer en l'heureux estat ou ils sont, apprehendent toutes nouveautés ou changements, craignent l'alteration de leurs privileges, le gouvernement de seigneurs envoyés de la France pour les regir, quy n'auront pas tant de soin de les bien conserver et maintenir, que de faire leurs affaires particulieres a leurs despens; qu'ils deviendroint province frontiere de la France vers l'Allemaigne, par consequent toujours foulée de garnisons et de logements de gens de guerre, la premiere attaquée, et quy servira de place d'arme et de theatre a jouer toutes les tragedies entre les François et leurs voysins ennemis. »

« Voila, ce me semble, tous les interets quy se rencontrent a considerer et peser a la presente proposition. »

« La premiere, quy est celle de madame vostre fille, vous doit porter a l'execution de ce que l'on vous propose. Car quel meilleur party pourroit elle trouver

---

Bretagne, avait épousé Hercule II d'Este, duc de Ferrare; Anne, sa fille, fut mariée: 1º à François de Lorraine, duc de Guise, 2º à Jacques de Savoie, duc de Nemours. — Elisabeth de France, mère de l'infante d'Espagne, et Marguerite de France, mère du duc de Savoie, descendaient l'une et l'autre d'Anne de Bretagne. — Enfin le duc de Lorraine était fils de Claude de France, petite-fille, non pas, comme le dit Bassompierre, de la seconde fille d'Anne de Bretagne, mais bien de sa fille ainée, Claude, femme de François Ier.

en toute la chretienté, qu'un dauphin de France, heritier infaillible de la couronne? Quelle plus grande qualité que d'estre la premiere des reines chretiennes? Que peut elle desirer de plus avantageux pour ses enfans, que de les voir rois de France apres son mary, et ducs de Lorraine apres elle? En fin toutes choses conspirent, quant a elle, a ce dessein, et pour son bien, que, comme pere, vous luy devés procurer, vous n'en sçauriés souhaiter davantage. J'adjouste que sy vous et madame leur mere veniés a manquer avant qu'estre mariées, elles tomberoint entre les mains de la reine leur grand tante (1), et belle mere de l'une, quy en auroit soin comme de ses propres filles, et auroint la protection du roy et d'elle contre les violences ou injustices que son oncle (2), ses parens, ou d'autres princes voudroint exercer sur elle. »

« Mais vostre maison, et les princes quy en sont descendus, vous sont chers : vous desirés de laisser vostre succession en la mesme maison d'ou elle vous est venue, et de perpetuer vostre nom. J'avoue que ce sont des desirs legitimes et bienseants, et que l'affection fraternelle vous doit toucher bien vivement, et tacher de faire tomber a ses fils, par mariage, ce que, par procreation, vous n'avés peu procurer aux vostres successivement. Mais sy S. A. vostre pere n'eut point laissé d'enfans masles, la race de Medicis eut possedé la Lorraine; sy le duc François, vostre grand pere,

---

(1) Marguerite de Gonzague, mère des deux jeunes princesses, Nicole et Claude, était fille d'Eléonor de Médicis, sœur de la reine.

(2) *Leur* oncle, le comte de Vaudemont, frère du duc de Lorraine.

n'eut point laissé le duc Charles son fils, son successeur, le duc de Bavieres le seroit maintenant; et sy le duc Antoine, vostre bisayeul, n'eut eu deux fils, François son successeur et Nicolas de Vaudemont, le marquis d'Avray regneroit maintenant sur les Lorrains en la place de Vostre Altesse (1) : telles sont les lois humaines, ausquelles il nous faut conformer. »

« Quant aux princes vos alliés, et quy, par succession collaterale, peuvent parvenir a la vostre, ils ne vous doivent toucher en aucune façon, et devés plustost desirer que vos petits fils soint rois de France, et ducs de Lorraine par succession, que ceux [de] la maison de Medicis, et toutes les autres branches qu'elle a faites; que celle de Bavieres avesques celle d'Austriche, et les palatins de Neubourg (2); que Mr de Vandosme, ou le duc de Crouy (3), ou les descendants de son frere ou de ses sœurs. »

« Reste a parler de vos vassaux et sujets, a quy ce

---

(1) Christine, fille aînée de Charles III, duc de Lorraine, avait épousé Ferdinand, grand duc de Toscane. — Renée, fille aînée de François Ier, duc de Lorraine, avait épousé Guillaume II, duc de Bavière. — Charles-Philippe de Croy, marquis d'Havré, était né du mariage d'Anne de Lorraine, fille d'Antoine, duc de Lorraine, avec Philippe, sire de Croy, duc d'Arschot.

(2) La maison d'Autriche, par le mariage de Marie-Anne de Bavière avec Ferdinand, archiduc d'Autriche; la maison de Neubourg, par le mariage de Madeleine, sœur de Marie-Anne, avec Wolfgang-Guillaume, comte palatin de Neubourg; mais ce dernier mariage n'eut lieu qu'en 1613.

(3) Le duc de Vendôme pouvait succéder du chef de sa femme, Françoise de Lorraine, duchesse de Mercœur. — Charles-Alexandre de Croy, fils aîné du marquis d'Havré et de Diane de Dommartin, devint duc de Croy seulement en 1613.

changement sera facheux, mais la condition n'en sera point empirée. La Bretaigne, pour estre incorporée a la France, n'en a pas esté de plus malheureuse condition : ses privileges et immunités luy ont esté conservées, et les personnes et biens des Bretons plus puissamment contregardés par un roy de France qu'ils n'eussent esté par un duc de Bretaigne : la condition de chasque corps de la Bretaigne s'est accreue et ameliorée par cette reunion ; car l'ordre ecclesiastique a esté capable de posseder les amples benefices consistoriaux de la France ; la noblesse s'y est enrichie et agrandie, parce qu'il se fait bien de plus hautes fortunes en des grands royaumes qu'en des petites provinces ; et le tiers estat est parvenu aux grandes et lucratives charges de judicature et des finances de France. Et puis, cette incorporation de la Lorraine a la France n'est pas effective : car sy madame vostre fille n'a point d'enfans, il n'y a rien de fait ; sy ses enfans ne sont masles, les filles seront duchesses de Lorraine, comme celle-cy le doit estre apres vostre mort ; sy elle a plusieurs masles, le second, ou le troisieme, ainsy qu'il sera stipulé, sera duc de Lorraine, et s'il n'y en a qu'un, peut estre que les Lorrains mesmes, quy auront desja par plusieurs années esprouvé la douce domination des rois de France, demanderont eux mesmes cette reunion comme ont fait les Bretons, non qu'ils n'eussent esté plus ayses d'avoir un prince particulier, mais de peur de tomber sous la puissance d'un duc de Savoye, d'un roi d'Espaigne, ou de Vostre Altesse mesme, qu'ils n'affectionnoint pas tant que la France, et quy ne les eussent pas sy bien sceu gouverner et proteger que les rois de France. »

« Voyla, en somme, tous les interessés et tous leurs interets, quy ne touchent Vostre Altesse qu'en un seul point, quy est celuy des princes de sa maison, quy pourront deschoir sy la souveraineté venoit a estre changée en autre main, a quoy ils ont esté et sont en tout temps sujets, sy vostre estat tomboit en la maison de Bavieres, Medicis, ou autres mediocres princes; mais ils ne perdroint pas la qualité de princes pour cela : car s'il y eut eu des princes du sang de Bretaigne lors de sa reunion a la couronne, ils n'eussent pas pour cela perdu leur qualité, et nos rois eussent esté obligés de la leur conserver, non seulement par justice, mais par leur propre consideration : je dis davantage, que sy, maintenant que le duché de Cleves va tomber dans une autre race, celle de Nevers subsistoit en France, quy en est descendue, elle conserveroit la dignité de prince, bien que la souveraineté en fut distraitte. Voila l'interest que ces princes de la maison de Lorraine y peuvent avoir; car pour la succession, ils en sont tous sy eslongnés, a cause des filles quy ont esté mariées a d'autres maisons, qu'ils ne songent pas seulement d'y pouvoir parvenir : la maison de Guyse a plus de cent testes avant que la couronne de Lorraine puisse venir tomber sur la siénne; celle de Mercure est tombée en quenouille; et sans cela, beaucoup de princes et princesses de la maison de Medicis leur passeroint devant. Il n'y a que monsieur vostre frere et ses enfans qui patiront de tout cecy, que je plains infiniment; mais a tout considerer, il ne perd pas tant comme il manque de gaigner. Car cela despend premierement de vostre volonté, secondement de celle de madame vostre fille, en suitte de la lignée quy en proviendra, quy est douteuse aux cousins germains ; et semble que Dieu ne benisse pas de sy proches alliances, en les privant souvent d'enfans, comme il se voit de celle de Mʳ le duc de Bavieres et de madame vostre sœur quy devoint, selon le jugement humain, avoir une belle et nombreuse lignée, estans tous deux sy bien faits et en la fleur de leur eage ; neammoins, depuis quinse ans qu'ils sont mariés, ils n'ont pas eu seulement le doute d'en avoir : et quand bien Vostre Altesse donneroit a monsieur son frere sa fille aynée pour son fils ayné, elle donneroit la seconde a quelque prince estranger, a quy tomberoit vostre duché sy l'aynée n'avoit point d'enfans de monsieur vostre neveu, quy seroit la mesme chose, mais bien moins avantageuse, que sy elle l'eut mariée avec monsieur le dauphin, quy n'aura pas moins de volonté que de puissance d'agrandir un jour son oncle et ses cousins germains. »

« Voyla, Monsieur (luy dis-je), les divers interets et la consequence d'iceux, que j'ay voulu representer a Vostre Altesse, avant que de luy dire les conseils qu'elle a à prendre la dessus, et que je luy puis donner sans prejudice de manquer au devoir auquel la personne que je represente maintenant m'oblige. Maintenant je luy estalleray toutes les responses qu'elle peut faire ; et puis elle mesme les ayant toutes meurement considerées, choisira celle qu'elle voudra faire au roy, laquelle je luy porteray fidellement, et sans luy rien cacher ny desguiser. »

« Elle peut donc, premierement, respondre au roy que les interets de la maison de Lorraine, et le desir de perpetuer sa succession et ses estats en sa mesme famille, luy sont sy considerables qu'elle est resolue de marier madame sa fille a un prince de son sang, quy est un refus absolu, et lequel, bien que je me fusse resolu de ne donner point mon avis sur le choix des conseils divers que je luy avois proposés, neammoins j'estois trop son serviteur pour ne luy pas dire que je ne luy conseille pas d'user de termes sy crus, attendu que nier a quy peut forcer, est l'art de se ruiner : joint aussy que, faisant cette response, vous ferés infailliblement une autre action quy sera encores pire, quy est que, sy les affaires d'Allemaigne appellent la personne et l'armée du roy, ou sur vostre frontiere, ou par vostre païs pour le passage, vous estes comme obligé, par ce precedent refus, d'envoyer mesdames vos filles en Bavieres pour en eslongner la proye; et, estant en Bavieres, quy sait sy Mr le duc de Bavieres n'aymera pas autant cette riche héritiere pour un de ses neveux que pour celuy de sa femme? »

« La seconde response que vous pouvés faire au roy, est de luy dire que monsieur le dauphin ny madame vostre fille n'estant point en eage nubile, vous n'y voulés point inutilement penser avant le temps de le pouvoir conclure. Cette seconde response est un refus absolu, et quy sera receu du roy pour tel : mais Vostre Altesse pourroit adjouster, pour l'adoucir, que vous asseurés neammcins Sa Majesté que, lors que cela sera, vous n'entendrés a aucune proposition que l'on vous veuille faire sur ce sujet, sans sçavoir premierement sy Sa Majesté continue au dessein de luy faire l'honneur de songer a son alliance pour monsieur le dauphin; y adjoustant encores (sy vous voulés), que tout traitté que l'on pourroit faire avant ce temps la ne lieroit point Sa Majesté, et engageroit Vostre Altesse, quy rend tres humbles graces a Sa ditte Majesté de celle qu'il luy fait de jetter les yeux sur sa fille au dessein qu'il a de marier monsieur le dauphin. »

« La troisieme response que Vostre Altesse peut faire au roy est de le remercier tres humblement de l'honneur qu'il luy fait, qu'elle reçoit avesques toute sorte de respect et de joye; qu'elle luy suplie tres humblement que cette affaire soit traittée avesques toute sorte de secret et de silence pendant quelque temps qu'elle tachera de disposer ses sujets a l'agréer, et ses parens a y consentir; ce qu'elle fera le plus tost qu'il luy sera possible. »

« L'autre response est de recevoir au pied de la lettre l'offre du roy, vous y conformer et la conclure avesques joye et contentement, faisant de bonne grace ce que vous estes resolu de faire. »

« De ces quatre responses Vostre Altesse peut choysir celle qu'il luy plaira, et lors qu'elle me l'aura donnée, je la porteray à Sa Majesté sans y rien changer ny alterer. »

Ces divers conseils que je luy donnay le tindrent un peu pensif; et moy, la dessus, je le quittay, le laissant avec le president Bouvet, quy avoit esté en tiers a toute cette conference : lequel president, revenant le soir a son logis, me rencontra devant ma porte, me promenant avesques plusieurs seigneurs et gentilshommes : je les quittay pour me promener avesques luy, quy me dit :

« Je pensois que ce que vous aviés proposé a S. A.

luy eut donné moyen de se resoudre; mais vous l'avés plus embarrassé qu'auparavant, et je crois que, sy vous ne luy eussiés donné qu'un seul conseil, il l'eut suyvi, parce qu'il veut suyvre tous les quattre, ne sachant lequel choysir. Je l'ay laissé en cette incertitude, penchant neammoins sur le troisieme avis, quy est d'accepter la semonce, mais de la tenir secrette jusques a ce qu'il soit temps, et que cependant, quy a temps a vie, il y pourra arriver tant de choses, que les affaires prendront quelque biais que ny vous, ny nous, n'eussions pas peut-estre pensé. Il m'a commandé encor, en partant, de vous dire qu'il vous recommandoit le secret, et que vous vous pouviés disposer de partir dans deux jours; car demain, sans remise, il resoudroit sa response, et vostre despesche, laquelle seroit seulement verbale, relative sur la lettre qu'il escriroit au roy, en response de la sienne, quy n'avoit aussy esté que de creance. »

Je dis lors au dit president que j'avois charge expresse du roy de donner à S. A. la demande que je luy avois faite, escrite et sinnée de ma main, quy estoit desja toute preste a ma chambre; mais qu'il vouloit aussy que sa response fut sinnée de la sienne, et que, pour plusieurs raysons, je ne la pouvois pas prendre autrement; que l'affaire estoit de consequence, sujette a desaveu; que j'estois jeune, et nouveau ministre, quy, outre cela, estois vassal de S. A., quy serois aysement soubçonné d'avoir adjouté ou diminué, supprimé ou inventé quelque chose en l'affaire, et que je n'estois pas homme pour faire appeller S. A. au combat, quand elle voudroit nier ce qu'elle m'auroit donné charge de dire de sa part : c'estoit pourquoy je voulois que sa lettre et son seing parlassent, et que moy seulement en fusse le porteur.

Bouvet me dit que difficilement pourroit-il faire cela : « Ny moy, respondis-je, rapporter rien que je ne l'aye, escrit et sinné. » Sur quoy nous nous separames; et l'ayant prié de faire sçavoir à S. A. cette mienne determinée resolution, il me pria de songer aussy de ma part a quelque expedient quy ne fut point cela, et fut neammoins cela mesme. Je luy respondis sur l'heure que j'en avois un en main quy me deschargeoit, et ne l'engageoit pas; quy estoit de l'envoyer, luy president, ou quelque autre personne affidée, porter sa response au roy avec une lettre de creance, et qu'il n'y avoit point d'autre moyen que l'un de ces deux là.

Je m'en vins le lendemain matin voir le duc, quy ne me parla en aucune façon de cette affaire, parce qu'il y avoit force monde; mais bien me dit-il que sy je le venois desbaucher incontinent apres disner, qu'il feroit quelque partie a la paume avesques moy. J'y vins selon ce qu'il m'avoit dit; et, l'ayant trouvé dans sa galerie, il me dit qu'il estoit tout resolu de se conformer aux volontés du roy, et recevoir l'honneur qu'il luy vouloit faire : seulement desiroit il de gaigner et disposer les principaux de son estat pour leur faire gouster ce mariage, et le pallier cependant a ses parens jusques a ce qu'il fut temps de le descouvrir; suppliant tres humblement Sa Majesté de le vouloir cependant tenir secret, me priant aussy de recevoir cette response de sa part pour la porter au roy avesques une lettre de creance relative sur moy.

Je luy respondis lors que j'estois venu avec lettre

de creance, quy estoit mon pouvoir de traitter avesques luy, mais que s'il ne vouloit donner qu'une lettre de creance sans autre chose, qu'il y pouvoit envoyer quelqu'un de sa part pour la porter, et que je me chargerois seulement de traitté, ou response authentique sinnée, avec la lettre de creance pour l'accompagner. Il me dit qu'il craignoit que cette response sinnée de luy ne fut veue, et que cela luy pouvoit importer a la vie mesme. Je luy dis que je n'avois pas moins d'interest de la tenir secrette pour les mesmes raysons, et que je luy respondois que le roy le feroit aussy.

En fin il se resolut de me faire donner une lettre, non de creance, mais de response a ce que j'avois negocié avec luy : ce qu'il fit, et je la rapportay au roy, prenant congé de luy deux jours apres pour l'aller trouver; lequel fut extreordinairement satisfait du bon succes de toutes les affaires qu'il m'avoit commises, et me fit de tres grandes demonstrations de sa bienveillance.

Septembre. — A peine eus je achevé de luy rendre compte des choses qu'il m'avoit ordonnées, qu'il prit aussy audience de moy pour me parler de sa passion vers madame la Princesse, et de la malheureuse vie qu'il menoit eslongné d'elle : et veritablement c'estoit un amour forcené que le sien, quy ne se pouvoit contenir dans les bornes de la bienseance. Je luy fis a mon tour mes plaintes de luy-mesme, quy avoit fait fouiller et prendre les lettres que mon vallet de chambre, s'en revenant en poste de la court, m'apportoit : ce qu'il me nia fortement; mais je le sçavois bien, en ayant esté adverty auparavant par la reine, quy dit a madame la princesse de Conty qu'elle en avisat mon homme, ce qu'elle fit; et luy, sur cet avis, bailla a un messager qu'il connoissoit toutes les lettres qu'il avoit a porter, lequel les luy rendit apres a Saint-Disier. On avoit fait rapport au roy que mon dit vallet me portoit des lettres de bonne part (aussy faisoit il, et de diverses personnes); mais il fut habile. Ce quy mit plus en peine le roy, fut qu'il m'avoit escrit, et on ne trouva jammais sa lettre sur mon homme, a quy il l'avoit donnée; de sorte qu'il se douta bien qu'il avoit envoyé son paquet par une autre addresse, parce que je luy rendis response de sa lettre. En fin il me nia toujours qu'il eut fait destrousser mon homme, et m'en voulut faire soubçonner des personnes quy n'y avoint pas pensé.

Ce jour mesme la reine me parla d'une affaire de grande consequence, en laquelle je la servis adroittement, et selon ses intentions.

Trois jours apres, quy fut le 12me de septembre, j'eus une bonne fortune.

Je me souviens qu'en ce temps la, comme le roy prit un jour medecine, il se promenoit apres disner dans sa galerie : Mr de Boullon entama un discours de la grandeur de l'Espaigne, de sa visée a la monarchie, a laquelle elle s'acheminoit a grands pas, sy tous les autres princes chretiens ne s'unissoint ensemble pour l'en empescher, et que, sans les Hollandois, elle y seroit desja parvenue; que la treve que le roy avoit mesme aydé a faire entre le roy d'Espaigne et eux, estoit grandement profitable a l'Espagnol, dommageable a eux, et au roy; que, finalement, le roy devoit, de toute sa puissance, procurer l'aggrandissement des

Estats et la ruine de l'Espagnol, comme de celuy quy devoit un jour opprimer, avec la France, tout le reste de la chretienté.

Il eut non seulement une paisible, mais favorable audience; et comme il estoit beau parleur, et energique, il ravit d'admiration plusieurs esprits assés ignorans, quy estoint là. Je me trouvay a cette proposition, et comme je n'avois pas l'esprit preoccupé en sa faveur comme les autres, je remarquay a son discours plusieurs choses fausses, beaucoup de vaines, et quantité quy servoint plustost d'ornement au langage que d'aide a la persuasion. Je dis lors à Mrs de Roquelaure et de Trigny, quy haut louoint le grand jugement de Mr de Boullon, et disoint qu'il n'y avoit plus rien a dire apres ce qu'il avoit dit, que, sy l'on vouloit prendre le contrepié de ce dont il avoit discouru, il y auroit plus de raysons a dire, et plus probables, que celles qu'il avoit proposées, et qu'il avoit appuyé tout son discours sur de faux fondements et suppositions. Apres que Mr de Boullon fut party, Trigny dit au roy, quy louoit les belles et bonnes raysons qu'il avoit desduites, que je disois que l'on en pourroit faire de mesme a prendre le parti de l'Espagnol contre les Hollandois : « Ayons en le plaisir, » repliqua le roy; et sur ce, m'appella, et me commanda de luy parler contre les Hollandois, a quoy je m'embarquay, apres m'en estre excusé plusieurs fois; et Dieu m'inspira sy bien que j'y reussis mieux que ceux quy m'escoutoint ne l'eussent creu : ausquels le roy addressant sa parole, leur dit : « Il faut avouer le vray, que Mr de Boullon a rayson, mais que Bassompierre n'a pas tort. » Et le soir mesme le roi me commanda de mettre par escrit ce que je luy avois dit, et que je le donnasse a Mr de Villeroy. Je luy dis qu'il se moquoit de moy; que je ne me meslois pas de bien dire, et moins de bien escrire, l'un et l'autre n'estant pas de ma profession, et moins de ma suffisance; que je ne me ressouvenois plus de ce que j'avois dit devant luy en la galerie, et que ce que j'en avois fait avoit plustost esté a dessein de contrarier Mr de Boullon, que je n'aymois pas, que pour me debiter pour un beau parleur. En fin il me força de luy mettre par escrit, ce que je fis en meilleure forme que je ne l'avois dit.

Octobre. — Le roy alla peu de jours apres passer le reste de son automne a Fontainebleau, d'ou je fis quelques courses a Malesherbes.

Les fils de don Virginio Ursino (1) y arriverent.

Mr de Chevreuse, descouvert de voir en privé madame de Moret, dit au roy qu'il la vouloit espouser : ses parents accommoderent cette affaire; et luy, s'en alla en Lorraine, d'ou il ne revint qu'apres la mort du roy.

Pimentel estoit revenu a la court, et le jeu estoit grossi par son arrivée.

Le roy revint a Paris apres la Toussaints.

Ma sœur de Saint-Luc accoucha d'un enfant mort, et elle le suivit dix jours apres ses couches, dont je pensay desesperer de desplaisir (2).

---

(1) Les fils de Virginio Orsini, duc de Bracciano, étaient : Paul-Jourdain, qui fut duc de Bracciano; Alexandre, cardinal en 1615; et Ferdinand, duc de Bracciano après son frère. Virginio Orsini était cousin-germain de la reine.

(2) Le « desplaisir » de Bassompierre éveilla la muse d'un

Antragues revint de Chemaut.

La reine accoucha de madame Henriette Marie, sa derniere fille, le 26ᵉ de novembre (1).

Mʳ le Prince partit de la court pour s'en aller a Muret, d'ou il partit le dernier de novembre, jour de Saint André (2), avec Rochefort (3), et Toiras (4) et

---

poëte, nommé Chevalier, qui dans un petit livre intitulé : *Le tombeau de madame de Saint-Luc* (Paris, Jean Micard, M. DC. X.), lui adressa une épitre de consolation, suivie d'une pièce de vers qui a pour titre : *La Vertu, sur le tombeau d'Uranie*. — Le corps de Mᵐᵉ de Saint-Luc fut porté à Nancy; son cœur fut déposé dans la nef de l'église des Célestins de Paris (*Les tombeaux des personnes illustres*, par J. le Laboureur).

(1) Le 25, suivant le P. Anselme.

(2) Le prince de Condé, qui avait quitté la cour le 25, partit de Muret le 29, et non pas le 30 novembre. Cette date est établie d'une manière certaine par une relation autographe du voyage du prince, que M. le duc d'Aumale a publiée en partie dans son *Histoire des princes de Condé*, t. II, p. 577.

(3) Louis d'Aloigny, marquis de Rochefort, fils d'Antoine d'Aloigny, seigneur de Rochefort, et de Lucrèce de Perion, mort le 2 septembre 1657. Il était chambellan du prince de Condé.

(4) Jean de Saint-Bonnet de Toiras, quatrième fils d'Aymar de Saint-Bonnet, seigneur de Restinclières, et de Françoise de Claret de Saint-Félix; né le 1ᵉʳ mars 1585, maréchal de France le 13 décembre 1630, tué devant Fontanette le 14 juin 1636.

Toiras, qui avait été page du prince de Condé, et qui était son premier gentilhomme de la chambre, ne partit pas avec lui, mais il le rejoignit à Landrecies :

> Qui pour son propre faict à Paris pour un jour
> Resté après le prince a partir de la cour,
> Et ne l'ayant trouvé au rendé-vous, bien viste
> L'avoit là ratrappé à le suivre à la piste.
>
> (*L'Enlèvement innocent*, par Claude-Enoch Virey).

Il quitta le prince de Condé pour revenir en France « ou qu'il

un vallet, quy portoint en crouppe madame la Princesse sa femme, mademoiselle de Serteau, et une femme de chambre nommée Philipotte, et s'en alla a Landrecies. Le roy jouoit en son petit cabinet quand d'Elbene (1) premierement, puis le chevalier du guet, luy en porterent la nouvelle, et j'estois le plus proche de luy : il me dit lors a l'oreille : « Bassompierre, mon amy, je suis perdu ; cet homme a emmené sa femme dans un bois. Je ne sçay si ça esté pour la tuer, ou pour l'emmener hors de France. Prends garde a mon argent, et entretiens le jeu ce pendant que j'en vas sçavoir de plus particulieres nouvelles. » Lors il entra avec d'Elbene dans la chambre de la reine, quy couchoit dans son cabinet depuis ses couches de sa derniere fille, de laquelle elle s'estoit trouvée fort mal.

Apres que le roy fut party, M' le Comte (2) me pria de luy dire ce que c'estoit; je luy dis que son neveu et sa niece s'en estoint allés : puis en suitte Mrs de Guyse, d'Espernon, et de Crequy m'ayant fait la mesme

---

craignit la sévérité et menace de son Roy, ou pour quelque autre subject à eux seuls connu. » (*Véritable discours de la naissance et vie de Monseigneur le prince de Condé*, par le sieur de Fiefbrun).

Le nom de Toiras, surchargé dans le manuscrit du maréchal de Bassompierre, est devenu *Tournay* dans les copies et dans les précédentes éditions, et *Touray* dans les *Memorie recondite* de Vittorio Siri (t. II, p. 84).

(1) Alexandre d'Elbene, Florentin, gentilhomme ordinaire de la chambre du roi, fut colonel de l'infanterie italienne en France, et premier maître d'hôtel de la reine.

(2) Le comte de Soissons, que l'on appelait M. le Comte, était frère consanguin du père du prince de Condé.

demande, je leur fis la mesme response. Allors chascun se retira du jeu ; et moy, prenant l'occasion de rapporter au roy son argent qu'il avoit laissé sur la table, j'entray ou il estoit. Je ne vis jammais un homme sy perdu ny sy transporté : le marquis de Cœuvre, le comte de Cramail, d'Elbene, et Lomenie, estoint avesques luy; a chasque proposition ou expedient qu'un des trois luy donnoit, il s'y accordoit, et commandoit a Lomenie d'en faire l'expédition, comme d'envoyer le chevalier du guet apres M^r le Prince avec ses archers; de despescher Ballagny (1) a Bouchain pour tascher de l'attraper; d'envoyer Vaubecourt (2), quy estoit lors a Paris, sur la frontiere de Verdun, pour empescher son passage par là ; et d'autres choses ridicules.

Il avoit envoyé querir ses ministres, lesquels, a leur arrivée, luy donnerent chascun pour conseil un plat de leur mestier, ou un trait de leur humeur. Monsieur le chancelier (3) arriva le premier, a quy le roy dit l'affaire, et luy demanda ce qu'il luy sembloit a propos de faire sur cela. Il respondit posement que ce prince ne prenoit pas le bon chemin; qu'il eut esté a desirer

---

(1) Damian de Montluc, seigneur de Balagny, fils de Jean de Montluc, maréchal de Balagny, et de Renée de Clermont, dame d'Amboise, sa première femme, mort le 9 avril 1612, d'une blessure reçue en duel. Il était gouverneur de Marle.

(2) Jean de Nettancourt, baron, puis comte de Vaubecourt, fils de Jean de Nettancourt, baron de Vaubecourt, et d'Ursule de Haussonville, mort le 4 septembre 1642. Il était alors gouverneur du comté de Beaulieu-en-Argonne.

(3) Le chancelier était alors Brulart de Sillery, qui avait succédé à Pomponne de Bellievre.

que l'on l'eut mieux conseillé, et qu'il devoit avoir modéré son ardeur. Le roy luy dit en colere : « Ce n'est pas ce que je vous demande, Monsieur le chancelier, c'est vostre avis. » Allors il dit qu'il falloit faire de bonnes et fortes declarations contre luy, et tous ceux quy le suyvroint, ou donneroint ayde, soit d'argent, soit de conseils.

Comme il disoit cela, M' de Villeroy entra, et le roy, impatient, luy demanda son avis, apres luy avoir dit la chose. Il haussa les espaules, et montra d'estre bien estonné de cette nouvelle, puis dit qu'il falloit despescher a tous les ambassadeurs du roy vers les princes estrangers pour leur donner avis du depart de M' le Prince sans permission du roy et contre sa deffense, et pour leur faire faire les offices necessaires aupres des princes ou ils residoint pour ne le retenir en leurs estats, ou le renvoyer a Sa Majesté.

M' le président Jannin (1) estoit venu en compagnie de M' de Villeroy, a quy le roy demanda aussy son avis. Il luy dit, sans hesiter, que Sa Majesté devoit incontinent despescher un de ses capitaines des gardes du corps apres, pour tascher de le ramener, et en suitte cheux le prince aux estats duquel il seroit allé, le menacer, au cas qu'il ne luy remit entre les mains, de luy faire la guerre : car, a son avis, son depart n'a point esté premedité, ny [il] n'a point fait faire d'office

---

(1) Pierre Jeannin, né en 1540, mort le 31 octobre 1622. Il avait été président à mortier au parlement de Dijon. Chargé, sous Henri IV, de négociations diplomatiques dont il a laissé la relation, il fut, sous Louis XIII, contrôleur général des finances.

precedent pour estre receu et protegé; il sera sans doutte allé en Flandres, et l'archeduc (1), quy ne connoit point Mʳ le Prince, quy n'a point d'ordre expres d'Espaigne pour le maintenir, et quy respecte et craint le roy, ne se le voudra pas jetter pour peu de chose sur les bras, et sans doute, ou vous le renvoyera, ou le chassera de ses estats.

Le roy prit goust a cet expedient; mais il ne se voulut resoudre qu'il n'eut aussy ouy parler Mʳ de Suilly la dessus; lequel arriva assés longtemps apres, avec une façon brusque et rude. Le roy alla a luy, et luy dit : « Monsieur de Suilly, Mʳ le Prince est party, et a emmené sa femme. » « Sire (luy dit-il), je ne m'en estonne point; je l'avois bien preveu, et vous l'avois bien dit; et sy vous eussiés creu le conseil que je vous donnay, il y a quinse jours, quand il partit pour aller a Muret, vous l'eussiés mis dans la Bastille, ou vous le trouveriés maintenant, et je vous l'eusse bien gardé. » (2) Le roy luy dit : « C'est une affaire faite, il n'en faut plus parler; mais que dois-je faire cependant? Dittes m'en vostre opinion. » « Par Dieu, je ne

---

(1) L'archiduc Albert.
(2)   L'insolent duc Sully, brutal en apparence,
    Mais propre au maniment de l'espargne de France,
    Visité par le prince exprès. . . . .
    Et lors se separans, le duc alla au Louvre,
    Ou tout leur entretient mot à mot il descouvre
    Et à Sa Majesté dit qu'il n'estoit d'advis
    Qu'elle laissast sortir le prince hors de Paris. . . .
    Dont de ne l'avoir creu le temps fut bientost proche
    Que le duc feit au Roy sur le succez reproche.
                    (*L'enlèvement innocent*).

sçay, respondit-il, mais laissés moy retourner a l'Arsenac, ou je souperay et me coucheray, et cette nuit je penseray a quelque bon conseil que je vous rapporteray demain au matin. » « Non, ce dit le roy, je veux que vous m'en donniés un tout a cette heure. » « Il y faut donc penser, » (luy dit-il), et sur cela il se tourna vers la fenestre quy regarde dedans la court, et se mit peu de temps a jouer du tabourin dessus, puis s'en vint vers le roy quy luy dit : « Eh bien, avés vous songé? » « Ouy, » luy dit il. « Et que faut il faire? » demanda le roy. « Rien, » luy repliqua il. « Comment rien ! » ce dit le roy. « Ouy, rien, dit Mr de Suilly : sy vous ne faites rien du tout, et montrés de ne vous en pas soucier, on le mesprisera ; personne ne l'aydera, non pas mesmes ses amis et serviteurs qu'il a par deça; et dans trois mois, pressé de la necessité, et du peu de compte que l'on fera de luy, vous le raurés a la condition que vous voudrés : là ou, sy vous montrés d'en estre en peine, et d'avoir desir de le ravoir, on le tiendra en consideration ; il sera secouru d'argent par ceux de deça; et plusieurs, croyant vous faire desplaisir, le conserveront, quy l'eussent laissé là, sy vous ne vous en fussiés pas soucié. »

Le roy, quy estoit dans le trouble et dans l'impatience, ne peut recevoir cet avis, et s'arresta a celuy de M^r le president Jannin, quy estoit plus brusque et plus selon son humeur presente, et despescha le lendemain Mr de Pralain, tant vers M^r le Prince que vers l'archeduc.

J'ay voulu desduire par le menu ces differentes opinions quy ont quelque connexité a cette evasion de M^r le Prince, et dire en suitte que Mr de Pralain trouva encor monsieur et madame la Princesse a Landrecies, avesques lesquels n'ayant peu rien traitter pour leur retour, il passa a Brusselles vers l'archeduc, auquel il desclara ce que le roy l'avoit chargé de luy dire. L'archeduc fut assés surpris, et bien qu'il eut donné quelque esperance a Rochefort, quy l'estoit allé trouver de la part de M^r le Prince, de le recevoir et proteger dans ses estats, il luy envoya neammoins prier d'y vouloir seulement passer sans s'y arrester. Mais depuis, animé par les persuasions du marquis Spinola, il le receut et garda dans ses païs : ce fut ce quy fit en fin resoudre le roy a executer ce grand dessein qu'il avoit longtemps escouté, souvent fait esperer de l'entreprendre, mais ou il ne s'estoit voulu jusques allors entierement jetter : lequel ne sera pas hors de propos, ny du present sujet, d'en parler maintenant, et de reprendre les choses a leur source, pour en donner une plus claire intelligence.

Comme ceux de la religion n'ont jammais eu un plus puissant ennemy que le roy d'Espaigne, ny qu'ils ayent plus craint et redoutté, aussy ont ils tourné leurs principaux projets et desseins a son abaissement et ruine; et lors qu'ils ont eu acces a l'oreille de quelque prince, ils l'ont toujours animé a luy faire la guerre. Mrs de Boullon, de Suilly et des Diguieres, principaux personnages de cet estat, et les plus grands et habiles du party huguenot en France, quoyque toujours contraires et animés les uns contre les autres, se sont neammoins en tout temps unis a conseiller et presser le roy, voire mesmes l'ulcerer et envenimer contre la maison d'Austriche, et le roy d'Espaigne particulierement; a quoy ils estoint aidés par la propre inclination du roy, alienée du roy d'Espaigne par son ressentiment des outrages receus par luy en ces dernieres guerres, et par l'apprehension de sa grandeur, quy, par rayson d'estat, luy devoit estre suspecte : de sorte qu'ils trouvoint libre acces vers le roy, et paisible audience, mesmes avec approbation, quand ils luy parloint contre Espaigne, et n'eussent pas manqué d'execution, sy le roy, las et recreu de tant de guerres passées, son peuple ruiné, et ses finances espuisées, n'eut voulu passer, autant que le bien de son estat et son honneur luy pouvoint permettre, le reste de ses jours en paix dans un heureux et fecond (1) mariage, parmy une nombreuse famille, et dans les divertissements quy ne le destournoint des choses qui pouvoint estre utiles au bien de son estat, pour lequel il a toujours eu une parfaitte sollicitude.

Ces raysons, quy destournoint Sa Majesté d'entreprendre une guerre longue et douteuse avec le roy d'Espaigne (et de laquelle, comme il disoit souvent, il ne pouvoit esperer aucun avantage qu'une paix, apres avoir beaucoup consummé de temps, d'argent et d'hommes, avec la desolation de leurs deux frontieres, avec restitution de ce quy auroit esté occupé de l'une des parties sur l'autre), n'empeschoint pas neammoins que le roy ne prit son party quand il verroit une bonne occasion de le devoir faire; et [il] ne trouva pas mauvais que Mr de Suilly fit quelque ouverture au roy Jacques d'Angleterre (vers lequel il estoit allé de sa

---

(1) Les précédentes éditions portaient : *second*, au lieu de : *fécond*.

part a son nouvel avenement a la couronne) (1), sur une estroitte ligue et conjonction de ces deux couronnes contre celle d'Espaigne, en cas qu'elle voulut continuer ses ordinaires progres. Mais ces sages princes, tous deux venus de loin a de sy grandes successions, songeoint plustost aux moyens de les bien regir et conserver, que de les accroitre par des moyens non moins prejudiciables a la chretienté qu'a leurs particuliers estats, et se lierent ensemble d'une estroitte amitié sans passer les termes, ou contrevenir a la paix que le roy avoit avec Espaigne, et que celuy d'Angleterre contracta peu de temps apres.

Mais il arriva en suitte que M᾽ le duc de Savoye, brave et gentil prince, et impatient de paix et de repos, ne se peut longuement contenir oysif apres la paix que luy avoit donnée le roy au commencement de l'année 1601; et ce prince remply de grands desirs, quy avoit ce malheur d'estre situé entre deux voysins plus puissans que luy, ne pouvant longuement se contenir en un estat tranquille, animoit toujours l'un ou l'autre d'entrer en guerre, et s'offroit a celuy quy voudroit estre aggresseur. Mais comme le roy Philippe IIIe (2) fut un prince addonné a la paix, il ne trouva pas son compte avesques luy : joint qu'il estoit

---

(1) Jacques Ier monta sur le trône d'Angleterre le 3 avril 1603. L'ambassade de Sully eut lieu au mois de juin de la même année. Le traité entre l'Angleterre et l'Espagne fut signé en 1604. — Voir les *Mémoires de Sully*, liv. XIV et suiv.

(2) Philippe III, roi d'Espagne, fils de Philippe II et d'Anne-Marie d'Autriche, sa quatrième femme, était monté sur le trône en 1598.

piqué de ce que l'infante Isabelle avoit eu pour son partage les grands estats de Flandres, et que l'infante Caterine sa femme (1) ne luy eut apporté que quarante mille ducats de rente en dot, assinnés sur le royaume de Naples, desquels il estoit assés mal payé ; il pretendoit qu'au moins la cadette devoit avoir le duché de Milan, puis que l'ainée avoit eu les Païs Bas ; et parce qu'il ne l'avoit pas, il pensoit que l'on luy destint injustement : c'est pourquoy il s'adressa diverses fois au roy pour le porter a la guerre, luy offrant, avesques son assistance et son service, des grandes pratiques et intelligences qu'il disoit avoir dans et sur le duché de Milan.

Le roy quy connoissoit l'humeur de ce prince, et quy se deffioit de sa fidellité, fit plusieurs difficultés d'entrer en aucune pratique avesques luy : finalement, luy ayant fait dire qu'il donneroit telles asseurances de son immuable affection que Sa Majesté en desireroit, elle fut conseillée de l'escouter ; et S. A. de Savoye envoya lors un seigneur nommé le comte de Gatinare (2), et un de ses secretaires en quy il se confioit fort, que le dit comte fit semblant de desbaucher pour l'accompagner en ce voyage quy avoit pour apparence la congratulation de la naissance d'un des enfans de France.

Le comte de Gatinare, apres avoir eu audience,

---

(1) L'infante Isabelle-Claire-Eugénie et l'infante Catherine étaient nées toutes les deux du mariage de Philippe II, roi d'Espagne, et d'Elisabeth de France, sa troisième femme.

(2) Sans doute Philibert-Mercurin Arborio, marquis de Gattinare, grand-maître d'hôtel de Savoie.

feignit d'avoir la goutte pour pretexte de sejourner; et, commençant a se guerir, le roy sachant qu'il estoit joueur, luy commanda de venir jouer avesques luy, et affin qu'il peut estre plus pres pour revenir le soir, le roy m'ordonna de luy donner tous les soirs a soupper, et peu auparavant que l'on nous servit a manger, ce secretaire venoit cheux moy en cachette luy dire ce qu'il avoit traitté avec M. de Villeroy en cette journée, et s'il y avoit quelque difficulté, il en parloit le soir au roy avant le jeu. Le roy me fit cette grace de me dire cette affaire, apres une aspre deffense de la cacher aux yeux et a la connoissance de tout le monde; ce qu'il fit peut-estre forcé de s'y confier, de peur que, l'apercevant, je ne la descouvrisse, puis que les rendés vous se faisoint en mon logis.

Il fit plusieurs grandes propositions au roy, ausquelles le roy ayant respondu qu'il n'y avoit aucune apparence qu'il se peut fier en luy, veu que son principal ministre, a quy il avoit donné sa sœur naturelle en mariage, M. d'Albigny, estoit entierement espagnol. Il manda lors au roy que, dans peu de jours, il luy leveroit de ce costé là toute sorte d'ombrage; comme il fit : car huit jours apres nous ouïmes dire la prison, et en suitte la mort du dit Albigny.

Le roy, voyant que le duc ne se jouoit pas, mais faisoit a bon escient; animé par les vives persuasions de M. de Suilly, et de M. des Diguieres, a quy le duc s'estoit premierement addressé, et quy avoit proposé au roy cette conjonction de M. de Savoye a luy; voyant aussy les avantages que Sa dite Majesté en pouvoit retirer, et les amples offres que M. de Savoye luy faisoit; fomenté par la republique de Venise, quy offroit de se joindre a ce mesme dessein; fit un traitté tres secret avec mon dit sieur duc de Savoye, par lequel il promettoit sa fille aynée au prince de Piemont, son fils, en mariage; que, de la conqueste de Milan, quy se feroit par les armes communes de Sa Majesté, de la republique, et de Mr de Savoye, la Gira d'Adde (1) seroit pour les Venitiens, et le reste pour le duc, quy, moyennant ce, quitteroit le duché de Savoye et sa pretention de Genesve au roy, pourveu qu'il en fut trois années paysible possesseur; que la protection de Gesnes seroit au roy, avesques les places que le roy d'Espaigne occupe entre Gesnes et Provence; que le duc de Savoye seroit general, sous le roy, des trois armées, et M^r des Diguieres lieutenant general, lequel seroit en mesme temps honoré par Sa Majesté d'un baston de mareschal de France, ce qu'il receut a la fin de l'année 1609 a Fontainebleau (2).

Tous ces grands advantages, ny l'offre que luy firent les Estats de Hollande de rompre la tresve qu'ils avoint faite pour douse ans avec Espaigne lors qu'il voudroit y rompre la paix, ne le peurent encor esmouvoir d'entrer en guerre ouverte avec l'Espagnol, bien

---

(1) La Ghiara d'Adda est un petit pays situé en Lombardie, entre l'Adda et le Serio; il s'étend jusqu'aux montagnes de Bergame, et faisait autrefois partie du Bergamesque. Les traités l'avaient rattaché au Milanais.

(2) Arrivé à Paris le 29 août, M. de Lesdiguières reçut le bâton de maréchal, à Fontainebleau, dans les premiers jours de septembre (*Histoire du connestable des Diguières*, par Videl). C'est par erreur que le P. Anselme assigne à cette promotion la date de septembre 1608, et l'*Histoire des Connestables* celle de 1610.

qu'il en fut asprement sollicité de tous costés. En fin la mort du duc de Cleves l'ayant un peu esbranlé, la protection que l'archeduc donna a M^r le Prince, le jetterent tout a fait a accomplir le traitté de Savoye, et attaquer en mesme temps, avesques une puissante armée, les Païs Bas : a quoy luy arriva de surcroit la prise de Juliers par l'archeduc Leopold (1), quy y entra comme commissaire de l'empereur; ce que le roy trouva de telle importance, qu'il se resolut de tirer cette place des mains de la mayson d'Austriche, le roi d'Angleterre concourant a mesme dessein.

1610.
Janvier.

Voyla ce quy se passa sur cette affaire jusques au commencement de l'année 1610 en laquelle monsieur le grand duc (2), comme amiable compositeur, quy apprehendoit les guerres en Italie, quy craignoit, s'il demeuroit neutre, qu'il seroit fourragé de l'un et de l'autre party, et que, s'il se desclaroit, il ne fut ruiné, s'employa en diverses negociations de tous costés, pour empescher une rupture ouverte. Il envoya en diligence le marquis Botty(3) en Espaigne; et, y ayant

---

(1) Léopold, archiduc en Tyrol, troisième fils de Charles, archiduc en Styrie, et d'Anne de Bavière, né en 1584, mort le 17 septembre 1632, était cousin-germain de l'empereur Rodolphe II, alors régnant, et de l'archiduc Albert.

(2) Le grand duc de Toscane alors régnant était Cosme II, fils ainé de Ferdinand Ier et de Christine de Lorraine, cousin-germain de la reine, né en 1590, mort le 28 février 1621.

(3) Le marquis Botti di Campiglia.

trouvé toutes choses disposées a la paix, il le fit repasser par la France pour moyenner un bon accommodement, mesmes avec esperance de rendre madame la Princesse, et que l'on conviendroit d'un tiers pour la deposition de Juliers, le roy consentant mesmes le duc de Saxe (1) : mais comme c'estoit un païs catholique, l'Espagnol n'y voulut consentir. En fin le marquis Botty demanda au roy s'il se contenteroit qu'il fit ouverture de me mettre le depost de Juliers en main, pourveu que je prestasse serment a l'empereur, lequel consentiroit que j'en prestasse pareillement au roy, de ne m'en point dessaisir qu'avesques son consentement, a quoy le roy s'accorda volontiers ; mais la response n'en vint qu'apres le deces de Sa Majesté, laquelle cependant continuoit les preparatifs d'une grande et forte guerre pour le printemps prochain. Elle despescha Mr le mareschal des Diguieres en Dauphiné pour preparer toutes choses pour son passage au renouveau : elle le fit son lieutenant general sous Mr le duc de Savoye, Mr de Crequy colonel de son infanterie, et moy de sa cavalerie legere; ce qu'il fit de sy bonne grace, un soir que j'y pensois le moins, que je m'en sentis doublement obligé. Il me donna quand et quand une compagnie de cent chevaux-legers, dont

---

(1) Christian II, fils de Christian Ier et de Sophie de Brandebourg, électeur de Saxe, de la branche Albertine. La maison de Saxe avait sur la succession de Clèves et Juliers des prétentions fondées sur d'anciennes concessions impériales, et fortifiées pour les princes de la ligne Ernestine par les droits qu'ils tenaient du mariage de Sibylle de Clèves avec l'électeur Jean-Frédéric, le Magnanime.

je donnay la lieutenance a un vieux capitaine nommé la Tour, que l'on nommoit un des quatre evangelistes de Mʳ de Boullon en Champaigne : la cornette fut pour Mʳ de Bourbonne (1); et un nommé Salvert (2) mon mareschal des logis. Il me donna aussy cinquante gardes, desquelles je fis capitaine Cominges, et lieutenant Lambert (3). Il voulut qu'en fin je prestasse le serment de conseiller d'estat, que je n'avois voulu prester deux ans auparavant, et me donna encores quatre mille escus de pension. En fin il n'y eut sorte de faveur qu'il ne me fit, me donnant une charge, sans l'en requérir, laquelle il avoit refusée a Mʳ d'Esguillon, quy luy en avoit fait de grandes poursuittes, luy disant qu'il la gardoit pour tel quy n'y pensoit pas.

Cependant Antragues devint grosse.

Le roy me pressa d'espouser Mˡˡᵉ de Chemillié, et vouloit renouveller en ma personne le duché de Beaupreau (4); mais j'estois dans mes hautes follies de jeunesse, amoureux en tant d'endroits, bien voulu en

---

(1) Charles de Livron, marquis de Bourbonne, fils d'Erard de Livron, baron de Bourbonne, et de Gabrielle de Bassompierre, cousine-germaine du maréchal, qui, à la page 16, l'appelle par erreur Yolande.

(2) De la famille de Montrognon de Salvert, en Auvergne.

(3) Jean de Lambert, quatrième fils de Jean de Lambert, seigneur de la Filolie, et de Marguerite Robinet de la Serve, fut longtemps attaché au service militaire du maréchal de Bassompierre. Il devint plus tard lieutenant général, gouverneur de Metz, fut nommé chevalier de l'ordre du Saint-Esprit, et mourut sans avoir été reçu.

(4) Voir la note 3 à la page 225.

la plus part, que je n'avois pas le loysir de songer a ma fortune.

Le roy fit danser un ballet a monsieur le dauphin; et, parce que c'eut esté une feste assés melancolique s'il n'y eut eu que ces petits enfans quy en eussent esté, le roy commanda que les galans de la court en dansassent un immediatement avant le sien; ce que nous fismes.

Avril. — Madame la princesse de Conty accoucha, en caresme, d'une fille quy ne vescut que dix jours (1).

May. — Puis nous entrames dans ce malheureux mois de may, fatal a la France par la perte que nous fismes en iceluy, de nostre bon roy !

Je diray plusieurs choses des ressentiments que le roy avoit de mourir, et quy previndrent sa mort. Il me dit, peu devant ce temps la : « Je ne sçay ce que c'est, Bassompierre, mais je ne me puis persuader que j'aille en Allemaigne, et le cœur ne me dit point que tu ailles aussy en Italie. » Plusieurs fois il me dit, et a d'autres aussy : « Je crois mourir bientost. » Et le premier jour de may, revenant des Tuilleries par la grande galerie (il s'appuyoit toujours sur quelqu'un), et lors il tenoit Mr de Guyse d'un costé et moy de l'autre, et ne nous quitta qu'il ne fut pres d'entrer dans le cabinet de la reine : il nous dit lors : « Ne vous en allés point; je m'en vas haster ma femme de

---

(1) Marie de Bourbon, fille du prince et de la princesse de Conti, naquit le 8 mars 1610, et mourut le 20 du même mois, suivant le P. Anselme.

s'habiller, affin qu'elle ne me face point attendre a disner, » parce qu'il mangeoit ordinairement avec elle. Nous nous appuyames, en attendant, sur ces balustres de fer quy regardent dans la court du Louvre; lors le may que l'on y avoit planté au millieu, tomba sans estre agité de vent ny autre cause apparente, et cheut du costé du petit degré quy va a la chambre du roy : je dis lors a Mr de Guyse : « Je voudrois qu'il m'eut cousté quelque chose de bon, et que cela ne fut point arrivé : voyla un tres mauvais presage. Dieu veuille garder le roy, quy est le may du Louvre! » Il me dit : « Que vous estes fou de songer a cela! » Je luy respondis : « On feroit en Italie et en Allemaigne bien plus d'estat d'un tel presage que nous ne faisons icy : Dieu conserve le roy et tout ce quy luy attouche! » Le roy, quy n'avoit fait qu'entrer et sortir du cabinet de la reine, estoit venu tout doucement nous escouter, s'imaginant que nous parlerions de quelque femme, ouït tout ce que j'en avois dit, nous interrompit allors, disant : « Vous estes des fous de vous amuser a tous ces pronostiques : il y a trente ans que tous les astrologues, et charlatans qui feignent de l'estre, me predisent chasque année que je cours fortune de mourir; et, celle que je mourray, on remarquera lors tous les presages quy m'en ont adverti en icelle, dont l'on fera cas, et on ne parlera pas de ceux quy sont avenus les années precedentes. »

La reine eut une passion particuliere de se faire couronner avant le partement du roy pour aller en Allemaigne. Le roy ne le desiroit pas, tant pour eviter la despense, que parce qu'il n'aymoit gueres ces grandes festes : toutefois, comme il estoit le meilleur mary du monde, il y consentit, et retarda son partement pour aller en Allemaigne jusques apres qu'elle auroit fait son entrée a Paris (1). Il me commanda de m'y arrester aussy, ce que je fis, et aussy parce que madame la princesse de Conty me pria d'estre son chevalier a la ceremonie du sacre et de l'entrée (2).

La cour alla donc coucher le 12ᵉ de may a Saint-Denis pour se preparer au lendemain 13ᵉ, quy fut le jour du sacre de la reine, quy se fit en la plus grande magnificence qu'il fut possible. Le roy y fut extreordinairement gay (3). Apres le sacre il y eut, au logis de la descente des ambassadeurs, quelque brouillerie entre celuy d'Espaigne et de Venise. Le soir tout revint a Paris.

Le lendemain matin, 14ᵉ du dit mois, Mʳ de Guyse passa par mon logis, et me print pour aller trouver le roy quy estoit allé ouïr messe aux Feuillans : on nous dit par les chemins qu'il estoit allé au retour par les Tuileries; nous allasmes donc luy couper chemin, et le trouvasmes dans le berceau, s'en revenant, et parloit a Mʳ de Villeroy, qu'il quitta pour prendre Mʳ de Guyse et moy a ses deux costés, et nous dit d'abord : « Je

---

(1) L'entrée devait avoir lieu le dimanche 16 mai.

(2) Bassompierre porta, à la cérémonie du sacre et du couronnement, la queue de la princesse de Conti, qui portait elle-même celle de la reine.

(3) On lit toutefois, dans une relation du temps, que le roi, à son entrée dans l'église, « dit d'une voix fort intelligible et assez haute, voyant tant de monde haut et bas, mesmement considerant ce grand silence : « Il me souvient du grand et dernier jugement; Dieu nous fasse la grace de nous bien preparer pour ce jour là » (*Cérémonial françois*, t. I, p. 570).

viens des Feuillans, ou j'ay veu la chapelle que Bassompierre y fait faire, quy y a fait mettre sur la porte : *Quid retribuam Domino pro omnibus que retribuit mihi?* Et moy j'ay dit que pour luy, quy estoit allemand, il y falloit ajouster : *Calicem salutaris accipiam.* » Mr de Guyse s'en mit a rire bien fort, et luy dit : « Vous estes, a mon gré, un des plus agreables hommes du monde, et nostre destinée portoit que nous fussions l'un a l'autre; car sy vous n'eussiés esté qu'un homme mediocre, je vous eusse eu a mon service, a quelque prix que c'eust esté; mais puisque Dieu vous a fait naitre un grand roy, il ne pouvoit pas estre autrement que je ne fusse a vous. » Le roy l'embrassa et luy dit, et a moy aussy : « Vous ne me connoissés pas maintenant, vous autres : mais je mourray un de ces jours, et quand vous m'aurés perdu, vous connestrés lors ce que je valois, et la difference qu'il y a de moy aux autres hommes. » Je luy dis lors : « Mon Dieu, Sire, ne cesserés vous jammais de nous troubler en nous disant que vous mourrés bientost? Ces paroles ne sont point bonnes a dire; vous vivrés, Dieu aydant, quantité de longues et heureuses années. Il n'y a point de felicité au monde pareille a la vostre : vous n'estes qu'en la fleur de votre eage, en une parfaite santé et force de corps, plein d'honneur plus qu'aucun des mortels, jouissant en toute tranquillité du plus fleurissant royaume du monde, aymé et adoré de vos sujets, plein de biens, d'argent; de belles maisons, belle femme, belles maitresses, beaux enfans quy deviennent grands. Que vous faut il plus, ou qu'avés vous a desirer davantage? » Il se mit lors a souspirer, et me dit : « Mon amy, il faut quitter tout cela. » « Et ce propos aussy, luy respondis-je, pour vous demander quelque chose; mais c'est en payant : assavoir cent paires d'armes de vostre arsenac, quy nous manquent, et que nous ne pouvons avoir, a quelque prix que nous en veuillons donner. Ce n'est pas pour ma compagnie; car elle est complette et armée comme il faut : mais Mr de Varennes en a besoin de vingt cinq, Mr des Bordes de vingt cinq, et le comte de Charlus (1) de cinquante. » Il me respondit lors : « Bassompierre, je vous les feray donner : mais n'en dittes mot ; car tout le monde m'en demanderoit, et je desgarnirois mon arsenac. Venés y cette apres disnée, car j'iray voir Mr de Suilly, et je luy commanderay de vous les faire delivrer. » Je luy dis : « Sire, je donneray a l'heure mesme l'argent qu'elles valent a Mr de Suilly, affin qu'il les remplace. » Et il me respondit la fin d'une chanson quy dit :

> Que je n'offre a personne,
> Mais a vous je les donne.

Lors je luy baisay la main, et me retiray, comme il entra dans sa chambre, pour m'en aller disner a l'hostel de Chalons avesques Mr de Guyse et Mr de Roquelaure.

Apres disner je vins passer cheux Descures (2), a la

---

(1) Jean-Louis de Lévis, comte de Charlus, fils de Claude de Lévis, baron de Charlus, et de Jeanne de Maumont, mourut assassiné en 1611.

(2) Pierre Fougeu, seigneur d'Escures. La charge de maréchal général des logis des camps et armées du roi fut longtemps héréditaire dans la famille des Fougeu d'Escures et des Fourneaux.

Place Royale, pour des routtes qu'il me falloit pour diverses compagnies ; puis j'allay attendre le roy a l'Arsenac, comme il m'avoit dit. Mais helas! ce fut en vain; car peu apres on vint crier que le roy avoit esté blessé, et que l'on le rapportoit dans le Louvre. Je courus lors comme un insensé, et pris le premier cheval que je trouvay, et m'en vins a toute bride au Louvre. Je rencontray devant l'hostel de Longueville Mr de Blerancourt (1) quy revenoit du Louvre, quy me dit a l'oreille : « Il est mort! » Je courus jusques aux barrieres que les gardes françoises et suisses avoint occupées, les piques basses, et passames, M^r le Grand et moy, sous les barrieres, puis courusmes au cabinet du roy, ou nous le vismes estendu sur son lit, et Mr de Vic (2), conseiller d'Estat, assis sur le mesme lit, quy luy avoit mis sa croix de l'ordre sur la bouche, et luy faisoit souvenir de Dieu. Milon, son premier medecin, estoit a la ruelle, pleurant, et des chirurgiens quy vouloint le panser; mais il estoit desja passé : bien vismes nous une chose, qu'il fit un souspir, ce quy, en effet, n'estoit qu'un vent quy sortoit ; allors le premier medecin cria : « Ah! c'en est fait, il est passé! » M^r le Grand, en arrivant, se mit a genoux a la ruelle du lit, et luy tenoit une main qu'il baisoit; et moy je m'es-

---

(1) Bernard Potier, seigneur de Blérencourt, second fils de Louis Potier, baron de Gesvres, et de Louise Baillet, mort en 1662. Il était alors lieutenant-colonel de la cavalerie légère de France, dont Bassompierre était colonel.

(2) Méry de Vic, seigneur d'Ermenonville, fils de Raymond de Vic et de Comtesse de Sarred, sa seconde femme, fut garde des sceaux en 1621 et mourut le 2 septembre 1622.

tois jetté a ses piés, que je tenois embrassés, pleurant amerement. Mʳ de Guyse arriva lors, pleurant aussy, quy le vint embrasser; et en ce mesme instant, Caterine, femme de chambre de la reine, vint appeler Mʳ de Guyse, Mʳ le Grand, et moy. Nous la trouvasmes sur un lit d'esté en son petit cabinet, n'estant encores habillée ny coiffée, quy estoit dans une extreme affliction, ayant pres d'elle messieurs le chancelier et de Villeroy. Nous nous mismes tous trois a genoux, et luy baisames l'un apres l'autre la main, avesques asseurance de nostre fidelité a son service. Lors Mʳ de Villeroy luy dit :

« Madame, il faut suspendre ces cris et ces larmes, et les reserver lors que vous aurés donné la seureté a messieurs vos enfans, et a vous : [commandés, s'il vous plait, a Mʳ de Guyse d'aller a l'hostel de ville avec le plus de gens qu'il pourra amasser, et faire que le corps de ville vienne reconnestre le roy et vous](1); que Mʳ de Bassompierre prenne ce qu'il pourra ramasser de tant de chevaux-legers quy sont sous sa charge, et quy sont maintenant a Paris, et qu'il marche par la ville pour appaiser le tumulte et la sedition. Ne manqués pas a vous mesme, Madame, et a ce quy vous doit estre sy cher, quy sont vos enfans. Mʳ le Grand demeurera aupres du corps du roy, et, s'il est besoin, aupres de monsieur le dauphin. »

Elle nous pria donc de nous acheminer, ce que nous fismes en diligence. L'on nous fit sortir par le Jeu de paume; et allames a pied a mon logis, ou je trouvay

---

(1) Inédit.

quantité de gens quy s'y estoint rendus a ce bruit. Mr de Guyse estoit seul et a pied, quy me pria de l'accompagner jusques a l'hostel de ville avec ce que j'avois de gens, quy pouvoint estre quarante chevaux : mais comme, dans un estonnement pareil, chascun se joint au plus grand nombre, tous ceux quy couroint esperdus par la ville se joygnirent a nous, de sorte que nous estions plus de trois cens chevaux quand nous arrivasmes a l'hostel de ville, ou je laissay Mr de Guyse avec une partie de cette trouppe, et je marchay vers le cimetiere Saint-Jean. Puis en sortant pour aller a la rue Saint-Antoine, nous rencontrames Mr de Suilly avesques quelque quarante chevaux, lequel estant pres de nous, commença, avesques une façon espleurée, de nous dire : « Messieurs, sy le service que vous aviés voué au roy qu'a nostre grand malheur nous venons de perdre, vous est aussy avant empreint en l'ame qu'il le doit estre a tous les bons François, jurés tout presentement de conserver la mesme fidellité que vous luy avés rendue au roy son fils et successeur, et que vous employerés vostre sang et vostre vie pour venger sa mort. » « Monsieur, luy respondis-je, c'est nous quy faisons faire ce serment aux autres, et quy n'avons point besoin d'exhortateur a une chose a quoy nous sommes sy obligés. » Je ne sçay sy ma response le surprit, ou s'il se repentit d'estre venu sy avant hors de son fort; il partit en mesme temps et nous tourna visage, et s'alla enfermer dans la Bastille, envoyant en mesme temps enlever tout le pain qu'il peut trouver aux halles et cheux les boulangers. Il despescha aussy en diligence vers Mr de Rohan, son gendre (1), pour luy faire tourner teste avec six mille Suisses quy estoint en Champaigne, et dont il estoit colonel general, et marcher droit a Paris : ce quy fut depuis un des pretextes que l'on prit pour l'eslongner des affaires; joint a ce qu'il ne peut jammais estre persuadé par Mrs de Pralain et de Crequy, quy le vindrent semondre (2) de se presenter au roy comme tous les autres grands, et n'y vint que le lendemain, que Mr de Guyse luy amena avesques peine : apres quoy il contremanda son gendre avesques les Suisses, quy s'estoint desja advancés une journée vers Paris.

M^r d'Espernon quy, apres avoir mis l'ordre necessaire aux gardes françoises devant le Louvre (3), estoit venu baiser la main du roy et de la reine sa mere, fut envoyé par elle au parlement, representer que la reine avoit des lettres de regence expediées du feu roy quy pensoit partir pour aller en Allemaigne; que son intention avoit une autre fois esté, lors qu'il fut sy mal a Fontainebleau, de la desclarer regente apres sa mort; qu'il luy appartenoit plustost qu'a tout autre; que l'urgence de l'affaire presente requeroit d'y pourvoir promptement, et qu'il estoit du bien de l'estat qu'ils en deliberassent promptement : ce qu'ils firent, et la

---

(1) Henri, duc de Rohan, avait épousé, le 7 février 1605, Catherine de Béthune, fille du duc de Sully, et de Rachel de Cochefilet, sa seconde femme. Il était colonel-général des Suisses depuis la même année 1605.

(2) *Semondre*, inviter.

(3) Le duc d'Epernon était colonel-général de l'infanterie française.

declarerent regente de France pendant la minorité du roy, lequel la reine fit coucher quelques jours en sa chambre, jusques apres les funerailles du feu roy, qu'il prit son appartement.

Tous les grands et princes presens tesmoygnerent a l'envy leur zele au service du roy, et leur obeissance a la reine; et Mr de Nevers, quy lors commandoit a l'armée de Champaigne, fit prester le serment en leur nom.

Le soir on pansa le corps du roy, et on le lava avesques la mesme ceremonie que s'il eut esté en vie : Mr du Maine luy donna sa chemise; M^r le Grand servit, et l'on me commanda de servir, et representer la place de Mr de Boullon (1).

Le lendemain matin samedy, 15e de may, tous les princes, ducs, officiers, et autres du conseil, s'assemblerent au Louvre, ou, d'un commun accord et sans aucune discordance, on ratifia ce quy avoit esté fait au parlement pour la regence de la reine; et pour l'autoriser davantage, on fut d'avis de mener le roy aux Augustins, ou pour lors se tenoit le parlement (2), auquel lieu, les pairs seans, fut reconfirmée la regence, et le roy, de sa bouche, l'approuva : puis il revint au Louvre; et on mit le corps du feu roy en veue a la chambre du trespas, ou l'on luy donna de l'eau benite

---

(1) Le duc de Mayenne était grand chambellan de France : M. de Bellegarde et le duc de Bouillon étaient premiers gentilshommes de la chambre du roi.

(2) Le parlement était venu siéger au couvent des Augustins à cause des préparatifs qui se faisaient au Palais pour l'entrée de la reine.

jusques sur les cinq heures du soir qu'il fut ouvert, et je fus ordonné present, affin d'autoriser, avesques messieurs les premiers gentilshommes de la chambre, et quattre ou cinq autres, seigneurs ou conseillers d'Estat. Il avoit deux coups [quy luy entroint dans le corps] (1), l'un desquels estoit leger, mais l'autre luy coupoit la veine arterieuse : il estoit d'une tres bonne disposition, et n'avoit dans son corps aucune chose quy ne tesmoygnat une longue vie; c'estoit le plus espais estomac, au rapport des medecins et chirurgiens presens, que l'on aye veu; il avoit le poulmon gauche un peu attaché aux costes. Apres cela on mit ses entrailles dans un pot, et son cœur en une caisse de plomb que l'on porta aux Jesuistes, et l'on embauma son corps quy fut mis au cercueil, et reposa huit ou dix jours dans la mesme chambre, y ayant deux autels aux costés, ou il se disoit des messes tant que le temps le permettoit, avec grand nombre de moines, et ses aumoniers quy y estoint jour et nuit a prier. Il y avoit aussy des gentilshommes et seigneurs destinés, outre les officiers particuliers de sa mayson, pour se relever de deux en deux heures [tant de jour que de nuit : il y a une heure principale quy est de dix a douse heures du matin, en laquelle] (2) Mr le Comte et Mr de Guyse, Mr d'Espernon, Mr le mareschal de Laverdin (3), Mrs de Crequy, Saint-Luc, la Rochefou-

---

(1) Inédit.
(2) Inédit.
(3) Jean de Beaumanoir, marquis de Lavardin, fils de Charles de Beaumanoir, seigneur de Lavardin, et de Marguerite de

caut (1), comte de Gurson (2), Narmoustiers (3), Termes et moy estions destinés en ce lieu la que l'on appelle la chambre du trespas, puis en suitte en la salle de l'effigie, et celle du dueil; mais lors nous y assistions en longs manteaux seulement (4).

Le mardy 18ᵉ (5) Mʳ le Comte arriva avesques quelque deux cens chevaux de ses serviteurs et amis ramassés ; mais comme il trouva toutes les affaires faites, ce fut a luy a se soumettre a la reine, quy ne laissa pas de luy donner le gouvernement de Normandie, que possedoit le roy, estant dauphin.

Chourses, maréchal de France en 1595, mourut en novembre 1614.

(1) François, comte de la Rochefoucaud, prince de Marcillac, depuis premier duc de la Rochefoucaud, fils ainé de François, comte de la Rochefoucaud, prince de Marcillac, et de Claude d'Estissac, né le 5 septembre 1588, mort le 8 février 1650. Il fut le père de l'auteur des *Maximes*.

(2) Frédéric de Foix, comte de Gurson, fils de Louis de Foix, comte de Gurson, et de Charlotte-Diane de Foix-Candale, mourut en 1655.

(3) Louis de la Trémoille, marquis de Noirmoustier, fils de François de la Trémoille, marquis de Noirmoustier, et de Charlotte de Beaune (la dame de Sauves), né en 1584, mort le 4 septembre 1613.

(4) Voici le sens de cette phrase, dont la rédaction ne parait pas parfaitement claire : tant que le corps demeura dans la chambre du trépas, les seigneurs désignés pour l'entourer portèrent seulement le manteau long: quand le corps fut transporté dans la chambre de l'effigie, et quand cette dernière chambre se transforma en chambre de deuil, les assistants restèrent les mêmes ; seulement leur costume fut modifié successivement, comme l'auteur l'explique un peu plus loin.

(5) Suivant l'Estoile, le comte de Soissons revint le lundi 17, « fort accompagné. » Il avait quitté la cour peu de jours auparavant, à la suite d'une discussion avec le roi.

On avisa lors de licencier l'armée quy estoit sur le point d'entrer en Italie, a laquelle on donna un mois de paye aux chefs pour distribuer a leurs soldats, non encores tout a fait mis sur pié ; et quant a celle quy estoit en Champaigne, on en reserva dix mille hommes de pié, savoir sept mille François et trois mille Suisses, pour envoyer a Julliers, et on licentia le reste.

En ce mesme temps le marquis Botty, quy traittoit l'accommodement, eut pouvoir d'offrir a la reine que l'on mettroit entre mes mains, en depost, le duché de Juliers, dont je ferois serment a l'empereur, [au roy](1), au roy d'Espaigne, a celuy d'Angleterre, et aux Estats; et que je ne m'en dessaisirois point qu'avesques leur general consentement, et apres que l'on auroit decidé a quy il devroit appartenir. La reine-mere fut tres ayse qu'une sy noble chose luy fut arrivée au commencement de sa regence, qu'un sien particulier serviteur (car, apres la mort du roy, elle me retint avec 4000 escus de pension), fut choisy pour luy confier le depost, et en voulut avoir le consentement du roy d'Angleterre et des Estats de Hollande : celuy la y consentit volontiers; mais les Hollandois ne le voulurent faire, et priverent ma bonne fortune d'un tel advantage quy m'estoit sy important.

Toutes les villes et provinces du royaume vindrent a l'envy apres la mort du roy, par leurs deputés, saluer le roy, et reconnoistre la reine regente.

---

(1) Inédit.

Le corps du roy fut porté en la salle de parade, ou de l'effigie, laquelle fut servie comme sy le roy eut vescu. Nous la vinmes garder allors avesques les longues robes, le chaperon sur l'espaule, et les bonnets carrés en teste, ce quy dura plus de trois semaines (juin), au bout desquelles l'effigie fut ostée, la salle tendue de noir, et le cercueil descouvert; ayant une couverture de velours noir, au lieu du lit, quy estoit dessus (1). Allors nous gardames le corps avesques le caperon en teste ; et le roy vint en grand'ceremonie jetter de l'eau benite sur le corps du roy son pere; et le lendemain on porta le corps a Nostre Dame (2), le jour d'apres a Saint-Ladre (3), et de là a Saint-Denis, et le subsequent se fit le service et l'orayson funebre.

Peu de temps apres les obseques du feu roy, Mʳ le Prince, quy s'estoit retiré a Milan, en partit pour venir a la court (4); et a son arrivée, il y eut plus de quinse cens gentilshommes, seigneurs, ou princes, quy luy allerent au devant (juillet). Il fit dire une messe a Saint-Denis pour le feu roy en passant; puis, en cette grande compagnie, vint faire la reverence au roy et a la reine regente, quy, peu de jours apres

---

(1) C'est-à-dire que sur le cercueil, qui était à la place du lit, se déployait un poèle de velours noir.

(2) Le corps fut porté le 29 juin à Notre-Dame, et le 30 à Saint-Denis; la cérémonie funèbre eut lieu le 1ᵉʳ juillet.

(3) A Saint-Lazare.

(4) Le prince de Condé partit de Milan pour Bruxelles le 9 juin, et de Bruxelles pour Paris le 6 juillet; il entra à Paris le 16 du même mois. (Relation autographe, déjà citée à la page 255.)

(aust), luy donna l'hostel de Gondy, qu'elle acheta quarante mille escus.

Antragues accoucha le 17ᵉ d'aust (1).

Septembre. — Le roy s'achemina en septembre a Reims pour se faire sacrer; ce quy fut fait le 10ᵉ d'octobre (2); et le lendemain fit la ceremonie du Saint-Esprit, en laquelle il fit Mʳ le Prince chevalier.

Je m'en allay pendant ce temps la en Lorraine, ou le roy envoya son ambassadeur Mʳ de Richelieu, visiter le duc de Lorraine.

Madame la comtesse d'Auvergne s'en alla en Flandres trouver madame la Princesse sa sœur (3), qu'elle ramena a Mʳ le Prince son mary, au retour du sacre.

Je revins a la court (octobre), ou le marquis d'Ancre (4) eut querelle contre Mʳ le Grand, de quy j'estois amy; mais la reine me commanda d'assister le dit marquis d'Ancre, ce que je fis avec nombre de mes amis quy me voulurent accompagner (novembre, decembre).

---

(1) Mˡˡᵉ d'Entragues donna le jour à un fils qui fut appelé Louis, et qui, depuis, porta le nom de Bassompierre. — Voir à l'Appendice. XV.

(2) Le sacre eut lieu le 17 octobre.

(3) La comtesse d'Auvergne, fille du connétable Henri de Montmorency, et d'Antoinette de la Marck, était sœur consanguine de la princesse de Condé. Le prince n'avait pas ramené sa femme avec lui, et même, à son passage à Bruxelles, il avait refusé de la voir.

(4) Concino Concini, marquis d'Ancre, seigneur de Lesigny, maréchal de France en 1614, fut tué le 24 avril 1617.

1611.
JANVIER.

L'année 1611 commença par l'eslongnement de Mr de Suilly, lequel, par l'instance et la brigue des deux princes du sang, fut reculé des affaires : on luy osta la surintendance des finances, et la garde du tresor royal, quand et la Bastille, que la reine prit pour elle, et la donna en garde a Mr de Chasteauvieux (1), et sous luy, a un de ses gentilshommes servants, nommé Vansay (2) : on fit trois directeurs pour manier les finances, quy furent Mrs de Chasteauneuf (3), presidents de Thou (4) et Jannin; mais a ce dernier on y adjousta la charge de controlleur general des finances, ce quy luy en donna l'entier maniement, a l'exclusion des autres quy assistoint seulement a la direction.

---

(1) Joachim de Chasteauvieux, seigneur de Verjon, comte de Confolens, fils de Claude, seigneur de Chasteauvieux, et de Marie de Montchenu, né le 27 janvier 1545, mort le 13 janvier 1615. Il était chevalier d'honneur de la reine.

(2) René de Vançay, seigneur de la Barre-Conflans, fils de Marin de Vançay, seigneur de la Barre-Conflans, et de Claude de Menou, mourut au siége de la Rochelle en 1628.

(3) Guillaume de l'Aubespine, baron de Châteauneuf, second fils de Claude de l'Aubespine, seigneur de Hauterive, secrétaire d'Etat, et de Marie Bochetel, alors conseiller d'Etat et chancelier des ordres, mort en 1629.

(4) Jacques-Auguste de Thou, baron de Meslay, président à mortier au parlement de Paris, troisième fils de Christophe de Thou, premier président au parlement de Paris, et de Jacqueline de Tulleu. Il mourut en 1617.

On mit sur pié les compagnies de gensdarmes et de chevaux legers du roy pour accompagner Sa Majesté lors qu'elle iroit aux champs, chascune composée de deux cens maitres; et celle de gensdarmes passa en ce mesme temps par la ville de Paris, en tres bel esquipage.

M le duc de Guyse, des le vivant du feu roy, avoit commencé fort secrettement la recherche de madame de Montpensier (1); mais il ne s'osoit descouvrir, parce que le roy y eut difficilement consenty. Apres sa mort, cette affaire se reschauffa, et bien que M le Comte et M d'Espernon (2) fissent quelques efforts pour en empescher la perfection, et que madame de Verneuil eut fait bruit de certains articles de mariage, neammoins il se paracheva vers le caresme prenant (3), en l'hostel de Montpensier a la rue de Grenelle; quy est maintenant celuy de Bellegarde.

Il arriva, trois jours apres ces noces (4), que M le

---

(1) Henriette-Catherine, duchesse de Joyeuse, fille de Henri de Joyeuse, comte du Bouchage, puis duc de Joyeuse, et de Catherine de Nogaret; née le 8 janvier 1585, mariée : 1º en 1597 à Henri de Bourbon, duc de Montpensier, dont elle fut veuve en 1608; 2º en 1611 à Charles de Lorraine, duc de Guise; morte le 25 février 1656.

(2) La duchesse de Montpensier était nièce du duc d'Epernon; le comte de Soissons recherchait Mlle de Montpensier pour son fils.

(3) Suivant le journal de l'Estoile, le mariage fut célébré le mercredi 5 janvier, à 4 heures du matin.

(4) La querelle des deux princes eut lieu le 10 janvier, c'est-à-dire cinq jours après le mariage du duc de Guise (*Mercure françois*, t. II, année 1611, fol. 2. — Relation manuscrite, 500 Colb. t. XII. fol. 123). — C'est à tort que l'auteur place cette affaire en mars.

prince de Conty (1) querella Mʳ le comte de Soissons son frere, parce que leurs carrosses, en passant, s'estoint choqués, et leurs carrossiers battus. Mʳ de Guyse, a quy la reine avoit, le soir mesme, commandé d'aller trouver Mʳ le prince de Conty pour assoupir cette noyse, partit le lendemain matin de l'hostel de Montpensier, ou il avoit couché, pour aller a l'abbaïe Saint-Germain ou Mʳ le prince de Conty logeoit, et avoit avesques luy vingt cinq ou trente chevaux. Il passa par hasard devant l'hostel de Soissons, quy estoit son chemin; ce quy offensa Mʳ le Comte, et manda ses amis de le venir trouver, leur disant que Mʳ de Guyse l'estoit venu braver. Allors les amis de Mʳ de Guyse accoururent a l'hostel de Guyse en telle foule qu'il s'y trouva plus de mille gentilshommes. Mʳ le Comte envoya supplier Mʳ le Prince de le venir trouver, et ensemble allerent au Louvre demander a la reine qu'elle leur face rayson de l'insolence de Mʳ de Guyse. Neammoins Mʳ le Prince faisoit en cette affaire l'amiable compositeur, et disoit qu'il ne se desclaroit point, et que seulement il les vouloit accorder, et empescher le desordre.

Cette brouillerie continua tout ce jour, et le lendemain, auquel la reine, craignant plus grand desordre, fit commander que les chaines fussent prestes d'estre

---

(1) François de Bourbon, prince de Conti, fils puiné de Louis Iᵉʳ de Bourbon, prince de Condé, et d'Eléonor de Roye, sa première femme, né le 19 août 1558, marié : 1° en 1582 à Jeanne de Coëme, veuve de Louis, comte de Montafié; 2° en 1605 à Louise-Marguerite de Lorraine, damoiselle de Guise; mort le 3 août 1614. Il était frère consanguin du comte de Soissons.

tendues au premier commandement, et que, dans les quartiers, on fut prest de prendre les armes au premier ordre qu'elle en envoyeroit.

Cependant tout le jour suyvant fut employé vainement a chercher les moyens d'accommodement, chascun des deux princes ayant un capitaine des gardes du corps pres de sa personne pour le garder. Le soir Mr le Prince envoya prier Mr de Guyse de luy envoyer un de ses amis confidens : Mr de Guyse se conseilla avesques les princes et seigneurs qui l'assistoint, du choix qu'il devoit faire pour cet envoy; et en fin, par leurs avis, il me pria d'y aller.

Je le trouvay (1) cheux Mr de Beaumont (2), en la place Dauphine, et me fit soupper avesques luy: apres souper, s'estant retiré en une chambre avec moy, il me commença a dire l'affection qu'il portoit à Mr de Guyse, lequel il pensoit avoir grandement obligé, de se monstrer neutre (3) en une affaire ou il y alloit de l'interest de sa mayson, de laquelle il estoit le premier prince, et par consequent chef apres la mayson royale; que cela le devoit porter, non seulement a croire son conseil, mais a suivre ses opinions et intentions; que cependant, a cause du grand nombre d'amis qu'il avoit rencontrés en cette occasion, il se tenoit fier, voulant traitter du pair avesques les princes du sang,

---

(1) C'est-à-dire : je trouvay le prince de Condé.
(2) Christophe de Harlay, comte de Beaumont, fils d'Achille de Harlay, comte de Beaumont, premier président au parlement de Paris, et de Catherine de Thou, mort en 1615. Il fut plusieurs années ambassadeur en Angleterre.
(3) C'est-à-dire : en se montrant neutre.

quy peuvent estre ses rois et ses maîtres, et que cela l'offensoit; et que, sy Mr de Guyse n'acquiesçoit aux choses qu'il avoit proposées pour l'accommodement de cette querelle, il se desclareroit ouvertement contre luy et pour M^r le Comte son oncle, ainsy que son devoir l'obligeoit s'il n'eut esté preoccupé par l'affection singuliere qu'il avoit pour Mr de Guyse; et qu'il me prioit de luy rapporter ce qu'il m'avoit dit, et luy faire sçavoir de plus que, s'il s'estoit desclaré contre luy, les deux tiers de ceux quy l'assistoint se retireroint en mesme temps pour le venir trouver, comme ils luy avoint la plus part fait dire.

Je luy dis que j'estois venu le trouver seulement pour escouter ce qu'il luy plairoit de me dire, et le rapporter en suitte a Mr de Guyse en mesmes termes que je l'aurois entendu, a quoy je ne manquerois pas, m'offrant de plus de luy en venir rapporter la response; et lors je me teus.

M^r le Prince, quy aime que l'on luy responde et conteste ses opinions, affin de les fortifier de raysons, comme c'est en verité le plus habile et capable prince que j'aie jammais pratiqué, me dit de plus : « Venés çà, Monsieur de Bassompierre; n'ay-je pas rayson de mander cela a Mr de Guyse, et de me retirer de luy, et l'abandonner, s'il ne veut suivre mes conseils et avis, et garder le respect bienseant, et deu aux princes du sang? »

« Monsieur, luy respondis je, personne ne vous peut donner conseil sans faire un acte d'arrogance et de presomption; car vous estes sy habile et capable, qu'il ne se peut rien adjouster a ce que vous dittes, ou proposés. Neammoins, puis que vous me commandés de vous parler franchement, je le feray avesques le respect et la soumission que je dois, et vous diray que ce singulier effet d'amitié que vous dittes avoir fait paroistre a Mʳ de Guyse, ne m'a pas beaucoup apparu en cette occasion, et moins encores cette neutralité que vous me proposés. Car il ne s'est fait que la seule action d'aller trouver [la reine pour luy demander justice de Mʳ de Guyse, en laquelle vous estes venu trouver] (1) Mʳ le Comte en son logis pour luy accompagner; vous l'avés presenté, et avés comme souscrit a la requeste : vous avés esté plusieurs fois trouver Mʳ le Comte, et vous n'avés pas mis le pied dans l'hostel de Guyse. Vous me dirés peut estre que Mʳ le Comte est vostre oncle; aussy l'est bien Mʳ le prince de Conty, et ayné de Mʳ le Comte; quy (2) est venu loger a l'hostel de Guyse, quy est celuy quy a la querelle avec son frere, et non Mʳ de Guyse quy, non a dessein (comme il est prest d'affirmer), mais parce que c'estoit son chemin; non avesques ostentation, car il n'avoit que ses domestiques, a passé, non devant la porte, mais a un coin du logis de Mʳ le Comte : quy est tout ce en quoy il a peu contrevenir au respect qu'il doit aux princes du sang, lequel il gardera toujours, jusques a ce que son honneur n'y soit point engagé, ny sa personne oultragée. »

« Que Mʳ de Guyse tiendra toujours a honneur que Mʳ le Prince se mesle de l'accommodement, et le tient sy juste qu'il (3) ne voudra rien proposer quy puisse

---

(1) Inédit.
(2) Il s'agit du prince de Conti.
(3) *Il*, le prince de Condé.

nuyre, ou offenser Mʳ de Guyse, lequel ne doit faire aucune satisfaction, puis qu'il n'a fait aucune offense ; que c'est Mʳ le prince de Conty, et non luy, quy a la querelle ; que sy le passage proche d'un coin de la maison de Mʳ le Comte luy a donné de l'ombrage, Mʳ de Guyse affirmera que sans dessein (qu'il seroit bien marry d'avoir eu), il a passé devant l'hostel de Mʳ le Comte, qu'il respecte, et a quy il veut estre. tres humble serviteur tant qu'il luy fera l'honneur de l'aimer, et que l'interest de Mʳ le prince de Conty ne l'en empeschera point; mais que, de le supplier de l'excuser de quoy il a esté dans une rue libre et passante, de ce qu'il a marché par la ville avesques son train ordinaire, et de ce qu'il assistera toujours Mʳ le prince de Conty, son beau frere, contre luy, qu'il ne le fera jammais; qu'il n'animera point Mʳ le prince de Conty contre luy; mais quand il le sera jusques a la brouillerie, qu'il l'assistera toujours de sa personne et de ses amis, lesquels, en cette presente querelle, il n'avoit mendiés ny pratiqués : luy pouvant asseurer que, quand je le vins trouver (sur ce que plusieurs qui disnoint cheux moy, et mon beau frere de Saint-Luc entre autres, avoint esté mandés pour venir trouver Mʳ le Comte), je ne trouvay pas quatre gentilshommes en l'hostel de Guyse outre ses domestiques, et que la grande foule (quy y vint depuis), y a esté portée franchement et sans recherche; et tiens les amis de Mʳ de Guyse, quy l'assistent presentement, sy affectionnés a luy et sy fideles, qu'aucune consideration particuliere ne les pourra pas esbranler du dessein que sy franchement et volontairement ils ont desja embrassé : que finalement Mʳ de Guyse se confiera en Mʳ le Prince en tout ce ou son honneur ne sera point engagé et touché, et qu'il achetteroit l'honneur des bonnes graces de M^r le Prince au plus haut prix qu'elles se pourront acquerir; mais qu'il me permette de luy dire aussy que l'amitié et le service d'un tel prince comme Mr de Guyse ne doit point estre maintenant negligée par M^r le Prince, a quy il a fait voir, par ce petit eschantillon, de quelle suitte et nombre d'amis il le pourroit un jour assister et servir; et que, pour mon particulier, je luy suppliois tres humblement de me pardonner sy, en executant son commandement, je luy avois parlé avesques tant de franchise et de liberté. »

Il me respondit qu'il avoit trouvé bon, et fort bien pris ce que je luy avois dit, et qu'une grande partie estoit a considerer; mais qu'il falloit aussy que les amis de Mr de Guyse, et ceux ausquels il avoit croyance, fomentassent plustost l'accommodement que la discorde, laquelle, en fin, leur pouvoit beaucoup plus nuire que proffiter; que nous avions desja obligé Mr de Guyse par nostre assistance ; que nous nous en devions contenter, et concourir a l'accord : ce que je luy asseuray que non seulement moy, quy estois en petite consideration parmy tant de princes, ducs, et officiers, quy l'assistoint, mais que tous ceux qu'il tenoit en quelque estime, et dont il se conseilloit en cette affaire, conspiroint a l'accord, et s'y portoint entierement.

Lors il me licencia, me priant de cooperer, en tout ce que je pourrois, en cet accord, et qu'il me remettroit bien en suitte avesques M^r le Comte ; dont je le remerciay tres humblement. Je prins donc congé de luy, et, en partant, il me dit que le marquis de Narmoustier, et plusieurs autres quy assistoint Mr de Guyse, luy avoint fait dire que quand il se desclareroit contre luy, qu'ils l'abandonneroint, et qu'il ne les avoit pas voulu empescher de l'aller trouver. Je luy respondis en riant : « Monsieur, quand le marquis de Narmoustier, et ces autres que vous dittes, auroint abandonné la court de l'hostel de Guyse, l'herbe n'y croitroit pas pour cela; mais il faut les accorder, et je m'asseure, Monsieur, que du costé de Mr de Guyse, la difficulté n'en viendra point, pourveu que l'on ne veuille de luy que choses raysonnables. »

Sur cela je m'en retournay a l'hostel de Guyse, ou je fis mon recit de ce que l'on m'avoit dit, et de ce que j'avois respondu, que l'on trouva bon; et le lendemain, apres plusieurs allées et venues, l'accord fut fait, et Mr du Maine parla pour et au nom de Mr de Guyse.

La mort du roy empescha la foire de Saint-Germain; mais on permit aux marchands estrangers quy y estoint venus, de vendre aux halles des Tuilleries, ou les rendés-vous se donnerent comme on eut fait a la foire.

M^r le Comte fut mortellement offensé contre ceux quy avoint assisté Mr de Guyse en sa querelle, mais particulierement contre moy, quy faisois profession auparavant d'estre son serviteur, et parce que j'avois fait les allées et venues, et contestations sur le fait de leur accord : pour s'en venger, il voulut que je ne visse plus Antragues, et fit dire a son pere, et a ses freres et mere, que je deshonorois leur mayson par ma longue frequentation avesques sa fille, et leur sœur; que leur estant allié en quelque sorte (1), il y prenoit interest, et ayant envoyé querir madame d'Antragues, luy en parla en la mesme façon.

Or quand, l'esté precedent, madame d'Antragues s'advisa de la grossesse de sa fille, elle la chassa de son logis; et elle, m'ayant fait prier de luy donner une promesse de mariage pour appaiser sa mere, elle m'offrit toutes les contre-promesses que je desirerois d'elle, et que ce qu'elle en desiroit estoit pour pouvoir accoucher en paix et avesques son aide. Je fus consulter Mrs Chauvelin, Boutheillier, et Arnaut, fameux avocats (2), lesquels me dirent qu'une obligation quy avoit une quittance estoit de nul effet; que neammoins c'estoit toujours le meilleur de n'en point faire : mais comme je desirois de luy complaire, je [la] luy donnay; et elle a moy, diverses lettres par lesquelles elle la desclaroit nulle. Mais la mere quy avoit veu la pro-

---

(1) Par sa mère, Françoise d'Orléans-Rothelin, le comte de Soissons était petit-fils de Jacqueline de Rohan-Gyé, laquelle était tante d'une autre Jacqueline de Rohan, première femme de François de Balsac, seigneur d'Entragues; les deux fils nés de ce mariage, Charles et César de Balsac, étaient donc ses cousins issus de germain.

(2) On lisait dans les anciennes éditions: *Mr Chambellu, Boutillier, et Arnaud Faudrax, advocats.*

Jacques Chauvelin et Claude Bouthillier furent reçus conseillers au parlement en 1613. — Antoine Arnauld, fils d'Antoine de la Mothe-Arnauld, et d'Anne Forget, sa seconde femme, fut le père d'Arnauld d'Andilly. Il mourut en 1619. C'est à son sujet que le maréchal de Bassompierre disait un jour : « On nous avoit mandé que le roi lui avoit donné les sceaux; mais j'y trouvois une difficulté, c'est qu'il en est capable. » (*Mémoires d'Arnauld d'Andilly.*)

messe, et non les lettres de nullité d'icelle, dit lors a M^r le Comte qu'elle n'estoit pas sy mal habile qu'il pensoit, et qu'elle estoit bien asseurée de son fait : sur quoy M^r le Comte la pressant, elle luy dit qu'elle avoit une promesse de mariage de moy a sa fille, a quy j'avois fait un enfant. Allors M^r le Comte, bien ayse d'avoir trouvé occasion de me pouvoir nuyre, luy asseura de sa protection, et luy pria de suyvre son conseil en cette affaire, de laquelle il luy promettoit de la faire heureusement sortir.

Cette femme folle, pour satisfaire a la colere de M^r le Comte, se remit du tout entre ses mains; et luy, la conseilla de me presser d'executer cette affaire, et, en cas de refus, de me faire citer par devant l'official. Elle ne manqua pas au premier precepte; et moy m'estant moqué de cette demande, et luy ayant fait parler rudement par Richelieu que je luy envoyay, elle m'envoya citer environ quinse jours devant Paques(1). J'avois receu une minute auparavant une lettre quy m'avoit extremement resjouy, et rentrois en mon logis quand un appariteur me donna cette citation, et plusieurs autres personnes en suitte des requestes pour leur donner quelque chose : je pensois que ce billet fut du nombre et de la qualité de celles la, que je mis dans ma poche avesques les autres, et fus deux jours sans sçavoir ce que c'estoit, jusques a ce qu'ayant donné plusieurs papiers a un secretaire pour voir ce que c'estoit, il vit cette citation, et me l'apporta.

Je reconnus bientost la main quy m'avoit jetté cette

---

(1) Pâques était le 3 avril.

pierre, et M. le Comte publia hautement qu'il me mettroit en un estat auquel je perirois, ou mon honneur. J'assemblay conseil de mes avocats pour sçavoir comment je me devois comporter en cette occurrence, lesquels furent unanimement d'avis que je ne pouvois ny ne devois en justice rien craindre, mais qu'un sy puissant ennemy que M. le Comte, quy l'entreprenoit, estoit fort a redouter, et qu'ils me conseilloint que je tirasse l'affaire de longue, jusques a ce que [le temps me fut favorable. La reine se desclara ouvertement pour moy, et tout ce que] (1) j'avois besoin de son assistance, elle me fit la grace de l'employer en ma faveur. Je m'en vins donc a Fontainebleau, dilayant les reassinnations pour comparestre devant l'official de Paris, et quand je ne peus plus, j'appellay de tout ce qu'il procedoit, a Sens (2).

Avril. — Comme nous estions a Fontainebleau, le samedy saint (3), apres avoir fait mes paques, le marquis Spinola arriva, et la reine me commanda de le recevoir et traitter, ce que je fis, et luy donnay a disner; puis il passa outre pour s'acheminer en Espaigne, et moy, j'allois cependant battre la campagne; puis je revins a Paris sur une proposition d'accord que l'on me vouloit faire faire avesques Antragues, a quoy je ne me voulus accorder.

---

(1) Inédit. Il y avait dans les éditions précédentes : *jusques à ce que j'eusse fait dire à la reine que j'avois besoin de son assistance.*

(2) L'archevêque de Sens était le métropolitain de l'évêque de Paris.

(3) 2 avril.

Apres Paques, tous les princes estans a Fontainebleau, la reine faisoit jouer a la prime avesques elle M¹ le Comte, M¹ de Guyse, et M¹ d'Espernon, tachant de les rapprivoyser ensemble; je jouois aussy en cette partie, et fort grand jeu : mais peu apres M¹ le Comte partit pour aller en Normandie, et M¹ le Prince en Guyenne; mesdames les princesses vindrent prendre congé de la reine (may), puis s'y acheminerent aussy.

Les Morisques quy s'estoint, du temps du feu roy, addressés a M¹ de la Force (1), avec offre de se rebeller en Espaigne, sy le roy leur vouloit faire surgir, en des costes qu'ils proposoint, quattre navires chargés d'armes pour les armer, et les assister de quattre mille hommes avesques M¹ de la Force pour les commander; l'entreprise ayant, tost apres sa mort, esté descouverte, le secretaire de M¹ de la Force pendu a Sarragosse, quy la tramoit; furent cette année la entierement chassés d'Espaigne.

L'assemblée de ceux de la religion se tint lors a Saumur (2), là ou M¹ de Boullon fit le partisan de la reine contre M¹ˢ de Rohan et de Suilly quy vouloint manier l'assemblée. On fit commandement a Schomberg (3) de se retirer a Nantueil tant que l'assemblée

---

(1) Jacques-Nompar de Caumont, marquis, puis duc de la Force, second fils de François de Caumont, seigneur de Castelnau, et de Philippe de Beaupoil, né en 1559, fut fait maréchal de France en 1622, duc et pair en 1637, et mourut le 10 mai 1652. Il a laissé des mémoires qui ont été publiés par le marquis de la Grange.

(2) L'assemblée de Saumur, ouverte au mois de mai, fut close le 9 septembre.

(3) Henri de Schomberg, comte de Nantueil, fils ainé de Gas-

dureroit (juin-juillet-aust). Il estoit lors amoureux, et sa maitresse arrivoit, dont Mr de Reims (1) estoit lors favorisé: je le cachay cheux moy, ou il demeura quatre jours, et le rappointay avec sa maitresse.

Je commençay aussy lors une amour a laquelle j'estois bien aspre; aussy l'affaire le valoit.

Septembre. — Nous retournasmes sur l'automne a Fontainebleau avesques toute la court. Il y faisoit fort beau; car la reine alloit a la chasse a cheval, accompagnée des dames et princesses aussy a cheval, et suyvie de quatre ou cinq cens gentilshommes ou princes. Madame la princesse de Conty tomba de dessus sa haquenée, et se blessa (octobre).

Madame la duchesse de Lorraine, niece de la reine, la vint trouver a Fontainebleau: la reine alla au devant d'elle, et la receut en grand apparat; et puis, vers la Toussaints, la court revint a Paris, ou M^r le Prince et M^r le Comte revindrent aussy de leurs gouvernements (novembre).

La reine alla a Saint-Germain sur le sujet de la ma-

---

pard de Schomberg, et de Jeanne Chasteignier de la Rocheposay, né en 1575, maréchal de France en 1625, mort le 17 novembre 1632.

(1) Louis de Lorraine, archevêque duc de Reims, depuis cardinal de Guise, fils de Henri de Lorraine, duc de Guise, et de Catherine de Clèves, comtesse d'Eu, mort le 21 juin 1621. Il ne fut jamais sacré, ni ordonné prêtre, et on dit qu'il avait épousé secrètement Charlotte des Essars, dont il eut cinq enfants. En tout cas, c'est d'elle peut-être que parle ici le maréchal de Bassompierre, ou de Mlle de Choisy, une des filles de Jacques de l'Hôpital, marquis de Choisy, qui fut fort soupçonnée de galanterie avec le cardinal de Guise (Lettre de Malherbe, édition Hachette, t. III, p. 149).

ladie de M.^r le duc d'Orleans, son second fils, quy mourut deux jours apres, sçavoir le 16me novembre (1) : toute la court en prit le dueil; et madame de Lorraine s'en retourna (decembre). Voila ou finit cette année.

1612.
JANVIER.

Au commencement de celle de 1612 j'appellay, comme d'abus, des procedures des officiaux de Sens et de Paris, et y fus receu, et renvoyé au parlement de Paris, duquel je demanday evocation a cause des parentelles de Mr de Gié (2), ce que j'obtins; mais M^r le Comte me fit par force donner le parlement de Rouan, que j'apprehendois sur toutes choses, parce qu'il en estoit gouverneur : neammoins il en fallut passer par là.

Ce mesme mois, un gentilhomme de Berry, nommé Vattan (3), pour quelque rebellion a justice, fut attaqué et pris dans sa mayson par quattre compagnies

---

(1) Le 17, suivant le P. Anselme.
(2) César de Balsac, seigneur de Gyé, frère consanguin de Mlle d'Entragues, épousa, cette même année, Catherine Hennequin, déjà veuve de Charles de Balsac, seigneur de Dunes, cousin germain de César. Antoine Hennequin, seigneur d'Assy, père de Catherine, était conseiller au parlement de Paris, où il avait en outre diverses alliances.
(3) Florimond du Puy, seigneur de Vatan, en Berry, s'était mis en révolte ouverte au sujet d'une affaire de gabelle. Il fut assiégé et pris dans son château de Vatan. Jugé par le parlement de Paris, il eut la tête tranchée le 2 janvier 1612.

des gardes, mené a Paris, executé en Greve au mesme jour que Mr le Grand y arriva bien accompagné, et que tant de gens allerent au devant de luy, qu'il avoit plus de mille chevaux a son entrée.

Fevrier. — Cependant la foire de Saint-Germain se tint, et le caresme prenant approchant, la reine, quy estoit encores en son second dueil, n'osoit faire des assemblées, et toutefois se vouloit resjouir, nous commanda, a Mr de Vendosme, Mr de Chevreuse, et a moy, de luy faire des ballets tous les dimanches; ce que nous fismes, partageant les frais entre nous trois. Le premier se dansa en la chambre de madame la princesse de Conty, quy donna a soupper a la reine, ou il n'y avoit que les dames mandées et des princes, comme Mr de Guyse, de Nevers, de Reims, et quelques seigneurs particuliers, a le voir danser; et au sortir du Louvre, nous l'allions ensuite danser a la ville : le second fut en l'appartement de madame de Vandosme (1), ou madame de Mercure (2) festina la reine; le troisieme cheux madame de Guyse, quy luy donna a soupper en sa chambre; et le quatrieme et dernier cheux madame de Guercheville, sa dame d'honneur.

Les doubles mariages entre France et Espaigne se

---

(1) Françoise de Lorraine, duchesse de Mercœur, fille unique et héritière de Philippe-Emmanuel de Lorraine, duc de Mercœur, et de Marie de Luxembourg; née en 1592, mariée en 1609 à César, duc de Vendôme, morte le 8 septembre 1669.

(2) Marie de Luxembourg, duchesse de Penthièvre, fille et héritière de Sébastien de Luxembourg, duc de Penthièvre, et de Marie de Beaucaire; mariée à Philippe-Emmanuel de Lorraine, duc de Mercœur, et mère de la duchesse de Vendôme, mourut le 6 septembre 1623.

conclurent lors (1), et fut concerté un jour entre les parties, auquel on le desclareroit par festes et resjouissances publiques, quy fut le ...... (2) Pour cet effet la reine, quy a surpassé en grandeur de courage, magnificence et generosité, toutes les autres princesses du monde, voulut faire faire quelque feste excellente quy passat de beaucoup celle des Espagnols. Elle commanda a Mr de Guyse, Mr de Nevers, et a moy, d'estre tenans, et nous donna le camp, croyant bien que, puis qu'elle commettoit cette affaire en nos mains, nous n'espargnerions rien pour la rendre parfaitte, comme elle le fut aussy. Elle entreprit de faire unir et parfaire la Place Royale dans le temps qu'il y avoit jusques au jour de la feste, et fit mettre sur le grand bastion cent canons et deux cens boittes pour faire les salves, et ordonna a monsieur le connestable et a quattre mareschaux de France de donner l'ordre necessaire, de nous ouvrir le camp, et d'estre les juges du tournoy : elle commanda a Mr d'Espernon de border les barrieres avesques mille mousquetaires du regiment des gardes et cinq cens Suisses : elle fit partager les places des eschaffauds, et les fenestres des maisons de la dite Place Royale par le grand mareschal des logis, et fit donner quartier, tant aux tenans

---

(1) Le mariage de Louis XIII avec Anne d'Autriche, infante ainée d'Espagne, et celui de Philippe, infant d'Espagne, depuis Philippe IV, avec Elisabeth de France, fille ainée de Henri IV.

(2) La déclaration du double mariage fut faite le 25 mars en présence de l'ambassadeur d'Espagne et des officiers de la couronne de France. Les fêtes et réjouissances qui devaient avoir lieu le même jour, furent différées.

qu'aux assaillans, aux rues prochaines, tant pour leurs personnes et esquipages que pour leurs machines. La feste se publia en grande magnificence, trois semaines devant (1), par toutes les principales places de Paris, ou un nombre infini de personnes se trouva pour la voir.

La mort de M. le duc Vincence de Mantoue (2), dont la nouvelle arriva cinq jours apres que la feste fut publiée, pensa tout renverser; car il estoit beau-frere de la reine, et chef de la mayson de M. de Nevers, quy, pour cette cause, nous dit qu'il ne pouvoit estre tenant de la feste avesques nous : ce qu'ayant sceu, M. de Chevreuse me pria de luy donner mon consentement pour prendre la place de M. de Nevers, s'asseurant qu'il auroit de bon cœur celuy de M. de Guyse son frere; ce que je luy promis : et en mesme temps Chastaigneraye (3), quy estoit capitaine des gardes du corps de la reine, lequel s'estoit, cette année là, marié a Mlle de Lomenie (4), quy estoit fille d'honneur de la reine, demanda a M. de Guyse que, suyvant l'ancienne coustume, comme le marié de l'année a une fille

---

(1) Le cartel des tenants fut publié le 13 mars.
(2) Vincent Ier de Gonzague, duc de Mantoue, fils de Guillaume de Gonzague, duc de Mantoue, et d'Eleonor d'Autriche, marié en secondes noces à Eléonor de Médicis, mourut en mars 1612.
(3) André de Vivonne, seigneur de la Béraudière et de la Chastaigneraye, sixième fils de Charles de Vivonne, baron de la Chastaigneraye, et de Renée de Vivonne, fut grand fauconnier de France en 1612, et mourut le 24 septembre 1616.
(4) Marie-Antoinette de Loménie, fille d'Antoine de Loménie, seigneur de la Ville-aux-Clercs, secrétaire d'Etat, et d'Anne d'Aubourg.

de la court, il fut preferé a estre tenant, puis qu'il y vaquoit une place par la retraitte de Mʳ de Nevers; ce que Mʳ de Guyse luy promit en cas que j'y consentisse. Mais nous nous estions desja tous deux diversement engagés, et Mʳ de Jainville estant venu parler a son frere, [il] luy dit qu'il avoit donné sa parolle a Mʳ de la Chastaigneraye, comme je dis aussy a la Chastaigneraye que j'estois engagé a Mʳ de Jainville; de sorte que nous primes pour expedient de les recevoir tous deux: et deux ou trois jours apres, Mʳ de Nevers, quy ne pouvoit souffrir qu'une sy belle feste se passat sans luy, nous vint dire que, puisque la reine, quy estoit la belle sœur du duc de Mantoue decedé, vouloit bien estre a la feste, luy quy n'estoit que le cousin remué de germain (1), pouvoit bien estre tenant, et nous prioit de le reprendre de nostre bande; de façon que nous fusmes cinq tenans.

Il n'y eut jammais un caresme sy beau dans Paris que fut celuy-la; car depuis neuf heures [du matin jusques a midy, et depuis trois heures] (2) jusques a six apres disner, il y avoit toujours vingt ou trente gensdarmes quy rompoint en lice, ou couroint la bague ou la quintaine (3), et un chascun estoit tellement occupé a faire faire des diverses machines, et le peuple a les venir voir, que c'estoit un continuel divertissement.

---

(1) Le duc de Nevers était cousin germain du feu duc Vincent: tous deux avaient pour aïeul Frédéric II de Gonzague, premier duc de Mantoue.
(2) Inédit.
(3) La quintaine était un pilier, ordinairement revêtu d'une forme humaine, contre lequel on s'exerçait à rompre la lance.

En fin le ... de mars (1), a trois heures apres midy, les reines, princesses et dames, ayant pris place aux eschafauds, outre lesquels il y en avoit tout a l'entour de la Place Royale, depuis le premier estage jusques au pavé, et deux cens mille spectateurs; apres que les canons et boittes quy estoint sur le bastion eurent fait un salve, lequel fini, les mille mousquetaires quy fermoint la place avesques les barrieres, en firent un autre tres beau, Mʳ de Pralain, mareschal de camp des tenans, sortit du palais de la Felicité, dans lequel on oyoit toutes sortes de musiques : il estoit tres bien monté et paré, suyvi de douse estafiers habillés de velours noir, tout bandés de passement d'or; lequel vint de nostre part demander a monsieur le connestable (quy estoit en un eschafaud particulier avesques Mʳˢ les mareschaux de Boullon, de la Chastre (2), de Brissac, et de Souvré) (3), le camp qu'il nous avoit

---

(1) Comme on l'a déjà dit (voy. p. 301, note 2), le carrousel devait en effet avoir lieu le 25 mars; mais il avait été retardé par diverses circonstances, et ne fut donné que le 5, le 6, et le 7 avril. — On peut voir, sur cette fête célèbre : *Le camp de la Place Royalle*, par Laugier de Porchères, M.DC.XII; *Le romant des chevaliers de la Gloire*, par François de Rosset, M.DC.XII; *Le vray theatre d'honneur et de chevalerie*, par Marc de Vulson de la Colombière, 1648; etc.

(2) Claude de la Châtre, baron de la Maison-Fort, maréchal de France, fils de Claude de la Châtre, baron de la Maison-Fort, et d'Anne Robertet, mourut le 18 décembre 1614.

(3) Gilles de Souvré, marquis de Courtenvaux, fils de Jean, seigneur de Souvré et de Courtenvaux, et de Françoise Martel, fut maréchal de France en 1615, et mourut en 1616.

Suivant la relation de Laugier de Porchères, les quatre maréchaux de France qui assistaient le connétable comme juges du camp, étaient MM. de Bouillon, de Brissac, de Boisdauphin et de

promis. Messieurs les connestable et mareschaux descendirent, et vindrent devant l'eschafaud du roy et de la reine, et monsieur le connestable dit a la reine : « Madame, les tenans me demandent le camp que je leur ay cy-devant promis par l'ordre de Vostre Majesté. » La reine luy dit : « Monsieur, donnés leur. » Allors monsieur le connestable dit a M' de Pralain : « Prenés le; le roy et la reine vous l'accordent. » Allors il revint a nous, et le palais fut ouvert de la grande porte, quy estoit vis a vis de celle des Minimes, et nous entrames, precedés de tout nostre esquipage, chariots d'armes, machines, geans (1), et autres choses sy belles, qu'il n'est pas possible de les pouvoir assés bien representer par escrit : seulement diray-je qu'il y avoit, en nostre seule entrée des tenans, pres de cinq cens personnes et deux cens chevaux, tous habillés et caparaçonnés de velours incarnat et de toile d'argent blanche, et nos habillements, en broderie, sy riches qu'il ne se pouvoit davantage : nostre entrée cousta aux cinq tenans cinquante mille escus (2). Apres nous

---

Lesdiguières. M. de Souvré n'était pas encore maréchal en 1612.

(1) On voyait dans le cortége cinq géants, « de la race de ceux qu'Hercule tua en la guerre qu'ils eurent contre les Dieux, en la vallée de Phlegre en Thessalie. »

(2) Les cinq tenants s'intitulèrent chevaliers de la Gloire. M. de Bassompierre fit son entrée parmi eux sous le nom de Lysandre : il avait pour devise une fusée enflammée avec ces mots : *Da l'ardore l'ardire* (de l'ardeur la hardiesse), qui font allusion à un amour déclaré. — Voir sur cette devise : le VI° *Entretien d'Ariste et d'Eugène*, par le P. Bouhours; l'*Historiette de Porchères l'Augier*, dans Tallemant des Réaux; les lettres de Mme de Sévigné du 11 novembre et du 2 décembre 1671.

entrerent les trouppes, de M^r le prince de Conty, celle de Mr de Vandosme, quy danserent un ballet a cheval, fort beau (1); Mr de Montmorency (2), quy entra seul; et M^rs le comte d'Ayen (3) et le baron d'Ucelles (4) sous les noms d'Amadis et de Galaor. Nous courusmes contre tous ces assaillans : puis, la nuit s'approchant, la feste fut separée par un nouveau salve de canonnades et boites, suyvi aussy de celuy des mille mousquetaires; et la nuit venue, il y eut le plus beau feu d'artifice sur le chasteau de la Felicité, quy se soit encores fait en France.

Le lendemain, a deux heures, nous rentrames, en la mesme sorte que le premier jour, dans le camp, et les trouppes, de Mr de Longueville (5), quy entra

---

(1) Le prince de Conti conduisait la troupe des chevaliers du Soleil; et le duc de Vendôme, celle des chevaliers du Lys.

(2) Henri de Montmorency fit une entrée magnifique sous le nom du Persée françois.

(3) François de Noailles, comte d'Ayen, fils aîné de Henri, seigneur de Noailles, comte d'Ayen, et de Jeanne-Germaine d'Espagne, né en 1584, mort en 1645, fut gouverneur du Rouergue, de l'Auvergne et du Roussillon.

(4) Jacques du Blé, baron, puis marquis d'Huxelles, fils aîné d'Antoine du Blé, baron d'Huxelles, et de Catherine-Aimée de Baufremont, mort au siége de Privas en 1629. — L'auteur, se conformant sans doute à la prononciation, écrit son nom tantôt *d'Ucelles*, tantôt *du Sel*.

(5) Henri II d'Orléans, duc de Longueville, comte de Dunois, fils de Henri Ier d'Orléans, duc de Longueville, et de Catherine de Gonzague-Clèves, né en 1595, marié en 1617 à Louise de Bourbon-Soissons : devenu veuf en 1637, il épousa en 1642 Anne-Geneviève de Bourbon-Condé, qui fut la célèbre Mme de Longueville. Il mourut le 11 mai 1663.

seul (1), des Nymphes (2), des chevaliers de la Fidelité (3), celle d'Effiat et Arnaut (4), et la derniere des douse Cesars (5), lesquelles coururent toutes : et puis, mesmes salves, et mesmes feux d'artifice que le jour precedent, ayans esté faits; parce que le peuple innumbrable de Paris n'avoit peu voir cette feste, nous partimes tous, chasque trouppe comme elle estoit

---

(1) Soûs le nom de chevalier du Phénix.

(2) Les nymphes étaient : le comte de Schomberg, hamadryade; le colonel d'Ornano, napée; M. de Créquy, dryade; M. de Saint-Luc, naïade; et le marquis de Rosny, oréade; tous habillés en femmes, et portés sur un char.

(3) Les chevaliers de la Fidélité étaient au nombre de cinq, savoir : le duc de Retz; le comte de la Rochefoucaud; Gondi, général des galères; le baron de Senecey, et le baron de Ragny.

(4) Antoine Coeffier, dit Ruzé, marquis d'Effiat, fils de Gilbert Coeffier, seigneur d'Effiat, et de Charlotte Gaultier, maréchal de France en 1631, mort le 27 juillet 1632. Il fut le père de Cinq-Mars.

Pierre Arnauld, huitième fils d'Antoine de la Mothe-Arnauld, et d'Anne Forget, fut mestre de camp général des carabins de France, mestre de camp du régiment de Champagne, et gouverneur de Fort-Louis. Il mourut le 14 septembre 1624.

D'Effiat et Arnauld étaient les chevaliers de l'Univers.

(5) Cette entrée est appelée dans la relation de Laugier de Porchères l'*entrée des illustres Romains*. Suivant cette relation ils étaient seulement au nombre de neuf : Trajan, Jules César, Vespasien, Paul-Emile, Marcellus, Scipion, Auguste, Coriolan, Marius, y étaient représentés par le marquis de Sablé, le duc de Roannez, MM. de la Boissière, de Courtenvaux, de Beauvais-Nangis, de Monglat, de Noirmoustier, de Bressieux et de Montrevel.

Il y avait encore en ce même jour l'entrée des quatre Rois de l'air, dans laquelle Vulturne, Autan, Zephyre et Aquilon devaient être personnifiés par MM. de Beuvron, de Chastillon, de Bochard, et de Balagny; mais Balagny, blessé à mort dans un duel quelques jours auparavant, ne put remplir le rôle d'Autan.

entrée, avesques son esquipage et machines, et celle des tenans la derniere, et sortans par le portail de la Place Royale qui va en la rue Saint-Antoine, nous allames le long de la ditte rue jusques au cimetiere Saint-Jean; puis, passans par les rues de la Verrerie et Pourpointerie, entrames en celle de Saint-Denis, et prenant a main gauche, vinmes au pont Nostre-Dame, ou les reines estoint venues pour voir passer la feste; et nous, en sortant du petit Chastelet, entrans en la rue de la Harpe, vinmes descendre vers le Pont-Neuf, lequel passé, chascun se separa.

Le lendemain nous revinmes tous armés, en fort bel esquipage, courre la bague que donna Madame, quy estoit destinée a estre princesse d'Espaigne, laquelle bague Rouillac (1) gaigna.

Avril. — La court s'en vint passer Paques a Fontainebleau, ou, un peu apres, arriverent le marquis Spinola, le comte de Buquois (2) et don Rodrigo Calderon, favorit du duc de Leerme (3) (may). La

---

(1) Louis de Goth, marquis de Rouillac, fils aîné de Jacques de Goth, baron de Rouillac, et d'Hélène de Nogaret, sœur du duc d'Epernon, mêlait dans ses veines le sang de l'ennemi de Boniface VIII, et celui de Clément V, successeur de ce pontife. Il mourut le 19 mai 1662.

La bague, n'ayant pas été gagnée dans cette troisième journée, fut courue de nouveau le 30 avril, après les fêtes de Pâques. Ce fut seulement alors que Rouillac obtint le prix.

(2) Charles de Longueval, comte de Buquoy, fils de Maximilien de Longueval, comte de Buquoy, et de Marguerite de Lille, fut gouverneur de Hainaut, général des armées impériales, chevalier de la Toison d'or. Il fut tué dans un combat devant Neuhaus, le 12 juillet 1621.

(3) François de Sandoval, second duc de Lerma, cardinal en

reine me commanda de les recevoir de sa part, ce que je fis; et furent deffrayés aux despens du roy pendant leur sejour a Fontainebleau; d'ou en partant, je les menay a Paris, et, en passant, leur fis festin a Essonne, et deux autres fort somptueux a Paris.

Juin. — Monsieur le connestable prit congé du roy, de la reine, et de ses amis, bientost apres, pour s'en aller mourir en Languedoc : nous le fusmes conduire a Moret ou il nous festina, et apres nous dit adieu, a ses principaux amis, avec tant de larmes que nous pensions qu'il mourroit en ce lieu là. C'estoit un bon et noble seigneur, et quy m'aymoit comme sy j'eusse esté son propre fils : j'ay grande obligation d'honorer sa memoire.

Juillet. — Mr du Maine (1) partit aussy de Fontainebleau pour s'acheminer en ambassade extreordinaire en Espaigne, pour les fiançailles doubles des prince et princesse d'Espaigne avesques Madame et le roy; et en mesme temps partit aussy d'Espaigne, pour venir en France a ce mesme effet, le duc de Pastrane (2),

---

1618, après avoir longtemps gouverné l'Espagne comme ministre tout-puissant, mourut en 1625 dans l'exil et la disgrâce,

Rodrigue Calderon, fils d'un pauvre soldat espagnol, parvint à une haute fortune, par la faveur du duc de Lerme. Comme il avait franchi, pour s'élever, plus de degrés que son protecteur, sa chute fut aussi plus profonde : emprisonné en 1618, il eut la tête tranchée en 1621.

(1) Ici et dans la suite M. du Maine est le second duc de Mayenne, jusque-là duc d'Aiguillon; son père était mort le 4 octobre 1611.

(2) Rodrigue de Silva, troisième duc de Pastrana, fils de Rodrigue de Silva, second duc de Pastrana, et d'Anne de Portugal, mourut en 1626.

quy fit son entrée a Paris en mesme temps que luy la fit a Madrid, comme aussy en mesme jour se fit la ceremonie de l'une et de l'autre (aust) (1). Mʳ de Guyse eut charge de l'amener a l'audience, et nous tous de l'accompagner, en sy bel esquipage que je m'asseure que les François ne le furent pas de mesme en Espaigne. Le jour de la ceremonie Mʳ de Nevers eut quelque demeslé avesques Mʳ le prince de Conty (2); mais cela s'accommoda sur l'heure.

Le duc de Pastrane s'en retourna apres avoir achevé ce pourquoy il estoit venu en France (3); et peu apres (octobre) advint cette accusation que l'on voulut faire a Mʳ le Grand d'avoir eu quelque pratique avesques un magicien.

Mʳ de Fervaques, mareschal de France, et lieutenant general en Normandie, estoit en tres mauvaise intelligence avec Mʳ le Comte (4) : il vint a Paris et s'accompagna de trois cens gentilshommes, pour se mettre en estat de n'estre pas surpris par le dit seigneur. Je le servis et assistay aussy de ma personne

---

(1) Le duc de Mayenne partit de Fontainebleau le 5 juin; il fit son entrée à Madrid le 17 juillet, fut reçu en audience le 21, et signa le double contrat le 22 août. — Le duc de Pastrana fit son entrée à Paris le 13 août; après avoir été reçu le 16, en audience solennelle, il vint signer les contrats au Louvre seulement le 25 août.

(2) Le duc de Nevers s'étant placé sur le banc des princes du sang, fut querellé par eux : la reine le blâma, et l'affaire fut accommodée sur le champ.

(3) Il partit de Paris le 5 septembre.

(4) Fervaques résistait énergiquement aux prétentions du comte de Soissons, gouverneur de Normandie, qui voulait avoir dans sa main l'importante place de Quillebœuf.

et de mes amis, tant qu'il fut a Paris, ce quy rengregea la haine que le dit comte avoit desja contre moy.

Peu de jours apres, je pris congé de la court pour m'en aller en Lorraine; mais en effet je demeuray caché a Paris, ou je demeuray, ou a la campagne, pres d'un mois, a y passer divinement bien mon temps, et mieux que je n'ay fait de ma vie depuis. En fin je m'en allay en Lorraine, ou le lendemain (novembre) je receus une lettre que la reine me fit l'honneur de m'escrire, par laquelle elle me mandoit la mort de feu M^r le Comte (1), et me commandoit de la venir trouver aussy tost, ce que je fis, et arrivay le jour du baptesme de M^r le Comte, fils du dernier mort (2). Je saluay la reine a l'hostel de Soissons, ou elle estoit lors avesques une tres grande et belle compagnie, de quy je fus bien veu et receu.

En ce temps là la face de la court changea entierement; car il se fit une estroitte union de M^r le Prince, Mrs de Nevers, du Maine, de Boullon, et du marquis d'Ancre, et la reine se jetta entierement de ce costé là. Les ministres furent descredités (3), et n'avoint plus de pouvoir, et tout se faisoit selon le desir de ces cinq personnages, lesquels, par le moyen du marquis

---

(1) Le comte de Soissons mourut d'une fièvre pourprée, le 1er novembre 1612.

(2) Louis de Bourbon, comte de Soissons, fils de Charles de Bourbon, comte de Soissons, et d'Anne, comtesse de Montafié, né le 11 mai 1604, tué au combat de la Marfée, le 6 juillet 1641, sans avoir été marié.

On l'appelait M. le Comte, comme son père.

(3) Les ministres étaient : le chancelier Brulart de Sillery, le président Jeannin, et Villeroy.

d'Ancre quy estoit lors mon intime amy, et du baron de Lus (1) lequel j'avois deux mois auparavant remis bien avesques la reine, ils me voulurent aymer et favoriser. Mrs de Guyse, d'Espernon, de Jainville (2), et grand escuyer, furent fort reculés.

Decembre. — M^r le Grand, en ce mois, mandé de venir a la court par Mrs de Guyse et d'Espernon, pour fortifier leur parti chancelant, comme il s'y acheminoit, la reine envoya Descures au devant de luy a Villeneuve-la-Guier (3), quy luy deffendit de sa part de venir a Paris, ce quy le fit en mesme temps retourner en son gouvernement de Bourgongne (4).

On parla de faire dix chevaliers de Saint-Esprit, quatre princes et six gentilhommes, dont je devois estre l'un : mais M^r le Prince voulant augmenter ce

---

(1) Edme de Malain, baron de Lux, fils de Joachim de Malain, baron de Lux, et de Marguerite d'Espinac, était lieutenant de roi en Bourgogne. Ce seigneur, jadis soupçonné de complicité avec le maréchal de Biron, s'était d'abord attaché aux Guise; puis il s'était donné à Concini, et, par lui, au parti opposé. Les Guise lui firent payer cher ce qu'ils appelaient sa trahison. (*Memorie recondite* de Vittorio Siri, t. III, p. 22 ; *Histoire de la mère et du fils*, par Mézeray, années 1612-1613; *Histoire de Louis XIII*, par Levassor, liv. III et IV.)

(2) Les précédentes éditions portaient ici : *d'Anville*, et ne nommaient pas le grand écuyer.

(3) Villeneuve-la-Guyard, bourg du canton de Pont-sur-Yonne, arrondissement de Sens, département de l'Yonne.

(4) Le marquis de Cœuvres, depuis duc d'Estrées, qui fut successivement attaché au comte de Soissons et au marquis d'Ancre, prétend, dans ses *Mémoires de la régence*, que le duc de Bellegarde, appelé par la reine, retourna en Bourgogne sur l'avis qu'on voulait le dépouiller de ce gouvernement. Malherbe est d'accord avec Bassompierre.

nombre de deux quy ne plaisoint pas a la reine, elle aima mieux rompre la ceremonie que de les y admettre. Ainsy nous n'eumes point l'ordre. Sy eus bien moy celuy de l'accolade le samedi 28me de decembre (1), et finis mon année avec cette bonne bouche.

1613.

Janvier.

Celle de 1613 commença par la mort du baron de Lus, tué le 5me de janvier a midy, en la rue Saint-Honoré, par M^r le chevalier de Guyse (2); dont la reine fut extreordinairement courroucée. J'allay en mesme temps au Louvre ou je la trouvay pleurant, ayant

---

(1) L'éditeur des *Historiettes de Tallemant des Réaux* a cru voir dans ce passage une allusion à quelques sentiments supposés de la reine pour Bassompierre (t. III, p. 347). Je crois que l'on doit l'entendre dans son sens le plus naturel, c'est-à-dire qu'en dédommagement de l'ordre du Saint-Esprit, Bassompierre reçut l'ordre de l'Accolade, qui n'était autre chose que l'ancienne chevalerie. L'accolade n'était pas encore tombée en désuétude à cette époque. — Le samedi était le 29 décembre.

(2) François-Alexandre-Paris de Lorraine, chevalier de Guise, fils de Henri de Lorraine, duc de Guise, et de Catherine de Clèves, né posthume en 1589, tué par l'éclat d'un canon le 1er juin 1614.

S'il en faut croire Tallemant des Réaux (t. I, p. 368), le chevalier de Guise « tua un peu en prince, et à la manière de son frère aisné, le baron de Luz; car il ne luy donna pas le tems de descendre de son carrosse; et ce bonhomme avoit encore un pié dans la portière. » Mais il faut dire qu'un récit fait au moment même par le chevalier et consigné dans une lettre de Malherbe, et une autre lettre de Malherbe, datée du 5 janvier, présentent le fait sous un jour moins fâcheux pour lui. (*Œuvres de Malherbe*, t. III, pp. 267 et 275.)

envoyé querir les princes et les ministres, pour tenir conseil sur cette affaire qu'elle avoit infiniment a cœur. Elle me dit lors : « Vous voyés, Bassompierre, en quelle façon on s'addresse a moy, et le brave proceder de tuer un vieil homme, sans deffense, ny sans dire gare. Mais ce sont des tours de la maison : c'est une copie de Saint-Paul (1). » Je luy dis que je serois fort trompé sy M^r le chevalier de Guyse faisoit une lache action, et que peut-estre que, quand la reine auroit sceu l'entiere verité, l'affaire ne se seroit pas passée sy creuement; que neammoins je n'en savois autre chose que ce quy s'en venoit de dire; que j'estois tres marri que M^r le chevalier eut offensé Sa Majesté, et encores davantage qu'avesques l'offense le baron de Lus y fut pery, quy estoit mon amy et un tres habile homme, quy servoit Sa Majesté avec satisfaction du service qu'il rendoit.

Allors le conseil fut assemblé dans l'entresol, ou j'ayday a descendre la reine, me rencontrant pres d'elle. On murmura fort de cette action, et chascun fut scandalisé de ce que l'on vint dire qu'il y avoit grand nombre de noblesse assemblée a l'hostel de Guyse, et que Mr de Guyse devoit venir trouver la reine bien accompagné. Sur cela on conseilla a la reine

---

(1) Antoine, dit le capitaine Saint-Paul, officier de fortune, fut un des quatre maréchaux de France créés, en 1593, par le duc de Mayenne. Devenu lieutenant du duc de Guise dans le gouvernement de Champagne, il mécontenta les habitants de Reims par ses actes d'oppression. Le jeune duc de Guise le tua de sa main sur la place de la cathédrale, le 25 avril 1594. — Voir à l'Appendice. XVI.

d'envoyer Mr de Chasteauvieux trouver mon dit sieur de Guyse, luy deffendre de venir trouver la reine jusques a ce qu'elle luy mandat, et commander, de la part de Sa Majesté, a toute la noblesse quy estoit allée cheux luy, de se retirer. Mr Dolet (1) quy estoit present, dit lors : « Madame, demandés aussy advis en cas que, contre vostre commandement, Mr de Guyse vienne vous trouver, ce que vous aurés a faire. » Allors Mr de Boullon dit qu'il n'auroit garde de le faire; mais en cas qu'il le fit, qu'il le faudroit arrester. Mr de Chasteauvieux fit ce quy luy estoit ordonné, et dit au retour que quelques uns avoint un peu fait les difficiles de se retirer, et que Mr de Guyse leur avoit fait instance de sortir, puis que la reine le commandoit : et comme on luy demanda quy estoint ces difficiles, il en nomma trois ou quatre, et entre autres Mr de la Rochefoucaut; allors on anima la reine contre luy quy, moins que les autres (estant maitre de la garde robbe du roy), devoit avoir fait refus d'obeir, et sur cela il fut resolu de le chasser de la court. Il fut aussy resolu que le parlement seroit saisy de cette affaire, et que l'on en informeroit.

La reine fut aucunement rapaisée par la prompte obeissance de Mr de Guyse, et de ce que le chevalier estant venu, apres avoir tué le baron de Lus, a l'hostel de Guyse, Mr de Guyse l'en avoit fait sortir, et tenir la campagne. Cela me fit enhardir de dire a la reine que

---

(1) Louis Dolé, avocat, devint conseiller d'Etat par la protection de Concini, dont il était l'ami et la créature. Il mourut en 1616.

Mr de Guyse m'avoit fait prier de sçavoir d'elle quand et en quelle façon il pourroit venir trouver Sa Majesté, laquelle me dit : « Qu'il y vienne a l'entrée de la nuit, et sans se faire accompagner. » Je pris de là occasion de l'aller trouver, tant pour luy dire que pour l'ammener; et il parla a la reine avec tant de summissions et de respects qu'il la remit un peu : mais madame de Guyse sa mere, venant voir la reine apres qu'elle fut retirée, luy parla sy haut qu'elle la fascha de nouveau.

Nous allames faire nos Rois cheux Mr de Betune (1), et il n'y eut, a cause de cet accident, aucune resjouissance au Louvre, bien que la reine s'y fut preparée.

Le lendemain, Mr de la Rochefoucaut eut commandement de s'en aller, ce quy affligea fort Mr de Guyse, et en parla a la reine, quy luy refusa. Il en parla en suitte au marquis d'Ancre, quy luy dit qu'il n'oseroit en ouvrir la bouche, et que M^r le Prince seroit plus propre de faire cette affaire qu'aucun autre. Cela mit en l'esprit de Mr de Guyse de se mettre bien avec M^r le Prince et ces autres messieurs quy estoint en credit : a quoy il n'eut gueres de peine de parvenir; car des que l'on pressentit qu'il estoit animé contre la reine, ces messieurs le firent rechercher. Pendant cette pratique, M^r le marquis d'Ancre, quy la fomentoit, fut encores prié par luy d'interceder pour le rappel du comte de la Rochefoucaut; mais il luy dit

---

(1) Philippe de Béthune, baron, puis comte de Selles, fils puiné de François de Béthune, baron de Rosny, et de Charlotte Dauvet, et frère du duc de Sully. Il fut plusieurs fois ambassadeur, et mourut en 1649, à l'âge de 84 ans.

que j'en parlasse de sa part a la reine, et qu'il appuieroit mon discours : ce que je fis par plusieurs fois, tant devant le dit marquis qu'en son absence.

Cependant l'accommodement de Mr de Guyse avec M^r le Prince s'achevoit, et Mr de Guyse me pria de ne parler plus a la reine de la Rochefoucaut, parce que M^r le Prince luy avoit promis de le faire rappeller, avesques lequel Mr de Guyse me dit qu'il se mettroit a l'avenir sy bien que, quand la reine seroit fachée contre luy, ce ne seroint plus les verges avesques lesquelles elle le fouetteroit.

Or, M^r le Prince et ces messieurs (tenant Mr de Guyse en leur devotion, et M^r d'Espernon traittant aussy avesques eux pour s'y reunir, les ministres ayans esté decredités), creurent avoir empieté toute l'autorité, et commencerent [a penser a leur establissement. Ils commencerent] (1) par la demande du Chasteau-Trompette (2) pour M^r le Prince, disans qu'il n'estoit pas raysonnable que, dans la ville capitale du gouvernement d'un premier prince du sang, il y eut une citadelle quy ne despendit de luy. On fit premierement courir le bruit par la court, que la reine luy avoit donné cette capitainerie, pour voir comme cela seroit pris, et pour disposer la chose, comme de tous ces derniers temps on en a ainsy usé, de faire prevenir par des bruits les choses que l'on a envie de faire. La reine fut avertie de ce bruit, et mesmes on luy dit que l'on

---

(1) Inédit.
(2) Le Château-Trompette commandait Bordeaux, et le prince de Condé était gouverneur de Guyenne.

luy vouloit demander cette place; mais elle creut que ceux quy luy disoint, le faisoint a dessein d'aliener l'affection qu'elle portoit a ces cinq personnages ligués et estroittement unis ensemble, de son consentement, pour son service.

En fin un matin, 11ᵐᵉ de janvier, Mʳ de Boullon ayant feint que la goutte l'avoit pris a un pié la nuit precedente, pour faire rompre cette glace a quelque autre qu'a luy, Mʳ de Nevers, accompagné de Mʳ du Maine et du marquis d'Ancre, luy dit (1) que Mʳ le Prince, quy s'estoit lié sy estroittement a son service qu'il en avoit abandonné toutes sortes d'interets, meritoit bien que la reine en eut une particuliere reconnoissance, et qu'il apparut par ses bienfaits combien ses services luy estoint agreables; que pour ce sujet, il les avoit priés de luy venir demander la capitainerie du Chasteau-Trompette, avesques une ferme asseurance de n'en estre point refusé par Sa Majesté, a laquelle luy, parlant, et ses deux adjoints, conseilloint d'accorder de bonne grace et franchement une chose sy legitime et de sy petite consequence ; que le delay de son consentement equipolleroit, voire seroit pire qu'un refus, et quy toucheroit vivement Mʳ le Prince.

La reine, surprise de cette harangue, rougit d'abord, puis ne leur respondit autre chose, sinon qu'elle y aviseroit : et comme ils [luy repartirent qu'ils] (2) luy supplioint tres humblement, par une response absolue, de tirer Mʳ le Prince de l'impatience ou il estoit en

---

(1) A la reine.
(2) Inédit.

cette attente, elle leur redit encores qu'elle y aviseroit, et se leva du siege ou elle estoit dans le cabinet du conseil, et s'en vint au sien, pleine de colere et de despit; et apres avoir un peu resvé, se tournant devers ces messieurs, quy l'avoint suyvie, leur dit : « Je sçay une affaire d'amour de Bassompierre, qu'il ne pense pas que je sache, et quy le mettroit bien en peine s'il le sçavoit. » Mr de Nevers luy dit : « Madame, il luy faut dire. » Puis me faisant signe, il me dit : « La reine a à vous dire quelque chose; » et la reine ayant dit : « Non, non, je ne luy diray pas, » cela me mit en peine, et me fit instamment supplier la reine de me le vouloir dire. Allors elle s'en alla a la seconde fenestre de son cabinet, et me dit : « Ce n'est pas pour cela que je vous veux parler, mais pour vous demander sy Mr de Guyse ne vous parle plus du retour du comte de la Rochefoucaut. » Je luy dis : « Madame, il y a trois jours qu'il ne m'en a parlé; et lors il me pria de n'en faire plus d'instance a Vostre Majesté, me disant qu'il feroit cette affaire la par le moyen de M^r le Prince, avesques lequel il se mettroit desormais sy bien, que ce ne seroint plus les verges avec lesquelles vous le fouetteriés quand vous seriés fachée a luy; et qu'il pensoit qu'il ne pouvoit faillir de suivre le party de M^r le Prince, puis que M^r le marquis d'Ancres, vostre creature, le suyvoit. »

Lors la reine ne se peut tenir de jetter quatre ou cinq larmes, se tournant devers la fenestre, pour n'estre aperceue pleurer; et, ce que je n'avois jamais veu, elles ne coulerent point, comme quand on a accoustumé de pleurer, mais se darderent hors des yeux sans descendre sur les joues. Elle me dit en suitte : « Ah! Bassompierre, ces meschants m'ont fait quitter ces princes (1) et les mespriser, m'ont fait aussy abandonner et negliger les ministres, et puis, me voyant desnuée d'assistance, veulent empieter mon autorité, et me ruiner : voyla qu'ils me viennent insolemment de demander le Chasteau-Trompette pour M⁎ le Prince, et ne sont pas pour en demeurer la; mais sy je puis, je les en empescheray bien. » Je luy dis lors : « Madame, ne vous affligés pas : quand vous voudrés, je m'asseure que vous raurés ces princes et ministres a vostre devotion; pour le moins faut-il tenter les moyens de le faire. » Elle me dit : « Je ne vous puis pas parler davantage; mais trouvés vous a la fin de mon disner, et cependant je penseray a quelque chose. »

Cela dit, elle retourna avesques une telle gayeté, et riant (2), devers la compagnie, que l'on n'eut sceu juger qu'elle eut aucune tristesse, ny qu'elle eut pleuré, et les entretint jusques a ce qu'ils s'en allerent, lors qu'elle se mit a table.

Je fis semblant de m'en aller aussy avesques eux, et ayant trouvé M⁎ de Guyse au bas du degré dans la court, quy ne vouloit pas monter cheux la reine, puis qu'il estoit venu sy tard, je luy dis : « Eh! bien, Monsieur, faites vous en fin revenir le pauvre la Rochefoucaut? Car il mourra, s'il faut qu'il passe le temps de la foire de Saint-Germain a Onsain (3). »

---

(1) Les princes de la maison de Guise.
(2) Il y avait dans les précédentes éditions : *écriant*.
(3) Onzain, village du canton d'Herbault, arrondissement de Blois (Loir-et-Cher).

Cela luy donna occasion de se promener dans la court avesques moy, et de me dire : « Ouy, par Dieu, il reviendra, et sy, je n'en auray point d'obligation a la reine, quy m'eut peu plus obliger en cette affaire qu'en nulle autre qu'elle eut sceu jammais faire pour moy. Mais j'ay trouvé une dureté de cœur en elle quy a gelé le mien, lequel a toujours esté passionné pour son service. Elle m'eut plus fait faire d'une parole que le reste du monde ne saura jammais avesques toutes sortes de bienfaits; mais elle m'a trop negligé : j'ay changé de maitre, quy ne m'agrée pas tant qu'elle, mais que je n'abandonneray pas, puis qu'elle m'y a donné, et forcé de le prendre, quy est Mr le Prince et sa cabale, ou je me suis summis ; ce que je m'asseure que vous approuverés, puis que vous en estes aussy. »

Je pris occasion de luy respondre : « Monsieur, je vous avoue que je suis serviteur de tous les particuliers de la cabale que vous dittes, mais que je ne suis point de la cabale en gros, ny n'en seray jammais, que de celle du roy et de la reine regente. Je seray toujours paroissien de celuy quy sera curé, et vous me pardonnerés sy je vous dis que vous n'estes pas bien conseillé. Vous estiés vous-mesme vostre cabale, coq de paroisse, et independant que du roy, avec lequel vous aviés toujours le dessus des autres : et maintenant vous prenés maitre ; vous vous summettés et vous donnés a des personnes desquelles, quand vous y serés tout a fait embarqué, vous recevrés des indignités qu'il vous faudra souffrir, au lieu que vous n'avés peu endurer quelques petites froydeurs et refus bien fondés de la reine. Vous voulés qu'en mesme temps que vous luy venés de tuer, quasy sur sa robe, le baron de Lus, elle aille faire, a vostre requeste, revenir un domestique du roy, qu'elle n'a fait qu'eslongner, le pouvant emprisonner avesques quelque apparence de rayson, pour avoir refusé de se retirer de cheux vous sur un commandement quy luy en estoit fait de sa part, et avoir parlé trop hautement a celuy qu'elle avoit envoyé. Faites vous justice a vous mesme, et vous trouverés que vous luy devrés de reste. »

Il me quitta pour aller trouver madame sa sœur, et disner avec elle, et me dit : « Je m'asseure qu'un jour elle confessera elle-mesme, quand ces gens icy la tyranniseront, qu'elle a eu tort de me perdre, et qu'elle me recherchera un jour; et moy lors je me tiendray sur mes piés de derriere, et me feray acheter cherement. »

Je m'amusay encores expressement (1) a parler a deux ou trois personnes, et quand je pensay que la reine pouvoit avoir achevé de disner, je feignis que quelqu'un me prioit de luy aller sur l'heure demander quelque chose, et remontay cheux elle. Elle estoit encore assise devant la table ou elle avoit disné, et dès que j'entray, elle s'en leva, et sans regarder derriere elle, elle s'en alla en son cabinet. J'allay apres, feignant estre pressé de luy dire un mot.

Elle me dit en entrant : « Je n'ay mangé que du poyson en mon disner, tant j'ay l'estomac gasté et perverty; sy cecy me dure longtemps, je crois que je

---

(1) Exprès.

perdray l'esprit : Bassompierre, en un mot, il faut que tu taches de me rammener Mʳ de Guyse; offre luy cent mille escus comptant que je luy feray donner. » « Madame, luy respondis-je, je vous y veux fidellement et utilement servir. » « Offrés luy encor, me dit elle, la lieutenance generale de Provence pour son frere le chevalier (1); offrés a sa sœur la reserve de l'abbaïe de Saint-Germain (2), et luy asseurés du retour de la Rochefoucaut. En fin, pourveu que je le retire de cette cabale, et qu'il me soit asseuré, je te donne la carte blanche. » Je luy dis qu'elle me garnissoit sy bien en partant, que je m'asseurois que je ne retournerois point vers elle sans avoir fait emplette.

Je luy parlay en suitte de rappeller Mʳ d'Espernon. Elle me dit : « Je le souhaiterois avesques passion; mais c'est un homme que j'ay offensé, et il ne pardonne jammais. » Je luy repartis : « Ouy bien quelquefois, Madame, a ses ennemis, mais non pas a ses maitres. » Elle me dit lors : « Sy Mʳ d'Espernon se veut souvenir de ce que j'ay fait pour luy et pour ses enfans, il connestra que je luy ay esté bonne maitresse. Sy vous y pouviés voir quelque jour, vous me feriés un signalé service de le tenter. Faites la guerre a l'œil : je ne me confie de tout cecy qu'a vous. »

---

(1) Le duc de Guise était lui-même gouverneur de Provence : lors de son accommodement avec Henri IV, il avait reçu de lui ce gouvernement en échange de celui de Champagne.

(2) Le prince de Conti, après la mort du cardinal de Bourbon, son frère, avait été mis en possession des revenus de l'abbaye de Saint-Germain-des-Prés : la reine offrait à la princesse de Conti, en cas de veuvage, la survivance de ce bénéfice.

Je luy dis lors : « Madame, rappellés les anciens ministres; ils ne vous seront pas inutiles en cette occasion. » Elle me dit : « J'y ay pensé; mais quy employerai-je pour cet effet ? » « Moy, Madame, luy dis-je, pour Mr de Villeroy et le president Jannin, et le commandeur de Sillery (1) vers monsieur le chancelier son frere : et s'ils se veulent reunir ensemble, vous parlerés a un des trois pour tous, affin de ne rien alarmer jusques a ce que vous veuillés descouvrir au monde vos intentions ouvertement. » Elle me dit : « Vous avés raison : je m'en vas envoyer querir le chevalier (2); voyés les autres, et jugés ce que je m'en dois promettre. Pour moy j'ay bon courage, et suis capable de courir toute sorte de hasard pour conserver mon autorité contre ceux quy m'en veulent despouiller. »

Sur cela je partis, et je passay cheux madame de Guyse la mere, quy estoit passionnée pour la reine. Elle me dit : « Mon Dieu, Monsieur, que je trouve mon fils cabré contre la reine! Est ce vous quy l'y portés, ou son caprice? Car je vous ay veu longtemps parler avesques luy la bas en la court. » Je luy respondis que non, mais que la reine avoit tort d'estre sy retenue pour sy peu de chose que du retour de la Rochefoucaut, et de ne vouloir faire superseder les procedures que l'on faisoit contre M^r le chevalier de Guyse, et qu'il faudroit qu'elle cedat un peu de sa

---

(1) Noël Brulart, chevalier de Malte, dit le commandeur de Sillery, troisième fils de Pierre Brulart, seigneur de Berny, et de Marie Cauchon, dame de Sillery et de Puisieux.

(2) Le chevalier de Sillery.

naturelle fierté; que pour moy je n'improuvois pas que M⁺ de Guyse eut un peu de ressentiment. Sur cela je la quittay; et elle, voyant en suitte la reine, luy dit que j'animois son fils contre elle, et luy fit sçavoir tout ce que je luy avois dit; dont la reine fut bien ayse, et que je n'eusse rien descouvert a madame de Guyse de nostre dessein.

Je m'en vins a la chambre de madame la princesse de Conty, ou je trouvay M⁺ de Pralain quy parloit a M⁺ de Guyse. Cela me donna le moyen de parler a elle, et de luy descouvrir ce quy se passoit, et des moyens qu'il y avoit de remettre leur mayson et de le bien remettre avec la reine, pourveu que l'on embrassat chaudement l'occasion quy se presentoit en nos mains, et que nous ne la laissions eschapper. Elle estoit la plus habile, la plus adroitte, secrette, et capable princesse que j'aye jammais connue, et quy sçavoit aussy bien sa court. Je luy jettay a ses piés l'abbaïe de Saint-Germain et le retour de la Rochefoucaut seulement : bien luy dis-je que quand il y faudroit adjouster une bonne somme d'argent, que je luy en respondois; mais je ne parlay point de la lieutenance generale de Provence. Elle fut ravie de voir qu'elle pouvoit parler les mains garnies. Je luy priay d'envoyer querir madame sa belle-sœur, et de mettre promptement les fers au feu, parce que cette affaire devoit estre faitte ou faillie dans vingt et quatre heures; ce qu'elle fit, et, peu apres, monsieur son frere estant party, M⁺ de Pralain se mit en tiers avesques nous, quy fit aussy de son costé ce qu'il peut.

J'allay de la cheux Zammet, avesques lequel ayant communiqué des moyens que nous pourrions tenir pour gaigner M^r d'Espernon, Peronne, de bonne fortune, arriva cheux luy, quy estoit affectionné au service de la reine, et portoit impatiemment que M^r d'Espernon, son maitre, s'en fut retiré, et qu'il eut eu sujet de le faire. Il fut fort resjoui de voir une conjoncture propre a le remettre bien avec elle, me pria de voir sur ce sujet M^r le president de Villiers Siguier (1), et qu'il s'y en iroit devant m'y attendre, cependant que je passerois cheux Mlle du Tillet (2). Le president Siguier s'y porta entierement, et de ce pas alla trouver M^r d'Espernon avec Mr de Peronne. J'allay aussy trouver la reine Marguerite, quy aymoit M^r d'Espernon, et la priay d'aider a cette affaire.

Je revins le soir au Louvre, et en y entrant, je trouvay a la porte un nommé Vernegues (3), quy me pria, de la part de M^r. d'Espernon, d'aller cheux luy, affin de sçavoir de ma bouche les choses que les autres luy avoint dittes, tant de la demande du Chasteau-Trompette comme de la disposition de la reine de les rappeller pres d'elle; et lors luy en ayant encores dit davantage que les autres, et animé a se jetter franche-

---

(1) Antoine Séguier, seigneur de Villiers, président à mortier au parlement de Paris, cinquième fils de Pierre Séguier, seigneur de Sorel, aussi président au parlement de Paris, et de Louise Boudet. Il mourut en novembre 1624.

C'est de lui probablement qu'il est question à la page 177.

(2) Charlotte du Tillet, fille de Jean du Tillet, seigneur de la Bussière, greffier en chef du parlement de Paris, et de Jeanne Brinon. Elle faisait partie de la maison de la reine. Marie du Tillet, sa sœur, avait épousé Pierre Séguier, frère d'Antoine Séguier.

(3) Joseph de Damian, seigneur de Vernègues.

ment a son service, oubliant toutes les frasques passées, il me dit une chose que j'ay depuis retenue : qu'aux grandes affaires, et de consequences comme celle-la, il ne falloit point s'amuser a chicaner, mais se porter franchement et noblement a ce que l'on se vouloit resoudre; et que je pouvois asseurer la reine de son tres humble et fidelle service sans interest, party, ny capitulation, et que quand elle luy voudroit donner une heure pour le voir, qu'il luy en donneroit de plus particulieres asseurances. En mesme temps il receut une lettre de la reine Marguerite, quy l'exhortoit a ce dont il se venoit de resoudre. Nous convinmes aussy que je ne l'accompagnerois point a aller trouver la reine, et que je ne le viendrois plus voir, de peur de descouvrir l'affaire, et tombasmes d'accord que Mr Zammet feroit les allées et venues.

Je m'en revins au Louvre avec cet heureux commencement, et entray dans le petit cabinet, disant a Selvage (1) qu'elle fit sçavoir a la reine que j'y estois. Elle ne tarda gueres a venir, et fut ravie d'entendre que je luy apportois desja asseurance de M^r d'Espernon et bonnes esperances de Mr de Guyse. Elle me demanda lors ce que j'avois fait avec Mrs de Villeroy et president Jannin; je luy dis qu'il me sembloit n'avoir pas mal travaillé en cette journée que j'avois passée sans manger : elle me pria d'y aller promptement, ce que je luy dis que je ferois apres que j'aurois veu madame de Guyse (quy, en sortant d'aupres d'elle, m'estoit allée attendre cheux madame la princesse de

---

(1) Femme de chambre de la reine.

Conty), et luy dis que je m'estonnois fort de ce qu'elle ne luy avoit point parlé en deux heures qu'elle avoit esté pres d'elle : elle me dit qu'a cause de madame de la Trimouille (1) quy ne l'avoit point abandonnée, elle ne l'avoit sceu faire; et que je luy disse de sa part; aussy que pour n'allarmer personne, elle n'eut peut-estre pas entrepris de luy parler, quand mesmes elle en eut eu la commodité.

Je montay aussytost a la chambre de madame la princesse de Conty, ou je trouvay madame la duchesse de Guyse et elle, quy s'entretenoint. Je me mis en tiers, et disposay ma dite dame de Guyse a porter son mary au service particulier de la reine, et que le lendemain au matin Zammet viendroit luy parler, comme tous deux seroint dans le lit, et qu'elle feroit en sorte qu'il le trouveroit porté conformement a nostre desir.

Je ne voulois point qu'il parut que je m'entremeslasse de cette affaire; c'est pourquoy je jettay Zammet partout, auquel je manday que je le priois qu'il se trouvat le lendemain a sept heures cheux Beauvilliers, a la rue de Paradis : et, m'ayant esté donné par madame la princesse de Conty des confitures pour souper, je m'en allay de ce mesme pas cheux M^r le president Jannin, et luy ayant fait les premieres ouvertures de l'occasion quy s'offroit de se restablir puissamment, et que j'avois charge de leur parler

---

(1) Charlotte-Brabantine de Nassau, fille de Guillaume de Nassau, prince d'Orange, et de Charlotte de Bourbon-Montpensier, sa troisième femme; mariée en 1598 à Claude, seigneur de la Trémoille, duc de Thouars, veuve en 1604, morte en 1631.

a tous, il mordit a la grappe, et receut cette affaire en rendant graces a Dieu, et la creut aussytost, parce, me dit-il, que Mr de Boullon avoit mandé le matin mesme a Mr de Villeroy que la reine alloit donner le Chasteau-Trompette a M^r le Prince, et qu'il luy conseilloit d'animer Sa Majesté a le faire de bonne grace, affin que M^r le Prince luy en sceut gré a luy.

Il me dit qu'il voyoit une difficulté entre eux, quy estoit la mauvaise intelligence de monsieur le chancelier et de Mr de Villeroy depuis quelques jours en ça. Je luy dis que cette affaire luy appartenoit, et que, comme leur amy commun, il luy seroit aysé de raccommoder deux hommes (1), en un temps ou le bien de leur fortune despendoit de leur union. Nous resolumes en fin tous deux d'aller trouver a l'heure mesme Mr de Villeroy, bien qu'il fut plus de neuf heures du soir; quy nous dit d'abord qu'il y avoit longtemps qu'il m'attendoit, et que monsieur le chancelier luy avoit envoyé le chevalier son frere quy luy avoit dit que je le devois voir, comme aussy les bonnes nouvelles que la reine luy avoit mandées. Il me dit aussy qu'il seroit a propos que je renvoyasse mon carrosse et mes gens, ce que j'avois desja fait. Il estoit plus de minuit quand nous nous separames. Il laissa la carte blanche a M^r le president Jannin pour l'accommoder avec monsieur le chancelier, quy en avoit desja fait les avances par l'envoi de son frere vers luy.

Ils me prierent d'asseurer la reine que, comme ils

---

(1) Les précédentes éditions portaient : *un homme.*

n'avoint jammais respiré que son service, ils continueroint jusques a leur dernier souspir a la servir; que, quand la reine les avoit eslongnés, ils s'estoint contenus, sans s'appuyer ny approcher de personne, attendant que leur service fut agreable ou utile a Sa Majesté, a laquelle ils le vouoint de nouveau avesques un vray zele et sincere affection; qu'ils se verroint demain tous trois ensemble cheux monsieur le chancelier, et puis en suitte, pour ne point esclater le dessein de la reine, un d'eux se trouveroit, comme par hasard, en quelque lieu auquel la reine peut parler et resoudre avesques luy ce qu'il luy plairoit d'ordonner aux deux autres; qu'il leur sembloit que M^r le president Jannin seroit le plus propre pour l'aller trouver, comme le moins suspect; qu'il leur sembloit aussy que le lieu de Luxembourg n'estoit pas mal a propos, auquel la reine va ordinairement pour voir commencer son bastiment et planter ses arbres; que s'il plait a Sa Majesté que ce soit en quelque autre lieu, elle leur fera sçavoir par le chevalier de Sillery, ou bien que je leur manderay.

Ainsy je sortis par la porte de l'escurie de l'hostel de Villeroy, et m'en vins manger et coucher a mon logis. J'escrivis amplement a la reine tout ce quy s'estoit passé en nostre conference pour l'oster de peine, et envoyay querir le lendemain matin Sauveterre(1), a quy je mis ma lettre en main pour la donner a la reine pendant qu'elle s'habilleroit.

Je m'en allay cependant de bon matin cheux Beauvilliers, ou je trouvay Mr Zammet desja arrivé, lequel je

---

(1) Sauveterre était huissier du cabinet du roi.

priay d'aller au lever de Mr de Guyse et luy parler, luy offrant jusques a cent mille escus, avec le retour de la Rochefoucaut, l'estouffement de l'affaire de son frere le chevalier, et les bonnes graces de la reine a l'advenir. Il trouva Mr de Guyse, selon sa coustume, extravagant d'abord, puis concluant a tout ce qu'il voulut, y ayant esté preparé par sa femme le soir et la nuit precedente.

Lors ils m'envoyerent querir, et je luy donnay parole de la part de la reine (quy me l'avoit commandé), d'effectuer tout ce que Mr Zammet luy avoit promis. Il demanda que son rabiennement avec elle ne parut pas tout a fait d'abord, affin qu'il aye loisir de rompre honnestement avesques M^r le Prince, ou il estoit aucunement engagé. Il ne voulut que personne fut aupres de la reine quand il luy parleroit, tant pour ne faire soubçonner, que pour luy parler encores plus franchement et avec de plus efficaces paroles : ce qu'il fit le mesme jour, 12me de janvier, sur les six heures du soir.

Je revins a mon logis, ou j'escrivis une autre lettre a la reine, par laquelle je luy fis sçavoir ce que j'avois fait avec Mr de Guyse, et l'envoyay a Sauveterre; puis allay trouver M^r d'Espernon, ou je trouvay desja Mr Zammet arrivé. Il me dit beaucoup de choses qu'il avoit a dire contre la reine, et conclut qu'elle estoit nostre maitresse, nostre reine, regente du royaume, femme et mere de nos deux maitres, et que nous devions tout souffrir d'elle sans nous reffroidir de la servir en toutes occasions, et principalement en celle-cy, ou elle avoit besoin de ses serviteurs; que, pour luy, il tenoit a affront que l'on luy offrit rien, et croyroit estre ingrat et indigne du nom qu'il portoit et des charges et honneurs qu'il possedoit, s'il demandoit quelque chose, ou capituloit avec son maitre, auquel pour le servir il estoit desja payé et recompensé; supplioit seulement la reine qu'a l'avenir elle tesmoygnat plus de fermeté en sa conduitte, et qu'elle considerat davantage ceux quy luy estoint fidelles serviteurs, et les conservat mieux que par le passé; qu'il la viendroit trouver lors qu'elle luy commanderoit.

Je m'en vins donc au Louvre, ou la reine estoit entourée de tous ces princes. Elle s'en vint apres le conseil en son cabinet, et prit pretexte de me demander sy je luy voulois vendre un grand diamant que j'avois au doigt, que l'empereur Charles-Quint avoit autrefois donné a mon grand-pere, et je me le tiray du doigt, et luy presentay : elle s'approcha de la fenestre pour le regarder; je luy dis lors : « L'affaire est faite avesques M^r d'Espernon, mieux et plus noblement que Vostre Majesté ne se fut peu imaginer : il vous demande a quelle heure il vous plait qu'il vous vienne trouver a cet effet. » Elle, regardant toujours le diamant, me dit : « Je m'en vas aussy tost apres disner a Luxembourg, parler au president Jannin; et au retour je l'attendray. » J'eus loysir de luy dire : « Sy, au retour de Luxembourg, Vostre Majesté vouloit aller passer cheux la reine Marguerite, quy a une ardente passion pour Vostre Majesté, et se tue de bien faire? » Elle me respondit : « Ouy, j'iray; et sur le soir, que M^r d'Espernon vienne. » Je le dis a Zammet quy estoit la, et que sy M^r d'Espernon arrivoit premier que la reine, qu'ils se missent tous deux dans le petit cabinet, ou il n'entreroit qu'eux d'eux : ce que je dis aussy a Selvage de la part de la reine, affin qu'elle les y mit. La reine avoit dit au chevalier de Sillery qu'il fit venir M^r le president Jannin a Luxembourg, et qu'en sortant de table elle eut son carrosse.

Je m'en vins disner, et aussytost allay passer cheux la reine Marguerite, a quy je fis dire que la reine la viendroit voir au retour de Luxembourg; et, continuant mon chemin par la rue de Seine, je vis le carrosse de M^r le marquis d'Ancres cheux Mr de Boullon. J'y descendis, et entretins Sardini, tandis que M^r le marquis d'Ancres parloit a Mr de Boullon, quy avoit lors les gouttes. Quelque temps apres, on vint dire au marquis d'Ancres que la reine estoit a Luxembourg : il prit congé de Mr de Boullon; et luy, Sardini, et moy, montames en son carrosse. Il fut fort estonné, en arrivant au premier jardin de Luxembourg, qu'il vit la reine en une allée seule, se promenant avec le president Jannin; mais il le fut bien davantage quand il voulut y aller faire le tiers, que Chastaigneraye (1) luy dit que personne ne pouvoit passer, et qu'il en avoit commandement tres expres de la reine : il prit une autre allée avec Sardini et moy, fort embarrassé de ce long entretien; lequel fini, la reine s'en vint cheux la reine Marguerite, et de la au Louvre, ou elle trouva M^r d'Espernon et Zammet dans son petit cabinet, et Mr de Guyse dans le grand.

Elle parla premierement a Mr de Guyse, quy luy fit toutes les protestations d'une entiere fidelité; renon-

---

(1) La Chastaigneraye était capitaine des gardes du corps de la reine.

çant a tout ce qu'il se pourroit estre obligé precedemment, forcé par le mauvais traittement, le mespris de Sa Majesté, et la croyance que l'on ne pouvoit avoir acces vers elle que par le moyen de M^r le Prince et ses consorts. Il luy supplia que, pour les raysons prealleguées, elle ne luy tesmoygnat pas, par sa bonne chere, qu'il se fut entierement reuny avec elle, et qu'elle luy fit dire par madame sa sœur, ou par moy, ou quy il luy plairoit, ce quy seroit de ses volontés.

Cela fini, la reine fit semblant de s'en aller refraischir en son petit cabinet, et alla parler a M^r d'Espernon, lequel, sans s'amuser aux plaintes ni aux reproches, a quoy elle s'attendoit, luy fit tant de summissions et tant de protestations de son fidelle service, que la reine en fut toute confuse, et sy satisfaite qu'elle revint peu de temps apres avec un visage joyeux et content. J'estois aupres de la porte de son petit cabinet, parlant a madame la princesse de Conty, quand elle sortit. Elle nous dit : « Voicy peut-estre la plus grande et la plus penible journée que j'aye eue de ma vie, et *my pare* que c'est une comedie ou il y a eu *molto* intrigue, et a la fin c'est toute paix et toute resjouissance. » Madame la princesse de Conty luy dit : « Dieu soit loué, Madame, que tout reussisse a vostre contentement, et que vous soyés satisfaite de mon frere, et de mes amis, comme M^r d'Espernon. » Elle luy dit : « Pourquoy ne nommés vous aussi Bassompierre, quy y a tant travaillé, et sy bien qu'il ne sera jamais que je ne le reconnoisse, et face pour luy? Et vous serés tesmoin que je luy promets un estat de premier gentilhomme de la chambre du roy, quand je le devrois acheter de mes propres deniers. » Je luy rendis tres humbles graces, et luy dis que je m'estimois bien heureux sy je luy avois rendu quelque service aggreable, et que je la suppliois tres humblement de vouloir me desgager de la parole que j'avois donnée de sa part a madame la princesse de Conty du don de la reserve de l'abbaïe de Saint-Germain-des-Prés, puisqu'elle avoit contribué tout soin et industrie imaginable, non seulement envers monsieur son frere, mais aussy vers M' d'Espernon, [pour les animer a ce] (1) a quoy certes d'eux-mesmes elle les avoit trouvés portés, quy estoit de bien et dignement servir Vostre Majesté contre tout le monde. Elle luy confirma de bonne grace, et madame la princesse luy fit lors un double remerciement, tant de celle qu'elle venoit de recevoir d'elle, que de ce qu'elle avoit voulu assoupir l'affaire de monsieur le chevalier.

Après, madame la princesse s'estant retirée, je luy dis (2) que j'avois asseuré M' de Guyse du retour de la Rochefoucaut, et de cent mille escus, mais que je ne luy avois point parlé de la lieutenance generale de Provence pour monsieur le chevalier son frere, ayant taché de faire comme ces vallets bons mesnagers, quy rapportent au fond du sac une partie de l'argent que leur maitre leur avoit donné pour despendre (3), et que, sy elle vouloit luy faire cette gratification, elle seroit bien plus grande maintenant qu'elle n'eut esté sy je l'eusse faite auparavant, ou bien elle pourroit reserver a luy faire cette grace a une autre occasion. La reine, quy estoit la plus genereuse et liberale prin-

---

(1) Inédit.
(2) A la reine.
(3) Dépenser.

cesse que nostre siecle ait portée, me dit que je luy allasse dire de sa part qu'elle luy accordoit cette grace, mais qu'il la tint cachée, et que mesmes il ne l'en remerciat que par la bouche de madame la princesse sa sœur, et encores que ce fut lors quelle seroit seule avec elle. [Elle me dit en suitte que les ministres estoint tres bien avec elle] (1), et que le lendemain dimanche, 13me de janvier, au matin, ils viendroint la trouver a neuf heures, tous trois.

En cet instant M^r d'Espernon, et Zammet et Peronne, entrerent dans le cabinet de la reine, quy avoint demeuré quelque temps dans le petit, apres que la reine en fut sortie, pour ne point montrer qu'ils luy eussent parlé. La reine, d'abord, luy fit fort bonne chere, et luy dit que c'estoit merveille de le voir la le soir apres sa grande maladie, et qu'il falloit qu'il se conservat mieux. Il luy dit que, Dieu mercy, a ses jambes pres, il ne s'en sentoit plus. La reine luy fit donner un siege pres d'elle, et le convia a la comedie. M^r le duc du Maine et le marquis d'Ancres entrerent cheux la reine en ce mesme temps, quy, voyant M^r d'Espernon pres d'elle, et assis, n'en furent pas moins estonnés que de la mauvaise chere quelle leur fit. Ils s'approcherent de la table ou j'estois et me dirent : « Qu'est cecy ? Y a-il longtemps que M^r d'Espernon est là ? » Je leur dis que ouy, et qu'elle luy avoit fait fort bon accueil, et qu'il me sembloit que c'estoint des fruits de la conference que nous avions veue a Luxembourg entre elle et le president Jannin. Ils me demanderent sy Mr de Guyse

---

(1) Inédit.

avoit esté icy : je leur dis que ouy, mais qu'il n'y avoit fait qu'entrer et sortir; que je ne sçavois s'il avoit parlé a la reine, au moins ne m'en estois je point aperceu, sy avoit bien madame la princesse de Conty, et en ma presence, a quy la reine avoit fait forces caresses. Allors la reine dit a Sauveterre : « Que l'on porte un siege a la comedie pour M^r d'Espernon, car je veux qu'il la vienne ouïr, et pour Zammet aussy. » Allors le marquis d'Ancres me dit en ces termes : « *Par Dio, Mousu, je me ride moy delle chose deste monde :* la royne a soin d'un siege pour Zammet, et n'en a point pour Mr du Maine ; fiés vous a l'*amore dei principi!* »

J'ay voulu dire au long tout ce quy se passa en cette journée et en la precedente, parce que je servis extremement et judicieusement en toutes deux, et y eus la part que vous voyés.

Je menay madame la princesse de Conty a la comedie, et luy dis, en allant, comme la reine donnoit la lieutenance generale de Provence a son frere le chevalier, dont elle fut ravie, et me pria de l'aller dire a monsieur son frere; mais je ne me voulus trop haster, de peur qu'il n'en fît bruit, et il estoit important de ne rien faire esclater encores, ce qu'elle approuva ; mais elle ne se sceut empescher qu'au sortir de la comedie elle ne l'escrivit a madame la duchesse de Guyse sa belle sœur.

Le lendemain, dimanche matin (1), les trois ministres vindrent de bonne heure cheux la reine, quy ne

---

(1) 13 janvier.

faisoit que sortir du lit : elle les fit entrer, et sortir ses femmes, sur lesquelles elle ferma la porte de son cabinet, ou elle avoit couché, et demeura avesques eux pres de trois heures. Mʳ le Prince y arriva sur les dix heures, et ayant battu a la porte, on ne luy ouvrit point, encores qu'il y eut attendu longtemps : on luy dit que la reine estoit avesques ces messieurs. Comme il s'en alloit, je le rencontray, quy me dit : « Sçavés vous bien que les trois barbons sont enfermés avec la reine, il y a plus d'une heure, et que l'on ne m'y a point voulu laisser entrer? » J'en fis l'estonné, et luy dis : « Monsieur, des hier nous vismes les avant-coureurs de cette affaire : la reine parla plus de deux heures au president Jannin dans le jardin de Luxembourg, et en suitte Mʳ d'Espernon la vint trouver, a quy elle fit aussy bonne chere comme elle la fit mauvaise a Mʳˢ du Maine et marquis d'Ancres. » « Par Dieu, ce me dit-il, ces coquins la nous ont tout gasté. » « Mais gardés, Monsieur, luy respondis-je, que ce ne soit vous mesmes quy en soyés cause, quy ne pouvés attendre d'estre affermis en vostre autorité et ancrés bien avant en son affection, que vous la venés presser de vous donner le Chasteau Trompette, quy ne doit estre qu'un eschantillon des autres pretentions que vous et vos amis et serviteurs montrent desja d'avoir: on m'a dit que cela l'a cabrée, et qu'elle en avoit de tres vifs ressentiments. » Il me respondit que j'avois rayson, et que ce n'avoit esté son avis; mais que Mʳ de Boullon l'avoit forcé de ce faire, et puis l'avoit abandonné au besoin, et n'avoit voulu se trouver a la demande que les autres en avoint faitte, mais avoit feint une goutte. Je luy dis la dessus, apres avoir un peu resvé : « Monsieur, vous me faites penser a une chose quy peut-estre est fausse, mais quy n'est pas aussy sans quelque fondement. La reine disoit hier du bien de Mʳ de Boullon, et montroit de l'affectionner, en mesme temps qu'elle montroit du desdain de Mʳ le duc du Maine et de Mʳ le marquis d'Ancres : madame la princesse de Conty me dit qu'elle (1) avoit voulu persuader a Mʳ d'Espernon de vivre bien ensemble, et de quitter cette animosité que l'un avoit contre l'autre, ce quy avoit fait naitre quelque ombrage a madame la princesse de Conty que Mʳ d'Espernon s'estoit reuny avesques vous, et que c'estoit par le moyen de la reine, veu la bonne chere extreordinaire qu'elle luy faisoit. Vous savés, Monsieur, que Mʳ de Boullon est intime amy de Mʳ de Villeroy : vous auroit-il point joué a la fausse compagnie, et s'estre tourné du costé de la reine et des ministres a vostre prejudice, voyant que la reine avoit sy mal pris vostre demande du Chasteau Trompette? Vous auroit il point exprès embarqué a cette demande, pour remettre bien les ministres, et luy avec eux? Pour moy, je soubçonne tout de son esprit, et neammoins, peut estre je me trompe; mais plusieurs divers discours descouvrent quelquefois une affaire bien cachée. »

Mʳ le Prince est de son naturel fort soubçonneux et deffiant : il me dit qu'il ne sçavoit que dire de tout cecy, mais qu'il en estoit bien estonné, et que mon doutte n'estoit pas peut-estre hors de rayson. Il me dit la dessus : « Et de Mʳ de Guyse, qu'est-

---

(1) La reine.

ce? Est-il chair ou poisson? » Je luy respondis que je ne l'avois point veu depuis avant hier matin, et qu'il m'avoit prié de ne plus parler a la reine du retour de la Rochefoucaut, lequel il ne vouloit tenir que de luy, a quy il en auroit l'entiere obligation. Il me dit : « Voyla quy va bien. » Et puis, apres plusieurs autres discours, le marquis d'Ancres arriva, a quy il dit la conference de la reine et des ministres. Le marquis le supplia de remonter en haut pour voir la reine; mais il ne luy sceut jammais persuader, et luy (1) pria seulement de luy mander des nouvelles. Nous montasmes, le dit marquis et moy, cheux la reine, ou il ne sceut entrer que lors que les ministres en sortirent, qu'il estoit pres de midy.

Je m'en revins disner cheux moy ou je trouvay Mr de Guyse, a quy je dis le don que la reine luy faisoit de la lieutenance generale de Provence pour monsieur son frere, dont il eut une excessive joye, et me promit de n'en point parler qu'il ne fut temps : il en remercia le soir la reine, lors qu'il aperceut qu'il n'y avoit personne quy le peut voir faire ce compliment.

Des lors la mauvaise intelligence de la reine avec ces messieurs parut evidemment : tout se fit par les ministres; Mrs de Guyse et d'Espernon furent en faveur, bien que ce premier se tint toujours en quelque façon accroché avesques Mr le Prince; Mr de Vendosme fit donner des assurances de son service a la reine par sa belle mere, et le marquis d'Ancres montra ouver-

---

(1) C'est-à-dire : le prince de Condé le pria.

tement d'estre mal content. Je luy ouïs dire une chose a la reine, que je trouvay estrange, sur ce que ces ministres l'estoint venus trouver : qu'elle avoit mal gardé la foy qu'elle avoit donnée a M⁰ le Prince, d'avoir rappellé les ministres sans son sceu. La reine luy dit que c'estoint eux quy avoint demandé de parler a elle. Il luy repartit : « Ils meritoint d'estre tous trois envoyés a la Bastille, d'avoir osé venir par monopole, en corps, trouver Vostre Majesté sans avoir esté mandés d'elle. »

A peu de jours de là, le jeune baron de Lus fit appeller M⁰ le chevalier de Guyse, quy le tua (1). Je vis encore une chose bien estrange des changements de la court, que M⁰ le chevalier de Guyse, quy, pour avoir tué le pere, la reine commanda au parlement d'en connestre, d'en informer, et de luy faire et parfaire son proces; a moins de vingt jours de la, apres avoir de surcroit tué encores le fils du dit baron de Lus, la reine l'envoya visiter, et savoir comme il se portoit de ses blesseures, apres qu'il fut de retour de ce dernier combat.

Il faisoit lors pour moy fort beau a la court, et y passois bien mon temps. La reine jouoit devant souper dans l'entreciel (quy est un petit cabinet au dessus du sien); puis nous allions a la comedie, ou une beauté

---

(1) Claude de Malain, baron de Lux, fils d'Edme de Malain, baron de Lux, et d'Angélique de Malain-Misery. Il envoya son cartel au chevalier de Guise le matin du 31 janvier, et le combat eut lieu sur le champ. Le chevalier fut blessé à la première passe. — Voir sur ce combat le *Mercure françois*, t. III, p. 48; les *Memorie recondite* de Vittorio Siri, t. III, p. 24; etc.

grecque venoit a cause de moy; puis les soirées et les nuits m'estoint belles. Nous fismes forces ballets, et entre autres celuy de la Serenade, auquel la reine nous receut, en la salle haute, sy somptueusement : nous l'allasmes, apres, danser a l'hostel de Condé.

Mr le Prince fit un festin et une course de bagues en suitte, ou toute la court des hommes fut priée, hormis moy, que la reine, en recompense, retint pres d'elle a jouer avesques peu de dames, laquelle, expres, ne se voulut point faire voir ce jour la, pour ne montrer point sa court deserte, a cause que tout le monde estoit a l'hostel de Condé. Il se fit un bal deux jours apres a l'hostel de Longueville, ou je fus prié de me trouver, et la reine, par despit, me dit que, puis qu'elle m'avoit diverty lors que je n'avois point esté prié cheux Mr le Prince, il estoit bien raisonnable que je demeurasse pres d'elle lors qu'une feste se faisoit contre la porte du Louvre, ou tout le monde estoit prié, hormis elle et madame la princesse de Conty, de sorte que je demeuray a jouer tout le soir avec elle, dont je fus bien brouillé ailleurs.

Sur ce, le caresme arriva, auquel, le premier jeudy au soir, 21me de fevrier, j'eus une bonne fortune.

Mars. — Je m'en allay, a quelques jours de là, voir le marquis d'Ancres, quy fut quelque temps a Amiens, faisant le malcontent (1). J'en revins au bout de cinq jours, et allasmes incontinent apres Paques (avril) a Monceaux ou nous passions bien le temps.

---

(1) Concini était alors lieutenant-général au gouvernement de Picardie.

De là, la reine s'en revint a Paris, et puis a Fontainebleau, ayant auparavant fait le mariage de Mʳ de Montmorency avesques la fille ainée de don Virginio Ursino, duc de Bracciano (may), a laquelle elle donna de son argent cent mille escus en dot (1). Le lendemain il y eut bal a l'hostel de Montmorency, ou je comparus avec une belle faveur d'une dame.

A Fontainebleau la reine sceut que Mʳ de Vendosme, quelque parole qu'il eut donnée a madame de Mercure, s'estoit conjoint avec Mʳ le Prince, et qu'il se faisoit plusieurs brigues pour y rembarquer Mʳ de Guyse, lequel avoit des irresolutions quy ne plaisoint pas a Sa Majesté. Elle luy en parla, et luy, luy rejura de nouveau toute sorte de fidellité. Neammoins Mʳ de Vendosme et le marquis de Cœuvres (2) estans arrivés a Fontainebleau, celuy-la pour prendre congé de la reine en s'en allant en Bretaigne y tenir les estats, et le marquis sous pretexte de le venir conduire jusques a Fontainebleau, prierent Zammet (3) de leur donner une chambre en la conciergerie, ou Mʳ de Guyse cou-

---

(1) Marie-Felice Orsini, fille de Virginio Orsini, duc de Bracciano, et de Fulvia Peretti, était nièce de la reine; née à Rome en novembre 1600, elle mourut au couvent de la Visitation de Moulins le 5 juin 1666. C'est à tort que la *Vie de madame la duchesse de Montmorency*, et l'*Histoire de la maison de Montmorency* par André du Chesne, donnent à ce mariage la date de 1614 ou 1615. Malherbe, d'accord avec Bassompierre, le place en 1613; seulement il en annonce la célébration le 20 juillet, et non pas au mois de mai.

(2) Dans les précédentes éditions il y avait : *le marquis d'Ancre.*

(3) Zamet était capitaine et surintendant des bâtiments du château de Fontainebleau.

choit. La reine en prit ombrage, et me commanda de ne bouger d'avec M. de Guyse jusques a ce qu'il fut couché, et d'empescher que M. de Vendosme et luy ne se parlassent, ce que je fis; et la reine envoya encor Sauveterre veiller la nuit sur le degré de M. de Guyse, lequel aperceut M. de Vandosme et de Cœuvres monter en robbe de chambre dans celle de M. de Guyse, avec lequel ils furent pres de deux heures; et le marquis traitta avesques luy qu'il viendroit a Paris estre arbitre de madame d'Elbeuf (1), ou il se verroit avec M. le Prince.

Le lendemain matin, M. de Vendosme partit, et la reine, sur le disner, envoya commander au marquis de Cœuvres (2) de sortir de la court, et de n'y retourner jusques a un nouveau commandement. Il s'en revint a Paris, fit le rapport de ce qu'il avoit traitté, et anima le marquis d'Ancres de s'offenser de ce que l'on l'avoit chassé, disant que c'estoit parce qu'il estoit son amy, et que les ministres lui avoint fait jouer ce tour en sa consideration.

M. de Boullon lors s'advisa de proposer un accord entre madame d'Elbeuf et madame de la Trimouille sa belle sœur (3), quy avoint proces ensemble, et de les

---

(1) Marguerite Chabot, fille de Léonor Chabot, comte de Charny, grand écuyer de France, et de Françoise de Rye, dame de Longwy, mariée à Charles de Lorraine, duc d'Elbeuf, morte le 29 septembre 1652, à l'âge de 87 ans.

(2) Ici et dans la suite du récit de cet incident, les précédentes éditions désignaient le marquis de Cœuvres sous le nom fantastique de marquis de *Cormires*.

(3) Le duc de Bouillon avait épousé en secondes noces Elisabeth de Nassau, sœur de M. de la Trémoille.

disposer de choisir chascune deux de leurs principaux parens ou amis, pour voir s'ils pourroint point concerter leur differend. Mr du Maine proposa a madame d'Elbeuf de choisir Mr de Guyse et luy, madame de la Trimouille ayant desja esleu M^r le Prince et Mr de Boullon; ce qu'elle fit, et escrivit a Mr de Guyse pour le prier de venir a Paris a cet effet. Mr de Guyse prit congé de la reine, quy se douta a l'heure mesme de la fourbe : et en mesme temps madame la princesse de Conty l'en vint aussy advertir, et que c'estoit pour enfermer Mr de Guyse avec ces trois arbitres, pour le porter a quelque chose contre son service. Elle le pria donc de demeurer a Fontainebleau, et dit qu'elle m'envoyeroit a Paris, qu'elle escriroit a madame d'Elbeuf qu'elle l'avoit retenu, et que mesmes elle me feroit en son nom solliciter l'affaire de ma dite dame d'Elbeuf, en cas qu'elle rompit ce compromis. Il ne voulut pas contester davantage, et demeura; et moy je me preparay pour partir.

Je vins l'apres-disner trouver la reine pour recevoir ses commandemens, laquelle me dit que je retardasse jusques au lendemain matin, quy estoit le mardy avant la Pentecouste (1), pour quelque chose qu'elle avoit a faire de moy, puis me dit sy je n'avois point de vers de Porcheres (2) : je luy dis que non, mais que j'en

---

(1) Le 21 mai.
(2) Il existait deux poëtes de ce nom; l'un était Honorat Laugier, sieur de Porchères, qui mourut très-âgé en 1653; et l'autre, François d'Arbaud, sieur de Porchères, mort vers 1638. Tous deux étaient provençaux, et tous deux furent de l'Académie. Il s'agit probablement ici de Laugier de Porchères, qui était un familier de

sçavois par cœur. Elle se mit a rire, et me dit qu'elle n'en vouloit pas en cette sorte, mais d'escrits de sa main. Je me mis aussy a rire de ce desir, et elle me dit : « Je ne vous puis pas maintenant dire pourquoy; mais ne manqués pas de m'en rapporter, et n'en montrés pas d'affectation; car je ne veux pas qu'il paroisse que j'en veux. » Puis elle me parla longtemps contre le marquis d'Ancres, me disant qu'il se gouvernoit sy mal qu'en fin il se ruineroit; et moy je l'excusay toujours le mieux que je peus. Elle me dit : « Il fait l'entendu, et ne bouge d'avesques une cabale quy m'est entierement contraire et opposée. Dittes luy que je luy mande que, s'il n'est jeudy au soir icy, je l'apprendray a m'obeir; et sy ce n'estoit sa femme, je l'aurois desja mis en un lieu dont il ne sortiroit pas quand il voudroit : sa femme en enrage, et luy, fait toujours de pis en pis. Dittes luy qu'il ne manque pas a faire ce que je luy commande. » Puis m'ayant encore donné quelque autre commission, selon qu'elle s'avisa, je m'en vins a Paris, ou j'arrivay sur les dix heures du matin, le mardy.

Comme je me changeois d'habillemens, le marquis d'Ancres arriva cheux moy, quy me demanda des nouvelles de la court, et sy M. de Guyse ne venoit point. Je luy dis que non, et la cause. Puis en suitte je luy fis l'ambassade dont la reine m'avoit chargé. Il me dit la dessus beaucoup de choses fort en colere : qu'il estoit homme d'honneur, et que, sy la reine manquoit

---

la princesse de Conti, et par conséquent de Bassompierre, et qui avait à la cour la surintendance des ballets.

de parole, qu'il n'en vouloit pas manquer a ses amis, avesques lesquels la reine l'avoit lié ; que l'affront qu'elle avoit fait au marquis de Cœuvres s'adressoit a luy, et que, pour son honneur, il ne le pouvoit abandonner; qu'il n'iroit point a la court qu'il ne l'amenat. Je luy parlay en suitte un quart d'heure fort franchement comme son amy, et luy fis connoistre le tort qu'il avoit en son proceder, et il se remit aucunement: seulement me pria-t-il d'escrire a sa femme, et de luy mander qu'il estoit resolu d'aller jeudy a la court, suyvant l'ordre qu'il en avoit receu de la reine ; seulement pour sa reputation il luy importoit d'amener le marquis de Cœuvres avesques luy, et qu'elle fit aggreer a la reine qu'il l'amenat, et qu'il la suppliat (1) de le voir; âpres cela, que la reine n'en feroit que ce qu'elle voudroit, et que, par ce moyen, il se seroit desgagé de ce qu'il devoit, en cette occasion, a son amy. Je fis ma despesche a l'heure mesme devant luy, et fis partir Lambert aussy tost pour la porter, lequel revint le lendemain matin, avec l'acquiescement; dont le marquis d'Ancres fut fort satisfait.

Il partit donc le jeudy avesques le marquis de Cœuvres, et moy je n'arrivay a Fontainebleau que le samedy au soir (2). Je rendis compte a la reine de ce qu'elle m'avoit commis, et entre autres choses, je luy donnay des vers de la main de Porcheres, [aussy bien que de son esprit] (3). Elle se prit a rire, et me dit :

---

(1) Il y avait dans les éditions précédentes : *supplioit*, ce qui altérait le sens de la phrase.
(2) Le jeudi 23 mai. — Le samedi 25.
(3) Inédit.

« Il n'est plus temps, l'affaire est descouverte : j'ay soubçonné a tort ce pauvre homme; dont je m'en repens. » Je dis a la reine : « Madame, sy j'osois, je vous demanderois l'explication de cette enigme. » Elle me dit : « Je vous la diray : il y a quelque temps que Gueffier (1), nostre agent en Piemont, nous a mandé que l'on donnoit des avis de par dela (2) contre le service du roy, et mesmes a envoyé la suscription d'un des paquets que journellement l'on en envoyoit de deça. Nous ne savions quy soubçonner, et parce que Porcheres a esté longtemps en Savoye, je l'en accusois; mais aujourdhuy nous avons descouvert toute l'affaire, ayant pris sur le fait celuy quy les escrit, comme il jettoit son paquet dans la caisse de la poste : c'est un certain bossu, blond, que vous avés souvent veu suyvre la court, Dauphinois, nommé Maignat (3). » Je luy dis que je le connoissois, et que je l'avois souvent veu en l'antichambre de M^r le marquis d'Ancres. Elle me dit lors : « Aussy y avoit il affaire, et on en verra bientost davantage. »

Je n'y pensay pas plus avant, et m'en allay, selon mon ordinaire, souper cheux Zammet : et comme

---

(1) Gueffier, alors résident de France à Turin, fut en 1617 ambassadeur auprès des Grisons, et en 1632 ambassadeur à Rome.

(2) C'est-à-dire de France : Gueffier écrivait de Piémont.

(3) Le duc de Savoie avait récemment envahi le Montferrat qui faisait partie des états des ducs de Mantoue. Pour s'assurer la neutralité de la France, il avait noué de secrètes intrigues autour de la reine. Maignat, que Malherbe appelle Magnac (*Œuvres*, t. III, p. 308), et le marquis de Cœuvres, Magnas (*Mémoires de la régence*), était un agent qui correspondait avec le baron de la Roche, autre Dauphinois, établi à Turin.

c'estoit la veille de la Pentecouste, il n'y avoit, hors sa famille, que le seul Lomenie, secretaire d'Estat, auquel, sans y penser, je dis : « Quy est un certain demi-prestre bossu, nommé Maignat? » Il me respondit : « Quy vous fait me le demander? » « Parce, luy disje, que j'en sçay quelque chose. » « Et moy, dit-il, peut-estre davantage que vous. » « Joygnons, luy disje, nos sciences, pour voir sy elles se rapportent : il escrivoit, au nom de quelques personnes de condition, en Savoye; Gueffier en eut quelque lumiere, quy envoya par deça une couverture de paquet escritte de sa main; on l'a pris comme il jettoit un paquet dans le bureau de la poste; on l'a desja interrogé, et il commence a chanter clair. » Il me dit la dessus : « Par Dieu, vous estes averty de sy bonne part que je n'ay rien à y adjouter, synon que j'ay esté greffier a l'interroger, et que j'ay son interrogatoire en ma poche. » Je luy demanday ce qu'elle chantoit. Il me respondit : « Puis que vous en sçavez desja tant, je ne vous en celeray pas le reste, ou il parle clair de monsieur et de madame la marquise d'Ancres, mais surtout de Mr Dolet, quy estoit leur organe; et le tiens bien fin s'il peut desmesler cette fusée : » puis en suitte m'en dit tout le particulier.

Je faisois profession tres estroitte d'amitié avec le marquis d'Ancres, et aymois aussy Dolet; c'est pourquoy durant le soupper, je songeay plus d'une fois comme je les pourrois ayder et servir, et sortant de table j'allay pour trouver le marquis; mais il estoit desja retiré avesques sa femme a cause du bon jour du lendemain, et ne peus mesmes le jour suyvant le voir plus tost qu'apres disner en la chambre de la reine comme elle s'en alloit au sermon. Je luy dis : « Allons faire deux tours en l'antichambre pendant le sermon, et puis nous irons a vespres, et aurons esvité le chaud et la presse. » Il s'y en vint, et en entrant me dit : « Que diriés vous, Monsieur, que la reine n'a pas encores voulu voir M^r le marquis de Cœuvres, et que ces coquins de barbons l'en divertissent toujours ? » Je luy dis : « Monsieur, je ne crois pas que les ministres facent tant d'effort sur son esprit que sa propre inclination ; car je vous puis dire que ce fut la reine seule quy fit espier Mrs de Guyse et de Vendosme, et quy sceut qu'ils s'estoint parlé la nuit : bien ne vous diray je pas que l'on ne l'en eut precedemment avertie. Mais laissons cette affaire, et parlons d'une autre plus importante, sy vous la savés, comme je pense ; ou sy vous ne la sçavés, je vous en parleray seul : qu'est ce que de Maignat ? » A ce mot, tout estonné il me dit : « Pourquoy, Monsieur, de Maignat ? Que *vol dir* Magnat ? *Che cosa e* Maignat ? » Je luy dis : « Vous me leurrés, vous le sçavés mieux que moy, et vous en faites l'ignorant. » Il me dit : « Par *Dio, Mousou*, je ne *connesse* point Magnat ; je n'*entende* point cela ; je ne say ce que c'est. » « Monsieur, Monsieur, luy dis je, je vous parle icy comme vostre serviteur et vostre amy, non pas comme un juge ou un commissaire. Maignat fut hier pris et interrogé a l'heure mesme, puis encores le soir, et ce matin encores : il a esté pris jettant un paquet au bureau de la poste, lequel parle de beaucoup de choses et nomme les personnes par leur nom. Sy vous le sçavés desja, je n'ay perdu que la peine de vous l'avoir dit ; et sy vous ne le sçavés, je pense, comme vostre serviteur, gaigner beaucoup de vous en avertir, affin que vous y donniés ordre et que vous provoyiés particulierement a tirer Mr Dolet hors de cette affaire dans laquelle on tachera de l'embarrasser. » Il me dit fort estonné : « Moy, *Monsour*, je ne pense point que Mr Dolet *conosca questo* Magnat. Je ne me mesle point de cela. » « C'est bien fait, Monsieur, luy respondis je : je ne prendray en cette affaire que la part que vous m'y voudrés donner pour vous y servir, quy est mon seul but, et mon intention. » Il m'en remercia, et puis me quitta brusquement, et moy je m'en allay au reste du sermon et a vespres apres lesquelles la reine s'alla promener au parc, et moy je me mis dans le carrosse du premier escuyer pour l'y accompagner.

Comme nous nous promenions sur le canal, un des gens de M^r le marquis d'Ancres vint au galop me trouver, et me prier de sa part de le venir trouver a l'heure mesme. Je me doutay bien que je luy avois mis la puce a l'oreille; je dis neammoins tout haut : « C'est qu'il me veut gaigner mon argent. » Je montay sur le cheval de ce gentilhomme, et la reine me demandant ou j'allois, je luy dis que j'allois jouer avec M^r le marquis. Il m'attendoit sur le haut de ce degré quy avance en la court en ovale, et comme je montay, il me mena dans la galerie de la reine qu'il ferma sur nous, puis marcha jusques au millieu de la galerie sans dire un mot : en fin se haussant il me dit : « Ha, Mr *Bassampier*, mon bon amy, je suis perdu; mes ennemis ont gaigné le dessus sur l'esprit de la reine pour me ruiner, » puis se mit a dire des blasphemes estranges, et pleuroit amerement. Je le laissay un peu se demener, puis je luy dis : « Monsieur, il n'est pas tems de jurer et de pleurer quand les affaires pressent : il faut ouvrir son cœur, montrer sa blesseure a l'amy a quy on en veut confier la guerison. Je pense que vous m'avés envoyé querir pour me dire vostre mal et non pour me le pleurer : c'est pourquoy, Monsieur, il vous faut prendre une bonne et ferme resolution sur les divers conseils que vous donneront vos amis, choysissant celuy que vous jugerés le plus convenable en l'affaire presente. » Il me dit lors : « *Ly ministri* m'ont donné cette estrette (1) et me veulent perdre, et Mr Dolet aussy. » « Monsieur, vous avés, luy dis je, beaucoup de remedes contre leur poyson, dont le plus excellent est les bonnes graces de la reine, que vous possederés infailliblement quand vous voudrés rentrer en vostre devoir et quitter toutes autres pratiques (2) quy ne luy sont pas aggreables : par ainsy vous enerverés (3) les forces de vos ennemis, et redoublerés les vostres pour les destruire et opprimer. Vous avés aussy vostre innocence quy parle pour vous, et en cas qu'elle ne soit entiere, il faut voir et pratiquer les commissaires de Maignat, (car je ne doutte point que vostre peine presente ne soit celle la), avoir recours a la bonté et misericorde de la reine quy vous recevra a bras ouverts, j'en suis fort asseuré, pourveu que vous luy parliés avec sincerité de cœur et une entiere resignation entre ses mains de toutes vos volontés. » « Ha, Monsieur, ce me dit il allors, je crains que la

---

(1) *Dare la stretta* veut dire, en italien, mettre dans la détresse, réduire aux extrémités.

(2) Il y avait dans les précédentes éditions : *tous autres partages*.

(3) Il y avait : *vous mesurerez*.

reine preoccupée par mes ennemis n'aye les oreilles bouchées a mes justifications et qu'elle croye entierement les ministres. » « C'est a vous, repartis je, a connestre premierement vous mesme, et en suitte la reine; sy vous ne tenés pas vostre affaire nette, ou qu'il y puisse avoir lieu de vous nuire et perdre, il faut que vous regardiés sy vous vous pouvés sauver par le moyen de l'affection de la reine, dont la source ne tarira jamais vers madame vostre femme : mais sy vous voyés qu'elle ne soit pas assés forte pour vous empescher de tomber dans le precipice, il faut destourner vostre personne de l'occasion et vous mettre en seureté, et de loin plaider vostre cause ou par escritures ou par avocat : c'est le meilleur remede que l'on puisse apporter a vostre mal present ; mais comme il est chimique (1), je ne m'en voudrois servir qu'a l'extremité et en deux seules occasions : l'une, sy mon affaire est trouble (j'entens criminelle), et encores sy, estant criminelle, je jugeois que la reine ne m'en peut ou voulut pas tirer ; l'autre, quand mesme elle ne le seroit pas au fond, sy vous jugiés vos ennemis sy puissans que leurs artifices la peussent rendre telle; en ces deux cas l'esloignement est le gain de cause ; et affin que vous connoissiés quel amy je vous suis, et que je ne vous donne pas de conseils ausquels je n'y preigne bonne part, en cas que vous vous y resolviés, je m'offre de vous y assister, d'estre de la partie, et

---

(1) C'est-à-dire violent. — « Le médecin chimique, spagirique et empirique est celui qui se sert de remèdes violents tirés des minéraux avec le feu. » (*Dictionnaire de Trévoux*).

de vous mettre en seureté, pourveu qu'une prompte resolution nous donne moyen non seulement de l'entreprendre, mais aussy de l'executer. » Sur cela il me sembla tout allegé, et me dit apres plusieurs complimens : comment nous pourrions faire? Je luy dis : « Conseillés vous une demi-heure encores, et sy vous y estes bien resolu, descendés a ma chambre dans la conciergerie ou vous trouverés des bottes prestes, et deux coureurs quy nous meneront a la premiere poste, d'ou nous irons en diligence a Paris et de là a Amiens ou je vous laisseray puis apres pour m'en revenir, et diray que sans sçavoir vostre dessein, croyant que ce fut pour une querelle particuliere, vous m'avés mené avesques vous, et qu'estant a Amiens vous m'avés dit la cause de vostre fuitte, me priant de venir trouver la reine, a laquelle puis apres je diray les choses necessaires pour vostre raccommodement. » Il approuva cet expedient, lequel il alla communiquer au marquis de Cœuvres et a Dolet, lesquels voyans que, s'il s'en alloit et qu'ils demeurassent, ils estoint perdus, et que sa consideration et presence les sauveroit, le desconseillerent de prendre ce party, disans que je le faysois a dessein de le ruiner et de prendre sa place pres de la reine : ils le persuaderent de prendre le premier expedient que je luy avois proposé, quy estoit de recourir a la reine, vers laquelle il trouva toute sorte de douceur et de bonté : joint que Mr de Roissy (1), quy avoit

---

(1) Jean-Jacques de Mesmes, seigneur de Roissy, fils de Henri de Mesmes, seigneur de Roissy, et de Jeanne Hennequin, conseiller au parlement de Paris en 1583, maître des requêtes en 1594, conseiller d'Etat en 1600, mourut le 31 octobre 1642.

fait le premier interrogat a Maignat, en fit un rapport favorable pour luy; car il estoit amy particulier de la marquise; et que les deux commissaires a ce proces, nommés Masurier (1) et Mangot (2) les y servirent bien : aussy en furent ils bien recompensés, l'un de l'estat de premier president de Toulouse, et l'autre de Bordeaux, et puis de garde des sceaux. Le proces fut parachevé a Maignat, et les noms des marquis et marquise d'Ancres, et de Dolet, supprimés; luy condamné a estre roué tout vif, ce quy fut executé le jeudy suyvant (3), et le jour d'apres, la court s'en revint a Paris.

J'avois esté peu avant l'Ascension en poste a Rouan pour y reconnestre l'air du bureau pour mon affaire et preparer toutes choses pour y retourner en bref. Je trouvay que mes parties m'avoint fait une ruse de palais, quy est d'avoir fait consulter par tous les fameux avocats de Rouan leur cause, affin de les rendre incapables de plaider la mienne, de sorte qu'il me fallut avoir recours a prendre un avocat de Paris nommé Mauguin pour la venir plaider. Je dis a mon retour cette fourbe a la reine, que mes parties m'avoint pra-

---

(1) Gilles le Mazurier, ou Mazuyer, avait été reçu conseiller au parlement de Paris le 7 août 1596.

(2) Claude Mangot, seigneur de Villeran, fils de Claude Mangot, avocat, et de Geneviève Sevin, conseiller au parlement de Paris en 1592, maitre des requêtes en 1600. Il fut secrétaire d'Etat par commission du 9 août 1616, et garde des sceaux le 25 novembre de la même année. La mort du maréchal d'Ancre, son protecteur, l'obligea à remettre les sceaux le 24 avril 1617.

(3) Maignat ne fut mis à mort que le vendredi 31 mai (*Mercure françois; Mémoires de la régence*).

tiquée : elle s'avisa de me dire un jour : « Mon Dieu, Bassompierre, le procureur des Estats de Normandie (1), quy est sy eloquent, pourroit il point plaider vostre cause? Car il a esté autrefois avocat a Rouan. Il est icy : [je luy veux demander, »] (2) et sur cela l'envoya querir et luy commanda de l'entreprendre; ce qu'il fit, [et s'en acquitta] (3) parfaitement bien.

Juin. — Je partis tost apres l'arrivée de la court a Paris (4), accompagné de plusieurs de mes amis quy voulurent venir quand et moy, et d'autres quy y vindrent apres, de sorte qu'il y eut telle fois plus de deux cens gentilshommes avesques moy a Rouan. La reine aussy escrivit a M^r le maréchal de Fervaques, (d'ailleurs mon amy), de m'assister de tout ce que je luy demanderois : elle commanda a sa compagnie de chevaux legers quy estoit en garnison a Evreux de venir en robbe me trouver, et envoya de sa part Marillac avesques lettres a tous les presidens et conseillers en ma recommandation : elle envoya aussy, de deux jours l'un, des courriers pour apprendre le succès de cette affaire. Quantité de dames quy estoint a Rouan, beaucoup d'estrangeres quy y vindrent, et la bande de

---

(1) François de la Bertinière, ou de Bretignères, d'abord avocat, puis procureur syndic des Etats de Normandie, devint, cette même année, procureur général au parlement de Rouen, comme on le verra à la page 360, note 2.

(2) Inédit.

(3) Inédit.

(4) M. de Bassompierre dut partir pour Rouen vers le 9 juin. En effet son séjour dans cette ville dura un mois, et son retour à Paris est annoncé dans une lettre de Malherbe pour le 9 juillet (*Œuvres*, t. III, p. 319).

noblesse que j'y avois menée, firent que tout le temps que je demeuray a Rouan, quy fut un mois, se passa comme un caresme prenant en continuelles festes, bals, et assemblées ; et je he rapportay de tout ce sejour qu'une evocation que par surprise ma partie obtint du conseil du roy, quy me retarda de six mois et m'obligea de m'en revenir.

J'oubliois de dire que, quand je partis de la court pour aller a Rouan, j'estois en tres estroitte liaison avesques les trois ministres, lesquels m'avoint employé en plusieurs choses, et m'en avoint fait proposer d'autres dont ils ne vouloint pas paroistre les auteurs; particulierement trois dont ils me firent faire ouverture a la reine. La premiere fut monsieur le chancelier quy me pria d'insister vers la reine pour le rasement de Quillebeuf en donnant recompense au mareschal de Fervaques, ce que la reine accorda : M^r le president Jannin me pria de parler du retour de M^r le Grand a la court, a quoy je m'employay aussy avec effet; et Mr de Villeroy desira que je fisse instance a la reine de permettre a Mr de Souvré de resinner la charge qu'il possedoit de premier gentilhomme de la chambre a Mr de Courtanvaut (1) son fils, a quoy la reine me respondit que, lors qu'elle erigea une troisieme charge

---

(1) Jean, seigneur de Souvré, marquis de Courtenvaux, fils de Gilles de Souvré, marquis de Courtenvaux, et de Françoise de Bailleul, avait épousé en 1610 Catherine de Neufville, petite-fille de M. de Villeroy : c'était pour cette raison que ce ministre voulait lui faire obtenir la charge de premier gentilhomme de la chambre, que son père aurait résignée en sa faveur. Le marquis de Courtenvaux mourut en 1656, à l'âge de 72 ans.

de premier gentilhomme de la chambre en faveur de Mʳ de Souvré, ç'avoit esté a condition de suppression, mort avenant; a quoy elle s'estoit engagée a Mʳˢ le Grand, et de Boullon de quy Mʳ le marquis d'Ancres l'avoit eue (1); et que sans leur consentement elle ne le pouvoit permettre. J'ai dit ce que dessus pour esclaircir ce que je diray en suitte.

Pendant mon sejour a Rouan les ministres quy avoint veu que le marquis d'Ancres avoit soustenu le choc de l'affaire de Maignat, et en estoit heureusement sorty, se persuaderent que sa faveur estoit sy grande aupres de la reine qu'en fin elle les opprimeroit, et se resolurent de s'accommoder avesques luy s'ils voyoint jour de le pouvoir faire. Mʳ le president Jannin en mit le premier les fers au feu, proposa a la reine de faire que messieurs le chancelier et de Villeroy fussent unis et en bonne intelligence avec Mʳ le marquis d'Ancres, (car pour luy, il avoit toujours esté entre eux le benin temperament); que ce seroit le bien de son service et le repos de la court. La reine receut cette proposition avec joye, luy respondit qu'elle le desireroit, et qu'il y travaillat. Allors il proposa le mariage de la fille du marquis d'Ancres (2) avesques le marquis de Ville-

---

(1) Le marquis d'Ancre ayant traité avec le duc de Bouillon de la charge de premier gentilhomme de la chambre, les engagements pris par la reine envers le duc de Bouillon la liaient vis-à-vis du marquis d'Ancre.

(2) Marie Concini, fille de Concino Concini, marquis d'Ancre, et de Leonora Dori, dite Galigai : elle fut baptisée à Saint-Sulpice en 1608, et mourut enfant, peu de temps avant la catastrophe qui termina la fortune et la vie de ses parents.

roy (1), petit fils de Mʳ de Villeroy, et [ils] promirent au dit marquis (2) de seconder toutes ses intentions et de contribuer toute leur industrie et pouvoir a son aggrandissement : et ainsy l'affaire s'accommoda sans mon sceu ny participation (juillet), ny sans m'y comprendre ou conjoindre avec ces ingrats que j'avois sy fidellement assistés et servis ; et ne tarderent gueres sans me brouiller avec la reine et me ruiner avec le dit marquis.

Le commencement de l'affaire vint que, parmy les capitulations de leur accord, la resinnation en faveur de Mʳ de Courtanvaut de l'estat de premier gentilhomme de la chambre y fut comprise, et le marquis ayant dit a Mʳ de Villeroy qu'ils avoint bien veu que leurs pratiques avoint esté vaines jusques a ce qu'il y eut consenty, Mʳ de Villeroy luy dit qu'il n'en avoit jamais fait parler que par moy; et le marquis se plaignit fortement a moy de ce qu'en une chose ou il avoit le principal interest, j'eusse voulu la poursuyvre, estant son amy comme j'en faysois profession, ce qu'il me reprocha devant la reine; mais elle luy tesmoygna que des qu'elle m'eut dit que le marquis y avoit interest, je luy avois dit que je ne le sçavois pas, et que, cela estant, non seulement je m'en desistois, mais que

---

(1) Nicolas de Neufville, marquis de Villeroy et d'Alaincourt, fils ainé de Charles de Neufville, marquis d'Alaincourt et de Villeroy, et de Jacqueline de Harlay-Sancy, sa seconde femme, né le 14 octobre 1598, mort le 28 novembre 1685. Il devint, sous le règne de Louis XIV, maréchal et duc de Villeroy. Le projet de son mariage avec la fille de Concini resta sans accomplissement.

(2) Au marquis d'Ancre.

mesmes je la suppliois de n'en rien faire qu'avesques son consentement, dont il se satisfit pour l'heure.

Il arriva aussy que la reine voulut ouir le playdoyer que La Bretignere avoit fait en ma cause (1), et qu'un soir comme il le redisoit devant la reine, la marquise la voulut destourner pour luy parler de quelque affaire, ce que la reine ne voulant faire et elle l'en pressant, elle se fascha contre la marquise de son importunité, et la marquise contre moy, quy pensoit que j'en fusse cause (2).

En ce mesme temps M^r le Prince fut a l'article de la mort a Saint-Maur, attaqué d'un pourpre violent dont, graces a Dieu, il guerit; mais le marquis de Narmoustier, quy l'avoit veu pendant sa maladie, prit son mal et en mourut effectivement. Il avoit recompensé depuis nagueres la lieutenance generale de Poytou que possedoit precedemment Mr de Paraberes (3), laquelle vaqua par sa mort (4). Plusieurs firent instance a la reine pour l'avoir, comme Mrs de la Rochefoucaut et

---

(1) « La reine a dit qu'elle veut avoir les plaidoyers, pour rire des galanteries qui s'y sont dites de côté et d'autre. Si je puis, j'en aurai une copie, et vous par conséquent. » (Lettre de Malherbe du 8 juillet 1613).

(2) Peu de jours apres le procureur general de Rouan mourut, dont je donnay avis a la reine quy me fit l'honneur de me donner sa charge pour ayder a acquitter mes dettes, de l'argent que j'en retirerois; mais je la donnay franchement au sieur de Bretignere quy avoit playdé ma cause au parlement peu de jours auparavant. (*Addition de l'auteur*).

(3) Jean de Baudéan, seigneur de Parabère.

(4) Par la mort de M. de Noirmoustier.

de Saint-Luc (aust) (1), et la reine m'avoit donné de grandes esperances pour ce dernier. J'avois prié particulierement, et luy aussy, le marquis d'Ancres de l'assister en cette affaire, et il luy avoit promis et a moy aussy; neammoins (comme les interets particuliers marchent avant toutes choses), il la fit donner a Mr de Rochefort, a la priere que luy en fit M^r le Prince, et la reine me dit qu'extreordinairement pressée par le dit marquis, elle avoit donné cette charge a Rochefort, bien qu'elle eut esté plus portée pour Mr de Saint-Luc. Le marquis d'Ancres le jour mesme me dit qu'il estoit au desespoir de quoy la reine avoit donné cette charge a Rochefort et qu'il me prioit d'asseurer Mr de Saint-Luc qu'il avoit fait ce qu'il avoit peu en sa faveur, mais que l'autorité de M^r le Prince avoit prevalu; moy quy sçavois ce que la reine m'avoit dit, luy respondis que quand il voudroit tromper un tiers et m'associer en cette affaire, que je luy ayderois volontiers; mais que pour tromper mon beau frere, je luy priois qu'il en employat un autre, car je luy estois trop proche; et en suitte Mr de Saint-Luc luy en ayant tesmoygné un peu de froideur, il se persuada que je luy avois animé et m'en fit la mine; et en suitte, assisté de sa femme, commencerent a imprimer dans l'esprit de la reine que je faisois vanité de la bonne chere qu'elle me faisoit, et que l'on en parloit : ils luy dirent en suitte que je luy alienois ses serviteurs, et que je mutinois le monde contre elle.

---

(1) Suivant la correspondance de Malherbe (*Œuvres*, t. III, pp. 329 et 333), le marquis de Noirmoustier mourut seulement dans les premiers jours de septembre.

Septembre. — Il arriva en ce mesme temps que je revins a Fontainebleau apres avoir accommodé a Paris, par l'ordre de la reine, les differens de Mrs de Montbason (1) et de Brissac quy estoint prets a se brouiller, et fait consentir Mr de Boisdauphin (2) que La Varrenne fut lieutenant de roy d'Anjou. La reine m'en sceut gré, et mesmes peu de jours avant venir a Fontainebleau, m'ayant veu un jour triste, elle demanda a madame la princesse de Conty ce quy en estoit la cause : elle luy dit que je n'estois pas sans beaucoup de rayson de l'estre, voyant qu'apres tant de services, de temps, et de despenses faites a la court, j'y estois sans charge et sans establissement, et elle preste de sortir de sa regence, pendant laquelle j'avois servi sy fidellement et avesques tant de passion. Elle luy dit : « Il a rayson, mais dittes luy qu'il se fie en moy, et que je pense a luy, que je n'oublieray pas. » Le soir mesme quy estoit la veille de son partement pour Fontainebleau, apres m'avoir donné quelques commissions pour son service a Paris (ou je luy avois supplié de me permettre de demeurer huit jours), elle me commanda de venir a Lesigny (3) ou elle alloit dis-

---

(1) Hercule de Rohan, duc de Montbazon, troisième fils de Louis de Rohan, prince de Guémené, comte de Montbazon, et d'Eléonor de Rohan, dame du Verger, mourut le 16 octobre 1654, à l'âge de 86 ans.

(2) Urbain de Laval, seigneur de Boisdauphin, marquis de Sablé, maréchal de France, fils de René de Laval, seigneur de Boisdauphin, et de Jeanne de Lenoncourt, sa seconde femme. Il mourut le 27 octobre 1629.

Le maréchal de Boisdauphin était gouverneur d'Anjou.

(3) Lesigny, canton de Brie-Comte-Robert, arrondissement de

ner en partant de Paris, ce que je fis ; et là elle me fit encores les mesmes asseurances et me dit de plus que je n'avois pas faute de gens quy me vouloint brouiller avec elle, mais que je vescusse en repos et qu'ils n'en seroint pas capables.

Neammoins a mon arrivée a Fontainebleau je vis, ce me semble, un peu de changement, et quelques jours apres, le marquis et sa femme continuans leurs pratiques, j'aperceus une froideur entiere. Je n'en fis neammoins point de semblant, et un jour (octobre) Mrs de Crequy, de Saint-Luc, et de la Rochefoucaut estans tous trois venus sans train, en intention de loger et coucher avesques moy, j'empruntay une chambre de Zammet a la conciergerie ou nous couchames, Mr de la Rochefoucaut et moy, et laissay la mienne a Mrs de Saint-Luc et de Crequy. Or Mrs de Saint-Luc et de la Rochefoucaut ne se parloint point pour quelque jalousie de Mlle de Nery : nous jugeames, Mr de Crequy et moy, bienseant d'empescher cette froideur entre amis, et les nostres sy particuliers; Mr de Crequy me dit : « Parlés en de vostre costé a vostre camarade, et j'en feray de mesme du mien, et sy nous y voyons jour, demain au matin nous les ferons embrasser. »

Je luy manday le lendemain que, sy son homme en estoit content, le mien estoit plus que disposé de l'embrasser, et qu'en ce cas ils s'en vinssent au jardin de la Diane ou nous les attendrions. Le marquis

---

Melun, département de Seine-et-Marne, appartenait au marquis d'Ancre.

d'Ancres estoit de fortune allors a la chambre de la reine quy nous vit promener, la Rochefoucaut et moy, ensemble ; il dit a la reine : « Venés voir, Madame, comme Bassompierre tasche d'animer la Rochefoucaut contre vous de ce qu'il n'a point eu la lieutenance generale de Poytou. » La reine se leva de sa petite chaire ou elle se coiffoit pour regarder a la fenestre, et vit en mesme temps que Mrs de Crequy et Saint-Luc venoint a nous, que nous fismes embrasser et les embrassames aussy avesques beaucoup de tesmoygnages de tendresse et d'affection. Allors le marquis prenant son temps luy dit : « Par Dieu, Madame, tout cela est contre vous : ils font une brigue, et je veux mourir sy Bassompierre ne les asseure de Mr de Rohan, Crequy de M^r des Diguieres, et les autres reciproquement a eux. Il est fort aysé a juger par leurs gestes ; autrement a quoy seroint bonnes toutes ces embrassades a gens quy se voyent incessamment ? »

La reine fut tellement susceptible de cette creance que, sans l'approfondir davantage, elle nous fit a tous quattre la mine : mais les trois s'en estans allés, ou a Paris, ou en leurs païs, elle continua sur moy avesques tant de violence qu'elle dit assés haut qu'il y avoit des gens quy se mesloint de faire des ligues contre le service du roy et le sien, mais que sy elle en pouvoit descouvrir quelque chose, qu'elle les feroit sy bien chastier que les autres y prendroint exemple ; puis en carrosse, parlant de moy aux princesses, elle leur dit que je faisois des choses contre son service, dont je me pourrois bien repentir : elles me le dirent au retour, et moy a Mr de Guyse, a quy la reine tenant ce mesme discours, en repartit fort noblement (1), et demanda a la reine moyen et heure que je luy peusse parler. Elle luy donna sa galerie, au retour de son promenoir, parce, a mon avis, qu'a ces heures là le marquis ny sa femme n'estoint point d'ordinaire pres d'elle; et ce quy me le fait croyre est que toutes les fois que l'on ouvroit la porte de la galerie, elle se tournoit pour voir s'ils n'entroint point. Je luy parlay assés longtemps et bien hardiment, me plaignant au lieu de m'excuser; et la reine me fit paroistre de la bonté mesme dans son courroux; et luy ayant dit que sy c'estoit pour ne me point donner la charge de premier gentilhomme de la chambre, qu'elle m'avoit promise, ce qu'elle en faisoit, que je l'en quittois pourveu qu'elle me fit la grace de me croyre ce que j'estois, fort homme de bien et incapable de manquer jamais au tres humble service que je luy avois voué, elle se fascha de ce discours, et me dit qu'elle n'estoit pas personne a manquer a ce qu'elle m'avoit promis, qu'elle observeroit sans faute ; et que selon que je me gouvernerois a l'avenir, elle auroit connoissance sy ses soubçons estoint vrais ou faux, et ainsy se separa de moy quy demeuray huit ou dix jours en cet estat la sans amendement, et elle ne me parlant point.

En ce mesme temps M^r le Grand revint a la court, quy fut bien veu du roy et de la reine (novembre) (2).

---

(1) Le duc de Guise repartit.
(2) Suivant la correspondance de Malherbe, le grand écuyer arriva à Fontainebleau le 26 octobre. Le voyage de la reine avait été antérieur : elle était arrivée à Paris le 16 octobre.

Apres avoir demeuré en cet estat d'indifference, ma patience s'acheva, et me resolus de quitter la court, la France, et le service du roy et de la reine, et d'aller chercher une plus heureuse fortune ailleurs, bien que de belles personnes fissent l'impossible pour me destourner de ce dessein. Je le dis a Sauveterre, et qu'il me trouvat une occasion de parler a la reine pour me licencier d'elle, quy s'en devoit le lendemain aller a Paris voir monsieur son fils quy y estoit malade, et avoit prié toute la court de l'y laisser aller seule et de demeurer aupres du roy. Sauveterre, a mon avis, luy dit ce pourquoy je desirois luy parler; car comme j'entray a son cabinet, elle me dit : « Bassompierre, je m'en vas demain a Paris et ay commandé a tout le monde de demeurer icy; mais pour vous, sy vous y voulés venir, je vous le permets et vous y parleray : mais ne prenés pas mon mesme chemin, affin que l'on ne die pas qu'a la regle generale j'y face quelque exception. » Cela me ferma la bouche, et le lendemain Mrs de Crequy, Saint-Luc, et moy, nous nous en vinsmes a Paris et allasmes attendre la reine en sa descente au Louvre, et la menasmes cheux Monsieur. Les autres s'en allerent, et je demeuray jusques a ce qu'elle fut en son cabinet, ou j'eus tout loysir de luy parler, et en sortis avesques asseurance qu'elle ne croyoit rien de ce que l'on luy avoit voulu persuader, dont je l'esclaircis entierement (1).

La reine trouva Monsieur en meilleur estat que l'on ne luy avoit mandé, et apres avoir demeuré deux jours

---

(1) Voir à l'Appendice. XVII.

pres de luy, elle s'en revint passer la Toussaints et la Saint-Martin a Fontainebleau (novembre), et puis s'en revint par Villeroy (1) a Paris ou elle demeura (decembre) et parvint en l'année 1614 que les brouilleries commencerent a se former.

1614.
JANVIER.

Mr de Rohan avoit brouillé les cartes en Poytou et a la Rochelle; et M^r le Prince avesques Mrs de Nevers et du Maine, joins au mareschal de Boullon (2), faisoint leurs pratiques, en sorte que la reine en descouvrit quelque chose, et pour cet effet voulut mettre une armée sur pié. Mais comme le principal corps de la dite armée devoit estre composé de six mille Suisses, et que Mr de Rohan estoit leur colonel general, la reine se resolut de recompenser cette charge et la tirer de ses mains. Mr de Villeroy quy a toujours affectionné la maison de Longueville, proposa a la reine de la donner a Mr de Longueville; qu'elle le pourroit retirer par ce moyen d'avec M^r le Prince (3). Mais elle ne s'y voulut

---

(1) Villeroy, canton de Claye, arrondissement de Meaux (Seine-et-Marne).
(2) Les princes qui, l'année précédente, avaient été ligués avec Concini, étaient mécontents de sa réconciliation avec les ministres et de cette faveur croissante qui alla jusqu'à le faire élever, au mois de février de cette année, à la dignité de maréchal de France. Secrètement poussés par le duc de Bouillon, ils se retirèrent de la cour. Le prince de Condé partit le premier, le 17 janvier; le duc de Bouillon quitta Paris le 28 du même mois.
(3) Le duc de Longueville ne quitta la cour que le 10 février.

pas fier : elle proposa ma personne aux ministres, disant que je n'y serois pas mal propre, tant a cause de la langue allemande que j'avois commune avesques les Suisses que pour estre leur voysin. Mais Mʳ de Villeroy quy avoit son dessein formé, dit a la reine que par les anciennes capitulations des rois de France avesques les cantons, il estoit expressement porté que ce seroit un prince quy seroit leur colonel general, et mesmes qu'il estoit porté prince du sang, mais qu'ils s'en estoint relaschés; neammoins que des princes l'avoint toujours esté, assavoir un de Beaujeu, prince du sang (1), et un autre en suitte; puis Engilbert, Mʳ de Cleves; de la trois princes de la maison de Longueville, dont le dernier, quy estoit petit fils de Glaude de Guyse, estant mort jeune, son grand pere empieta ses deux charges de grand chambellan et de colonel general des Suisses, dont il fit pourvoir ses deux enfans, et qu'en fin monsieur le connestable Anne de Montmorency (2) en fit pourvoir son fils de Meru (3), dont les Suisses gronderent, quy neammoins le souffrirent a cause de la grande autorité et reputation de monsieur le connestable; que Mʳ de Meru fut aydé par Mʳ de Sansy pour obtenir du feu roy la charge d'ami-

---

(1) Voir à l'Appendice. XVIII.

(2) Anne de Montmorency, premier duc de Montmorency, connétable de France, fils de Guillaume, baron de Montmorency, et d'Anne Pot, dame de la Rochepot, né le 15 mars 1492, mort le 12 novembre 1567, des blessures qu'il avait reçues à la bataille de Saint-Denis.

(3) M. de Méru était le troisième fils du connétable Anne de Montmorency, et de Madeleine de Savoie. Voir sur lui la note 1 à la page 205.

ral (1) de France en intention d'estre proveu en sa place de celle de colonel general, mais que feu M⁰ le comte de Soissons, quy le haïssoit (2), porta les Suisses, au renouvellement de l'alliance avec le feu roy, de demander que ce fut un prince quy fut leur colonel general, et que M⁰ de Suilly avoit porté le roy a nommer M⁰ de Rohan pour cet effet, et qu'il avoit escrit ausdits Suisses qu'ils le devoint recevoir en cette qualité puis qu'il l'estoit du sang de deux royaumes desquels il pouvoit heriter, assavoir de Navarre et d'Escosse (3). Sur ces raysons, la reine desista de me proposer pour cette charge et leur nomma le chevalier de Guyse, et le mesme M⁰ de Villeroy continuant son premier dessein : « Cette election donnera bien a crier et un specieux pretexte a ceux quy veulent brouiller et quy se plaignent desja de la faveur que vous faites a ceux de cette mayson a leur prejudice. » Sur cela le conseil se leva, la reine leur disant : « Il faudra donc penser a quelqu'un quy soit propre pour cela. »

Comme elle fut revenue a son cabinet, elle me dit : « Bassompierre, sy vous eussiés esté prince, je vous eusse donné aujourd'huy une belle charge. » Je luy respondis : « Madame, sy je ne le suis, ce n'est pas que

---

(1) Les précédentes éditions portaient : *maréchal*.

(2) Qui haïssait M. de Sancy.

(3) M. de Rohan était petit-fils d'Isabelle d'Albret, fille de Jean d'Albret, roi de Navarre, et grand'tante de Henri IV. Ses droits éventuels sur le royaume d'Ecosse étaient plus éloignés : Anne de Rohan, sa bisaïeule, était petite-fille d'Isabelle Stuart, fille de Jacques I⁰ʳ, roi d'Ecosse.

je n'eusse bien envie de l'estre ; mais neammoins je vous puis asseurer qu'il y en a de plus sots que moy. »
« J'eusse esté bien ayse que vous l'eussiés esté, me dit elle, car cela m'eut empesché d'en chercher un quy soit propre pour ce que j'en ay maintenant affaire. »
« Madame, se peut il sçavoir a quoy ? » « A en faire un coronel general des Suisses, » me dit elle. « Et comment, Madame, ne le pourrois-je pas estre sy vous le vouliés ? » Elle me dit comme ils avoint capitulé avesques le roy qu'autre qu'un prince ne pourroit estre leur colonel general.

Comme nous nous en allions disner, je rencontray par fortune le colonel Galaty (1) en la court du Louvre, quy, selon sa coustume, me vint saluer, auquel je dis ce que la reine m'avoit dit, lequel me respondit qu'il se feroit fort de me faire aggreer aux Suisses, et que, sy je luy voulois commander, il partiroit des le lendemain pour en avoir leur consentement. Cela me fit remonter en la chambre de la reine pour luy dire que, sy elle vouloit, les Suisses y consentiroint. Elle me dit : « Je vous donne quinse jours, voire trois semaines de temps pour cela ; et sy vous les pouvés disposer, je vous donneray la charge. »

Allors je parlay a Galaty quy me pria de luy faire avoir son congé pour aller au païs, et qu'il partiroit l'apres demain, ce que je fis ; et au temps qu'il m'avoit promis il m'envoya une lettre des Cantons assemblés

---

(1) Gaspard Gallaty, du canton de Glaris-Catholique, servait déjà comme capitaine à Moncontour, et comme colonel à Arques et à Ivry. Il avait été anobli par lettres du mois d'avril 1587. Il mourut en juillet 1619.

a Solleure pour l'octroy de la levée que le roy demandoit, par laquelle ils mandoint au roy que, s'il luy plaisoit m'honorer de cette charge, ils me recevroint d'aussy bon cœur que quelque prince que l'on y sceut mettre.

Sur cela la reine me commanda d'envoyer vers M⁰ de Rohan, lequel envoya sa procuration a M˟ˢ Arnaut (1) et de Murat (2) quy conclurent avec moy; et parce que je voyois que le payement de la somme seroit long, j'offris a la reine d'avancer l'argent, pourveu qu'il luy plut m'escrire qu'elle me le commandoit, ce qu'elle fit ; et moy j'eus mes expeditions (mars), et prestay le serment le 12me de mars de la dite année 1614 (3).

Deux jours apres (4) vindrent les nouvelles comme M⁰ le Prince et M⁰ de Nevers avoint prins Mesieres mal gardé par la Vieville (5) quy en estoit gouverneur et

---

(1) Antoine Arnauld, le célèbre avocat.

(2) Probablement Arnaud de Murat, reçu conseiller au parlement le 18 janvier 1584.

(3) Malherbe, dans sa correspondance, dit que M. de Bassompierre prêta serment le 5 avril; mais sur un fait personnel, et aussi important pour le maréchal, il est probable que ses souvenirs sont exacts. On verra qu'il rappelle encore cette date à l'occasion de la démission de sa charge, donnée le 12 mars 1635.

(4) C'est-à-dire deux jours après la décision de la reine, et non pas deux jours après que Bassompierre eut prêté serment : en effet les princes s'emparèrent de Mézières le 18 février. Dans une lettre du 16, Malherbe dit: « M. de Bassompierre est aujourd'hui coronel des Suisses. »

(5) Charles, marquis puis duc de la Vieuville, fils de Robert, marquis de la Vieuville, et de Catherine d'O, sa seconde femme, mort le 2 janvier 1653. Il était lieutenant-général de Champagne et Réthelois.

estoit lors a Paris : ils se saysirent en suitte de Sainte-Menehou (avril). Ce quy obligea le roy a faire une levée de six mille Suisses (1) que je fus recevoir au commencement de may a Troyes (2). Ils estoint en deux regiments de trois mille hommes chascun, commandés par les colonels Galaty et Feugly (3). Nous vinsmes a Basoche, puis a la Grand'Parroisse et a Nogent, de là a Villenosse la Petite (4), ayans la teste tournée vers Paris. Mais je receus un courrier du roy quy me commanda d'aller trouver avesques ces deux regiments Mr de Pralain quy assembloit l'armée a Vittry (5). Je m'y en vins en quattre journées. Cette arrivée des Suisses allarma les princes assemblés a Sainte-Menehou d'ou ils se voulurent retirer : en fin ils voulurent qu'au moins moy, quy leur estoit suspect, se retirat ; et M^{rs} de

---

(1) La levée des Suisses avait été ordonnée le 12 février, bien avant la prise de Sainte-Menehould par le prince de Condé, laquelle n'eut lieu que dans le mois d'avril.

(2) J'eus en ce temps la de grandes brouilleries avesques des dames pour des lettres qu'un vallet des leurs quy les portoit avoit vendues a un autre ; mais la fourbe fut descouverte le matin de mon partement.

(Addition de l'auteur.)

(3) Jacques Fegelin, de Fribourg, avait déjà été colonel d'un régiment levé en 1609, licencié en 1610. Il commanda encore un autre régiment en 1616.

(4) Bazoches-lez-Bray, Villenauxe-la-Petite, villages du canton de Bray, arrondissement de Provins (Seine-et-Marne). — Nogent-sur-Seine, chef-lieu d'arrondissement du département de l'Aube. — Les Suisses, qui avaient passé leur première revue à Saint-Jean de Losne le 12 avril, passèrent la seconde à la Grande-Paroisse le 5 mai.

(5) Vitry-le-Français est, comme Sainte-Menehould, un chef-lieu d'arrondissement du département de la Marne.

Ventadour et president Jannin, quy estoint commissaires du roy pour traitter avec eux, m'escrivirent que la reine avoit besoin de mon service pres d'elle, et qu'a mon arrivée elle me diroit pourquoy c'estoit. Je m'y en allay en diligence, et elle m'en dit la cause.

Je demeuray peu de jours a Paris sans que la paix fut conclue (1), en laquelle on donna a Mʳ le Prince le chasteau d'Amboyse pour place de seureté; les Suisses furent mis en garnison a Sesanne (2) et a Barbonne en Brie (juin), ou je les vins trouver et demeuray quelques jours avesques eux a faire bonne chere (3).

Je receus là la nouvelle de la mort du chevalier de Guyse tué aux Baux, chasteau de Provence, de l'esclat d'un canon quy creva comme luy-mesme y mettoit le feu. Messieurs ses parens en furent extremement affligés (4) : j'allay a Paris les voir, et y demeuray quelques jours pendant lesquels mon cousin le comte reingraf (5) quy ne pouvoit plus souffrir la vie deshonneste que sa sœur l'abbesse de Remiremont menoit a Paris, m'envoya un de ses gens me prier de donner

---

(1) La paix fut signée le 15 mai, à Sainte-Menehould.
(2) Sézanne, chef-lieu de canton, arrondissement d'Epernay, département de la Marne. — Barbonne, bourg du canton de Sézanne.
(3) Mʳ le duc d'Anjou fut baptisé au Louvre le 15ᵐᵉ de juin.

(Addition de l'auteur).

(4) Ce fut au sujet de cet événement que Malherbe écrivit sa *Lettre de consolation à madame la princesse de Conty* (Paris, Toussainct du Bray, M.DC.XIIII).
(5) Le rhingrave Philippe-Otto dont il a été parlé à la page 231. Elisabeth, sa sœur consanguine, fille de Frédéric, rheingraf, et d'Anne-Emilie de Nassau-Weilburg, sa seconde femme.

ordre de la tirer de là, ce que je fis par la permission de la reine, et une apres-disner la fis mettre en un carrosse, accompagnée de trente chevaux, et l'envoyay a Sesanne (1) en mes quartiers, ou de là son frere m'envoya la querir (2).

La paix estant accomplie, la reine se resolut de ne retenir que trois mille Suisses et licencier les autres. Pour cet effet je m'en allay donner congé et les chaines d'or (selon la coustume) (3) au colonel Feugly, et amenay le regiment de Galaty par Rosoy en Brie a Milly (4) ou Mr le mareschal de Brissac quy commandoit la petite armée que le roy vouloit mener en Bretaigne avesques luy (5), et Mr de Saint-Luc mareschal de camp, se trouverent.

Apres leur avoir livré ce regiment je m'en vins a Orleans trouver Leurs Majestés quy en partirent le lendemain (6) pour aller a Blois, puis a Pontlevoir (7), et

---

(1) Dans les précédentes éditions on lisait *Panne*, au lieu de Sézanne.

(2) Voir à l'Appendice. XIX.

(3) Les officiers congédiés recevaient chacun, avec l'indemnité de leur retour, une chaine d'or et une médaille. — Le régiment de Fegelin fut licencié le 25 juin.

(4) Rozoy-en-Brie, chef-lieu de canton, arrondissement de Coulommiers (Seine-et-Marne). — Milly, chef-lieu de canton, arrondissement d'Etampes (Seine-et-Oise).

(5) Il s'agissait de réduire le duc de Vendôme, gouverneur de cette province, qui, trouvant que le traité de Sainte-Menehould ne lui avait pas fait une part assez large, essayait encore de jouer le rôle de mécontent.

(6) La cour arriva à Orléans le 8 juillet, et en partit le 12.

(7) Pont-Levoy, bourg du canton de Montrichard, arrondissement de Blois.

a Tours, de là a Poytiers ou il y avoit eu quelque rumeur peu de temps auparavant, un gentilhomme nommé La Trie (1) et Mr le marquis de Boysy (2) en ayant esté chassés par la brigue de l'evesque (3) et d'un seditieux nommé Berlan (4).

Le roy et la reine y demeurerent quelques jours, puis vindrent par Loudun a Saumur, et de là a Angers (aust), ou les nouvelles arriverent de la mort de Mr le prince de Conty (5).

D'Angers nous vinsmes a Ansenis (6), et d'Ansenis a Nantes ou le roy fit son entrée deux jours apres, venant de la fosse de Nantes (7) pour la faire mieux paroistre. On y tint les estats de la province, et le roy fut a l'ouverture ou l'abbé de Saint-Main (8) fit une belle harangue et fort hardie contre Mr de Vandosme :

---

(1) La Trie était un des gentilshommes du prince de Condé.
(2) Louis Gouffier, duc de Roannez, marquis de Boisy, fils de Gilbert Gouffier, duc de Roannez, marquis de Boisy, et de Jeanne de Cossé-Gonnor, était gouverneur de Poitiers. Il mourut le 16 décembre 1642.
(3) Henri-Louis Chasteignier de la Rocheposay, septième fils de Louis Chasteignier, seigneur d'Abain et de la Rocheposay, et de Claude du Puy de Bellefaye; né en 1577, évêque de Poitiers en 1612, mort le 30 juillet 1651.
(4) Voir à l'Appendice. XX.
(5) Le prince de Conti mourut le 3 août 1614. — La cour arriva le 11 à Angers.
(6) Ancenis appartenait à la duchesse de Vendôme.
(7) On appelle ainsi le quai de Nantes.
(8) Saint-Méen de Gael était le siége d'une abbaye de bénédictins du diocèse de Saint-Malo : c'est aujourd'hui un chef-lieu de canton de l'arrondissement de Montfort-sur-Meu, département d'Ille-et-Villaine.

Mr de Rohan fut president aux estats : Mr de Vandosme y arriva sur la fin, et l'on rasa Blavet (1).

Je m'en allay a Belin, mayson de Mr de Rohan, quy m'en pria, et de la revins trouver Leurs Majestés a Angers, quy en partirent le lendemain, et allerent par la Fleche (ou on leur fit une comedie d'escoliers) (2), et puis a Malicorne (3). Il parut au dit Malicorne, la nuit que le roy y fut, en une prairie, plus de huit cens feus quy avançoint et reculoint comme sy c'eut esté un ballet.

De la le roy alla au Mans, puis a Chartres, et a Paris (4) ou les estats generaux estoint convoqués.

Octobre. — Madame la princesse fut en cette automne là a l'extremité d'une violente petite verolle a Amboyse, que M^r le Prince remit entre les mains du roy, quy luy avoit donnée pour place de seureté jusques a la tenue desdits estats generaux : et le roy estant entré en sa quatorsieme année, alla au parlement faire la declaration de sa majorité (5), laissant neammoins l'administration du royaume a la reine sa mere, laquelle de ce jour la ne fut plus regente.

---

(1) Le traité de Sainte-Menehould avait stipulé la démolition de Blavet, poste militaire situé à l'embouchure de la rivière du même nom, en Bretagne, et fortifié pendant les derniers troubles par le duc de Vendôme. Ce prince avait fait résistance ; mais, sur la demande de la province, l'ordre de démolition fut renouvelé pendant la tenue des Etats, et exécuté sous la surveillance des troupes suisses.

(2) Les jésuites avaient un collége à la Flèche.

(3) Malicorne, chef-lieu de canton de l'arrondissement de la Flèche, département de la Sarthe.

(4) Le roi arriva le 16 septembre à Paris.

(5) Le 2 octobre.

Novembre. — Les trois mille Suisses quy avoint accompagné le roy en Bretaigne, furent mis en garnison a Estampes a leur retour, ou la maladie les accueillit de sorte que plus du tiers en mourut, et on remit les compagnies de 300 hommes a 160; puis comme ils commencerent a se mieux porter, on leur changea d'air et mit-on en garnison a Meaux (decembre).

FIN DU TOME PREMIER.

APPENDICE

I

(Voir p. 23).

Les seigneurs allemands qui venaient combattre pour le roi de France contre leurs compatriotes et leurs coreligionnaires, auxiliaires des protestants français, reçurent à ce sujet des reproches auxquels ils firent une réponse collective, et cette réponse fut imprimée à Lyon, chez Paul Jove, M.D.LXIX, dans les trois langues, allemande, française et latine. Ces seigneurs étaient : Philibert, marquis de Bade; Jean-Philippe et Frédéric, rhingraves; George, comte de Linange, Westerburg et Schaumburg; Christophe, baron de Bassompierre et seigneur d'Haroué; Albert de Hesse, comte de Dietz. La plupart d'entre eux étaient luthériens; mais ils ne regardaient pas comme contraire à la confession d'Augsbourg de combattre ceux qui « soubs vmbre « de leur faulse et abhominable secte de Caluin », voulaient « esleuer vn autre Roy, qui consentiroit à leur mauuaise « volunté. » Ce qu'il y a de curieux, c'est que Christophe de Bassompierre, catholique et futur ligueur, souscrivait aussi cette réponse, et se justifiait envers la confession d'Augsbourg par les mêmes raisons que les autres colonels de reitres.

II

(Voir p. 26).

Les colonels allemands avaient dû faire déjà des levées en 1586, comme on le voit par une déclaration datée de Nancy, le 14 janvier 1586, signée « Caspar de Schomberg, Jorge conte de Westerburgk, Bassompierre, Friedrich conte du Rhein, et d'Eltz, » et commençant ainsi :

« Nous soubzsignez certiffions a tous qu'il appartiendra que
« le roy a faict mettre en noz mains par le tresorier de l'extra-
« ordinaire des guerres soubz nostre quittance en parchemin
« l'antritgelt(1) pour lever et mener a son service le nombre
« de neuf cens reitres suivant la capitulation qu'a cest effect
« Sa Majesté nous a semblablement faict delivrer. » (500 Colb.
t. X. fol. 27).

Quant aux levées de 1587, voici ce qu'écrivait Schomberg au roi :

« Sire, je viens d'avoir advis que les reistres du s^r de Bassom-
« pierre et les miens sortent aujourdhuy du pays de Luxen-
« burg pour s'acheminer tout droict icy, ou ils pourront arriver
« mardy ou mecredy. Les aultres les suivent de pres..... »

« De Toul, ce 13 de septembre 1587. »

« Sire, samedy fust faict la monstre des reistres qui sont
« icy : par le dire des capp.^{nes} il y en avoit treze cents. Mais
« par l'exacte recherche du s^r de la Ferriere et de voz commis-
« saires et controleurs des guerres (a laquelle j'ay tenu la main
« le mieulx qu'il m'a été possible) il ne s'en est treuvé que

---

(1) L'argent pour la levée et l'entrée au service.

« douze cents trente et tant de chevaulx de service. J'espere
« que le reste des miens, et ce que manque encores au sʳ de
« Bassompierre ne tarderont gueres a venir apres nous, et
« attends dans aujourdhuy des nouvelles pour sçavoir le lieu
« ou ils sont pour asteure. »

« De Triocourt ce xix d'octobre 1587. »

(500 Colb. t. X. fol. 213 et 247).

III

(Voir p. 29).

L'Inventaire du cabinet et cachettes de Molan, fait à Paris par Mʳˢ de Machault et Solly en la maison dudit Molan, rue Sᵗ Thomas du Louvre, en mars 1589.

Le samedi 5 mars 1589 a esté pris dans la maison de Mʳ Molan par Mʳˢ Machault et Solly, asçavoir

Une chaisne d'or pesant 21 onces et demie.

Une sallière et deux cuilliers de cristal.

Un pendant d'oreille en fleurs de lys.

Cinq rubis, trois perles en poires.

Un jacinte hors d'œuvre.

Un petit strin non enchassé : un gros strin enchassé en plomb.

Une grosse amethiste enchassée en anneau d'or, le tout estant dans un coffre de fer.

Trente sept bourses de jettons d'argent, de chacune un cent (1).

Plus quarante quatre mille escus en or, et quelques beson-

---

(1) Il y en avoit 40, mais Maschault, Solly et un autre en prirent chacun une.

gnes singulières; le tout estant dans un coffre-fort, dans un coin du cabinet.

Plus dedans le recoin dud. cabinet, a esté trouvé 73 marcs et 7 onces de vaisselle d'argent.

Plus quelques pièces d'or faites à plaisir.

Environ 60 demy-escus, et 100 demy-testons.

Au dessus duquel coin de cabinet et faux plancher d'iceluy a esté trouvé par de Vades, qui avoit la charge de la maison, estant accompagné de 4 soldats qui y avoient esté mis en garnison, la somme de 92 mille escus; les gardes en eurent 20 mille pour la permission qu'ils donnèrent aud. de Vades pour sauver le surplus, asçavoir soixante et douze mille escus; laquelle somme led. de Vades mit entre les mains de M. de la Perouse, excepté deux mille escus qu'il retint pour faire les affaires dud. Molan, a fin de porter cette somme en la maison de M. de Verdun, beau-frère de Molan, et autres lieux, pour les sauver.

Led. s^r de la Perouse à l'aide de Croysé, neveu de M. Barat, porta lad. somme à sçavoir de 22 mille escus dans la maison d'un amy de Molan, et depuis ont esté mis ès mains du duc du Maine; les autres portions, une chez Verdun, l'autre chez Allamant Guepean; autre chez Allemant, valet de chambre de la Reyne; lesquelles portions furent incontinent prises par le commissaire Louchart, et ne resta de tout le reste de cette grande somme que 5 ou 6 mille escus ès mains dud. Croisé, lequel estant decouvert, lorsqu'il les portoit chez l'Allemant, s'en alla à Tours, et a esté depuis dit qu'ils luy furent ostez près les Halles; ainsi led. Louchart dit avoir trouvé ès mains de Verdun, Alamant et l'Allemant 42 mille escus; led. de Vades a esté contraint bailler des susdits 2000 escus, la somme de 500 escus à un qui est de la maison de Mad. de Montpensier, et le reste d'icelle, il l'a employé pour les affaires de Molan, dont il luy doit tenir compte.

Le 7 mars fut fait par Maschault et Solly, dans le cabinet de la Mollan, et sous le plancher d'iceluy, 45 mille escus en or.

Le mecredy neuf dud. mois fut pris par les dessus d^{ts} dans les armoires du cabinet de Mollan 67 mille escus en or.

Quant aux meubles qui estoient en la maison, Maschault et Solly en firent l'inventaire qui fut signé de M. le Beau, cap.ne du quartier, et dud. de Vades; lequel inventaire se pourra trouver conforme au procès-verbal de la vente desd^{ts} meubles faite par Maschault et Solly, excepté quelque peu de chose comme il y a toujours quelque deficit; car il faut *mascher*, et puis quand on est *seul* (1), on est plus hardy, puis qu'il y a eu de la faute du costé des gardes qui se sont voulu payer de leurs peines; mesme un nommé Dangan fut mis en garnison chez Mr Maugis ou il a pris plusieurs meubles, et specialement sept pièces de serviettes non blanchies ni coupées, 12 dras de lin, un tapis de Turquie, quelques habits dud. Maugis, deux petites chaisnes d'or façon de jazeron, une estreinte d'or appartenant à la sœur de Vades, et plusieurs autres hardes; dont led. de Vades fournira memoire plus ample, quand besoin sera.

Le s^r Ancoux a fait inventaire, a plusieurs fois, des meubles de Barat, meubles exquis et précieux, egallants en richesse ceux des Roys et Princes, et durant un mois pour le moins y venant tous les jours, s'en retournoit chargé comme un mulet, avec ceux de sa suite, des meilleurs meubles.

Ut thesauros absconditos ostendere nobis digneris te rogamus, audi nos.

Ajousté par les Seize aux litanies des processions de l'an 1589.

Cette curieuse pièce se trouve à la page 159 (n° 41 de la table) d'un volume provenant de la collection de Conrart à la bibliothèque de l'Arsenal, et portant pour titre : *Mélanges de vers et prose*, FR. *Belles-lettres*, n° 145. Elle est écrite tout entière de la main de Conrart.

---

(1) Allusion aux noms de Maschault et Solly.

IV

(Voir p. 32).

« Traité ou fondation faite par honnoré seigneur Messire Christophe de Bassompierre, chevalier, Baron et seigneur de Bassompierre, d'Harouel, Ormes, Removille, Baudricourt, etc. colonel de cent cinquante chevaux Reistres (1) pour le service de l'Union des princes catholiques, et honnorée Dame Madame Louise de Radeval son espouse d'une part,

Et révérend Père en Dieu frere Guillaume le Bel, provincial des Peres Minimes de la province de France, assisté de frère Nicolas Richard et de frère Claude Sellier, religieux dudit ordre d'autre part,

Contenant la fondation et promesse de fonder et faire ériger à perpétuité un coūvent dudit ordre sous les noms et invocations de Nostre-Dame de Lorette et de St Jean Baptiste dans la Ville Neuve de Nancy dans une place vers la porte St Jean contenant en longueur quarante toises sur trente six de large, donnée par lesdits seigneur et dame audit couvent, s'estant chargés d'indemniser les propriétaires possesseurs dudit terrain pour place de fondation dudit couvent et sa construction. En ayant obtenu la permission du Grand Duc Charles de Lorraine, et de Messire Christophe de la Vallée, Evêque de Toul. Ledit couvent fondé par douze religieux qui y feront l'office, deux desquels seront laïcs, c'est-à-dire oblats. Led. couvent fondé moyennant une rente annuelle et perpétuelle de deux mille sept cents francs barrois; laquelle somme lesdits seigneur et dame fondateurs ont assignée a prendre et recevoir sur pareille rente a eux due par saditte Altesse sur les salines de Moyenvic; et a cet effect remis auxdits religieux le contract de

---

(1) Il faut lire : quinze cents chevaux.

constitution de laditte rente, avec promesse d'en faire agréer sa ditte Altesse le transport. Moyennant quoy lesdits religieux ont promis faire participer en leurs prières lesdits Seigneur et Dame fondateurs et de bastir incessamment le dit couvent; s'estant reservé lesdits Seigneur et Dame d'y faire bastir une chapelle en tel lieu et de telle façon et grandeur qu'il leur plaira, et d'y faire faire les deux portes d'entrées tant de l'Eglise que du couvent : et a promis ledit Père provincial tant pour luy que pour ses successeurs Provinciaux d'y faire célébrer tous les ans a perpétuité le jour du trespas dudit Seigneur Christophe de Bassompierre, de laditte Dame de Radeval, de leurs enfants et a chacun d'eux, un obit et service solennel a leurs intentions et de leurs parents et amis, ensemble dire une messe tous les jours un an entier après la mort desdits Seigneur et Dame fondateurs et de leurs successeurs sans aucun deffaut. »

L'original en papier de cet acte de fondation se trouvait aux archives de madame la comtesse de Rouerke (1), en son hôtel de Nancy, parmi d'autres notes concernant le « genuit » de la maison de Bassompierre, dont le *Mémoire*, fait, clos et achevé par Me Dominique Mahu, notaire et archiviste à Nancy, le 10 juillet 1752, est conservé dans les archives de cette maison.

L'acte est daté du 24 mai 1592.

Le couvent des Minimes de Nancy n'existe plus aujourd'hui. L'emplacement où il s'élevait est occupé par une partie des bâtiments du lycée. Les tombeaux de Christophe de Bassompierre et de Louise de Radeval, dont l'abbé Lyonnois donne la description dans son *Histoire des ville vieille et neuve de Nancy* (t. II, p. 293), ont été brisés. Quelques fragments d'inscriptions et des débris de statues, provenant de leur chapelle, ont été déposés au Musée lorrain.

Je dois ces derniers renseignements à l'obligeance de M. H. Lepage, président de la Société d'archéologie de Nancy.

---

(1) Catherine-Diane de Beauvau, veuve de Anne-François-Joseph, marquis de Bassompierre, petit-neveu du maréchal, épousa en secondes noces François de Stainville, comte de Couvonges, et en troisièmes noces Eugène comte de Rouerke.

V

(Voir p. 38).

Les *Observations sur la généalogie de la maison de Bassompierre,* par M. l'abbé Lyonnois, travail basé en grande partie sur des titres authentiques, peuvent se résumer dans le tableau suivant, qui rectifie quelques erreurs commises par le maréchal de Bassompierre et complète les degrés supérieurs.

Olry Ier de Dompierre, sire de Bassompierre (1281-1293) (1).
Agnès.

—

Simon Ier, sire de Bassompierre (1293-1333).
Jeanne.

—

Olry II, sire de Bassompierre (1333-1352).
N.

—

Simon II, sire de Bassompierre (1352-1403).
N.

—

Geoffroy Ier, sire de Bassompierre (1403-1418).
Jeanne de Reinex?

—

Jean, sire de Bassompierre (1418-1456).
1° Jeanne d'Orne, 2° Jeanne de Pulligny.

—

Geoffroy II, sire de Bassompierre et de Harouel (1456-1519).
1° Marguerite de Pulligny, 2° Philippe de Wisse de Gerbevillier.

—

Christophe Ier, sire de Bassompierre et de Harouel (1484-1524).
Jeanne de Ville.

---

(1) Les dates indiquent les époques entre lesquelles sont compris les actes attribués à chaque degré.

François Ier, sire de Bassompierre, Harouel, Removille,
   et Baudricourt (1529-1556).
Marguerite de Dompmartin.

—

Christophe II, baron de Bassompierre.
Louise le Picart de Radeval.

—

François, maréchal de Bassompierre.

Ce tableau est entièrement conforme à un autre tableau écrit de la main du généalogiste Bertin du Rocheret, et conservé au Cabinet des titres de la Bibliothèque impériale; à une note écrite et signée par Chérin et intitulée *Origine et grandeur de la maison de Bassompierre*, note qui est en ma possession; enfin à la généalogie donnée par le P. Anselme. —

Il est exact, comme le dit Bassompierre, que Marguerite, héritière des comtés de Berg et de Ravensberg, épousa Gérard, fils de Guillaume, premier duc de Juliers (1); mais ce ne fut probablement pas l'empereur Adolphe, mort en 1298, qui fit ce mariage, puisque Gérard mourut seulement en 1360, et Marguerite vivait encore en 1389. Le fait du mariage projeté avec l'héritière de Ravensberg pourrait se rapporter au fils de Simon Ier, Olry II de Bassompierre ou Betstein, qui vivait à la même époque.

VI

(Voir p. 40).

Le *Mémoire de diverses notes concernant le genuit de la maison de Bassompierre* mentionne, au n° 131, la pièce suivante :

« Original en papier portant que le Roy ayant ouy par le sieur de Bassompierre l'assurance qu'il luy a donnée de la part

---

(1) Seulement le comte de Ravensberg, père de Marguerite, s'appelait Otto, et non pas Ewerard.

des sieurs de la Roche-Guyon et Chantelou, comme ils n'ont eu volonté que de luy demeurer loyaux sujets, et de se faire connoitre en toutes occasions fort esloignés de l'accusation que l'on leur a voulu mettre qu'ils ayent eu en l'esprit de faire entreprise d'esmouvoir le peuple a rebellion, a esté fort content d'entendre ces choses, et pretend faire sentir sa benignité aux dits sieurs de la Roche-Guyon et Chantelou toutes et quantes fois qu'ils voudront se retirer vers Sa Majesté, ainsy qu'il est bien raisonnable pourveu qu'ils montrent avoir toute bonne devotion de demeurer loyaux et fidels sujets; et a donné charge audit sieur de Bassompierre de porter cette parole et asseurance de sa part à Monsieur de Lorraine; il leur pourra aussy declarer sous semblable assurance qu'ils pourront se retirer vers Sa Majesté pour leur pardonner s'ils ont fait choses qui ayent pu luy desplaire; ou bien pour luy faire toute autre remontrance et requisition sur ce qu'ils aviseront estre pour le mieux, ce qu'ils pourront faire en toute seureté sans crainte d'estre molestés, inquiettés, ny travaillés en quelque sorte que ce soit en vertu des poursuittes qui ont été commencées contre eux, et comme ils peuvent bien sçavoir ont esté discontinuées par le commandement de Sa Majesté depuis quelque temps; et seront du tout absous pour l'avenir, et s'il est besoin, ledit sieur de Bassompierre donnera parole et asseurance aux sieurs de la Roche-Guyon et Chantelou de ce que dessus de la part de Sa Majesté qu'estant arrivés pres d'elle, ils la connoitront pleine de bonté et de clemence en leur endroit, et qu'en tout et partout, elle leur fera connoitre combien elle veut leur estre bon roy et maitre. »

Cette pièce porte dans le *Mémoire* la date du 22 mars 1580; mais d'après le récit de Bassompierre, nous devons la rapporter au 22 mars 1587 : c'était en effet à la fin de 1586 et au commencement de 1587 que les ligueurs avaient fait en Picardie et en Normandie quelques mouvements auxquels MM. de la Roche-Guyon et de Chantelou avaient sans doute pris part. Christophe de Bassompierre lui-même quitta Paris vers cette époque avec le duc de Mayenne, à la suite de la découverte d'un complot formé pour s'emparer de la personne du roi.

Benoit Milon, seigneur de Videville, intendant des finances, avait été intendant de l'ordre du Saint-Esprit de 1580 à 1584.

VII

(Voir p. 81).

La mère du maréchal de Créquy et le maréchal de Bassompierre, étaient enfants de cousins issus de germain. On peut le voir par le tableau suivant :

Colignon, sire de Ville-sur-Illon.
Mahaut de Ville.

—

N. de Ville-sur-Illon. Thierry, seigneur de Lenoncourt.	Jeanne de Ville-sur-Illon. Christophe Ier, sire de Bassompierre.
Jacquette de Lenoncourt, Jean d'Aguerre, baron de Vienne.	François, sire de Bassompierre. Marguerite de Dommartin.
Claude d'Aguerre, baron de Vienne. Jeanne de Hangest.	Christophe II, baron de Bassompierre. Louise le Picart de Radeval.
Chrestienne d'Aguerre. Antoine de Blanchefort-Créquy.	François, maréchal de Bassompierre.
Charles, maréchal de Créquy.	

Colignon, sire de Ville-sur-Illon, auteur commun de Créquy et de Bassompierre, était un seigneur d'une ancienne et puissante maison de Lorraine.

VIII

(Voir p. 116).

Voici les principaux détails d'un récit de ce combat, qui se trouve (p. 932-934) dans l'*Histoire universelle des guerres du Turc depuis l'an 1565 jusques à la trève faicte en l'année 1606,* par N. de Montreulx, s^r du Mont-Sacré, M.DC.VIII; tome II, faisant suite à l'*Histoire generale des troubles de Hongrie et Transilvanie,* par Martin Fumée, s^r de Genillé.

« Cette disgrace ne les destourna pas de l'entreprinse d'un pont sur le Danube pour passer vers nous, et la nuict nous faire une charge. Mais leur dessain descouvert aux nostres, on invente son remède. Car nostre general ayant sceu le jour et l'heure que les Turcs devoient passer, leur dresse une ambuscade de quatre mille lansquenets, et deux mille reistres. Derrière estoit le regiment de Coleniche, accoustumé de vaincre, qui regardoit à sa teste Monsieur le prince de Joinville, avec quelque nombre de gentilshommes françois, qui l'avoient suivi par courage et desir, et le sieur de Bassompierre, avec ses domestiques, peu de nombre, et beaucoup de valeur. Aux flancs estoient les quatre trouppes de carabins, François, Lorrains et Wallons. »

« Le pont des Turcs achevé, le voila chargé de trouppes adversaires qui le passent en esperance de nous surprendre. Nos gens de pied les regardoient passer, et consideroient leur ordre et le temps de commencer leur charge. Comme ils l'eurent apperceu, et que jà dix mille Turcs avoient la teste tournée contre eux, les Wallons, sur la rive du fleuve, les saluent de plomb et de feu. Ils poussent au travers de ces difficultez, et passent sur le ventre des Wallons. Mais cette poincte fut bientost esmoussée, car passez, les voilà chargez de nos lansquenets et de nostre cavallerie. Nos Wallons ralliés retournent d'une autre part furieusement à la charge. Le prince de Joinville charge selon son ordinaire, et fait jour dans cette masse.

Coleniche ne mesprisa pas cette occasion, car enfonçant ce front estonné, il le renverse à vive force, pendant que noz carabins en chargent les flancs, et les Wallons la queue. Le nombre des adversaires estoit grand, mais se croyant chargez de toute l'armée, ils s'estonnent et prennent le party de la retraicte. Monsieur de Joinville alors, avec Monsieur de Bassompierre, les enfonce, suivy de Coleniche, de sorte que voila ce grand nombre en fuitte, qui pense regagner son pont. Mais leurs compagnons de l'autre costé du fleuve preferèrent laschement leur deshonneur à leur devoir, de sorte qu'ils rompent le pont, et jettent à la mort les leurs qui trouvent en teste le fleuve qui les noye, et le fer ennemy dans le dos qui les tue. »

On peut voir une narration à peu près semblable de cette affaire dans l'*Inventaire de l'histoire generalle des Turcz*, par le s^r Michel Baudier; Paris, 1631 (pp. 605, 606). Le récit de N. de Montreulx a, comme celui de Bassompierre, l'avantage d'être écrit par un témoin oculaire.

IX

(Voir p. 147).

Le Porc-Espic était un des ouvrages avancés de la ville d'Ostende du côté de l'occident.

Voici comment Haestens, dans le livre intitulé : *La nouvelle Troye ou Mémorable histoire du siége d'Ostende,* raconte l'assaut qui coûta la vie à Jean de Bassompierre, seigneur de Removille :

« Le 5 de Juing, veille de la Pentecoste, il se fit un assaut general par trois divers endroits, le plus opiniastrement que les assiegeans peurent faire : ils recommencerent par trois fois, et le combat dura huict heures. Les assiegeans avoyent fait quelques mines qui leur firent plus de dommage qu'a ceux de la ville, pour les avoir faict jouer trop tost, il y fut tué 800 hommes, et 500 de blessez de leur part : entre autres le sieur de Bassompierre. De ceux de la ville, il y en eult quelque cent de tuez, et quelque nombre de blessez. »

X

(Voir p. 148).

La seigneurie de Saint-Sauveur-le-Vicomte, autrefois possédée par la maison de Harcourt, disputée entre la France et l'Angleterre à la suite de la défection de Godefroy de Harcourt, avait fini par faire retour à la couronne. On peut voir dans l'*Histoire du château et des sires de Saint-Sauveur-le-Vicomte*, par M. Léopold Delisle, le récit des péripéties diverses par lesquelles passa cette puissante seigneurie du Cotentin. La baronnie de Nehou avait aussi appartenu à la maison de Harcourt. La seigneurie de Saint-Sauveur-Lendelin était plus rapprochée de Coutances.

Ce fut par lettres-patentes de Henri III, à la date du 15 octobre 1575, que ces domaines furent engagés à Christophe, baron de Bassompierre.

On verra par la lettre suivante que les difficultés avaient bientôt commencé au sujet de cet engagement.

« Sire, Vostre Majesté se peult bien rememorer comme elle et son conseil me feist rechercher pour lors que me baillaistes par engagement les terres de Sainct Saulveur, et que faisant ledict engagement il pleut a Vostre Majesté m'accorder qu'il entreroit au payement la somme de quarante mil livres qui m'estoient deubz et a feu mon frere a cause de noz pentions, lesquels messieurs de la chambre de voz comptes faisant l'évaluation de ces terres n'auroient voulu passer ladite partie de

...... et feus contrainct pour joyr d'icelles terres, ayant desja fourny mes deniers, de payer manuellement content es mains du tresorier de vostre espargne la somme de dix neuf mil livres, et d'autant, Sire, que j'ay traicté de bonne foy et que maintenant l'on me veult empescher en la jouissance d'icelles soubz le nom de la royne vostre mere, a quoy je me serois opposé de sorte que nous en aurions esté remis a vostre conseil privé lequel voyant ledit contract estre sy solempnellement faict et promys par Vostre Majesté n'auroient voulu passer oultre, l'ayant remys a Vostre Majesté pour en ordonner ce qui luy plaira; m'est l'occasion que je suplye tres humblement Vostre Majesté me vouloir maintenir et garder en la jouissance de mondict contract ainsy que me l'avez promys, sy tant n'est qu'il vous plaise me faire faire le remboursement au contenu d'iceluy, et d'aultant que je sçay que Vostre dicte Majesté ne vouldroit en rien contrevenir a sa parolle et a ce qu'elle a une fois promys en l'assemblée de son conseil, me faict asseurer qu'elle me conservera en la jouissance de ces terres selon le contenu de mondict contract auquel je suys entré par l'expres commandement de Vostre dicte Majesté, chose qui m'a de beaucoup mys en arriere pour accommoder l'estat de voz affaires, ayant prins argent a grant interest pour payer mes reystres et qui court encore sur moy. A quoy Vostre Majesté aura esgard sy luy plaist et a la bonne volunté que j'ay tousjours heue a son service et continuer pour n'y espargner ny vye ny biens; mays me traictant de ceste façon ce me seroit bien oster les moyens. Je suplye le Createur, Sire, de maintenir et garder Vostre Majesté en parfaicte santé, tres bonne, tres longue et tres heureuse vye.

De Haroé, ce xxj° janvier 1578.

De Vostre Majesté

Tres humble et tres obeissant serviteur a jamais

BASSOMPIERRE. »

(500 Colb. T. IX. fol. 102).

A la suite du traité de Laon, négocié par Christophe de Bassompierre entre Henri IV et le duc de Lorraine, et ratifié à

Saint-Germain, le roi avait donné à Bassompierre de nouvelles garanties pour le payement de ses créances. Voici ce qu'on lit au tome XIV, 500 Colb. fol. 434 et suiv.

Articles de paix entre le roy et le duc de Lorraine du 16 novembre 1594.

..... Et d'autant que le s^r de Bassompierre s'est entremis de grande affection au faict du present traicté et a tourtout service a Sa Majesté tel qu'il l'a rendu aux Roys ses predecesseurs, Sadicte Majesté a promis de le faire paier des deniers qui luy seront deuz et ont esté par luy advancez pour le service du feu roy Henry son predecesseur, montant a la somme de liiij^m vi^c livres ou envyron, et davantage le faire rembourser de la somme de xiij^m iiij^c lxxv livres receues et levées ez années dernieres par les receveurs generaux de Normandie establis a Caen, ainsy qu'il est apparu par leurs quictances, du revenu des terres et seigneuries de Saint Sauveur le Vicomte et Saint Sauveur Landelin et baronnie de Nehou, pour le payement desquelles sommes et de celle de xxxvj^m lviij livres qu'il doit mettre comptant ez mains du tresorier de l'espargne, Sa Majesté promect luy engager et vendre a faculté de rachapt perpetuel la terre et seigneurie de Vaucouleur en Champaigne, ensemble tous et chascuns les droicts de presentations de benefices et promotions d'offices avec toutes ses autres appartenances et dependances sans aucune reservation que de la couppe des bois de haulte fustaye, ressort et souveraineté d'icelle terre, et ce pour la somme de quarante mil deux cens escuz, oultre laquelle neamoins il sera tenu rembourser en deniers comtans le s^r de Malp. ... et aultres acquereurs des portions ez domaine dudict Vaucouleur tant de leur principal que des fraiz, mises et loyaux coustz, et pour le surplus dudit deub et desdicts xiij^m iiij^c lxxv livres et xxxvj^m lviij livres revenans a la somme de lxiiij^m livres, lesdictes terres et seigneuries de Saint Sauveur le Vicomte et de Saint Sauveur Landelin et baronnie de Nehou luy seront et demoureront surengagez sans qu'il puisse estre cy apres depossedé d'icelles terres et seigneuries qu'il ne soit prealablement remboursé desdictes sommes de xl^m ij^c livres et desdictes lxiiij^m livres comme de ce qu'il a premierement paié pour les premieres ventes de Saint Sauveur et remboursement des acquereurs de ladicte terre de Vaucouleur et de ses fraiz et loyaux coultz, promectant en oultre audict s\u1d63 de Bassompierre de retirer lesdictes terres de Saint Sauveur le Vicomte et Saint Sauveur Landelin et la baronnie de Nehou nouvellement revendues, en remboursant aussy lesdicts acquereurs de leur principal et loyaux coultz, lequel remboursement tiendra pareillement lieu et surengagement desdictes terres audict s\u1d63 de Bassompierre. De quoy Sa Majesté luy fera expedier telz contracts, lettres patentes et quitances de ses officiers comptables que besoing sera pour servir audit s\u1d63 de Bassompierre au remboursement desdictes sommes et remboursement susdict quand Sa Majesté ou ses successeurs voudront rachepter lesdictes terres et seigneuries. Fait a Saint Germain en Laye, le xvj^e jour de novembre mv^c iiij^{xx} xiiij.

XI

(Voir p. 160).

Les gentilshommes qui composaient cette troupe étaient en effet tous parents à divers degrés.

Marie de Brichanteau, mère du marquis de Senecey, était fille de Nicolas de Brichanteau, seigneur de Nangis, et de Jeanne d'Aguerre, et celle-ci était sœur de Claude d'Aguerre, baron de Vienne, dont le degré de parenté avec Christophe II de Bassompierre est indiqué à l'Appendice. VII.

Beauvais-Nangis était cousin-germain du marquis de Senecey, dont la mère était sœur d'Antoine de Brichanteau, marquis de Nangis, et comme le marquis de Senecey, il était parent plus éloigné de M. de Bassompierre.

Le marquis de Senecey et Beauvais-Nangis étaient cousins-germains du jeune Vitry, dont le père, qui conduisait la partie, avait épousé Françoise de Brichanteau, sœur d'Antoine et de Marie.

Enfin le comte de Sault et M. de Créquy, son frère utérin, étaient par leur mère, Chrestienne d'Aguerre, également parents des Vitry, des Baufremont, des Brichanteau et des Bassompierre.

Saint-Luc avait épousé la sœur de Bassompierre, et avant cette alliance, il était déjà son parent (voir p. 59, notes 4 et 5).

XII

(Voir p. 201).

Sully, dans ses mémoires, détermine ainsi l'itinéraire du roi pendant l'année 1608 :

« Je le retrouvai à Fontainebleau, où il ne fit pas un moindre séjour cette année que les précédentes. Il s'y en retourna à la mi-may, après le court voyage à Paris, dont j'ai parlé (1) ; et il y passa les mois de juin et de juillet entiers (2). De retour à Paris, au mois d'août, il fit un tour à Saint-Germain ; ensuite un autre de quinze jours à Monceaux ; d'où il revint à Paris, après avoir passé par Fontainebleau, au commencement d'octobre. A la mi-octobre il partit pour Fontainebleau ; d'où il revint à la mi-novembre à Paris. »

Le roi, d'après Bassompierre, séjourna quelque temps à Paris vers la fin du mois d'août et le commencement de sep-

---

(1) Celui que Bassompierre place à la Pentecôte, c'est-à-dire au 26 mai.

(2) Ce fut à la fin de juillet que Bassompierre vint à Fontainebleau s'associer au grand jeu de Pimentel, qui se continua en août à Monceaux.

tembre pour recevoir le duc de Mantoue qui revenait sans doute des funérailles du duc de Lorraine, père de son gendre.

Suivant l'Estoile, ce fut le 27 août que la reine Marguerite donna la bague.

XIII

(Voir p. 214).

On ne connaissait pas jusqu'ici d'édition de la première partie de l'*Astrée*, qui fut antérieure à 1610. Brunet pensait que la première édition en avait été donnée en 1610, en même temps que la première de la seconde partie; mais il signalait cette édition comme introuvable. Auguste Bernard, dans ses *Recherches bibliographiques sur le roman d'Astrée,* exprimait, sur la foi de Bassompierre, l'opinion que la première partie de ce roman avait déjà paru en 1608; mais il ajoutait qu'on ne connaissait aucun exemplaire de cette édition présumée. Bassompierre cependant avait raison; ses souvenirs étaient fidèles, et il avait pu charmer les insomnies du roi Henri IV avec les récits de M. d'Urfé. Un exemplaire du précieux volume qui les renfermait a été découvert récemment à Augsbourg; il a figuré dans un catalogue de Tross, au mois de septembre 1869, et il a été acheté par M. James de Rothschild. Ce volume est ainsi intitulé : Les douze livres d'Astrée *ou par plusieurs histoires, et sous personnes de Bergers et d'autres* sont deduits les diuers effets de l'honneste amitié. A Paris, chez Toussaincts du Bray. m.dc.vii. *Auec priuilege du Roy.* L'édition ne contient pas la dédicace au roi, qui figure en tête de la seconde partie, imprimée en 1610; mais elle renferme l'allocution de l'auteur à la bergère Astrée. On peut voir une description plus détaillée de cette édition originale de la première partie de l'Astrée, dans la *Revue forezienne* du mois de décembre 1869.

Je dois à la bienveillante obligeance de M. Léopold Delisle cette information qui joint à sa valeur bibliographique le mérite de confirmer le témoignage de Bassompierre.

XIV

(Voir p. 225).

Le mariage du jeune Montmorency avec Mlle de Scepeaux avait eu lieu par surprise et contre le gré du roi, qui chercha même à l'empêcher par un enlèvement. Cependant « Dame Jeanne d'Espeaux, duchesse de Beaupreau » parut au contrat de mariage du prince de Condé comme « femme de mond. seigneur de Montmorancy. » (*Histoire des princes de Condé*, par M. le duc d'Aumale, pièces et documents, t. II, p. 443), et à l'époque dont il est ici question, le roi ne l'avait pas encore « desmariée. » Ce fut seulement en février 1610 que le mariage fut annulé (Lettres de Malherbe du 2, du 6, et du 12 février 1610). Il est donc probable que les propositions du roi à Bassompierre n'eurent lieu qu'au moment où celui-ci en parle pour la seconde fois, c'est-à-dire à la date de février 1610, à moins que le dessein du roi, qui cette fois voulait donner Mlle de Vendôme au jeune Montmorency, ne fut dès lors si fermement arrêté qu'il le considérât déjà comme accompli.

La seigneurie de Beaupreau avait été érigée par le roi Charles IX, d'abord en marquisat, puis en duché non-pairie, en faveur de Charles de Bourbon, prince de la Roche-sur-Yon, lequel avait épousé Philippe de Montespedon, dame de Beaupreau, comtesse de Chemillé. Le prince de la Roche-sur-Yon n'ayant pas laissé d'enfants de son mariage, les seigneuries de Beaupreau et de Chemillé avaient passé de la maison de Montespedon dans celle de Scepeaux. L'érection de la terre de Beaupreau en duché-pairie eût été, non un simple rétablissement, mais une faveur nouvelle accordée à M. de Bassompierre.

XV

(Voir p. 284).

Louis de Bassompierre eut pour mère Marie de Balsac d'Entragues, *dignam quam conjugem duceret Bassompetrus*, dit naïvement l'auteur du *Gallia christiana*. Bassompierre ne fut pas de cet avis, et n'épousa jamais la mère; mais il reconnut probablement le fils, et s'occupa de son avenir. En effet, dans l'inventaire dressé après la mort du maréchal (1), on trouve parmi ses titres les cotes suivantes :

« Item une copie non signée d'un brevet du Roy datté du d^r 9bre 1625 par lequel S. M. a fait don à Me Louis de Bassompierre, clerc du diocese de Paris, de l'abbaye de St George de Baucherville, ordre de St Benoist, diocese de Rouen, inventorié au dos 94. »

« Item une coppie non signée d'un brevet du Roy datté dud. jour et an, par lequel S. M. a fait don aud. Me Louis de Bassompierre de l'abbaye de St Pierre de Chezy, ordre de St Benoist, diocese de Soissons, inventorié 95. »

« Item une copie non signée de la profession de foy dud. Me Louis de Bassompierre escrite en latin, cottée copie de la profession de foy, 29 mars 1626, inventorié sous laditte cotte 96. »

« Item six pieces en papier non signées escrites en latin, cottées sur l'une d'icelles copie d'information de vie et mœurs

---

(1) *Inventaire fait apres le deceds de M^r le mareschal de Bassompierre le 15e octobre 1646 et autres jours suivants par les notaires et garde-nottes du Roy nostre sire au Châtelet de Paris, soussignés*, Lesemelier et Lecat.

du 3e avril 1626, inventorié sur chacune d'icelles l'une comme l'autre 97. »

Et dans le cours même de l'inventaire, suivant un jugement rendu entre les neveux et nièce du maréchal et Louis de Bassompierre, celui-ci paraît avec les qualités de « Mre Louis de Bassompierre, abbé des abbayes de St Pierre de Chezy et St Georges de Beaucherville, fils et seul heritier par benefice d'inventaire du defunt seigneur mareschal. »

C'était sans doute aussi par la protection de son père que Louis de Bassompierre avait été désigné d'abord pour l'évêché d'Oloron, puis pour l'évêché de Saintes devenu vacant en 1646; mais il n'obtint ses bulles pour ce dernier siége qu'au mois de décembre 1648. Il y donna l'exemple de toutes les vertus épiscopales, et particulièrement d'une fidélité au devoir de la résidence qui lui fit résigner les fonctions de premier aumônier de Monsieur, frère du roi Louis XIV. Pendant les troubles de la Fronde, il travailla à maintenir dans le devoir ou à ramener les populations de Saintes, de Brouage et des Iles, et il fut le négociateur de l'accommodement de Du Doignon avec la cour. Le 27 juin 1675 il fit son testament, par lequel il laissait tout son bien aux pauvres et aux églises, « sans aucune charge, disait-il, de remploy du patrimoine que je devois avoir de mes Pere et Mere, parce que leurs dettes ont excedé les biens qu'ils avoient au jour de leur mort et qui ont esté ou vendus par decret, ou par moy pour le payement de leurs creances. » Enfin il mourut le 1er juillet 1676 à Paris où l'avaient appelé les affaires de son diocèse; suivant son désir son corps fut enterré dans l'église de la Mission de Saint-Lazare, et son cœur dans son église cathédrale avec cette seule inscription que lui-même avait ordonnée : Hic jacet cor Ludovici episcopi santonensis. Obiit die I julii an. Dom. m.dc. lxxvi.

XVI

(Voir p. 314).

On trouve dans une lettre du temps, dont la copie est conservée à la Bibliothèque impériale (500 Colb. t. XIV. fol. 369), le récit suivant de la mort de Saint-Paul :

« Monsr, j'ay estimé que la nouvelle de la mort du cap.^{ne} St Paul qui voulloit establir sa tirannie en ceste province vous sera tres agreable. Elle est arrivée le xxve de ce moys que Mr de Guise estant a Reins et ayant receu des habitans de grandes plaintes des desseings et des forces que ledict St Paul avoit jettées dans lad. ville, il luy dist qu'il ne trouvoit nullement bon telles entreprises, et le pria de s'en departir et que c'estoit trop de mespris de loger des forces aux places de son gouvernement sans en avoir son advis et commandement, et qu'il se fioit entierement des habitans de ladicte ville et que l'amitié qu'ils avoient porté au pere ils la continuoient au filz, ce qui l'obligeoit a avoir soing d'eux. Sur quoy il fut respondu par ledict St Paul qu'il se passeroit bien de son commandement pour cela, qu'il falloit estre maistre d'un peuple pour le commander a baguette, et que ce qu'il en faisoit estoit pour bonne occasion et pour son service, encores qu'il ne le reconneust en rien que volontairement ny en la place ny au gouvernement que pour prince de Lorraine qui n'avoit nul commandement sur un m^{al} de France tel qu'il estoit. Il dist ces parolles ayant la main sur le pommeau de son espée et avec telle arrogance que Mr de Guise s'en estant offencé jusques au vif, sans aultre repartie, luy donna un coup d'espée au travert du corps, duquel coup il cheut mort. Quelques ungs des siens et principallement deux des Suisses mirent l'espée a la main qui mirent ledict s^r de Guise en grand peril; l'un d'iceux fut tué et incontinant apres la rumeur fut appaisée par la presence de Mr de Mayenne et le tort donné audict St Paul. Voila ce qui s'est passé de deça, dont je vous fais part pour en faire de mesme a voz amis. Ne doubtez point que ce coup inesperé n'apporte promptement un grand bien a toutte ceste province qui estoit a la veille d'estre perdue par la praticque des Espagnols, et ce secours sy innopiné ne se pouvoit humainement attendre. Sur ce je vous baise humb^t les mains; de Reins ce xxviij^e avril mv^c iiij^{xx} xiiij. »

XVII

(Voir p. 366).

Malherbe, dans sa correspondance, raconte jour par jour la brouillerie de la reine et de Bassompierre avec des détails presque exactement semblables à ceux que donne le maréchal. Je transcris ici dans leur ordre les passages de ses lettres qui sont relatifs à ce sujet.

20 octobre. — « Il s'en faut beaucoup que 66 (1) ne soit bien comme de coutume;

Mais non plus que du Nil je n'en sais point la source;

il faudra que je l'apprenne de lui-même : l'on m'a dit qu'il a été huit jours sans que 54 (2) ait parlé à lui. Il y en a qui croyent qu'il a reçu de mauvais offices de 65 (3). L'affaire est un peu rhabillée; à quoi 59 (4) l'a fort assisté. Je l'ai vu ces jours-ci au cabinet, mais moins hardi beaucoup que de coutume, et sans que 54 lui dit jamais rien : cela passera. »

27 octobre. — « La défaveur de 66 continue visiblement; la source en est l'alliance de 55 (5) et 65, qui se sont conté l'un

---

(1) M. de Bassompierre. — (2) La reine. — (3) Le marquis d'Ancre. — (4) Le duc de Guise. — (5) M. de Villeroy.

à l'autre que durant qu'ils étoient mal, 66 les trahissoit tous deux, et là-dessus ont donné à entendre à 54 qu'il faisoit vanité de sa faveur. »

24 novembre. — « 66 est moins mal; mais je crains qu'il ne soit jamais comme il a été. »

27 novembre. — « J'ai vu 66 que la reine a appelé, et a parlé fort longtemps à lui, tellement que je crois que sa brouillerie se rhabillera ou est rhabillée. »

(*Œuvres de Malherbe*, t. III, pp. 348, 354, 358, 364).

Comme on peut le voir, la principale différence entre les deux récits est dans les dates. Bassompierre avait sans doute ses raisons pour croire son « rhabillement » parfait après l'entretien du 16 octobre, dont l'époque était fixée dans son souvenir par le voyage de la reine à Paris.

XVIII

(Voir p. 368).

Les princes dont parle ici le maréchal de Bassompierre sont : Pierre, d'abord sire de Beaujeu, puis duc de Bourbon, gendre de Louis XI; un autre prince qui n'est pas désigné; Engilbert de Clèves, comte de Nevers, fils de Jean II, duc de Clèves, et d'Elisabeth de Bourgogne, comtesse de Nevers et d'Eu, lequel commandait les Suisses à Fornoue; deux princes de la maison de Longueville, qu'il est difficile de désigner d'une manière précise, et un troisième, qui était François III d'Orléans, duc de Longueville, fils de Louis II d'Orléans, duc de Longueville, et de Marie de Lorraine, mort en 1551, à l'âge de 16 ans; enfin les deux fils de Claude de Lorraine, duc de Guise, sont François de Lorraine, duc de Guise, qui fut grand chambellan, et René de Lorraine, marquis d'Elbeuf, qui commanda les Suisses en Italie, en 1557.

Tout cet historique de la charge de colonel général des Suisses est contesté par le P. Daniel dans son *Histoire de la milice françoise*. Suivant lui le premier colonel général des Suisses en titre d'office fut M. de Méru; encore ses lettres étant de 1571, ce ne fut pas son père qui les lui fit obtenir : M. de Sancy fut pourvu de la charge en 1596 et la posséda jusqu'en 1605 : ce fut seulement alors que M. de Rohan l'obtint par sa démission. M. de Bassompierre était donc seulement le quatrième colonel général des Suisses. Le P. Daniel cite ou énonce les documents à l'appui de sa thèse. On peut lire cette dissertation dans l'*Histoire de la milice françoise*, t. II, p. 290 et suiv.

XIX

(Voir p. 374).

L'enlèvement de l'abbesse de Remiremont, autorisé par la reine-mère, devint plus tard un grief contre cette princesse. Le sieur de Saint-Germain ayant dit dans sa « Très-humble, très-véritable et très-importante remonstrance au Roy » (1), que la reine-mère avait défendu le roi mineur contre ses ennemis et lui avait rendu ses états tout entiers, le cardinal de Richelieu, ou son défenseur, dans la « Response au libelle intitulé Tres humble, très-véritable et très-importante remonstrance au Roy », imprimée en 1632, critiqua cette proposition de la manière suivante :

« Dieu nous garde de blâmer la regence de la Reyne : mais de la mettre en avant comme une si grande obligation que le Roy luy a, il n'est pas raisonnable..... »

« L'Abbesse de Remiremont, qui est une Abbaye qui pretend autant de souveraineté en ses terres en Lorraine, que le

---

(1) *Diverses pièces pour la défense de la reine mère du roi très-chrétien, faites et revues par messire Mathurin de Morgues.*

Duc de Lorraine en a aux siennes, estant persécutée à droict ou à tort, je ne l'examine pas icy, car ce n'est pas le lieu, eut recours à elle, comme Regente, en la fin de l'année mil six cens dix, et offroit de resigner son Abbaye à qui il luy plairoit, pourveu qu'elle fust asseurée de quelque raisonnable pension, pour son entretenement, le reste de sa vie. La princesse de Conty, qui estoit passionnée pour la grandeur de sa maison, et le mareschal de Bassompierre, qui est Lorrain de naissance, obtindrent de la Reyne qu'elle l'abandonnast, et permist qu'elle fust enlevée par le Ringrave son frere, qui l'emmena en Lorraine : où elle fut contrainte de resigner son Abbaye à une sœur du Duc qui estoit lors, sans qu'il y ayt plus d'apparence que cette Abbaye sorte de leur maison, en laquelle ils la conserveront pour faire oublier l'usurpation qu'ils ont faite de sa souveraineté : et c'est une Abbaye qui estoit bien importante à la France, et qui estendoit ses limites bien avant vers l'Allemaigne. »

Mais Saint-Germain, dans ses « Reparties sur la response à la tres-humble, très-veritable et très-importante remonstrance au Roy », imprimées en 1632, répondait ainsi à ce reproche :

« Plusieurs sçavent la vie scandaleuse de cette Abbesse : la France n'avoit point ny droict ny d'interest en la resignation de l'Abbaye : sa souveraineté n'est pas perdue, et demeure separée, encore qu'elle soit dans la maison de Lorraine. »

Du reste Elisabeth avait, dès l'année 1610, résigné ses fonctions à Catherine de Lorraine, sœur du duc Henri.

Malherbe dans sa lettre du 4 juillet racontait ainsi ce fait :

« Je crois que vous avez su que Mme de Remiremont, sœur du landgrave, qui etoit en cette ville (à Paris) il y avoit fort longtemps, fut, par la menée de ses parents, qui n'étoient pas contents de sa vie, enlevée dans un carrosse le 15e du passé; on l'amène chez un sien beau-frère. »

XX

(Voir p. 375).

Les véritables séditieux dans cette affaire n'étaient pas l'évêque de Poitiers et ceux qui agissaient à son instigation. Le prince de Condé, non content d'avoir reçu Amboise en dépôt par une clause du traité de Sainte-Menehould, avait formé des desseins sur Poitiers, où il entretenait des intelligences. Surveillé dans ses menées par l'évêque Chasteignier de la Rocheposay, il envoya La Trie dans cette ville avec une lettre altière pour ce prélat. Le 22 juin La Trie fut attaqué dans les rues de Poitiers, blessé et réduit à se cacher et à fuir. Le duc de Roannez, à la nouvelle de l'approche du prince, fut assailli le 26 par le peuple, et se trouva heureux de sortir de la ville. Sur les plaintes du prince de Condé, la reine ordonna que l'affaire fut instruite par le parlement, afin que justice lui fut rendue. Mais par le fait l'évêque fut bien accueilli quand il vint à Tours, accompagné des principaux habitants, donner ses explications à la reine, et le prince de Condé n'eut rien de mieux à faire que de se retirer à Châteauroux.

FIN DE L'APPENDICE.

SOMMAIRES

Préliminaires, p. 1. — Origine allemande de la maison de Betstein, p. 2. — Établissement en Bourgogne et en Lorraine, p. 5. — Légende de la fée, p. 6. — Histoire, généalogie et alliances de la maison de Betstein, p. 8.

Naissance de François de Bassompierre en 1579, p. 38. — Ses premières années jusqu'en 1594, p. 39. — Voyage de Bassompierre en Bavière (1595), p. 42. — Ses études à Ingolstadt, p. 44. — Bassompierre revient en Lorraine (1596), p. 46. — Il part pour l'Italie, et va à Florence, à Rome, à Naples, p. 46. — En 1597 il revient à Rome, puis à Florence et à Notre-Dame de Lorette, p. 49. — Bassompierre et son frère offrent leurs services successivement au pape et au duc de Ferrare, p. 51. — Ils continuent leur voyage en 1598 et vont à Gênes, à Milan, et en Suisse, p. 53. — Leur mère forme le projet de les mener à la cour de France, p. 57. — Bassompierre arrive à Paris (octobre 1598), p. 58. — Il danse dans le ballet des Barbiers devant le roi Henri IV, puis il lui est présenté, p. 61. — Il danse de nouveau chez Madame, sœur du roi, p. 62.

1599. — Mariage de Madame avec le duc de Bar, p. 65. — Remontrances du parlement au sujet de l'édit de Nantes, p. 66. — Querelles à la cour, *ibid.* — Le duc de Joyeuse se fait capucin, p. 68. — Bassompierre joue avec le roi et la duchesse de Beaufort à Fontainebleau, p. 69. — Il s'attache au service du roi, *ibid.* — Mort de la duchesse de Beaufort, p. 71. — Désespoir et nouvelles amours du roi, p. 72. — Querelle du prince de Joinville et de M. le Grand, p. 75. — Voyage de Bassompierre en Lorraine, p. 78.

1600. — Voyage du duc de Savoie à Paris, p. 78. — Divers ballets, p. 79. — Voyage de Bassompierre en Lorraine, p. 80. — Départ du roi pour Lyon, *ibid.* — Expédition de Savoie : prise de Montmélian, p. 81, — de Chambéry, p. 82, — de Miolans, p. 84, — de Conflans, *ibid.*, — de Charbonnières, p. 87. — Querelle entre le roi et madame de Verneuil, apaisée par Bassompierre, *ibid.* — Escarmouche du pas du Ciel, p. 89. — Conférences pour la paix, *ibid.* — Prise du fort Sainte-Catherine, p. 90. — Mariage du roi, *ibid.*

1601. — Traité de Lyon, p. 90. — Retour du roi, *ibid.* — Arrivée de la reine Marie de Médicis à Paris, p. 91. — Ballets et carrousel, *ibid.* — Voyage de Bassompierre en Lorraine, *ibid.* — Singulier conseil auquel il assiste, *ibid.* — Il va au siège d'Ostende, p. 92. — Il accompagne le maréchal de Biron en Angleterre, *ibid.* — Naissance du Dauphin, p. 93. — Brouillerie du roi avec madame de Verneuil, et réconciliation, p. 93.

1602. — Voyage de Bassompierre en Lorraine, p. 94. — Arrestation, jugement, et exécution du maréchal de Biron, p. 95-97. — Le comte d'Auvergne, arrêté avec lui, est mis en liberté, p. 97. — Naissance de la première fille de la reine, *ibid.*

1603. — Voyage du roi en Lorraine, p. 98. — Mariage de la sœur ainée de Bassompierre avec Saint-Luc, *ibid.* — Bassompierre part comme volontaire pour la Hongrie, p. 99. — Craintes qu'il éprouve en apprenant que l'armée de l'empereur est commandée par Rosworm, p. 100. — Il s'assure de l'appui de plusieurs amis, p. 104. — Il part de Vienne, p. 106. — Il arrive à l'armée, et est présenté à Rosworm, p. 109. — Première reconnaissance, p. 110. — Combat de l'île d'Odon, p. 112. — Danger que court Bassompierre, p. 116. — Sa réconciliation avec Rosworm, p. 117. — Affaire du baron de Siray et du colonel de Stahrenberg, p. 118. — Tentative pour s'emparer d'une île occupée par les Turcs, p. 120. — Construction d'un fort sur la rive opposée du Danube, p. 122. — Ce fort est repris par les Turcs, p. 125. — L'armée passe le Danube, p. 127. — Les Turcs décampent, p. 129. — Rosworm licencie ou met en garnison les troupes de l'empereur, p. 130. — Bassompierre revient à Vienne, p. 131. — Il fait une excursion en Moravie, p. 132.

1604. — Bassompierre va à Prague, p. 132. — Ses relations avec la famille de Prestowitz, p. 133. — Aventure de l'hôtellerie de Prague, p. 134. — Bassompierre est présenté à l'empereur qui

l'engage à son service, p. 136. — Le carnaval à Prague, p. 138.
— Mascarade interrompue par un démêlé avec la justice, *ibid.*
— Querelles, p. 141. — Voyages de Bassompierre à Carlstein,
p. 142. — Il part de Prague pour revenir en France, p. 143.—
Il passe à Munich, p. 144. — Visite des chanoines de Saverne,
ibid. — Retour en Lorraine, p. 146. — Removille, frère de
Bassompierre, est tué au siége d'Ostende, p. 147. — Détails sur
l'engagement fait par le roi de France au père de Bassompierre
de quelques domaines de la couronne, *ibid.* — Difficultés survenues à ce sujet, p. 149. — Bassompierre se décide à renoncer
au service de l'empereur pour revenir en France, p. 154. — Il
est bien reçu par le roi et par les dames, p. 155. — Ses affaires
s'arrangent à sa satisfaction, p. 156. — Arrestation du comte
d'Auvergne et de madame de Verneuil, p. 157.

1605.— Condamnation du comte d'Auvergne, p. 158. — Le roi lui
fait grâce de la vie, *ibid.* — Querelle de Bassompierre avec
Termes, *ibid.* — Rencontre entre deux troupes de masques,
p. 159. — Combat à la barrière, p. 161. — Le duc de Guise
appelle Bassompierre à rompre trois lances avec lui, p. 162. —
Bassompierre est grièvement blessé, p. 163. — Querelle de Bassompierre avec le marquis de Cœuvres au sujet d'une lettre de
Mlle d'Entragues, p. 166. — Mécontentement du roi, bientôt apaisé,
p. 169. — Bassompierre va aux bains de Plombières, p. 170. —
Il va retrouver le roi à Limoges, *ibid.* — Sa visite au chancelier de Bellièvre, p. 171. — Il revient avec le roi à Fontainebleau et à Paris, p. 173.

1606.— Querelles à la cour, p. 173. — Naissance de la seconde
fille du roi, p. 174. — Ballets et carrousel, *ibid.* — Le roi part
pour aller assiéger Sedan, *ibid.* — Soumission du duc de Bouillon, p. 175. — Lettre du roi à la comtesse de Moret, ouverte
par la marquise de Verneuil, p. 176. — Grands embarras de
Bassompierre par suite de cette indiscrétion, p. 177. — Il s'en
tire heureusement, p. 179. — Entrée du roi à Paris, *ibid.* —
Le roi et le duc de Guise, jaloux de Bassompierre au sujet de
Mlle d'Entragues, le font espionner, p. 180. — Plaisante mé-
prise, *ibid.* — Découverte faite par Mme d'Entragues, p. 182.
— Grande colère et raccommodement, p. 183. — Bassompierre
est envoyé comme ambassadeur extraordinaire en Lorraine, *ibid.*
— Aventure de la lingère, p. 184. — Bassompierre assiste aux
noces du duc de Bar, p. 188. — Il gagne au jeu le prix d'un

habillement pour le baptême du dauphin, p. 189. — Peste à Paris, p. 190. — Fêtes du baptême à Fontainebleau, *ibid.*

1607. — Ballets, p. 191. — Bassompierre part pour assister aux états de Lorraine, p. 192. — Le roi le fait arrêter en chemin, *ibid.* — Arrangement définitif de l'affaire des domaines engagés, *ibid.* — Le prince de Joinville est éloigné de la cour, p. 193. — Bassompierre part de nouveau pour la Lorraine, *ibid.* — Il revient incognito à Paris, *ibid.* — Il retourne en Lorraine, p. 194. — Naissance du duc d'Orléans, *ibid.* — Bassompierre assiste aux états de Barrois, *ibid.* — Il va aux bains de Plombières, puis il revient auprès du roi, *ibid.*

1608. — Jeu et ballets, p. 195. — Projet de mariage du duc d'Orléans avec Mlle de Montpensier, *ibid.* — Comédie, p. 196. — Mort du duc de Montpensier, *ibid.* — Naissance du duc d'Anjou, *ibid.* — Bassompierre joue gros jeu à Paris, *ibid.* — Le roi veut être de cette partie, *ibid.* — La reine Marguerite donne une bague à l'Arsenal, p. 197. — Bassompierre y assiste à côté de Mlle de Montmorency, p. 198. — Mort du duc de Lorraine, p. 199. — Bassompierre va à ses funérailles, *ibid.* — Ses succès auprès des dames, *ibid.* — Mariage projeté et rompu de Mlle d'Entragues, *ibid.* — Bassompierre mène de front le jeu et l'amour, p. 200. — Il rompt avec Mlle d'Entragues, p. 201. — Mariage de sa sœur avec M. de Tillières, *ibid.* — Le duc de Mantoue arrive à Paris : le roi lui donne de grands divertissements, *ibid.* — Le connétable de Montmorency offre sa fille en mariage à Bassompierre : son discours, p. 203. — Réponse de Bassompierre, p. 206. — Le connétable le présente à sa fille, p. 208. — Arrangements d'affaires, p. 209.

1609. — Le roi donne son agrément au mariage, p. 211. — Le duc de Bouillon parle au roi contre ce projet, p. 212. — Le roi devient amoureux de Mlle de Montmorency, p. 213. — Il tombe malade de la goutte, *ibid.* — Le duc de Bouillon s'efforce de faire rompre le mariage, et propose le prince de Condé au connétable qui le refuse, p. 214. — Le roi demande à Bassompierre de renoncer à Mlle de Montmorency, p. 215. — Bassompierre y consent, p. 216. — Son chagrin, p. 218. — Le prince de Condé demande Mlle de Montmorency, p. 219. — Bassompierre se raccommode avec Mlle d'Entragues, *ibid.* — Fiançailles du prince de Condé, p. 220. — Bassompierre refuse d'y assister; le roi le détermine à le faire, *ibid.* — Bassompierre tombe malade, p. 221. — Il est appelé en duel par Noé, *ibid.* — Ballet à l'Arsenal, p. 222. — Bassompierre y assiste; il en est plus malade, *ibid.* — Bague donnée à l'Arsenal par Mlle de Montmorency, *ibid.* — Ballet de la reine, p. 223. — Meurtre d'un jeune homme dont le corps est pris pour celui de Bassompierre, *ibid.* — Le prince de Condé va se marier à Chantilly, p. 224. — Bal chez la reine Marguerite, *ibid.* — Le roi va à Fontainebleau, *ibid.* — Bassompierre y gagne une gageure contre lui, *ibid.* — Le roi charge Bassompierre d'une mission secrète en Lorraine et en Allemagne, p, 225. — Bassompierre, avant de partir, veut voir les noces du duc de Vendôme, p. 226. — Il va en Lorraine, *ibid.* — Son entretien avec le duc de Lorraine, *ibid.* — Conversation avec le président Bouvet, p. 230. — Bassompierre part pour l'Allemagne, p. 231. — Entretien particulier avec le marquis de Baden au sujet des affaires du duché de Clèves, p. 233. — Retour en Lorraine, p. 237. — Le duc de Lorraine consulte Bassompierre sur le projet du mariage de sa fille avec le dauphin, p. 238. — Discours de Bassompierre au duc de Lorraine, *ibid.* — Nouvelle conversation avec le président Bouvet, p. 249. — Bassompierre obtient à grand'peine une réponse écrite du duc de Lorraine, p. 251. — Le roi témoigne sa satisfaction à Bassompierre et lui parle de sa passion pour la princesse de Condé, *ibid.* — Bassompierre se plaint au roi de ce qu'il avait fait fouiller son valet de chambre, *ibid.* — Le duc de Bouillon parle au roi contre l'Espagne, p. 252. — Bassompierre parle dans un sens contraire; le roi exige qu'il écrive sa réponse, p. 253. — M. de Chevreuse (le prince de Joinville) quitte la cour à cause de la découverte de ses relations avec la comtesse de Moret, p. 254. — Madame de Saint-Luc meurt en couches, *ibid.* — Naissance de la dernière fille du roi, p. 255. — Le prince de Condé part avec la princesse pour la Flandre, *ibid.* — Désespoir du roi, p. 256. — Conseils divers que lui donnent le chancelier, Villeroy, Jeannin et Sully, p. 257. — Il dépêche M. de Praslin au prince de Condé et à l'archiduc, p. 260. — Desseins du roi contre l'Espagne, p. 261. — Négociations avec le duc de Savoie, p. 263. — L'affaire du duché de Clèves, la fuite du prince de Condé, et la prise de Juliers décident le roi à mettre ses projets à exécution, p. 266.

1610. — Proposition de déposer Juliers aux mains de Bassompierre,

p. 268. — Préparatifs de guerre, *ibid.* — Faveurs accordées par le roi à Bassompierre : il lui donne le commandement de la cavalerie légère et une compagnie de cent chevau-légers, et le fait conseiller d'état, *ibid.* — Le roi veut marier Bassompierre, p. 269. — Ballet du dauphin, p. 270. — Pressentiments du roi, *ibid.* — La reine veut se faire couronner, p. 271. — Dernière conversation du roi avec Bassompierre, p. 272. — Bassompierre apprend que le roi vient d'être assassiné, p. 275. — Il court au Louvre, *ibid.* — Il accompagne le duc de Guise à l'hôtel de ville, p. 276. — Sa rencontre avec Sully, p. 277. — Le duc d'Epernon est envoyé au parlement pour faire déclarer la régence, p. 278. — Les grands reconnaissent aussi la reine comme régente, p. 279. — Le jeune roi va au parlement, *ibid.* — Honneurs rendus aux restes du feu roi, p. 280. — Arrivée du comte de Soissons, p. 281. — Licenciement des troupes, p. 282. — Les Hollandais font échouer la proposition de déposer Juliers entre les mains de Bassompierre, *ibid.* — Obsèques du feu roi, p. 283. — Retour du prince de Condé, *ibid.* — Mlle d'Entragues accouche, p. 284. — Sacre du roi, *ibid.* — Voyage de Bassompierre en Lorraine, *ibid.* — Retour de la princesse de Condé, *ibid.* — Querelle du marquis d'Ancre avec le duc de Bellegarde, *ibid.*

1611. — Disgrâce du duc de Sully, p. 285. — Le duc de Guise épouse la duchesse de Montpensier, p. 286. — Querelle entre le prince de Conti et le comte de Soissons, p. 287. — Le comte de Soissons se prétend offensé par le duc de Guise, et réclame l'appui du prince de Condé, *ibid.* — Bassompierre est envoyé par le duc de Guise au prince de Condé, p. 288. — Sa conversation avec le prince de Condé, *ibid.* — L'affaire s'arrange, p. 293. — Le comte de Soissons, pour se venger de l'intervention de Bassompierre, engage Mme d'Entragues à poursuivre contre lui l'exécution d'une promesse de mariage faite à sa fille, *ibid.* — Bassompierre appelle de la procédure de l'official de Paris devant l'official de Sens, p. 296. — Bulletin de la cour, *ibid.* — Expulsion des Maurisques d'Espagne, p. 297. — Assemblée de Saumur. *ibid.* — La duchesse de Lorraine vient à Fontainebleau, p. 298. — Maladie et mort du duc d'Orléans, p. 299.

1612. — Bassompierre appelle, comme d'abus, des procédures de

Paris et de Sens; il est renvoyé devant le parlement de Rouen, p. 299. — Exécution de Vatan, p. 300. — Ballets, *ibid.* — Double mariage entre France et Espagne, *ibid.* — Grandes fêtes données à Paris pour la publication du double mariage, p. 301. — Bassompierre est chargé de la réception de trois seigneurs espagnols, p. 308. — Le connétable de Montmorency va finir ses jours en Languedoc, p. 309. — Ambassades du duc de Mayenne à Madrid, et du duc de Pastrano à Paris, *ibid.* — Cérémonie des deux mariages, p. 310. — Le duc de Bellegarde est accusé de magie, *ibid.* — Mésintelligence du maréchal de Fervaques avec le comte de Soissons, *ibid.* — Bassompierre assiste le maréchal, *ibid.* — Il prend congé de la cour pour aller en Lorraine, p. 311. — Mort du comte de Soissons, *ibid.* — Changement dans les partis à la cour, *ibid.* — Les ministres sont mis en disgrâce, *ibid.* — Bassompierre reçoit l'accolade, p. 313.

1613. — Le baron de Lux est tué par le chevalier de Guise, p. 313. — La reine tient conseil, p. 314. — Le duc de Guise l'apaise par sa soumission, p. 315. — M. de la Rochefoucauld est éloigné de la cour, p. 316. — Le duc de Guise fait son accommodement avec le prince de Condé, p. 317. — Les princes ligués demandent le gouvernement du Château-Trompette pour le prince de Condé, p. 318. — La reine confie ses chagrins à Bassompierre, p. 319. — Entretien de Bassompierre avec le duc de Guise, p. 320. — La reine charge Bassompierre de ramener à elle le duc de Guise, le duc d'Epernon, et les ministres, p. 323. — Bassompierre fait des ouvertures à la princesse de Conti, p. 325. — Il en fait faire au duc d'Epernon, *ibid.* — Il va voir le duc d'Epernon, p. 326. — Il rend compte à la reine du succès de ses démarches, p. 327. — Il va voir le président Jeannin et M. de Villeroy, p. 328. — Le lendemain matin Bassompierre envoie Zamet chez le duc de Guise, puis il va trouver ce prince, p. 330. — Le duc de Guise se décide à aller voir la reine, p. 331. — Visite de Bassompierre au duc d'Epernon, *ibid.* — Bassompierre vient au Louvre où il parle à la reine, p. 332. — Entretien de la reine avec le président Jeannin au jardin du Luxembourg, p. 333. — Etonnement du marquis d'Ancre, *ibid.* — Visite de la reine à la reine Marguerite, *ibid.* — Elle reçoit au Louvre le duc de Guise, puis le duc d'Epernon, *ibid.* — Promesses de récompense à Bassompierre, p. 334. — Faveurs accordées à la princesse de Conti, au duc et au chevalier de Guise, p. 335. — Promesse du retour de La Rochefoucauld, *ibid.* — Prévenances de la reine pour le duc d'Epernon, p. 336. — Les trois ministres vont le lendemain chez la reine, p. 337. — Conversation de Bassompierre avec le prince de Condé, p. 338. — Mécontentement du marquis d'Ancre, p. 340. — Le chevalier de Guise tue en duel le fils du baron de Lux, p. 341. — Amusements, ballets et brouilleries à la cour, *ibid*. — Mariage de M. de Montmorency avec la fille du duc de Bracciano, p. 343. — Intrigue de M. de Vendôme et du marquis de Cœuvres pour détacher le duc de Guise de la reine, *ibid*. — Le marquis de Cœuvres est renvoyé de la cour, p. 344. — La reine retient le duc de Guise à Fontainebleau et envoie Bassompierre à Paris, p. 345. — Le marquis d'Ancre et le marquis de Cœuvres reviennent à la cour, p. 347. — Affaire de Maignat, p. 348. — Bassompierre avertit le marquis d'Ancre du danger qu'il court d'y être compromis, p. 349. — Conversation de Bassompierre et du marquis d'Ancre, p. 350. — Fin du procès de Maignat, p. 355. — Bassompierre va à Rouen pour son procès, p. 356. — La reine lui prête son appui, *ibid*. — Evocation de l'affaire au conseil du roi, p. 357. — Les ministres emploient le crédit de Bassompierre auprès de la reine, *ibid*. — Ils se réconcilient avec le marquis d'Ancre, p. 358. — Circonstances qui mettent la brouille entre Bassompierre et le marquis d'Ancre, p. 359. — Le marquis et la marquise d'Ancre cherchent à perdre Bassompierre dans l'esprit de la reine, p. 361. — Succès de cette intrigue, p. 363. — Explication sans résultat, p. 365. — Bassompierre veut quitter la cour, p. 366. — Il se réconcilie avec la reine, *ibid*.

1614. — Préparatifs de guerre civile, p. 367. — La reine veut faire Bassompierre colonel général des Suisses, p. 368. — Objections de Villeroy, *ibid*. — Bassompierre s'occupe de lever tous les obstacles, p. 370. — Il est pourvu de la charge, p. 371. — Les princes commencent les hostilités, *ibid*. — Conclusion de la paix, p. 373. — Baptême du duc d'Anjou, *ibid*. — Mort du chevalier de Guise, *ibid*. — Enlèvement de l'abbesse de Remiremont, *ibid*. — Licenciement d'une partie des Suisses, p. 374. — Bassompierre accompagne le roi en voyage, *ibid*. — Déclaration de la majorité du roi, p. 376.

APPENDICE. — I. Apologie des colonels allemands, p. 379. — II. Levées de 1686 et 1687, p. 380. — III. Inventaire de Molan, p. 381. — IV. Fondation des Minimes de Nancy,

p. 384.—V. Généalogie de Bassompierre, p. 386.—VI. Affaire de MM. de la Roche-Guyon et de Chantelou, p. 387. — VII. Parenté de Créquy et de Bassompierre, p. 389. — VIII. Combat contre les Turcs, p. 390. — IX. Mort de M. de Removille devant Ostende, p. 391. — X. Engagement des domaines de Saint-Sauveur et Nehou, p. 392. —XI. Parenté de Bassompierre et de ses compagnons, p. 395. — XII. Dates des voyages du roi en 1608, p. 396.— XIII. Edition originale de l'*Astrée*, p. 397. — XIV. Projets du roi pour le mariage de Bassompierre et de Mlle de Scepeaux, p. 398. — XV. Notice sur Louis de Bassompierre, p. 399. —XVI. Mort du capitaine Saint-Paul, p. 401. — XVII. Détails donnés par Malherbe sur la brouillerie de la reine et de Bassompierre, p. 402. — XVIII. Remarques sur la charge de colonel général des Suisses, p. 403. — XIX. Enlèvement de l'abbesse de Remiremont, p. 404. — XX. Troubles de Poitiers, p. 406.

FIN DES SOMMAIRES.

TABLE

Notice historique et bibliographique   i
Journal de ma vie   1
Appendice   379
Sommaires   407

ERRATA

P. 23, note 1, ligne, 2 *juin* 1610, lisez : 21 juin 1610.

P. 40, ligne 3, *Vieeville*, lisez : *Videville*.

P. 78, note 3, ligne 2, *Yolande de Bassompierre*, lisez : *Gabrielle de Bassompierre*.

P. 137, titre courant, 1504, lisez : 1604.

P. 141, titre courant, 1603, lisez : 1604.

P. 146, note 1, Voir p., lisez : Voir p. 78.

www.ingramcontent.com/pod-product-compliance
Lightning Source LLC
Chambersburg PA
CBHW051823230426
43671CB00008B/820